개정

노인복지론

조추용 김양이 윤은경

창지사

머 리 말

본서는 1998년에 처음으로 집필되어 그동안 수차례에 걸쳐 개정을 거듭하여 오늘에 이르렀다. 그러나 전체적인 맥락과 틀은 큰 변화 없이 수정·보완되었다.

그동안 노인인구의 증가와 더불어 사회환경의 변화로 인하여 부양의식의 약화, 노인학대, 노인자살, 노인빈곤 등 다양한 노인문제가 대두되거나 심화되었다. 이로 인하여 「노인복지법」이 수차례에 걸쳐서 개정되었고, 2008년에는 「노인장기요양보험법」과 「고령친화산업진흥법」 시행 등 노인복지분야에 커다란 변화가 있었다. 또한 최근에는 커뮤니티케어가 보건복지부의 중요한 정책으로 인식되어 추진되고 있어서 노인의 보건과 복지의 적절한 연계·통합이 요구되는 상황이다. 따라서 본서는 이러한 최신 자료를 포괄할 필요성을 인식하게 되었고, 또 현실감 있는 학습을 위하여 매년 변화하는 다양한 인구학적 통계를 최신 자료로 담았으며, 학생들의 이해를 높이기 위한 교수방법도 제시하였다. 특히, 독자의 이해를 돕기 위하여 최근 사회적 이슈가 되고 있는 고령화가 사회와 가족에 미치는 영향, 치매와 가족의 부양부담, 성공적 노화, 장기요양등급의 변경, 존엄사, 독거노인의 문제 등의 실태와 사례를 추가하였다.

본서의 완성도를 높이기 위하여 앞으로 정기적으로 변화된 정책이나 실태를 수정·보완할 것이다. 또한 본서의 구성, 내용 등에 질문이나 오류가 있으면 지적해 주시기 바라며, 혹여 통계자료의 수치가 상이한 것은 출처가 다르기 때문으로 이해해 주시기 바란다.

끝으로 저자들 간의 불리한 지리적 여건에도 불구하고 집필과 개정과정에서 열심히 참여해 주신 저자 분들과 출판에 적극적으로 협조해 주신 창지사 여러분에게도 고마운 마음을 전한다.

2019년 2월
저자일동 드림

차 례

1

고령사회와 노인복지

제1절 고령사회의 환경변화

1. 고령사회와 인구의 변화

인구의 변동은 인구의 수적 변동과 함께 인구구조의 변화 등이 노인문제에 있어 특히 중요하다. 노인문제가 노인 자신의 개인적 문제이든지 혹은 사회적 문제이든지 간에 노인의 수적 증가는 노인문제를 가중시킬 수 있는 객관적 조건이 된다. 후술하는 바와 같이 노인의 수적인 증가속도가 다른 나라에 비하여 매우 빠를 경우에는 문제를 더욱 심각하게 하는 요인이 될 수 있다. 그러므로 노인복지학에서는 인구학적인 측면에 관심을 두게 된다.

1) 노인인구 변화

국민 총인구에서 노인인구가 차지하는 비율은 노인복지 연구에서나 다른 부문의 연구에서 중요한 의미를 가진다. 우리나라의 경우 1970년에 65세 이상 노인인구가 차지하는 비율은 3.1%에서 2000년에는 7.2%, 그리고 2018년 4월에 14.1%로서 '고령사회'가 되었다. 그리고 2020년에는 15.6%, 2030년에는 24.5%로 급속하게 증가될 것으로 예상된다. 특히, 80세 이상 초고령인구 비율은 1990년 13.8%, 2018년 43.7%, 2050년 60.4%로 크게 증가할 것으로 전망된다. 65세 이상 노인인구는 1990년 2,195천 명이었으나, 2017년 현재 7,076천 명으로 늘어나 25년 사이에 3배 이상 늘어난 것을 알 수 있다. 가장 급격한 변화를 보인 것은 100세 이상 인구이다. 100세 이상 인구는 2008년 2,179명에서 2018년 12월 현재 18,783명(남자 4,327명, 여자 14,456명, 여자가 3.34배 많음)으로 11년 사이 무려 8.6배 증가했다.[1](행정안전부 주민등록기준).

〈표 1-1〉 연령계층별 고령인구

(단위: %)

구분	1990	2000	2010	2018	2020	2030	2040	2050	2060
총인구	100.0	100.0	100.0	100.0	100.0	100.0	100.0	100.0	100.0
0~14	25.6	21.1	16.1	12.8	12.6	11.5	10.8	9.5	9.4
15~64	69.3	71.7	73.1	72.9	71.7	64.0	56.4	52.4	49.6
65세 이상	5.1	7.2	11.2	14.3	15.6	24.5	32.8	38.1	41.0
65~69세	41.0	40.7	33.4	32.0	32.0	31.5	24.8	20.0	19.5
70~79세	45.2	45.1	28.9	24.4	24.5	27.4	23.6	19.6	17.2
80세 이상	13.8	14.2	37.7	43.7	43.7	41.1	51.6	60.4	63.3

자료: 통계청(2018). 고령자통계

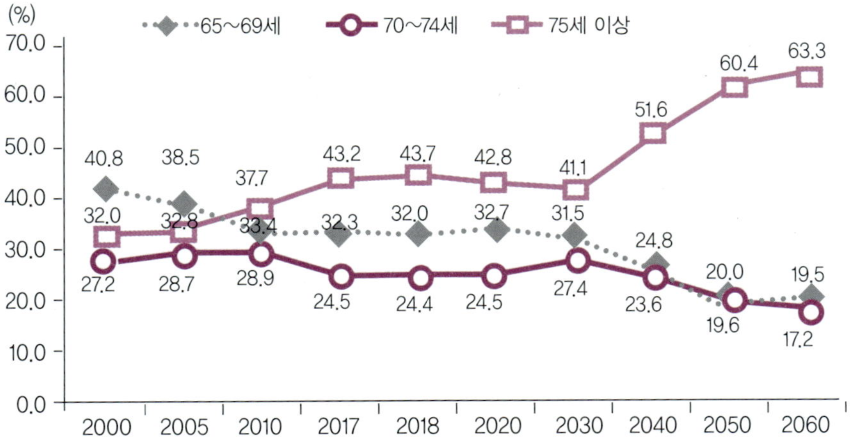

〈그림 1-1〉 고령자의 연령대별 구성비

자료: 통계청(2018). 고령자통계

1) 100세 이상인구의 통계는 두 가지가 있다. 여기에 인용한 자료는 행정안전부 주민등록기준이고, 다른 하나는 인구주택 총조사를 통한 통계청 자료로 2017년 11월 기준 3,908명이라고 집계하고 있다(조선일보, 2018. 10. 2.).

2040년 주요 선진국의 고령화율은 2010년에 비하여 1.4~1.6배, 개발도상국가는 1.4~3.0배 정도 증가할 것으로 전망되며, 2040년의 고령화율이 2010년 대비 2배 이상 증가가 예상되는 나라는 한국 3.0배, 브라질 2.6배, 중국 2.6배, 인도 2.0배이다.

〈표 1-2〉 주요 선진국과 고령화율

(단위: %)

	한국	일본	미국	프랑스	영국	독일	브라질	러시아	인도	중국
1990	5.1	11.9	12.5	14.1	15.7	15.0	4.5	10.2	3.9	5.8
2000	7.2	17.2	12.4	16.0	15.8	16.3	5.5	12.4	4.4	6.9
2010	10.8	23.0	13.1	16.8	16.6	20.8	6.9	13.1	5.1	8.4
2020	15.6	28.6	16.6	20.3	18.9	23.1	9.5	14.8	6.3	11.7
2030	24.5	30.7	20.1	23.2	21.7	28.2	13.6	18.1	8.2	16.2
2040	32.8	34.5	21.2	25.4	24.0	31.8	17.6	18.3	10.2	22.1
2040/2010	3.0	1.5	1.6	1.5	1.4	1.5	2.6	1.4	2.0	2.6

자료: UN(2012), World Population Prospects: The 2012 Revision
통계청(2017), 장래인구추계: 2010-2060

2) 고령화가 미치는 영향

인간의 염원인 고령화가 빠르게 진행되고 있고, 최근에 받은 부고 중 상당수는 사고사가 아니면 90대가 많았다. 어떤 매스컴에서는 인간이 200세까지 살 수 있을 것이라고 예측하고 있다. 앞으로 고령화가 진행될수록 우리 사회에 미치는 영향을 개인적 차원, 사회적 차원, 경제적 차원, 문화적 차원, 교육적 차원 등으로 분류할 수 있을 것이다. 여기서는 고령화의 영향으로 긍정적인 측면과 부정적인 측면으로 나누어 살펴보려고 한다.

우선 긍정적인 측면은 첫째, 인구의 고령화로 활기가 넘치고 모험을 즐기는 젊은이들보다는 나이 든 노인이 증가하게 되면 사회가 더 안정적이며 성숙될 수 있다. 둘째, 가정을 이루어야 할 젊은 세대보다는 안정기에 접어든 노인세대의 증가는 부동산 가격을 안정시킬 수 있다. 반면 소형주택이나 노인집단주거단지 등은 늘어날 수 있다. 셋째, 경제활동인구의 감소로 고령자 취업이 늘어나 노인의 사회참여가 활성화될 수 있다. 이러한 현상은 취업을 희망하는 노인에게는 기회가 될 수 있다. 넷째, 경제적 안정을 찾은 노인에게 필요한 고령친화산업의 활성화로 경제·직업 등에 긍정적인 영향을 미칠 수 있다. 다섯째, 평균수명이 늘어나 젊은 시절 이루지 못한 꿈이나 인생이모작을 위하여 교육 열의가 높아져 평생교육이 활성화될 수 있다.

반면에 부정적인 영향은 첫째, 나이가 들면서 연금이나 의료 등 사회보장비의 부담 가중이다. 이러한 현상은 후술하겠지만 현재도 나타나고 있고, 장래의 추계치를 보면 더욱 확실하게 나타난다. 둘째, 이미 우리 사회는 선거, 편의, 사회적 배려 등에서 차별적 용어가 난무하는 등 청년층과 노년층의 세대 간 갈등이 나타나고 있고, 앞으로 더 심화될 가능성이 높다. 셋째, 도시와 농촌 간 지역 간 갈등을 야기하게 된다. 농촌지역의 노인은 더 많은 혜택이나 편의를 제공해 주기를 바라고, 젊은 세대는 세금부담으로 농촌지역의 지원에 대하여 부담을 느끼게 되는 것이다. 넷째, 노인인구의 증가는 소비위축으로 이어져 경제의 비활성화를 초래할 수 있다.

2. 노인인구의 특성

1) 부양비

2013년 노년부양비는 16.7로서 생산가능인구 6명이 고령자 1명을 부양하고 있고, 현재의 저출산이 지속될 경우 2018년에는 생산가능인구 약 5명이 1명을, 2050년에는 약 1.4명이 1명을 부양해야 할 것으로 전망하고 있다. 2013년 노령화 지수는 83.3으로 유소년인구(0~14세) 100명당 65세 이상 고령자가 83명이며, 2017년에 이르면 노령화지수가 104.1로 고령인구가 유소년인구를 초과할 것으로 전망되고 있다.

〈표 1-3〉 노년부양비 및 노령화지수

(단위: 해당 인구 100명당 명, 명)

	1990	2000	2010	2018	2030	2040	2050	2060
노년 부양비[1]	7.4	10.2	15.4	19.6	38.2	58.2	72.6	82.6
노령화 지수[2]	20.0	35.0	69.6	110.5	212.1	303.2	399.0	434.6
고령자 1명당 생산가능인구(명)[3]	13.5	9.8	6.5	5.1	2.6	1.7	1.4	1.2

자료: 통계청. 「인구주택 총조사」 각 연도(외국인 포함), 「장래인구추계」 2016. 12.
주: 1) 노년부양비 = (65세 이상 인구 / 15~64세 인구) × 100
2) 노령화지수 = (65세 이상 인구 / 0~14세 인구) × 100
3) 고령자 1명당 생산가능인구 = 15~64세 인구 / 65세 이상 인구
4) 2017년 이전은 인구주택 총조사 자료, 2018년 이후는 장래인구추계 자료

노인의 부양은 크게 경제(물질)적 부양, 신체(서비스)적 부양, 정서(심리)적 부양으로 나누는데, 경제적 부양의 핵심은 연금이 중심이 되어야 하고, 신체적 부양은 건강보험과 노인장기요양보험으로 대응하고 있다. 정서적 부양은 그 중심이 가족이 되어야 하겠지만 노인과 그 자녀의 동거부양이 점점 곤란 또는 희박해지고, 이 영역은 공적으로는 노인복지관, 경로당 등의 노인 여가시설로 대치하고 있다. 위에서 언급하고 있는 부양부담 또는 부양비는 이러한 모든 것을 포함한 개념으로서 노인세대의 전체적인 부양부담을 나타낸 것이다.

2) 지역별 고령화 차이

2018년 지역별 고령인구 비율은 전남이 21.8%로 가장 높고, 그 다음은 경북(19.1%), 전북(19.0%) 순이며, 세종(9.0%), 울산(10.2%), 경기(11.6%) 순으로 고령인구 비율이 낮은 지역으로 나타났다. 전남, 경북, 전북, 강원 등 4개 지역은 앞으로도 고령인구 비율이 높은 수준을 유지하여, 2045년에는 40% 이상이 될 것으로 전망되고 있다.

〈표 1-4〉 시도별 고령인구의 비율

(단위: %)

상위	비율	하위	비율
전남	21.8	세종	9.0
경북	19.1	울산	10.2
전북	19.0	경기	11.6
강원	18.2	인천	12.0
충남	16.7	대전	12.1

자료: 통계청. 「시도별 장래인구추계」 2017. 6.

3) 남녀 성비

2014년 65세 이상 고령자의 성비(여자인구 100명당 남자의 수)는 71.3으로, 1980년 59.7과 비교하면 남자의 비율이 상당히 높아졌고, 2030년에는 81.1로 크게 높아질 것으로 전망된다. 이것은 의료기술의 발달, 건강에 대한 관심 고조, 산업재해의 감소, 전쟁의 감소 등으로 인해 남자 고령자의 사망률이 점차 낮아지고 있기 때문이다.

〈표 1-5〉 성별 고령인구

(단위: 천 명, %, 여자 100명당 명)

	1980	1990	2000	2010	2018[3]	2030	2040	2050
남자 65세 이상 (구성비[1])	545 (2.8)	822 (3.8)	1,300 (5.6)	2,202 (9.1)	3,152 (12.2)	5,876 (22.2)	7,892 (30.2)	8,742 (35.4)
여자 65세 이상 (구성비[1])	911 (4.8)	1,373 (6.4)	2,095 (9.0)	3,232 (13.2)	4,228 (16.4)	7,079 (26.8)	9,228 (35.3)	9,841 (40.7)
성 비[2]	59.7	59.8	61.8	68.2	74.6	83.0	85.5	86.8

자료: 통계청, 「인구주택 총조사」 각 연도(외국인 포함), 「장래인구추계」 2016. 12.
주: 1) 구성비 = (65세 이상 남자(여자) 인구 / 총 남자(여자) 인구) × 100
2) 65세 이상 여자인구 100명당 65세 이상 남자인구 수
3) 2017년 이전은 인구주택 총조사 자료, 2018년 이후는 장래인구추계 자료

3. 베이비붐(BB) 세대

한국사회의 경우 베이비붐 세대를 규정하는 데 있어 연구자 간 이견이 존재하지만, 베이비붐 세대는 통상적으로 1차 베이비붐 세대라고 보는 1955년부터 출산억제정책인 가족계획이 효력을 발휘하기 전인 1963년까지의 출생 코호트(Cohort)를 지칭한다. 이들의 문제는 베이비 붐 세대의 은퇴가 시작되면서부터 발생하였다. 이들 세대가 우리나라 전체 인구의 18%를 차지하고 있기에 사회적인 파장도 만만치 않다. 회사 밖으로 쏟아져 나오는 이들은 일명 '샌드위치 세대'라고 불린다. 동시에 아파트 세대, 기러기가족 세대, 격심한 경쟁과 스트레스로 OECD 국가 중 40대 자살률이 가장 높은 세대 그리고 IMF 외환위기와 2008년 금융위기를 겪어온 세대이기도 하다.

2014년 고령자통계에 의한 인구추이를 살펴보면 베이비 붐 세대가 포함된 준고령자(50~64세)는 전체 인구 중 20.8%(1,051만 명)를 차지하고 베이비 붐 세대(1955~1963년생)는 15.1%(711만 명)에 이르는 것으로 나타났다. 베이비 붐 세대의 혼인상태는 미혼이 3.7%, 배우자 있음 83.5%, 사별 4.3%, 이혼 8.5%로 나타나, 다른 연령대와 비교된다.

〈표 1-6〉 혼인상태별 분포(2010)

(단위: %)

구분	미혼	배우자 있음	사별	이혼
• 준고령자	2.3	82.0	8.5	7.2
베이비 붐 세대	3.7	83.5	4.3	8.5
• 고령자	0.6	57.7	39.7	1.9
65~79세	0.7	64.1	33.1	2.2
80세 이상	0.6	28.3	70.6	0.6

자료: 통계청(2010). 「인구주택 총조사」

베이비 붐 세대의 유병률은 2012년 준고령자 3명 중 1명(33.1%)이 질병이나 사고로 아팠던 적이 있었으며, 베이비 붐 세대는 27.4%, 고령자는 60.9%로 나타났다. 아팠던 사람의 유병일 수는 준고령자는 9.4일, 베이비 붐 세대가 8.7일, 고령자는 11.2일로 나타났다.

〈표 1-7〉 유병률, 평균 유병일 수(2012)

(단위: %, 일)

	유병률[1)]	평균유병일 수[1)]
• 준고령자	33.1	9.4
베이비 붐 세대	27.4	8.7
• 고령자	60.9	11.2
65~79세	59.7	11.2
80세 이상	67.2	11.4

주: 1) 조사기준일(2012. 5. 23.) 현재 지난 2주일 동안 질병이나 사고로 아팠던 경우

베이비 붐 세대는 전통적이고 현대적인 가치관을 동시에 가지는 세대로, 산업화와 경제성장을 주도해 온 강한 성취욕과 근로의욕을 가지고 있으며, 교육수준과 건강수준이 높고 대중화된 문화에 익숙해 있다(이지현·김선우, 2012). 또한 부

모부양의 부담이 있는 동시에 자녀로부터의 지원을 기대하기 힘든 세대이기도 하다(백은영, 2011). 반면, 베이비붐 세대는 이전 세대에 비해 합리적이고 미래지향적인 사고방식과 생활의식을 보유하고 있어 노년기를 자아실현의 기회 또는 제3의 인생의 시작이라고 생각하며, 적극적인 활동으로 노년기를 보내고자 하는 의식이 강하다(정순둘·이현희, 2012).

최근 사회가 당면한 중요한 이슈는 베이비붐 세대의 '은퇴'이다. 지속적인 수명연장으로 인해 생애 과정에서 은퇴 이후의 기간이 갖는 중요성이 커지고 있다. 은퇴는 개인 삶의 후반기를 결정짓는 중요한 인생의 사건이며, 직업과 관련된 역할 수행을 끝내고 노년기의 시작으로 새로운 역할에 적응해야 하는 인생의 전환점이 된다(정순둘 외, 2010). 무엇보다도 은퇴는 그동안의 책임과 역할에서 벗어나 바빠서 하지 못했던 새로운 목표, 흥미, 활동을 추구하는 좋은 기회인 동시에 새로운 역할과 활동 속에서 보람과 삶의 만족을 찾는 시기이다(나일주 외, 2008).

노후에 일이라는 활동에 참여하게 되는 것은 크게 비자발적인 재진입과 자발적인 재진입으로 구분하여 설명할 수 있다. 우선 베이비붐 세대의 은퇴로 인하여 베이비붐 세대의 개인적 측면에서도 소득 감소가 예상되며, 사회보장제도가 미성숙한 우리나라에서 이들은 빈곤한 노년기를 보내거나 최소한의 소비생활을 유지하기 위해 은퇴 후에도 노동시장에 다시 들어가야 하는 경우가 발생한다(반정호, 2012). 이처럼 소득 감소로 인하여 어쩔 수 없이 노동시장에 재진입해야 하는 비자발적인 경우와 함께 자발적인 재진입도 고려해 볼 수 있다. 그것은 경제적 이유만이 아니라 노년기에도 일을 통해 사회에서 배제되지 않은 삶을 계속 살아나가겠다는 생각 또는 직업에서 오는 만족도 등으로 은퇴를 거부하는 사람들도 있기 때문이다.

베이비붐 세대의 은퇴에 대응하기 위한 사회적 대안으로는 첫째, 단기적으로 정년 연장을 통해 은퇴를 지연시켜야 한다는 것, 60세 정년 의무화를 65세까지 연장하거나 임금삭감을 전제로 한 임금피크제의 도입이 그 예이다.

둘째, 장기적으로 시장 수요를 유발하는 것이다. 즉, 공공 및 민간 차원의 고령자 맞춤형 일자리 창출이 시급한 대안이며 베이비 붐 세대의 기술과 노하우를 중소기업으로 전이시키는 대책이 필요하다.

한편, 베이비 붐 세대의 정책적 지원이 시급한 이유는 따로 있다. 당장 은퇴하는 이들이 쏟아지는 문제도 있지만, 이들이 노인계층으로 전환되는 2040년대와 2050년대 문제는 더욱 심각해진다. 고용 및 소득이 하락하면서 이들이 빈곤층으로 전락할 가능성도 높다. 이에 따라 개인적인 노력과 더불어 사회적 차원의 대책 마련이 시급한 상황이다.

제2절 노인의 정의와 특성

인간은 성장과 성숙의 단계를 거쳐 노화하게 되며 이 단계에 속하는 사람들을 '노인(老人)'으로 지칭하고 '어르신'이라고 부른다(Atchley, 2000). 일반적으로는 신체적으로 노화했을 때 노인으로 규정하지만, 노화는 생물학적, 심리적, 사회적 노화로 구분한다.

따라서 노인에 대한 개념은 다양한 차원에서 정의할 수 있으며, 크게는 추상적 정의와 조작적 정의로 구분한다.

1. 노인을 지칭하는 용어

노인이라는 용어는 나이가 들어서 전반적으로 기능이 저하된 사람을 말하지만, 뜻글자인 한자를 풀이해 보면 노인(老人)은 늙어서 땅에 묻히는 사람 또는 아주 큰 아버지와 같은 존재라는 '한 아비'나 노년, 고령자로도 쓰인다. 다른 나라의 경우 노인을 의미하는 용어를 영어권에서는 older person, aged, elderly, senior, golden age 등으로, 프랑스에서는 제3세대, 중국에서는 장년(長年), 존년(尊年), 일본에서는 실버 또는 노년으로 다양하게 사용하고 있다(김성순, 1994). 이와 같이 노인이라는 용어는 어떤 문화권이든 긍정적, 부정적, 중립적 의미를 내포한 다양한 명칭으로 쓰이고 있다.

노인에 대한 추상적 정의의 개념은 다양한 측면에서 설명할 수 있다. 특히 노화의 세 가지 영역을 동시에 고려하여 개념을 정의해 보면, ① 생물학적·생리적으로 퇴화기에 있는 자, ② 심리적 측면에서 정신기능과 성격이 변하고 있는 자, ③ 사회적 측면에서는 지위와 역할이 상실된 자, ④ 노화로 인하여 생리적, 심리적, 사회적 기능이 쇠퇴한 사람을 노인으로 규정할 수 있다(Breen, 1976).

국제노년학회(1951)에서는 노인을 "인간의 노화과정에서 나타나는 생리적, 심리적, 환경적 변화 및 행동적 변화가 복합적으로 상호작용하는 과정에 있는 사람"이라고 규정하고, 다음 다섯 가지의 특성을 지닌 사람을 의미한다고 설명하고 있다. 즉, 노인은 ① 환경변화에 적응할 수 있는 기능이 감퇴된 자, ② 인체의 기관, 조직, 기능이 쇠퇴되고 있는 자, ③ 생활상의 적응능력이 결여되어 있는 자, ④ 신체의 통합능력이 저하된 자, ⑤ 신체조직의 대처능력이 감퇴되어 적응이 어려운 자 등이라고 규정하고 있다. 최성재와 장인협(2010)은 "생리적 및 신체적 기능의 퇴화와 더불어 심리적인 변화가 있어 자신의 유지기능과 사회적 역할기능이 약화되고 있는 자"라고 규정하고 있다.

이와 같은 정의를 종합하여 요약해보면 노인이란 노화의 과정 또는 그 결과로서 생리적, 심리적, 사회적 기능이 약화되어 자립생활 능력과 환경에 적응하는 능력이 약화된 자로 규정할 수 있다.

2. 노인의 조작적 정의

노인에 대한 추상적 정의는 조사연구나 복지정책의 수립과 집행을 위한 실제적인 효용성이 매우 낮으므로 노인에 대한 보다 구체적이고 명확한 조작적 정의가 요구된다. 따라서 노인에 대한 조작적 정의는 크게 다음과 같이 다섯 가지로 구분할 수 있다(홍숙자, 2010).

1) 자각에 의한 노인

자각에 의한 노인은 개인의 주관적 판단에 의해 스스로를 노인이라고 규정하는 것이다. 사람에 따라서는 연령과 무관하게 이른 나이에 자신이 노인이라고 생각하는 사람이 있는 반면, 후기 노년기에도 노인이라고 생각하지 않는 사람이 있다. 일반적으로 중년기 이후부터는 자신이 어느 정도 나이가 들었다고 여기는 자각연령(自覺年齡)이 실제 연령보다 낮지만, 고학력자이거나 전문직에 종사할수록 더 낮아지고 있다(Breen, 1976). 우리나라는 노인이 되는 시점을 주로 신체적인 기능저하에 근거하여 판단하는 경향이 강하며, 보편적으로 70세 이후에는 80% 정도가 자신을 노인이라고 지각하고 있다(한국보건사회연구원, 2004). 따라서 자각에 의한 노인에 대한 정의는 노화의 다양한 측면을 고려하여 판단하고 있으나 매우 주관적이고 추상적이므로 노인에 대한 연구나 정책적 활용에는 한계가 있다. 그러나 노인들의 일상생활이나 대인관계, 노인상담 등의 임상에서는 유용하게 사용될 수 있다(권중돈, 2004).

2) 역연령(曆年齡)에 의한 노인

노인의 정의에서 가장 보편적으로 사용하는 정의는 역연령(曆年齡)에 의한 정의이다. 이는 달력상의 나이로 계산한 나이가 일정한 연령 이상이면 노인이라고 규정하는 것이다. 이 정의는 독일에서 1889년 비스마르크가 노령연금의 수급기준을 65세로 규정한 것에서 유래되었으며, 서구에서는 일반적으로 사회보장제도의 수급자격기준으로 삼고 있다. 노년학 전문학술지(Journal of Gerontology)에서는 1998년 노인의 연령범주를 50~70세로 규정하고 상황에 따라 연령기준을 융통성 있게 적용할 것을 제안하고 있다(Atchley, 2000).

우리나라는 노인관련 법령에서마다 노인의 기준을 다르게 적용하고 있다. 즉, 고용상연령차별금지 및 고령자고용촉진에 관한 법률에서는 55세 이상을 고령자, 「국민연금법」에서 노령연금 수급개시가 60세(2013년부터 5년마다 1년씩 연장하여 2033년부터는 65세부터 지급함)로, 「노인복지법」에서는 여가 및 일자리관련기준에서는 60세, 그 외는 65세로 규정하고 있다. 대부분 국가의 행정적·법적 절차에서는 이 기준에 따르고 있다.

이같이 다양한 노인의 숫자적 연령을 뉴가르튼(Neugarten)이나 브론디(Brondy), 미국사회사업가협회의 기준을 통합해 보면 55~64세까지를 연소노인(young-old), 65~74세까지를 중고령노인(middle-old), 75~84세까지를 고령노인(old-old), 85세 이상을 초고령 노인(super old)으로 구분하고 있다(Harrigan and Famer, 2000; Atchley, 2000; Suzman, 2001; 최성재·장인협, 2010, 재인용).

평균수명이 가장 긴 일본에서는 최근 들어 75세부터를 노인으로 규정하자는 움직임이 우세하다고 한다. 우리나라도 인구고령화로 나타나는 문제를 해결하기 위한 방편으로 노인연령의 상향조정을 주장하기도 한다. 50대 이상 중고령자가 노인이라고 생각하는 나이는 68.5세라는 조사결과가 나왔다(국민노후보장패널 7차 조사결과). 황진수는 이른바 사다리이론이라고 하는 연차적으로 노인연령을 올리는 안(案)으로 2022년에 66세, 2024년 67세, 2026년 68세, 2028년 69세, 2023년 70세를 주장하였다. 동아일보(2017. 2. 13.)의 조사에 의하면 한국인 절반은 '70세'부터 노인이라고 생각하는 것으로 나타났다. 그러므로 노인에 대한 기준은 평균수명이나 퇴직연령에 따라 재조명되어야 할 것이다.

이와 같이 역연령에 의한 노인의 정의와 연령기준은 노인집단을 분류하는 데 한계가 있으나 65세라는 연령은 노인이 되는 법적, 정책적, 행정적 기준으로 보편화되어 있으며 학술적으로도 이 시기부터를 노인이라고 규정하는 것이 일반적이다.

3) 역할 상실에 의한 노인

사회적 역할 상실에 의한 노인은 사회적 역할의 유무를 기준으로 노인을 정의하는 것이다. 개인은 사회의 연령규범에 따라 사회적 지위와 역할을 획득하고 상실하게 되는데, 중요한 사회적 지위와 역할을 상실한 사람을 노인이라고 한다. 예를 들면, 직장에서 퇴직한 사람이나 가정에서 주부의 역할을 다음 세대에게 이양하는 사람을 노인으로 간주하며 사회적 노인이라고 부르기도 한다. 그러나 이 정의는 사회적 지위와 역할이 불분명하거나 일생 동안 특별한 사회적 지위와 역할을 수행하지 못한 사람에게는 적용하기 어려운 정의이다.

4) 기능적 연령에 의한 노인

기능적 연령은 특정한 연령범주에 속한 개인의 이동성, 신체적 기능, 생산성, 자아통제력, 업무능력, 정신기능 등의 수준으로 노인을 규정하는 것을 의미한다. 그러므로 기능적 연령에 의한 노인은 개인이 특정한 업무나 주어진 기능을 수행하지 못하는 경우 기능적 노인이라고 한다. 사람은 연령이 증가함에 따라 신체적 기능이나 업무수행 능력이 저하되는 것이 일반적이지만, 모든 사람이 같은 양상을 보이는 것은 아니며 개인차가 있다. 일반적으로 젊은 사람과 노인의 기능적 연령은 크게 차이가 있다. 젊은 층을 대표하는 25세에는 기능의 차이가 4세 정도로 큰 차이가 없으나 노인층을 대표하는 75세에는 기능의 차이가 18세 정도로 크게 나타난다. 젊어서는 기능적 연령이 낮은 것이 기능이 저조한 것을 의미하며, 노년기에는 기능적 연령이 낮은 것이 기능이 좋다는 것을 의미한다.

기능적 연령은 역연령에 의한 노인의 정의를 보완하는 장점이 있으나, 기능적 연령을 사정하는 기준과 영역이 매우 복잡하고 다양하며 정책이나 행정의 편의성이 낮기 때문에 활용하는 데는 많은 한계가 있다(권중돈, 2013).

5) 발달단계에 따른 노인

인간의 발달단계는 신체적, 심리적, 사회적 속성이나 환경적 특성에 따라 구분할 수 있다. 중년기는 신체적으로는 노화가 시작되고 사회적으로는 자녀의 진수나 지위와 역할 및 생활환경의 변화로 인하여 노화증상들이 나타나기 시작하는 시기이다. 그러나 중년기에 노화가 시작되어도 40~50대를 노인으로 규정하지는 않는다. 일반적으로 60대부터 신체적 노화와 함께 심리적 노화가 시작되며, 사회적 지위와 역할이 상실되고 사회참여가 감소하며 자녀를 진수하게 되면서 사회적 노화가 급속하게 진행된다. 70대 후반부터는 신체적인 노화가 심화되며 만성질환도 악화되면서 인지기능 역시 저하될 뿐만 아니라 사회적 관계망과 사회활동이 축소되고 타인에 대한 의존성이 크게 증가하게 된다. 따라서 인간의 발달단계를 근거로 50대 후반부터를 후기 성인기 또는 초기 노년기, 60~65세부터를 노년기, 75세 이후부터를 후기 노년기로 구분하므로, 인간발달 단계상 노년기는 어떤 연령을 기준으로 하는가에 따라 노인에 대한 정의가 달라질 수 있다(권중돈, 2013).

제3절 노인의 욕구와 문제

1. 노인의 욕구와 분석

1) 분석관점의 의미

인간사회에서 모든 현상에는 인과관계가 있다. 어떤 관점을 취하든 간에 사람들은 사회현상과 사건을 나름대로 다양한 입장에서 보는 경향이 있다. 이러한 입장은 사람에 따라 일관성이 있는 경우도 있고 그렇지 않은 경우도 있다. 문제는 사물과 현상을 보는 관점에 따라, 그 원인과 결과 그리고 대응방안이 달라진다는 사실이다. 사회복지와 관련한 현상과 사회문제만이 아니라 일상생활에서 직면하는 거의 모든 사건과 현상을 나름대로의 색깔과 관점을 가지고 보는 경향이 있다는 것이다. 특별히 사회복지와 노인복지와 관련해서 취할 수 있는 가치, 이념, 철학, 이론 등과 같은 메타영역(metar sector)은 현실의 사회문제, 사회복지정책과 프로그램, 실천 등에 주요한 영향을 끼치며 관련성을 가진다는 점은 이미 잘 알려져 있다(현외성, 2010).

물론 반대로 현대사회가 갖는 특성이라는 사회적 실재가 외부의 환경으로서 개인의 삶과 사회문제 및 사회복지에 대하여 영향을 끼치는 것 또한 실제적이다. 노인문제를 사회문제의 하나로 간주하고 또 노인문제의 해결책으로서 노인복지가 실천되는 연관성을 갖는 맥락에서, 노인문제의 분석관점은 결국 노인복지의 내용과 형태 등을 결정짓는 중요한 영향력을 가지고 있다는 의미이다. 사회복지 혹은 노인복지는 한 사회에서 사회적 약자에 속하는 사회구성원(여기서는 노인)의 최소한의 인간다운 생활 유지를 위해 선택하는 사회적 장치이기 때문에, 노인문제에 대한 개인적·집단적 인식과 인지가 중요한 역할을 한다는 의미를 수용하기 때문이다.

2) 노인문제 분석관점과 노인복지

노인문제를 어떤 분석관점으로 분석하느냐는 결정적으로 그 대안으로 제시되는 노인복지의 내용과 형태 등을 결정짓게 된다. 인간의 욕구불충족과 사회문제의 발생, 「사회복지법」과 정책의 수립, 그 집행으로서 사회복지행정 그리고 사회복지실천은 각기 일련의 합리적 모형(rational model)으로서 단계적으로 연계되어 있다.

노인문제에 있어서 어떤 특정의 분석관점을 선택하고, 그것으로써 노인문제를 해석할 때, 해결책으로 등장하는 노인복지정책과 법의 내용이 판이하게 달라질 수 있다. 예컨대, 기능주의론이냐 갈등주의론이냐에 따라서 노인복지정책이 변화된다는 점이다. 만일 노인빈곤의 문제를 기능주의적 관점에서 바라본다면, 특히 노인빈곤은 필요악이고 어쩔 수 없는 현상으로 인식되고, 국가는 소극적으로 노인들로 하여금 현대산업사회에서 적응할 수 있도록 돕는 미시적 접근책으로 사회복지정책과 프로그램이 마련되는 경향이 예상된다.

반면에 갈등주의적 입장에서 노인빈곤의 문제를 분석한다면, 노인들은 연령계층에 따라 혹은 가치갈등에 따라 생겨난 불평등의 피해자로 간주되어, 국가는 보다 적극적으로 노인복지정책을 수립하는 경향이 가능하다. 예를 들면, 노인을 둘러싼 사회의 갈등구조를 변화시키려는 거시적·정책적 경향을 띠는 정책과 법이 마련될 수 있다.

3) 노인문제 분석관점과 매스컴, 국가 및 행위자

노인문제의 분석에서는 분석자의 사회적 영향력과 힘이 또한 중요한 변수가 된다. 정치적, 경제적, 사회적 역량을 가진 사람일수록 분석과정에 영향력을 행사할 수 있다. 한편, 분석과정에서 매스컴이 미치는 영향이 상대적으로 중요하다. 매스컴은 대중의 견해를 매집하고 표현하기도 하거니와 경우에 따라서는 대중의 견해를 특정한 방향으로 몰아가는 것도 무시할 수 없다. 그러므로 매스컴의 객관적인 보도와 여론의 투명한 반영이 요구된다. 한편, 경우에 따라서는 많은 대중이 아직 인식하고 있지는 못하지만, 사회문제인 어떤 문제와 현상을 대중에게 알려줌으로써 대중을 인식시키고 그 문제에 공식적·사회적 대응책을 마련하도록 여론을 환기시키는 선도적인 매스컴의 역할도 매우 중요하다. 이러한 맥락에서 전문가에게는 매스컴을 적절하게 활용하는 역량이 요청되는 것이다.

그리고 국가 역시 분석관점에 중요한 영향력을 알게 모르게 행사할 수 있다. 현대 민주주의 국가에서 정부는 흔히 시민들에게 자신들이 추진하고 있는 각종의 정책, 여기서는 사회복지정책을 홍보하고 성공적인 결과를 획득함으로써 시민들의 지지를 얻으려는 정치적 속성을 가지고 있기 때문에, 사회문제의 분석관점에 심각한 영향을 미칠 수 있다. 더욱이 종종 국가의 공무원이 하나의 이익집단으로 자신의 이익을 위해 행동하는 성향도 존재한다.

2. 현대화이론과 현대성의 문제

현대 산업사회의 특성으로 인하여 노인문제가 발생하는 것을 포괄적으로 설명하는 이론으로 코우길과 홈즈(Cowgill and Holmes, 1972)가 주장한 현대화이론(Modernization Theory)이 흔히 언급된다. 현대화이론의 핵심은 크게 4가지로 요약되는데, 현대사회의 변화는 ① 보건의료기술의 발전, ② 생산기술의 발전, ③ 대중교육의 확대, ④ 도시화 등이 각각 여러 가지 요소와 결합하여, 노인으로 하여금 여가시간의 연장, 역할 상실, 수입 감소, 경제적 의존, 건강보호의 어려움 및 심리사회적 소외 고립의 상황으로 몰아 문제집단으로 전락하게 한다는 요지이다. 즉, 아래 그림에서 보는 바와 같이, 현대화의 핵심적 요인들이 인과적으로 사회의 다른 요인들을 촉발시키고, 그 결과 노인들이 현대사회의 적응에 어려움을 갖는 존재로 전락하게 되는 것으로 설명하고 있다.

결국 현대사회의 과학과 기술의 발달은 평균수명을 연장시키고 인간사회를 합리적이고 편안하게 만들었으나, 다른 한편으로 노인들이 변화하는 현대사회에서 노후생활을 영위하는 데 어려움을 제공하는 요인이 되고 있다. 특히 사회변동의 속도가 빠른 사회일수록 노인들의 사회적응력에 어려움을 가져다줄 수 있다. 또 개인주의와 업적주의, 능률주의를 중시하는 현대사회에서 인간관계의 변화 역시 노인들의 삶을 쉽지 않게 하는 요인이 된다.

우리나라와 같이 현재의 노인이 체득하고 몸에 배어 있는 문화적 가치와는 상이한 현대산업사회에서, 특히 정보화 사회로 급속한 사회변동 속에서 노인들은 상당한 적응상의 어려움을 경험할 수 있다. 이처럼 현대성의 문제는 그것 자체로서 노인들의 사회생활이 젊은이들에 비하여 상대적으로 어려운 상황에다 한국적 특수성, 즉 사회변동의 급속성과 변화의 복합성이라는 부가적 상황을 더하면서 현재의 우리나라 노인들이 직면하고 있는 어려움을 짐작할 수 있다.

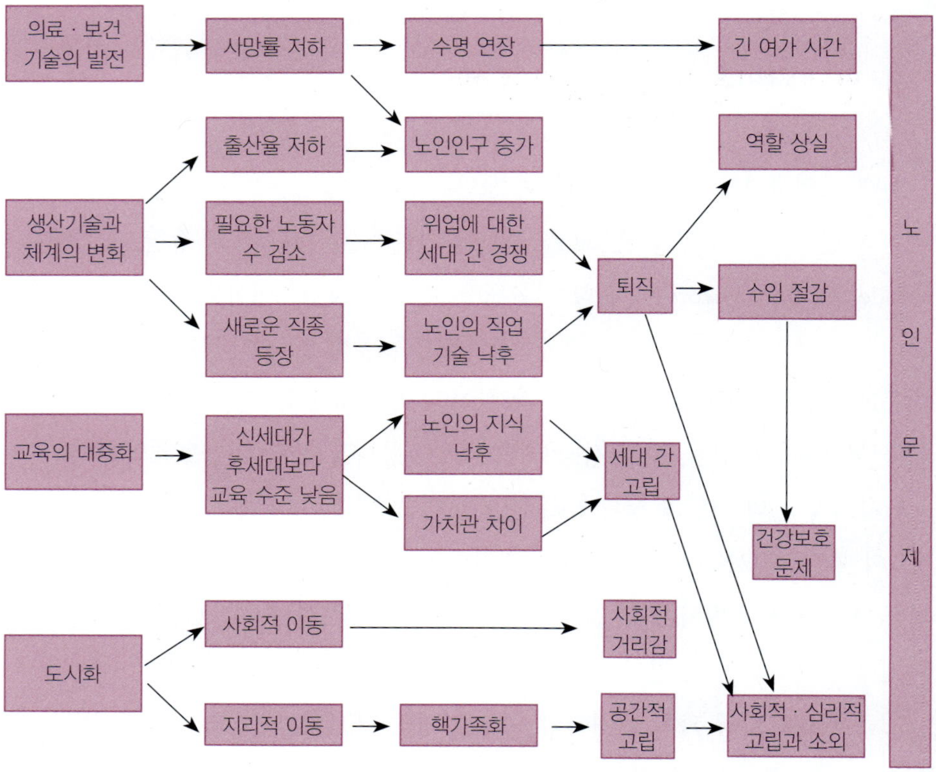

[그림 1-1] 현대화와 노인문제의 관련성

자료: 최성재·장인협(2010). 노인복지학. 서울대학교 출판문화원. 9. 44

제4절 노인복지의 개념과 방법

1. 노인복지학

1) 노인욕구와 노인복지학

노인복지학은 노인들이 인간다운 생활을 영위할 수 있도록 제반 사회복지 서비스를 제공하고 실천하는 사회적 활동을 말한다. 노인복지의 대상이 좁게는 스스로 인간다운 생활을 영위하기 어려운 노인과 그 가족이지만, 보다 넓게는 노령화 과정에 있는, 혹은 노후생활을 준비하는 제반 연령집단까지도 포함하는 포괄적인 활동이다.

또 다른 측면에서는, 노인복지 혹은 노후복지가 노인의 욕구를 충족시키려는 제반 사회적 서비스 제공과 실천 활동이라고 한다면, 매슬로우(Maslow)가 말하는 인간욕구의 5가지 유형으로 되어 있는 생리적 욕구에서부터 자아실현의 욕구까지를 충족하기 위한 다양한 서비스 내용이 바로 노인복지 실천을 통해 제공되는 것이다.

노인의 욕구는 매슬로우가 말하는 유형에 따라 다음의 다섯 가지로 분류할 수 있다. 다음의 다섯 가지 욕구는 그대로 노인에게도 적용되지만, 특별히 노년기에는 더욱 다섯 가지 욕구가 결핍되기 쉬운 상황에 처하게 된다. 예컨대, 노인은 경제활동에서 은퇴하므로 소득이 단절되고, 이에 따라 생리적 욕구나 안전의 욕구가 결핍되기 쉽다. 더욱이 노쇠현상으로 인하여 질병에 쉽게 걸리는가 하면, 각종 신체적·정신적 장애로 말미암아 생리적 욕구와 안전의 욕구는 어느 시기보다도 결핍되기 쉽다. 또 사랑의 욕구에 있어서는, 일선에서 은퇴하고 자녀들이 출가하고, 친구들이 하나 둘 죽게 되면, 고독과 고립이 밀려오면서 인생의 황혼기에 어려움을 겪게 된다. 노인에게 있어서 사랑의 욕구만큼 충족되어야 하는 중요한 욕구가 또 있을까 싶다. 존경의 욕구나 자아실현의 욕구도 마찬가지로 노인에게는 결핍되기 쉬운 욕구이다.

〈표 1-8〉 매슬로우의 욕구 5단계와 그 내용

욕구단계	결핍상황	충족	예
생리적 욕구	• 생리적 욕구 • 배고픔, 갈증 • 성적인 좌절 • 긴장 • 피로 • 질병	• 평안함 • 긴장 해소 • 감각으로부터 만족감을 느낌 • 상동 • 신체적 건강	좋은 음식을 먹은 후에 누리는 만족
안전의 욕구	• 적당한 주거의 결핍 • 불안 • 갈구 • 상실감 • 두려움 • 강박감	• 안락함 • 안전 • 안락함 • 균형 • 평정 • 안정	안정된 직업에서 갖는 안전함
사랑의 욕구	• 과잉 자의식 • 바라지 않는 느낌 • 무가치적인 느낌 • 공허감 • 고독 • 고립 • 불안전함	• 평온, 평정 • 감정의 자유로운 표현 • 전체적인 온전한 감정 • 자애로운 감정 • 생명과 힘이 갱신되는 느낌 • 상동 • 상동	사랑의 관계에서 전체적인 수용의 경험
존경의 욕구	• 무능력한 감정 • 열등감	• 자신감 • 승리감 • 긍정적인 자아관 • 자존 • 자기개발	어떤 일을 성취함에 대한 보상을 받음
자아실현의 욕구	• 소외 • 삶의 의미 상실 • 권태 • 일상적인 생활 • 한정된 활동	• 건강한 호기심 • 고도의 성장에서 느끼는 경험 • 가능성의 실현 • 즐겁게 일하고 가치를 실현함 • 창조적인 생활	깊은 통찰력을 경험함

자료: 현외성 외(1998)

그러므로 노인복지는 사회복지의 이론과 실천방법론, 그리고 가치와 원리를 공유하고 있다고 할 수 있다. 이런 점에서 노인복지는 사회복지의 한 분과영역으로 인정되고 있다. 노인의 욕구와 문제, 특히 사회문제와 연관하여 노인 혹은 노후에 직면할 수 있는 각종의 욕구와 문제를 해결하고 예방하려는 사회적 노력의 총화를 노인복지라고 할 수 있는 것이다.

노인복지란 특별히 노인복지를 증진시키려는 사회적 국가적 노력 자체에 강조점을 둔 개념이다. 즉, 노인복지의 주체에 관심을 가진 개념으로, 사회문제로서의 노인문제를 해결하고 예방하려는 노력의 일환으로, 그 구체적인 내용이 노인복지라는 것이다.

노인복지의 내용과 실천방법 다음으로 노인복지의 내용은 어떠한가? 노인복지는 그 형태와 수준 그리고 실행방식 등 모든 측면이 이론적으로는 학자들에 따라서 그리고 실천면에 있어서는 국가나 시대에 따라 다양하게 다르다. 본서에서는 욕구문제 및 사회복지 혹은 노인복지의 연속선상에서 노인복지를 다음에 나오는 내용들과 같이 체계화할 수 있다고 생각한다. 노인복지학은 사회 속에서 일어나는 이러한 노인복지와 연관되는 사회적 서비스와 노력을 둘러싼 노인복지현상을 연구하는 것이다.

노인복지의 실천방법은 실제에 있어서는 매우 다양한 형태와 내용을 가진 채 전문적으로 실천되고 있다. 노인복지 실천 현장은 대체로 노인복지시설 혹은 기관 단체 혹은 노인복지 대상자가 살고 있는 가정에서 실천방법론이 전개된다고 할 수 있다.

보통 이러한 노인복지 실천방법론은 전문사회복지사의 주도로 관계 전문가와 함께 팀워크를 이룬 활동이나 자원봉사자의 도움을 통해 실천된다. 노인복지학은 현장에서 일어나는 노인복지 실천방법론에 관련되는 실천방법 혹은 전문기술을 연구하는데, 특히 실천과정을 통해서 이러한 방법론이 구체적으로 드러나는 것이다.

2. 노인복지의 대상과 주체

1) 학문과 실천의 대상으로서 노인

노인은 결국 노령화 과정에 있는 사람 중 특별히 스스로 혹은 가족이나 사회적으로 관심을 가져야 하는 대상집단으로 간주된다. 노인은 개인적으로나 가족적인 측면에서 다른 사람들의 도움이 필요할 뿐만 아니라, 사회환경적으로도 도움을 받을 수밖에 없는 사람으로 지위와 역할 등이 약화된 존재이기 때문이다.

사실 오랜 기간 동안 노인집단은 가정적으로나 사회적으로 존경받고 훌륭한 역할을 수행해 오기도 하였다. 그러나 최근 들어 현대산업사회의 특성상 노인들이 사회적 약자집단으로 전락하여 사회복지 혹은 노인복지의 중요 대상으로 포함되었다.

그러므로 학문과 실천 대상으로서 노인은 앞에서 말한 바와 같이, 뉴가르튼이 분류하였던 역연령상 연소노인, 중고령노인 및 고령노인을 포함하는 것은 물론 보다 넓게는 고령화 과정에 있는, 그리하여 노후생활에 대비하려는 모든 사람들까지 노인복지학에서는 관심을 가져야 할 것이다.

이들 노인의 인구학적 특성과 발달론상의 특성 및 사회환경적 요인 등과 연관하여 노인이 가지는 특수한 욕구와 문제에 대해서는 다음 장에서 상세하게 서술할 것이다. 아마도 다음 장에서 논의되는 내용을 통해서 독자들은 노인복지학의 내용과 범위를 보다 심층적으로 이해할 수 있을 것으로 본다.

노인이라는 동일한 연령계층이 가지는 욕구와 문제는 말할 것도 없고, 같은 노인이라고 하더라도 중고령노인에서 고령노인으로 옮아갈수록 사회적 서비스를 한층 더 많이 그리고 전문적 서비스를 필요로 하는 집단적 특수성을 가진다. 그것은 사람들이 나이가 들어감에 따라 신체적·정신적 건강의 쇠약과 각종 질병으로 어려움을 당할 뿐만 아니라 소득보장이라든지 흔히 말하는 노인의 네 가지 고통(병고, 빈고, 고독고, 무위고)이 자연스럽게 발생하기 때문이다. 그러므로 노인은 다른 사회적 약자와는 다른 특수성을 가짐에도 불구하고 사회복지의 대상으로 포착되어 전문적이고 특별한 사회적 서비스를 제공받게 된다.

2) 학문과 실천 주체로서 노인

반면에 노인은 사회복지의 주체적인 지위와 역할을 수행하기도 한다. 우리나라 과거의 노인들은 유교주의적 전통에서 교육받고 살아왔기 때문에 가정에서나 사회에서 웃어른으로서 체면을 유지하여 왔다.

그러나 서구의 합리주의, 능력주의를 비롯하여 소위 민주주의의 정치형태로 말미암아, 자신들의 권익을 스스로 찾아야 한다는 사회적 풍토 속에서 하나의 이익집단으로 노인복지정책을 형성하고 서비스를 쟁취하는 움직임이 조금씩 생겨나고 있다.

서구의 경우 노인들 사이에 연령차별에 의한 동질성을 지닌 계층의식이 싹트고, 노인들은 자신들의 복지증진을 위해 공동체적 활동을 시작하게 되었는데, 이것을 흔히 그레이 파워 운동(Gray Power Movement)이라고 한다. 영국과 스웨덴에서는 1920년대, 미국은 1930년대, 일본은 1950년대 초에 각각 각종 노인 권익증진 운동인 그레이 파워 운동이 전개되기 시작하였다(현외성, 2010).

우리나라에서는 최근 이러한 운동이 조금씩 보이는데, 노인단체로서 대한노인회, 한국정년퇴직인협회 등이 있다. 우리나라는 사회환경적 여건이나 노인집단의 속성상 노인들이 압력집단을 형성하여 정책결정에 영향력을 미칠 수 있는 이러한 움직임이 아직 시기상조란 견해가 지배적이다. 그러나 앞으로는 이러한 환경과 노인들의 인식변화가 빠르게 이루어져 노인들이 정책 주체로 활발하게 움직이려는 경향을 보이고 있다.

노인복지학의 학문적 관심과 실천 주체로 노인집단은 흥미 있는 과제를 던져준다. 노인복지 정책형성과 결정과정에 관한 연구는 특별히 이러한 주체로서의 노인에 대한 많은 시사점을 주는 분야이기도 하다. 또 실천면에서 있어서도 노인 스스로에 의한 권익운동은 앞으로도 목표와 전술, 전략개발은 물론, 기존 노인복지 프로그램의 평가와 개선을 위한 활동에 이르기까지 넓고 다양한 주제들이 존재한다.

2

노화와 이론

제1절 노화의 개요

1. 노화의 개념

1) 노화의 정의

이 세상에서 변하지 않는 것은 존재하지 않으며, 변화 자체가 존재의 본질인지도 모른다. 이러한 변화과정에서 생겨나는 것 중에서 인간이 특별히 관심을 갖는 것은 노화이며, 노화과정에서 발생하는 다양한 생활문제와 불만족 상태를 해결하고 충족함으로써 인간다운 삶을 영위하려는 욕구 때문에 노화에 대한 관심이 증대되었다(현외성 외, 1998).

노화(aging)는 시간의 흐름에 따라 유기체의 세포, 조직, 기관이나 유기체의 전체에 일어나는 점진적인 변화(Beaver and Miller, 1983)로 정의할 수 있다. 또 다른 학자들은 나이가 들어감에 따라 신체적·정신적 기능이 쇠약해짐이라고 정의하고 있다(신기철·신용철, 1990).

2) 노화의 구분

노화는 인간의 정상적인 성장과 발달과정 전체의 한 부분이며 최소한 세 가지 측면에서의 변화과정을 포함하고 있는데 이것은 생물학적 노화, 심리적 노화 및 사회적 노화이다(Birren, 1959). 생물학적 노화(biological aging)는 신체의 기관과 체계의 구조 및 기능이 시간이 경과함에 따라 변화하는 것을 의미하며, 심리적 노화(psychological aging)는 축적된 경험에 의한 행동, 감각기능, 지각능력, 자아에 대한 인식 등이 시간이 경과함에 따라 변화하는 것을 의미한다. 반면에 사회적 노화(sociological aging)는 생활 주기상에서 일어나는 사회규범, 역할기대, 사회적 지위 등의 변화를 의미한다(최성재·장인협, 2010). 이러한 세 가지 측면의 노화는 개인의 내적, 외적인 환경에 의해서 각각 다르게 나타나지만 일반적으로는 생물학적인 차원의 노화를 대표적인 의미로 알고 있다.

베버와 밀러(Beaver and Miller)는 노화를 생물학적, 심리적 및 사회적 측면 등 3가지 차원으로 구분하였다(Beaver and Miller, 1985; 최성재·장인협, 2010, 재인용). 생물학적 노화는 모든 개인이 궁극적으로 직면하게 되는 점진적인 활력의 상실과 질병에 대한 저항력의 상실을 의미하며, 유기체의 기관, 조직체, 세포, 근육 등의 변화현상을 설명하면서 생리적인 노화는 30세 이후부터 시작된다고 주장하였다. 반면에 심리적인 노화는 감각기능, 인지기능, 정신기능, 욕망, 동기 및 정서 등 다양한 차원을 포함하여 설명하고 있다. 또 사회적 노화는 인간이 나이가 들어감에 따라 사회 속에서 발생하는 사회규범, 역할기대, 사회적 지위 등의 변화과정에서 경험하는 사회적인 처우라고 설명하였다.

2. 노화의 분류에 따른 특징

밀러와 베버(Miller and Beaver, 1985; 최성재·장인협, 2010, 재인용)가 분류하고 있는 노화는 생물학적 노화, 심리적 노화, 사회적인 노화 등 3가지이다. 노화의 3가지 차원에 따른 특징에 대하여 살펴보기로 한다.

1) 생물학적 노화의 특징

생물학적 노화는 신체적인 변화와 신체적인 능력의 쇠퇴, 몸의 기관이나 조직, 세포, 근육 등의 변화를 의미한다. 생물학적 노화의 특징을 스트렐러(Strehler)는 다음과 같이 설명하고 있다(Atchley, 2000).

첫째, 보편성이다. 생물학적 노화는 살아 있는 모든 생물체에서 일반적으로 일어나는 현상이라는 것이다.

둘째, 내재성이다. 노화는 인간의 탄생과 동시에 인체의 내부에서 발생하는 것이므로 환경적·물리적인 외적 요인보다는 신체 내부의 요인으로 일어난다는 것이다.

셋째, 유해성이다. 노화는 신체의 기능을 저하시키고 능력을 감퇴시켜 면역력을 저하시킴으로써 인체에 해로운 영향을 미치는 것이다. 암환자의 60%가 40세 이상에서 발생하는 것이 특징의 증거라고 볼 수 있다.

넷째, 진행성이다. 노화는 돌발적이거나 일시적으로 나타나는 변화가 아니라 출생 이후부터 장기간에 걸쳐 점진적으로 일어난다는 것이다. 시력, 청력, 호흡기의 기능은 20대부터 기능이 저하된다는 학자들의 연구도 있다.

생물학적 노화는 그 시기나 진행속도에 있어서 개인적으로 정도의 차이는 있을 수 있으나 결국은 모든 사람에게서 이러한 특징을 가지고 일어난다는 것이다.

2) 심리적 노화의 특징

인간은 일생의 과정을 통해서 새로운 역할을 획득하고 새로운 경험을 통하여 습관적으로 변하기 때문에 성격적인 특성도 변한다고 한다(Woodruff and Birren, 1983; 윤진, 1985). 따라서 노인의 성격변화를 설명하는 윤진(1985)의 심리적 특성을 요약하면 다음과 같다.

(1) 우울성향의 증가

노년기에는 다양한 요인들이 노인의 우울감을 증폭시킨다. 노년기 우울감의 유발요인으로는 신체적 질병, 배우자나 친구의 죽음, 경제적 어려움, 사회와 가족으로부터의 소외 및 고립, 일상생활 수행능력의 저하, 과거에 대한 회한 등으로 볼 수 있다. 이로 인하여 노년기에는 수면장애, 슬픔, 분노, 외로움, 식욕저하, 무감동, 증오심, 강박관념 등의 증상이 나타나기 쉽다. 그러나 이러한 성향은 개인적인 적응능력에 따라 차이가 있으며, 우울성향이 강한 노인들은 공감적 이해와 울음요법(cure by crying)이 효과적인 대응방법이 된다.

(2) 내향성 및 수동성의 증가

노년기가 되면 관심이나 주의를 외부에 두기보다는 자신에게 돌리는 경향 때문에 자신의 사고나 감정에 의해서 판단하려는 성향이 강해진다. 이러한 사고나 감정을 외부로 표출하기보다는 내적으로 삭히는 성향이 증가하는데 이는 사회·심리적인 요인이 크게 좌우한다. 때문에 능동적으로 자신을 표현하지 못하고 상대방이 알아서 해주기를 바라는 수동성이 강해진다. 따라서 노인을 대할 때는 노인의 심리상태를 미리 파악하여 표현하지 못한 욕구까지 파악하여 능동적이고 적극적인 태도로 대하는 자세가 필요하다.

(3) 성역할 지각의 변화

노년기가 되면 성인기까지의 성역할이 역전된다. 많은 학자들은 그 이유를 갱년기 이후 호르몬의 영향이라고 주장한다. 그러나 이러한 변화는 사회적 현상으로 인하여 더 크게 영향을 받는다. 여성노인은 며느리의 등장과 함께 나타나고 남성노인은 퇴직이나 배우자의 변화와 함께 나타난다. 변화양상으로는 과거에 권위적, 지배적인 특성을 가진 남성노인은 의존적, 관계지향적, 친화적인 성향이 증가하는 반면에 과거에 순종적, 희생적인 특성을 가진 여성노인은 공격적, 자기중심적, 지배적, 권위적인 성향으로 역할의 반전현상이 나타난다.

(4) 경직성의 증가

사람은 연령이 증가함에 따라 자신의 사고나 습관이나 행동을 고수하려는 경향이 있다. 특히 노년기가 되면 모든 면에 자신감이 없어지기 때문에 자존감을 유지하기 위해서 사고나 습관, 행동을 고집하려는 특성을 보인다. 이러한 특성은 노년기의 학습능력이나 문제해결능력을 저해하는 요인이 될 수도 있다(Botwinick, 1978). 경직성은 이해와 수용, 인정이라는 태도로 완화시킬 수 있다.

(5) 조심성의 증가

노년기가 되면 매사에 노파심이 증가하는데, 신체적·사회적·심리적인 여건으로 인하여 자신의 취약성을 보완하기 위한 발로에서 비롯된다. 노화로 인해 모든 일상생활에 자신감이 저하된 노인들은 조바심이 생기거나 남을 믿지 못하는 심리상태가 초래되면서 여러 번 반복하고 확인하는 습성이 생긴다. 이로 인하여 노인들은 반복적인 질문이나 강박적인 행동, 사고비약 등의 특성을 보인다.

(6) 과거를 회상하려는 경향

노년기가 되면 생의 시간이 얼마 남지 않음과 죽음이 가까이 다가옴을 지각하면서 과거를 회상하는 경향이 증가한다(Butler, 1975). 가까운 과거부터 시작하여 먼 과거로 거슬러 올라가면서 해결되지 않은 갈등문제를 새롭게 해결하려는 시도를 하거나 과거를 후회하고 반성함으로써 자아통합을 이루려는 시도를 하게 된다. 또한 노인들에게는 비록 힘들고 고달픈 과거였어도 과거를 회상하는 것이 행복한 시간이다. "아이들은 미래에 살고, 청년들은 현재에 살고, 노인들은 과거에 산다."는 우리 속담은 이 특성을 그대로 반영한 것으로 볼 수 있다.

(7) 친근한 사물에 대한 애착

노인이 되면 오래 사용해 온 물건에 대한 애착이 강해진다. 그 이유는 현대사회에서 하루가 다르게 변화하는 현실에 적응하기 어려운 노인들에게 변하지 않는 물건들은 편안함과 안락감을 제공해주기 때문이다. 애착을 갖는 물건으로는 자신이 구입한 집이나 가재도구, 오래된 사진, 추억이 담긴 골동품, 일용품 등이다. 그러므로 노인들에게는 무조건 비싸고 새로운 것이 귀한 것이 아니라 노인이 소장하고 있던 오래된 것들이 더 가치 있는 것이기 때문에 옛것을 수선하거나 보수하여 편리하게 사용할 수 있도록 배려하는 자세가 필요하다.

(8) 유산을 남기려는 경향

노년기가 되면 죽기 전에 무엇인가 남기고 죽으려는 특성을 보인다. 현재의 노인세대들은 재산이 유산의 전부인 것으로 인식하고 있어서 이를 남기기 위해 정작 본인들은 의식주의 궁핍함을 극복하며 살아가고 있다. 그러나 유산이라는 것은 자신이 살다 간 흔적을 남기는 것이기 때문에 다양한 형태가 있다. 유산 중에는 자녀, 지식, 가치관, 예술작품이나 문학작품, 장인기술이나 재산, 돈, 아름다운 기억 등이 있다. 그러나 과연 변하지 않고 대대손손 물려줄 유산은 무엇이겠는가? 이 특성은 특히 우리나라 대부분의 노인에게서 볼 수 있으며 그들에게 유산은 동산, 부동산으로 인식되어 있다. 앞으로 이 특성의 내용은 크게 변화할 것이다.

(9) 의존성의 증가

노년기에는 모든 여건이 열악하여 독립적인 생활이 불가능해지기 때문에 당연히 의존성이 증가하게 된다. 노인의 의존성은 병리적인 현상이 아니라 정상적인 노화현상이며 경제적 의존성과 신체적 의존성, 심리·정서적 의존성 및 사회적 의존성 등으로 나타난다.

노인들의 말을 빌리자면 "자식에게 손 내밀 때가 가장 슬프고 부끄럽다."고 한다. 노인복지 서비스 및 정책이 확대되면서 사회적 부양이 강화되었다고는 하지만 자녀로서 최소한의 부양의무는 우리 전통사회의 윤리적 차원의 기본 의무이다. 자녀세대의 기본적인 의무이행이 노인의 행복은 물론 가족의 행복과 사회발전에도 크게 이바지하게 될 것이다.

3) 사회적 노화의 특징

인간은 살아서 움직이는 생물학적인 존재이며 느끼고 판단하고 생각하는 심리적인 존재일 뿐만 아니라 다른 사람들과의 상호작용을 통해서 살아가는 사회적인 존재이다. 사람은 가족과 이웃, 지역사회와 국가라는 집단 속에서 성장하면서 지위를 획득하고 역할을 수행하는 사회적 관계를 유지하고 있다. 노화는 생물학적, 심리적으로만 나타나는 것이 아니라 사회적인 관련 상황의 변화로 인해서 초래되기도 한다. 관련 상황으로는 지위와 역할의 변화, 자녀의 진수, 퇴직, 경제적 의존성, 신체적 의존성, 생활환경의 변화 등이 있다. 그러므로 노화현상도 노인의 사회적 관계나 활동을 떠나서는 설명될 수 없다. 노년기에 노인을 둘러싼 사회적 관련 상황들이 사회적 노화에 커다란 영향을 미친다.

(1) 역할과 지위의 변화

지위와 역할의 변화는 노년기에 가장 뚜렷한 특징이다. 지위와 역할의 변화는 상실과 취득, 중요성의 약화, 역할의 종류와 규모 및 수행방법의 변화로 나타난다. 지위와 역할의 상실과 취득에 있어서는 직업인의 역할을 상실하고 퇴직인으로서의 역할을 취득한다. 가장의 역할을 상실하고 배우자의 사망으로 인해 남편이나 아내의 역할이 상실되는 반면에 의존자나 조부모의 역할을 획득하게 된다. 역할의 중요성에서는 제도적 역할은 감소하고 희박한 역할은 증가하게 된다. 역할수행에서도 지위에는 변화가 없으나 주도적인 역할은 상실되고 조언자나 지지자 정도로 역할의 내용이 축소되는 경향을 보인다.

(2) 자녀의 진수

'진수'라는 의미는 배를 다 건조하여 물에 띄우는 것을 뜻하는 것으로 부모가 자녀를 진학이나 취업, 결혼 등을 이유로 부모로부터 독립시켜서 떠나보내는 것이며, 이 시기를 '빈 둥우리 시기(empty nest period)'라고도 한다. 노년기가 되면 모든 부모들이 이러한 상황을 경험함으로써 노인이 되었음을 인식하게 된다. 자녀를 진수한 후에는 부모나 부부의 역할이나 부모-자녀와의 관계에서 변화가 일어난다. 부모와 자녀 간의 애정적 밀착 정도, 부모 자신의 자아성취적인 활동에 대한 관심의 정도, 생의 목표 등에 따라 부모의 노년기는 긍정적 또는 부정적으로 변화될 수 있다. 우리나라의 부모들은 자녀와 성공적으로 분리되는 사례가 흔하지 않다. 우리 부모들의 전통적 가치관에서 효도라는 가치관을 핑계로 자녀를 부모의 소유물로 여기며 친밀성과 접촉성을 유지하려는 부모들의 심리적 의존성을 엿볼 수 있다.

(3) 퇴직

퇴직은 직업적 역할의 상실이라는 면에서 보면 부정적인 자아상을 형성하는 문제의 유발요인이 된다. 퇴직은 모든 사람에게 같은 의미로 이해되는 것이 아니라 자발적이었는지, 강제적이었는지, 정년퇴직이었는지에 따라서, 또 개인의 인생관이나 생활목표에 따라서 다른 의미를 갖는다.

IMF 이후 우리나라는 조기퇴직 추세가 증가하고 있는데, 평균수명이 증가하는 현대사회의 현실과는 반복지적 현상을 초래하고 있다. 국가적 차원의 제도나 정책적 대안이 마련되고 있지만 모든 사람들에게 언젠가는 퇴직이라는 상황이 주어지기 때문에 노년기에는 퇴직의 상황을 피해갈 수 없다. 그 상황에 처하게 되면 사람들은 누구나 노화를 자각하게 된다.

따라서 우리 모두는 퇴직을 지금까지 해오던 일에서 물러서는 것(retire from), 끝나는 것으로 인식하는 것이 아니라 지금까지 하고 싶었던 것을 시작하기 위해서 하던 일에서 물러서는 것(retire to), 다시 시작하는 것으로 그 의미를 수용해야 할 것이다.

(4) 경제적 의존성

노인의 경제적 의존성은 퇴직 이후에 나타나는 대표적인 양상이다. 대부분 퇴직 후에는 수입이 절반 이하로 감소하기 때문에 노년기의 경제적 의존성은 대부분의 경우 불가피한 상황이다. 현재 우리나라 노인들의 노후생활보장은 과반수 이상이 자녀들의 지원에 의해 유지되고 있는 수준이다. 현재 우리나라의 연금제도는 특수직역 연금 및 일부 국민연금 대상자 등의 노인들 외에는 노후보장에 턱없이 부족한 수준이다. 2008년부터 시행되어 2018년 개정된 기초연금은 전체의 약 70% 노인에게 지급하고 있다.

(5) 신체적 의존성

연령이 증가함에 따라 신체적 및 정신적 건강은 약화되는 것이 일반적인 현상이다. 그러므로 노년기에는 개인생활은 물론 사회생활도 타인의 도움을 받아야 가능하게 되고, 신체적 의존성이 높아질수록 사회적 역할수행도 어렵게 되어 결국은 모든 역할수행을 중단해야 하는 상황에 이른다. 신체적 의존성은 가족의 보호를 필요로 하게 되며 자녀들의 부양부담을 가중시킴으로써 가족갈등을 유발하게 된다. 이러한 문제의 해결방안으로 정부에서는 2008년 7월부터 노인 장기요양보험제도를 시행하고 있다.

(6) 생활환경의 변화

직장생활을 하던 사람들이 퇴직을 기점으로 시간을 소일하는 장소가 직장에서 가정으로 바뀌게 된다. 가정에 머무는 시간이 길어짐에 따라 가정 내에서의 새로운 역할수행이 필요하게 되고 이 과정에서 가족구성원 간의 역할갈등을 빚게 된다. 또 퇴직이나 자녀의 진수 후에 경제적·신체적·문화적·사회적 여건에 적응하기 위하여 주거환경에 변화를 주는 현상이 나타나며, 주로 주택 규모의 감축, 교외로의 이주, 귀농 등과 같이 노후생활에 적합한 형태의 생활환경으로 변화가 일어난다.

이와 같이 노년기의 변화와 관련된 사회적 상황들이 사회적 노화를 유발시키는 요인이 되고 있다. 따라서 노인복지학에서 관심을 가져야 하는 측면은 이러한 노화 과정에서 불가피하게 발생하게 되는 문제를 효과적이고 효율적으로 해결하고 예방함으로써 노후의 삶을 인간답고 행복하도록 돕는 것이다. 그러므로 노인은 물론 노화 과정에 있는 사람들을 돕는 자로서의 책임감을 가진 우리는 노화에 대해서 알고 이해하는 것이 매우 중요하다. 특히 노인복지의 실천과정에서 노화에 관한 이론적 지식은 사회복지사들이 습득해야 할 기본적인 요소이므로 중요한 의미를 가진다.

제2절 노화이론

1. 생물학적 노화이론(biological aging theory)

노화의 요인과 학설에 대한 학문적 관심으로 인하여 오늘날 노화의 원인에 대해 여러 가지 이론과 가설이 등장하게 되었다. 쇼크(Shock)는 노화현상에 관한 많은 이론을 크게 유전학적 이론과 비유전학적 이론 및 생물학적 이론 등 3가지로 구분하고 있다. 유전학적 이론은 DNA분자로부터 세포로 인자를 전달하는 과정에서 생기는 결손으로 인해 발생하는 것을 노화라고 설명하고 있으며, 비유전학적 이론은 세포활동을 방해하는 변화가 세포 내에서 발생한 결과로 나타난 것이 노화라고 설명하고 있다. 반면에 생리학적 이론은 하나의 신체기관이 제 기능을 발휘하지 못하게 되거나 신체의 규칙성이나 통제성에 손상을 입어서 나타나는 것이 노화라고 주장한다(김태현, 1994, 재인용).

생물학적 노화의 원인에 관한 이론은 30여 가지 이상이 있으나 대표적인 이론들을 간략하게 소개하면 다음과 같다.

1) 예정 계획이론(programmed theory)

인간은 각자 갖고 태어난 유전적인 프로그램이 있어 미리 짜여진 유전적 계획에 따라 노화가 일어난다고 보는 이론이다. 즉, 유전인자 속에 노화에 대한 진행 계획이 미리 저장되어 있다가 정해진 시점에 도달하면 그 속성이 표출됨으로써 노화현상이 나타난다는 것이다(Shock, 1977). 키나 몸무게, 사춘기나 갱년기가 시작되는 시기가 사람마다 차이가 있는 현상이 그 예라고 할 수 있다.

2) 유전인자 손상이론(DNA-error theory)

유전인자가 손상을 입게 되면 세포가 제 기능을 하도록 효소를 생산하지 못하기 때문에 노화가 일어난다고 보는 이론이다(Shock, 1977). 유전인자는 연령이 증가할수록 쉽게 손상을 입게 되며 정상적으로 유지하는 능력에 따라 노화의 차이가 있다. 예를 들면, 어린 나이부터 흰머리가 난다거나 유전인자가 손상을 받을 만한 특별한 물질에 노출됨으로써 노화가 이른 시기에 나타나는 것을 볼 수 있다. 이를 오류 재해이론이라고도 한다.

3) 사용 마모이론(wear and tear theory)

유기체는 소모되는 것이므로 많이 사용하게 되면 부속기관들이 닳게 되고 파손되어 기능이나 형태 및 능력이 약화되어 노화가 일어난다는 이론이다(Wilson, 1984). 예를 들면, 무릎을 많이 사용하여 생긴 노인들의 퇴행성관절염이나 운동선수들의 연골이 닳게 되어 염증과 통증을 호소하게 되는 현상에서 볼 수 있다.

4) 노폐물 축적이론(waste-product theory)

인체는 흡수와 배설의 기능을 통해 건강을 유지한다. 그러나 인체를 오랜 기간 사용하게 되면 배설기능이 저하되어 세포 속에 해로운 물질과 제거되지 않은 노폐물이 축적되어 그 노폐물로 인해 세포가 파괴되어 기능할 수 없게 됨으로써 노화가 초래된다는 이론이다(Atchley, 1980). 예를 들면, 연령이 증가하면 혈관의 내벽에 노폐물이 축적되어 혈압이 높아지거나 대장에 숙변이 축적되어 생기는 변비와 같은 증상이 그 예라고 할 수 있다.

5) 활성산소이론(free radical theory)

인간의 신진대사과정에서 불가항력적으로 생성된 물질이 활성산소(산화된 산소)이다. 활성산소는 살아 움직이는 동안에는 지속적으로 만들어진다. 이 활성산소가 세포에 축적되면 세포를 파괴함으로써 노화를 초래한다는 이론이다(Harman, 1981). 운동선수들과 같이 운동이나 활동량이 많은 사람들은 활성산소가 많이 생성되기 때문에 빨리 늙고 조기에 사망하는 현상으로 설명할 수 있다.

6) 신체적 변이이론(somatic mutation theory)

세포가 여러 가지 자극에 의해서 상해를 받으면 세포의 원래 성질이 변형을 일으켜 노화현상을 초래한다는 이론이다(Harris and Cole, 1985). 예를 들면, 외부로부터 많은 자극을 받은 방사선치료 대상자, 약물치료 대상자들이 세포의 재생이 늦어 면역력이 저하되거나 노화가 빨리 오는 현상으로 설명할 수 있다.

7) 스트레스 이론(stress theory)

이 이론은 생활 속에서 오는 스트레스가 신체적·심리적인 형태로 쌓여 유기체에 영향을 미침으로써 노화과정을 촉진한다는 것이다. 인체는 스트레스를 받으면 성장호르몬의 분비가 방해를 받게 되어 세포의 분열과 성장을 저해할 뿐만 아니라 노폐물의 배설기능도 저하시켜 신체의 기능을 감퇴시킴으로써 노화과정을 촉진시킨다는 것이다. 예를 들면, 업무나 생활상의 스트레스를 받으면 혈관이 좁아짐으로써 혈액순환의 장애로 심근경색증이나 뇌출혈 등의 상황을 초래하거나 흰머리나 주름이 더 많이 생기는 현상으로 설명할 수 있다.

이상과 같이 노화에 대해 나름대로의 이론을 주장하고 있으나 아직까지 노화에 대한 단일화된 정설은 없다. 따라서 노화는 여러 가지의 관련 요인들이 복합적으로 상호작용하여 초래된다고 볼 수 있다.

2. 심리적 노화이론(psychological aging theory)

심리적 측면의 노화이론들은 발전의 역사가 짧고 아직도 경험적 차원에서 검증된 이론들이 많지 않다. 현재 심리적 노화이론은 노년기의 심리적 적응을 다루는 이론들이 대부분이므로 그중 몇 가지 이론들을 소개하면 다음과 같다.

1) 에릭슨의 심리사회적 발달단계 이론

에릭슨(Erikson, 1963)은 성격의 발달단계를 영아기부터 노년기까지 총 8단계로 구분하고, 성격은 각 단계별로 긍정적인 특성을 발전시키지 못했을 때 부정적인 특성이 성격으로 발달하게 된다고 주장하였다. 이 이론은 마지막 단계인 제8단계 노년기에 발달시켜야 할 긍정적인 성격특성을 자아통합으로 정의하고, 노년기에 긍정적인 자아통합이 발달하지 못하면 절망적 태도가 형성된다는 것이다. 긍정적인 자아통합은 자신의 과거나 현재의 인생을 자기가 바라던 대로 살았다고 받아들이고 만족스럽게 여기며 의미 있게 생각하고 앞으로 다가올 죽음을 인정하며 기다리는 태도를 갖는 것이라고 정의하였다. 반면에 부정적인 자아통합은 자신의 과거나 현재의 인생을 후회하고 불만스럽게 생각하며 죽음 앞에서 남은 시간이 너무 짧음을 불안해하고 초조해하며 절망적인 태도를 갖는 것이라고 설명하였다. 따라서 노년기에는 긍정적인 자아통합이나 부정적인 자아통합의 심리적 노화과정에서 삶을 영위하고 있다는 것이다.

2) 해빙허스트의 발달과업 이론

해빙허스트(Havighurst, 1972)는 생의 발달단계를 6단계로 구분하고, 각 단계에 주어진 과업을 완수하면 행복해지고 다음 단계의 발달과업도 잘 수행할 수 있으나 발달과업을 수행하지 못하면 불행한 노후를 보내야 한다고 보았다. 해빙허스트가 제시한 노년기의 발달과업은 다음과 같다.

① 쇠약해진 신체적 여건에 대한 적응
② 퇴직과 경제적 수입 감소에 대한 적응
③ 배우자의 죽음에 대한 적응
④ 동년배집단과의 유대관계 강화
⑤ 사회적 역할수행에 대한 적응
⑥ 노후생활에 적합한 물리적 환경의 조성 및 적응

3) 한국인의 노년기 발달과업 이론

김종서 등(1987)은 평생교육적 관점에서 한국인의 생애 주기를 7단계로 나누고, 각 단계마다 지적·정서적·사회적 및 신체적 영역에 속하는 과업을 설정하였으며 노년기의 발달과업을 다음과 같이 설명하고 있다.

(1) 지적 영역

① 세대 차이와 사회변화에 대해 이해하기
② 은퇴생활에 필요한 지식과 생활 배우기
③ 정치, 경제, 사회, 문화에 대한 최신 동향 알기
④ 건강증진을 위한 폭넓은 지식 갖기

(2) 정서적 영역

① 적극적으로 일하고 생활하려는 태도 유지하기

② 취미 살리기

③ 정년퇴직과 수입 감소에 적응하기

④ 소외감과 허무감을 극복하는 인생의 의미 찾기

⑤ 배우자 사망 후에 생활에 적응하기

⑥ 동료나 자신의 죽음에 대해 심리적으로 준비하기

(3) 사회적 영역

① 동년배와 친교 유지하기

② 가정과 직장에서 일과 책임을 적절하게 물려주기

③ 가정이나 사회에서 어른구실하기

④ 자녀나 손자들과 원만한 관계 유지하기

(4) 신체적 영역

① 쇠약해진 신체적 여건에 적응하기

② 알맞은 운동을 규칙적으로 하기

③ 건강유지에 필요한 알맞은 섭생하기

④ 지병이나 증상에 대해 올바른 처방하기

4) 정체감 위기이론(identity crisis theory)

이 이론은 밀러(Miller, 1965)에 의해서 제창된 것으로 모든 사람들은 자아정체감의 주 원천을 직업적 역할수행으로 본다. 그러므로 노년기에는 모든 노인들이 직업적인 역할을 수행할 수 없기 때문에 자아 정체감에 위기감과 혼란을 초래하는 상황에서 심리적인 노화를 경험한다는 것이다.

5) 사회적 와해이론(social breakdown theory)

이 이론은 쿠이퍼스와 벵슨(Kuypers and Bengtson, 1973)에 의해 제창된 것으로 노년기가 되면 노인의 역할 상실이나 역할 변화, 노인이라는 취약성 때문에 노인에 대한 부정적인 인식이 팽배해진다. 따라서 노인들은 무능력자로 낙인되어 그들의 사회적 관계나 활동을 방해받고 와해됨으로써 노화를 경험하게 된다는 것이다.

3. 사회적 노화이론(sociological aging theory)

노화는 사회적 관계와 상황 속에서 발생하고 있어서 노화가 사회적 현상에 어떠한 영향을 미치는가에 대한 여러 이론들이 제창되고 있다. 대부분의 이론들은 사회의 구조와 노인집단, 노인의 역할과 사회적 적응, 노인계층과 사회적 관계, 노년기의 활동 등에 관한 것이다.

1) 연령계층화이론(age stratification theory)

이 이론은 릴리와 포너(Riley and Foner, 1968)에 의해서 제창된 것으로 노인집단은 연령상 다른 연령집단과 구분되며 지위와 역할도 다른 연령계층과 다르다는 것이다. 이는 세대 차이나 동년배 집단의 차이를 이해하는 데는 유용하나 연령계층에 대한 명목적이고 조작적인 정의에 있어서는 취약하다.

2) 하위문화이론(subculture theory)

이 이론은 로스(Rose)에 의해서 제창된 것으로 노인들은 그들 집단 속에서 빈번한 상호작용을 통하여 사회적인 노화를 경험함으로써 노인들만의 특유한 하위문화를 형성한다는 것이다. 노년기에는 노인들끼리의 상호작용을 통하여 용이한 조건이 형성되며 이러한 노인들만의 상호작용은 노인들만의 특유한 하위문화를 발전시킨다. 하위문화의 현상은 노인들끼리 모이고 함께 활동하는 것을 선호하고 상호 간에 기회를 공유한다는 점에서는 긍정적인 면이 있지만 사회로부터 거절당하고 소외당하고 낙인찍히는 부정적인 면도 있다.

3) 현대화이론(modernization theory)

현대화이론은 코우길과 홈즈(Cowgill and Holmes, 1972)에 의해 제창된 것으로, 현대화라는 사회적인 변화가 노인의 지위를 하락시킴으로써 사회적 노인이 된다는 것이다. 현대화의 핵심적인 현상인 의약·보건기술의 발달, 생산기술의 발달, 도시화 및 교육의 대중화 등은 노인의 사회적 역할을 박탈하고 사회적, 지적, 윤리적으로 고립시킴으로써 노인의 지위를 하락시키고 있다.

현대화를 상징하는 현상으로 첫째, 의약·보건기술의 발달은 사망률과 출산율을 저하시킴으로써 노인인구의 증가와 평균수명의 연장, 노인의 존재가치의 저하는 물론 재정적인 압박을 초래하는 비생산적 존재라는 인식으로 인해 노인의 지위가 하락하게 되었다. 둘째, 생산기술의 발달로 인해 새로운 직종이 도입되면서 노인의 직업적 기술이나 지식이 낙후되어 쓸모없게 됨으로써 역할 상실로 인한 수입 감소가 노인의 지위를 하락시켰다. 셋째, 산업의 발달로 인한 도시화는 핵가족화를 형성하고 불가피한 사회적·지리적 이동을 초래함으로써 부모·자녀세대 간의 공간적 고립과 사회적 거리감이 불가피해졌고 노인들에게는 사회적·심리적 고립감과 소외감이 초래됨으로써 노인의 지위가 저하되었다. 넷째, 교육의 대중화는 노인의 지식수준이 신세대에 비해 낮고 노인의 기존 지식이 낙후됨으로써 세대 간의 고립감이 파생되었으며 가치관의 차이로 인해 소외감이 유발되면서 노인의 지위가 저하되었다. 이러한 현대화의 현상에서 나타난 궁극적인 결과는 노인의 지위하락이며, 따라서 현대화이론에서는 현대화의 수준이 높을수록 노인의 지위는 더욱 약화된다고 보고 있다. 현대화이론은 오늘날 산업사회의 노인문제를 이해하는 데는 가장 설득력 있는 이론으로 보고 있으나 다음과 같이 몇 가지의 비판적 지적도 받고 있다.

첫째, 현대화이론은 현대화 이전에는 노인의 지위가 높았다는 가정이 전제되어야 설득력이 있으나 현대화 이전에도 노인의 지위가 낮은 사회가 상당히 있었다는 것이다.

둘째, 산업사회에서는 노인의 지위가 낮았지만 후기 산업사회에서는 노인인구의 증가로 인해 오히려 노인의 세력이 강화될 것이며 지위도 높아질 수 있다는 것이다.

셋째, 이 이론은 현대화의 부정적인 영향만을 고려하고 가족제도의 유지, 경로효친사상의 유지, 사회복지제도의 발전 등과 같은 노인의 지위하락을 막는 요인들은 고려하지 않았다는 것이다.

4) 분리이론(disengagement theory)-은퇴·소원·이탈이론

이 이론은 커밍과 헨리(Cumming and Henry, 1961)가 미국의 캔자스 시에서 신체적·경제적으로 자립생활을 하고 있는 50~90세 사이의 노인 279명을 대상으로 횡단적 조사를 실시한 결과에 의해서 제창되었다. 노년기는 건강이 악화되고 죽음에 이르게 될 확률이 높기 때문에 개인적으로는 최적의 행복을 누려야 하고 사회는 지속적인 발전을 위한 새로운 인력을 투입해야 하기 때문에, 노인과 사회는 상호 간의 분리를 해야 긍정적인 보완적 기능을 할 수 있으며 이러한 분리는 정상적이고 불가피한 것이라는 점이다. 분리는 개인이나 사회 어느 쪽에서든 먼저 시작할 수 있으며, 사회에서 분리를 먼저 시작하면 사회적 분리(social disengagement)이고 개인이 먼저 분리를 시작하면 개인적 분리(individual disengagement)라고 한다. 사회적 분리는 노인의 지식과 기술이 낡아서 노인을 재훈련시키기보다는 새로운 지식을 소유한 젊은 층으로 교체하는 것이 사회적 발전과 안정을 위해서 효율적이라는 가정이다. 반면에 개인적 분리는 노인은 노화와 더불어 건강악화와 죽음의 확률이 높기 때문에 사회적 활동을 감소시킬수록 생활에 대한 만족도가 높아진다는 것이다. 사회적 분리는 기능주의적 관점에서 볼 때 사회가 사회적 기능을 수행하는 데 필요한 사람들의 자격요건을 제한하는 것은 당연하며, 기능적인 면에서 사회적인 참여를 제한하는 것이 개인이 일정한 연령에 도달하면 사회로부터 분리되어야 한다는 정년퇴직제도의 근거이론으로 지지받고 있다(유성호 외, 2002). 그러나 개인적 분리가 심리적 만족을 가져온다는 입장은 지지받지 못하였다(Butler and Lewis, 1977). 특히 분리이론은 인간의 평균수명이 지속적으로 증가하고 있는 현대사회에서는 지지받지 못하고 있으며, 이를 비판하는 입장에서 활동이론이 등장하게 되었다.

5) 활동이론(activity theory)

이 이론은 해빙허스트와 그의 동료들에 의해 주창되었으나 후에 레몬(Lemon) 등에 의해 상징적 상호작용주의적 관점에 입각한 이론으로 공식화되었다. 활동이론은 노인의 사회적 활동이 높을수록 노인의 심리적 만족감이나 생활만족도가 높다는 것이다. 이 주장에서는 노년기에도 생물학적인 노화를 제외하고는 근본적으로 중년기와 다름없는 활동욕구를 가지고 있다는 것이다. 즉, 노인이 다른 사람들과 어울리기를 원하며, 집단활동과 지역사회의 일에 참여하는 것은 자연적인 현상이다. 만약 노인이 자아정체감을 향상시킬 수 있는 사회적 활동에 제약을 받으면 정체감의 위기를 초래하고 부정적인 자아상을 형성할 가능성이 커진다. 이로 인하여 결국 노인은 심리적 또는 사회적인 만족감이 낮아지게 된다. 노인이 사회적 활동을 하는 것은 역할을 지지받아 긍정적인 자아상을 유지할 수 있게 하며 높은 생활만족감을 소유하게 한다. 따라서 상징적 상호작용주의적 관점에서의 활동은 지위에 따른 역할뿐만 아니라 행위에 대한 의미부여와 타인의 반응을 통해 자신의 입장을 확인할 수 있는 모든 사회적 행위를 포함한다.

활동이론에 의하면 친밀한 교제활동을 많이 할수록 노인의 생활만족도는 높게 유지되므로 노년기에도 사회적 활동을 가능한 한 많이 하는 것이 필요하며, 특히 퇴직으로 인해 상실된 역할을 대체할 만한 다른 활동이 필요하다는 것이다. 활동이론은 앞으로 질적인 활동을 측정할 수 있는 척도를 개발하여 활동의 질과 생활만족도와의 관계를 규명하면 적용 가능성을 높일 수 있을 것이다.

6) 교환이론(exchange theory)

이 이론은 호만스(Homans, 1961)의 '사회적 행동'이라는 저서를 통해 제시되었으나 노화이론으로 적용한 것은 도우드(Dowd, 1975)이다.

사회는 지속적인 사회적 교환관계를 맺고 상호작용하는 개인들의 집합체로 조직되어 있다. 개인들이 상호작용을 하는 근본적인 이유는 사회적 상호작용을 통해서 파생되는 비용과 보상의 손익계산에 근거하고 있다. 따라서 사회질서는 이윤 혹은 보상을 극대화하려는 개인들의 부산물로서 유지된다고 볼 수 있다. 산업사회로 변천함에 따라 노인의 재산소유 및 통제권이 약화되고 노인의 지식은 낙후되었으며, 노인의 생산성 약화와 도시화, 핵가족화로 인한 가족 간의 유대관계 약화 등으로 노인의 교환자원은 감소하게 되었다. 이러한 노인의 교환자원의 고갈과 교환 가치성의 저하로 인하여 노인의 지위하락은 불가피하게 되었다. 교환자원의 가치 저하는 의존성을 증가시켰고 권력의 약화를 초래하였으며 권력의 상대적 약화는 교환조건의 약세를 초래하여 결국 노인은 개인 및 사회적 관계에서 어려움을 경험하게 되었다(유성호 외, 2002). 노인과 타연령층과의 직접적인 상호작용에 대한 이해를 높이고 사회경제적인 지위를 높임으로써 자원을 확대할 수 있다는 교환이론의 문제점은, 지속적인 상호작용이 동등한 교환에 의해서만 가능하다고 보고 있으며 모든 상호작용을 경제적이고 합리적인 관점에서 조망하고 있다는 점이다. 즉, 모든 교환자원을 양적인 차원에서만 정의하고 질적인 차원은 간과하고 있다는 것이다.

이와 같이 생물학적, 심리적, 사회적 노화이론을 통하여 노인을 이해하고 노년기의 특성을 파악함으로써 노인문제를 해결할 수 있는 바람직한 프로그램들이 많이 연구되고 개발되어야 한다.

노인복지학에서 관심을 갖는 것은 이러한 노화과정에서 불가피하게 발생하게 되는 문제를 효과적이고 효율적으로 해결하고 예방함으로써 노후의 삶을 인간답고 행복하도록 돕는 활동이다. 그러므로 노인은 물론 노화과정에 있는 대상자들을 돕는 자들에게 노화에 대한 이론적 이해는 기본지식으로서 중요한 의미를 갖는다고 할 수 있다.

4. 성공적 노화(successful aging)·활동적 노화(active aging)

1) 성공적 노화(활동적 노화)의 개념

'성공적 노화(successful aging)'와 '활동적 노화(active aging)'는 동일개념으로 통용되고 있으며, 1986년 미국 노인학회 연례회의에서 처음 소개되었다. 로우와 칸(Rowe and Kahn, 1997)에 의해 성공적인 노화라는 개념이 부각된 이후 서구에서 이에 대한 관심이 급속히 퍼졌고, 생물학을 비롯하여 사회과학 및 행동과학·의학 등의 여러 분야에서 성공적인 삶을 보장하기 위한 노화에 필요한 구성요소를 파악하기 위해 노력하고 있다. 그동안 여러 분야에서 성공적인 노화에 대한 접근으로 인하여 그에 따른 개념 정의에 있어서 많은 논란이 있었다. 그러나 1998년 WHO에서는 성공적 노화를 좋은 신체적(기능상태), 정신적(정서적·인지적 상태) 및 사회적 건강(생산적 참여)의 차원에서 정의하였으며 특히 사회적 건강과 관련하여 노인이 사회의 주체로서 살아가는 것을 강조하였다. 즉, 활기찬 노후(Active Aging)는 노화과정에서 삶의 질을 향상시키기 위해 건강, 참여 및 안전을 위한 기회를 최적화하는 과정이라는 것이다.

기대수명은 청동기 시대부터 1900년에 이르기까지 4500년 동안에 27년이 증가하였다. 그 후 1900년부터 1990년까지 그 짧은 기간 동안에 최소한 그만큼은 더 증가하였고, 21세기에 접어들면서 이전에는 상상하지도 못했던 숫자의 인구가 늘어 1900년대에 47세였던 기대수명이 2018년에는 평균 83세로 증가하였다. 인간의 기대수명이 증가할수록 얼마나 더 오래 사는가보다는 질적으로 얼마나 성공적으로 늙어가는가에 관심이 집중되고 있다. 이러한 배경에서 신 노년학 연구의 화두가 '성공적인 노화'에 집중되고 있는 것이다.

일반적으로 '성공적 노화'의 개념은 '가능한 한 개인의 잠재력을 최대한 발휘하여 신체적·사회적·심리적으로 자신과 주위 사람들을 만족시킬 만한 상태에 도달하는 것'을 의미한다. 많은 연구 중에서 리프(Ryff)는 성공적인 노화의 구성요소로 자율성, 환경조절, 개인의 성장, 자아수용, 목표의식, 타인과의 상호작용을, 로우와 칸(Rowe and Kahn, 1997)은 질병 피해 가기, 높은 인지적·신체적 기능 유지, 적극적 생활참여의 위계적 구조를 제안하였다. 해빙허스트의 활동이론에 의하면 성공적인 노화의 가장 중요한 요소는 사회적 활동이라고 하였다. 노년기의 성공적인 적응을 위하여 노인 자신이 주체성을 확인하는 데 필요하며 긍정적인 자아상을 갖도록 도와주기 때문에 적극적인 사회활동은 노화에 대한 적절한 적응과 노인의 심리적 만족감을 가져다준다는 것이다.

최근 노인인구가 급증하고 전 생애에서 노년기가 차지하는 기간이 길어지는 고령화 사회가 야기되면서 노화에 대한 학문적인 관심이 증가하였다. 특히 미국에서는 성공적 노화에 대한 모델이 새로운 패러다임으로 제시되어 왔고, 우리나라에서도 2000년대에 들어와 서구의 성공적 노화모델이 소개되어 고령화 사회에 대한 문제가 사회적 이슈로 부각되면서 건강하고 활기찬 노년의 삶에 대한 희망이 집중적으로 주목받기 시작하였다. 특히 성공적 노화의 패러다임은 노년기에 느끼는 상실감과 소외감 등에 초점을 맞추어온 과거의 모델과는 달리, 노화에 대한 부정적인 인식을 지우고 노년의 잠재력을 높이면서 건강 증진과 질병에 대한 예방

전략에 초점을 맞춘 예방적 모델이라고 할 수 있다. 이러한 모델이 노년의 삶과 건강의 질을 높이는 데 긍정적이라는 평가를 받고 있다.

현대사회의 노년층은 과거의 노년층에 비해 건강하고 활동적인 성격과 경제력, 건강 등의 자원을 바탕으로 노년기를 스스로 준비하려는 의지를 가지고 있어 성공적 노화에 대해 많은 관심이 있다. 이러한 성공적 노화모델은 노년기 적응과정에 적절한 수준을 제시하고 노년기의 적절한 활동 수준의 유지와 기능의 활성화에 초점을 맞추었으며, 이러한 이론에 의해 노화의 개념이 본격적으로 중요한 이슈로 부각되고 있다. 이러한 개념에 맞춰 선진국은 연금수급 연령과 퇴직정년을 높이고 복지혜택을 받을 수 있는 조건을 강화하는 동시에 노인 일자리 확대를 꾀했다. 일본은 1994년부터 2013년까지 점진적으로 기초연금 수급연령을 65세까지로 연기하였으며, 프랑스도 2010년에 최저 퇴직연령을 법적으로 60세에서 62세로, 노령연금 수급연령도 67세로 높였다.

성공적인 노화는 어느 한 영역에서만 특출한 능력이 발휘되거나 뛰어난 업적이 있다고 이루어지는 것은 아니고 인생의 모든 부분에 걸쳐서 이루어져야 한다. 또한 평범한 사람들에게 불가능한 것이 아니라 누구나 노력하면 도달할 수 있는 상태이며, 품위 있게 잘 늙고 잘 죽는 것을 준비하는 과정이기도 하다(곽동일, 2012). 생물학적 영역에서의 성공적 노화는 ① 질병이나 장애가 없거나 있어도 최소한으로 방해하며 ② 일상적 활동을 자립적으로 할 수 있는 신체적 기능수준을 유지하고 ③ 신체적 활력을 보유하는 상태로 노화하는 것을 말한다. 심리적 영역에서는 ① 삶의 목표의식이 뚜렷하고 ② 건강한 인지기능을 유지하며 ③ 자신을 수용하고 통제하여 자신의 능력에 대해 신뢰하고 자신의 성장을 도모하면서 ④ 환경적 요구에 잘 대처하고 적응하며, 주관적으로는 만족스러운 삶을 영위하는 상태를 의미한다. 사회적 영역에서는 ① 가족, 친구, 이웃 또는 이전 동료들과의 사회적 접촉을 통하여 사회적 관계망을 유지·강화해 나가고 ② 경제적으로 안정된 생활을 할 수 있는 정도의 노후소득 준비를 하고 ③ 은퇴 이후에도 경제활동이나 사회발전에 기여할 수 있는 생산적인 활동에 활발하게 참여하는 상태를 의미한다(이종복 외, 2012).

활동적 노화란 단순히 신체적으로 활동적이거나 노동시장에 참여하는 것만이 아니라 노인 개개인의 욕구와 능력에 따라 사회에 능동적으로 참여하는 것으로 '적극적인 노화'를 의미한다. 한국보다 먼저 고령화 문제를 겪은 선진국은 1990년대 중반 '나이가 들어가면서 삶의 질을 향상시키기 위해 건강·참여·경제적 활동 기회를 최적화하는 과정'이라고 활동적 노화를 정의했다. WHO에서 제시한 활동적 노화에는 참여(participation), 안전(security), 건강(health)을 포함해야 한다고 제시하였으며, 칸(Kahn)이 제시한 생산적 노화의 의미에는 유상노동(paid work), 무상노동(unpaid work), 볼런티어 활동, 상호부조, 건강행동을 포함해야 한다고 주장하였다.

2) 성공적 노화의 모델(김욱 외, 2012)

(1) 로우와 칸(Rowe and Kahn)의 모델

로우와 칸은 노화를 병리적 노화, 일반적 노화, 성공적 노화로 구분하고 다학제적 접근을 통하여 성공적 노화 모델을 제시하였다. 성공적 노화는 질병에 의한 병리적 노화나 질병은 없지만 질병의 위험이 높은 일반적 노화와는 구분이 되는 개념이며, 생물학적, 심리적, 사회적 측면에서 3가지 구성요소를 포함하는 개념이라고 주장하였다. 첫째, 생물학적 측면에서는 질병이 없음을 말한다. 단순히 질병이 없는 것뿐만 아니라 질병의 위험요인까지 없는 상태를 말한다. 둘째, 기능적 측면에서 인지기능과 신체기능의 잠재성을 의미한다. 두 기능의 잠재능력은 활동을 위해 꼭 필요한 요건으로서 성공적 노화의 중요한 요소이다. 셋째, 사회적 측면에서는 사회적 활동에 참여함을 의미한다. 사회활동은 사회적 관계를 유지하기 위한 활동과 사회 내에서 생산성을 창출하기 위한 활동을 말한다. 로우와 칸은 성공적 노화를 이루기 위해서는 이상의 세 가지 구성요소를 모두 충족시켜야 한다고 주장하고 있다. 이 주장에 대해 쉬미클과 벵슨(Schmeeckle and Bengtson,

1999)은 지나치게 사회적 생산성을 강조하였고 서구적 가치에 편향되었으며 사회구조적 상황을 고려하지 않고 개인적인 차원에서만 설명하고 있다고 비판하였다. 그러나 다학제적 관점에서 성공적 노화에 대한 모델을 제시하였으며 노인복지현장의 당위성을 담보한다는 점에서 가장 지지받고 있는 모델이라고 할 수 있다.

(2) 선택(selection)·적정화(optimization)·보상(compensation)을 통한 모델

발테스와 발테스(Baltes and Baltes, 1990)는 심리적 차원에서 노화에 대한 성공적 적응을 위해 필요한 세 가지 전략적 개념을 설명하면서 세 가지 전략을 효과적으로 활용하면 노년기에 필연적으로 동반되는 상실의 상황에서도 신체적·사회적·심리적 욕구를 충족시키고 적응할 수 있다고 주장하였다. 발테스와 그가 제시한 세 가지 전략은 선택(selection), 적정화(optimization), 보상(compensation)이다. 선택이란 노화와 함께 적응 잠재능력이 감소되는 것에 적응하기 위해 목표, 발달과업, 생활영역을 선택적으로 제한함을 의미한다. 여기에는 새로운 영역에 대한 추가도 포함할 수 있다. 다만 선택에서 중요한 전략은 '선택적 집중'을 위한 목표와 생활영역을 능동적, 적극적으로 제한한다는 것이다. 적정화란 선택한 목표에 도달하기 위해 잔존하는 능력과 자원을 개선하고 재정비하는 것이다. 보상은 선택한 목표에 도달하기 위해 필요한 잠재력이나 자원이 감소되었거나 상실되었을 때 보완능력을 가동하는 것을 의미한다. 이러한 잠재능력이나 자원의 상실 상태는 개인적인 요인일 수도 있고 환경적인 자원일 수도 있다.

이 SOC 모델은 노화와 함께 신체적·정신적·사회적 상실이 필수적으로 발생할 때 노인들이 노년기 변화에 어떻게 적응할 수 있는지를 설명하는 이론이다. 예를 들면, 피아니스트 루빈스타인이 노화와 함께 신체적, 사회적, 심리적 기능이 저하되었을 때 자신의 연습곡의 범위를 제한하였으며(선택), 선택한 곡을 더 집중적으로 연습하고(적정화), 곡의 느린 부분을 더 천천히 연주함으로써 대조효과를 통해 적응을 극대화하였다(보상).

로우와 칸의 성공적 노화모델은 신체적, 심리적, 사회적 측면에서 3가지 구성요건에 도달해야 할 목표를 제시한 반면 SOC 모델은 노년기의 신체적·심리적·사회적 변화에 성공적으로 적응하기 위해 활용해야 할 세 가지 전략을 제시하였다는 점에서 차이가 있다(김욱 외, 2012).

3) 성공적인 노화를 위한 지침(김정환, 2007)

(1) 꾸준한 신체활동

일주일에 3회 이상의 유산소운동과 근육운동, 평형운동, 유연성 운동을 병행하면 운동효과를 극대화할 수 있다.

(2) 균형 잡힌 영양섭취

각자의 신체적 조건에 맞는 양의 식사와 비타민류, 항산화물질들, 각종 무기질을 충분히 섭취하여 노화방지와 건강한 신체상태를 유지한다.

(3) 적절한 수면

적절한 수면시간을 유지하되, 가능한 낮잠을 피하고 활동량을 늘려 야간 숙면을 유지한다.

(4) 교육

활발한 지적 활동은 노년기 발달과업의 성취를 도모하며 노년기의 질병관리나 사회참여, 재정관리 등을 위해 필요한 교육을 받는 것이 성공적 노화에 큰 보탬이 된다.

(5) 금연

흡연은 백해무익한 생활습관이며 노년기 만성질병의 악화를 유발할 수 있으므로 금연은 꼭 필요한 습관이다. 특히 신체적·질병적인 영향뿐만 아니라 재정적인 손해도 가져올 수 있기 때문에 노년기에는 절대적으로 금연이 필요하다.

(6) 질병의 조기치료

노인성 만성질병에 대한 약물 및 운동, 식이요법을 수행하는 것이 노년기 질병의 악화 및 사망을 방어할 수 있기 때문에 적극적으로 관리하는 노력이 필요하다.

(7) 기타

치아를 관리하고 차량 탑승 시 안전벨트를 착용하며, 낙상을 예방하여 안전사고를 미연에 방지함으로써 성공적 노화를 유지할 수 있다. 뿐만 아니라 취미활동과 친구와의 원만한 소통을 통하여 정신적, 심리적 노화를 최대한 늦추는 노력이 필요하다.

제3절 노화현상

1. 생물학적 노화

유기체는 생존과정에서 변화하는 것이 불가피하다. 신체의 노화는 언제, 어떻게 나타나며 어떠한 증상이 노화현상인지를 이해하는 것이 중요하다. 생물학적 노화현상은 크게 신체 구조적인 면과 신체 내부의 기능적인 면으로 구분하여 살펴볼 수 있다(최성재·장인협, 2010).

1) 신체구조의 노화현상

(1) 신체 구성성분

신체는 크게 지방(fat), 조직(tissue), 뼈(bone), 수분(water) 등으로 구성되어 있으며 이 구성성분은 연령이 증가함에 따라 성분비율이 변화되는데, 〈표 2-1〉과 같다. 지방은 크게 증가하고 조직은 줄며 뼈는 밀도가 낮아져 기능적으로 매우 약화되고 수분도 상당히 감소하게 된다.

〈표 2-1〉 연령과 신체 구성성분의 비교

(단위: %)

연령 / 성분	25세	75세
지방	15	30
조직	17	12
뼈	6	5
수분	72	50

자료: 최성재·장인협(2010), 재인용

(2) 골격(Bone)

골격은 생활상의 과정에서 뼛속의 칼슘이 고갈됨으로써 매우 가벼워지고 밀도도 낮아지게 된다. 이로 인해서 연령이 증가하면 골절을 쉽게 입게 되고 관절의 접합부 활액낭의 윤활유가 감소하여 관절의 보호대 역할을 하는 연골조직이 마모되어 관절의 통증과 운동성의 저하현상이 나타난다.

(3) 피부(skin)

피부는 연령이 증가할수록 수분과 피하지방의 감소로 인해 건조하고 윤기가 없는 거친 상태가 되기 때문에 주름이 생기고 탄력성도 저하된다. 피하지방 감소로 인해 온도조절기능이 약화되어 추위와 더위에 민감하게 된다. 또 멜라닌 색소의 확산기능이 저하되어 색소의 부분적인 침착으로 인해 노인성 얼룩반점이 생긴다.

(4) 근육(Muscle)

인체의 뼈나 장기를 보호하고 있는 근육은 사용량이 감소하면서 크게 축소되고 탄력성과 강도도 약해지며 근육이 소실되는 부위에는 지방이 채워짐으로써 노년기에는 체지방이 크게 증가한다. 근육은 50세가 되면 25세 때의 약 절반 정도로 감소하게 된다. 반면에 근육의 감소를 대체하는 지방량이 배로 증가하는 현상을 볼 수 있다.

(5) 신장(height, 키)

신장(키)은 연령이 증가하면서 줄게 되는데, 30세~90세 사이에 2~5cm 정도 단축된다고 한다. 이 현상은 척추 추간판(spinal disc)의 간격이 좁아짐으로써 나타나는 현상이다.

(6) 체중(body weight)

체중은 40~50대에는 증가하지만 60세 이후에는 감소한다. 체지방은 많아지고 근육이 줄어들면서 나타나는 현상으로 지방은 근육과 부피는 같아도 무게는 훨씬 적게 나가기 때문이다. 체지방은 만성질병의 원인이 되기 때문에 특히 관리가 필요하다.

(7) 모발(hair)

모발은 중년기부터 색의 변화가 시작되나 유전적인 소인이 크게 좌우한다. 또 연령이 증가하면 남녀 모두 모낭이 약화되어 탈모현상이 나타난다. 특히 모낭상태는 영양과 스트레스, 피부상태의 영향을 받는다.

(8) 치아(teeth)

치아는 45세를 경계로 연령이 증가함에 따라 감소한다. 일반적으로 치아의 남은 수는 60대에 14개, 70대에 11개, 80대에 6개 정도로 알려져 있다. 최근 밝혀진 연구결과에 따르면 치아의 양은 치매와 관련성이 높아 치아가 적을수록 치매의 유병률이 높으며 치아관리를 위생적으로 하지 않으면 치매나 심장병의 유병률이 높다는 보고도 있다.

(9) 장기의 무게

장기의 무게는 출생 후 계속 증가하다가 노화현상이 나타나는 40대부터 감소한다. 75세가 되면 25세 때보다 비장의 무게는 53.5%, 신장(콩팥)은 36.4%, 뼈(골)는 15.8%, 부신은 12%가 줄어든다. 모든 장기의 크기는 노화와 함께 감소하지만 심장은 유일하게 크기와 무게가 증가한다. 특히 동맥경화증이나 고혈압이 있는 경우에는 더 커지는 특징이 있다(최성재·장인협, 2010). 장기의 무게를 연령별로 비교해 보면 〈표 2-2〉와 같다.

〈표 2-2〉 연령별 장기의 중량

(단위: g)

장기 / 연령	뇌	비 장	간 장	신 장	심 장
25세	1,333	140	1,230	130	250
75세	1,260	63	830	105	350

자료: 최성재·장인협(2010), 재인용

2) 신체기능의 노화현상

신체기능은 각 장기나 신체 조직이 생존을 위해서 정해진 역할을 하는 것이며 대표적인 기능을 소개하면 다음과 같다.

(1) 소화기능

소화를 담당하는 소화기관은 구강에서부터 항문까지를 말한다. 노년기의 소화기능은 치아의 결손, 침 분비량의 감소, 위벽의 탄력성 저하, 위산분비량의 감소, 복벽근육의 약화, 장운동의 저하, 식사량의 감소, 불규칙한 식습관, 식사내용의 제한, 수분섭취량의 감소 등이 중첩되면서 위장장애가 초래되기도 한다.

(2) 기초대사기능

기초대사율은 휴식상태에서 인체가 소모하는 산소의 비율이며 연령이 증가함에 따라 감소하는데, 10시간 이상의 휴식을 취한 후에 측정한다. 반면에 혈액 속의 당분포율을 나타내는 탄수화물 대사율은 연령 증가와 더불어 증가하게 된다. 즉, 노화현상으로 인해 인슐린의 분비량이 감소하면 인슐린의 양만큼 탄수화물이 분해되고 나머지는 탄수화물의 상태로 혈액 속에서 순환하기 때문에 혈당수치가 높다. 그러므로 노년기 이후에는 노인성 당뇨병의 발생률이 높아진다.

(3) 세포 및 장기의 기능

세포는 연령이 증가함에 따라 사멸하거나 분열이 정지되는 현상이 나타나서 그 수가 감소한다. 따라서 장기를 구성하고 있는 세포의 노화현상으로 인하여 장기의 기능 저하가 초래된다. 특히 뇌신경세포는 30대 중반부터 하루에 10만 개 이상씩 파괴된다는 학자의 주장도 있다.

(4) 호흡기능

일반적으로 호흡기능은 20대 이후부터 감소하기 시작하는데, 공기를 최대한 들이마실 수 있는 전폐용량과 체내의 이산화탄소를 방출하는 폐활량은 20세 이후부터 연령 증가에 따라 감소한다. 그러나 방출하지 못하고 폐에 남아 있는 잔기량은 70세에 이르면 35~40% 정도가 증가하게 되어 노년기의 호흡기능은 저하되며 호흡기 질환의 발병률이 높아진다(최성재·장인협, 2010).

호흡은 횡격막과 흉곽을 둘러싸고 있는 근육의 상호작용으로 이루어지며 들이마신 흡기와 내쉬는 호기는 비강, 인·후두, 기관, 기관지, 세기관지, 폐포 등을 거쳐 동맥혈액 속에 산소를 공급하고 정맥혈액 속의 이산화탄소를 배출함으로써 정상적인 의식상태를 유지하고 생명을 연장할 수 있도록 하는 중요한 기능을 한다.

(5) 혈액순환기능

혈액순환은 50대부터 둔화하는 현상을 보이면서 심장에서 1회에 방출하는 심박출량이 상당히 감소하며, 혈액이 전신을 순환하는 데 소요되는 시간도 증가하게 된다. 혈관의 상태는 연령이 증가함에 따라 그 벽이 두꺼워지고 딱딱해져서 혈액의 순환을 방해하는 동맥경화현상이 나타난다. 동맥경화증은 다양한 불순물이 함유된 혈액이 혈류를 따라 흐르면서 혈관에 쌓이게 되어 형성되며, 이는 고혈압의 원인이 되고 불순물이 함유된 혈액은 점도를 높여 혈전을 쉽게 형성함으로써 뇌경색증이나 심근경색증과 같은 치명적인 질병을 유발한다.

이와 같은 기전으로 인하여 혈전의 형성과 혈압은 연령이 증가하면서 상승한다. 우리나라는 고혈압의 진단을 세계보건기구(WHO)가 제시한 140(수축기압)mmHg/90(이완기압)mmHg 이상의 기준치에 따르고 있으나, 노인의 경우는 위와 같은 노화현상의 특성을 반영하여 160/90mmHg으로 규정하고 있다(윤형진·안규리, 1997).

(6) 수면

수면은 연령 증가와 함께 감소하는 것이 일반적이나, 20세부터 55세까지는 약간씩 감소하지만 55세 이후에는 감소하여 60세 이후 노인의 하루 수면시간은 5~6시간 정도이다. 이러한 현상은 농경시대를 살아왔던 현재의 노인들의 경우를 설명한 것으로 볼 수 있다. 그러나 현재 청소년기부터 중장년세대는 하루 수면시간이 과거 농경사회와 같이 8시간 이상을 유지할 수 없다. 따라서 노년기의 수면은 시간이 중요한 것이 아니라 수면의 질이 중요하다고 볼 수 있다.

수면은 건강의 중요한 지표가 되는데 노인들은 수면장애를 호소하는 경우가 많다. 수면장애에는 잠을 취하지 못하는 취면장애와 숙면을 취하지 못하는 숙면장애, 잠에서 일찍 깨는 조기각성과 질병의 증상으로 인해 밤과 낮이 바뀌는 주야역행 등이 있다. 노년기 수면장애의 원인으로는 불안, 가족갈등, 통증, 실내온도, 체온, 배고픔, 배부름, 소음, 질병의 증상 등으로 볼 수 있으며, 노년기 수면장애의 대부분의 유형은 취면장애와 숙면장애가 복합적으로 나타난다.

(7) 배설기능

배설은 크게 배뇨와 배변으로 구분하며 이는 노년기의 중요한 건강지표가 된다. 연령이 증가하면 호르몬의 영향으로 방광 벽이 비후하게 됨으로써 방광의 소변보유량이 1/2로 감소하며 이로 인해 요의를 자주 느끼게 되어 빈뇨현상이 나타난다. 특히 남성노인은 전립선의 비대로 인해 소변을 충분히 배출하지 못함으로써 더 잦은 배뇨와 배뇨곤란이나 배뇨통증을 호소한다. 반면에 여성노인의 경우는 많은 횟수의 임신과 출산으로 인해 요도가 이완되어 요실금 증상을 호소하는 등의 문제가 심각하다. 이러한 배뇨문제는 야간에 더 많은 불편감을 주며 수면에도 영향을 미친다.

배변은 노년기의 위장기능의 저하로 변비증상을 초래하게 되는데 이는 식사습관이나 배변습관, 규칙적인 운동, 충분한 수분섭취 등으로 극복할 수 있다.

(8) 생식기능

연령이 증가하면 생식기능은 당연히 감소하며 갱년기 이후에는 생식기능이 상실된다. 여성의 경우는 보통 46~50세 사이에 나타나며(menopause), 남성은 50대에서 60대 사이에 일어난다(andropause). 그러나 생식기능이 상실되었다고 성적인 욕구도 사라지는 것은 아니다. 한 조사에 의하면 70세 이후에도 노인의 2/3 이상은 성생활을 유지한다는 결과가 있다.

3) 감각기능의 노화현상

감각기능은 신체의 내적·외적인 변화와 상황에 대한 정보를 수집하여 뇌에 전달하는 기능을 말하며, 정보수집의 수단은 시각, 청각, 미각, 후각, 촉각 등이다. 감각기능은 개인차가 심하며 감각기능별로 노화시기도 차이가 크다. 감각기능은 신체적인 건강상태가 지속적으로 유지된다고 하더라도 대부분 저하되기 마련이다.

(1) 시각

시각은 빛의 질을 조절하는 수정체와 빛의 양을 조절하는 홍채의 작용이 주기능이다. 연령이 증가하면 수정체의 조절기능이 저하되어 근거리에 물체의 상을 맺을 수 없게 됨으로써 원시현상이 나타나며, 수정체에 섬유질이 축적되어 비후해짐에 따라 시력이 저하되는 백내장 현상이 나타난다. 백내장은 일반적으로 60대에 70%, 70대에 93%, 80대에는 모든 노인에게서 나타나는 현상이다(김명한, 1983). 또 고혈압이나 당뇨병 환자들의 경우에는 안압이 증가하여 녹내장이 발병하는 경우도 있다. 뿐만 아니라 수정체의 색채가 노란색으로 변하는 황화현상(yellowing)이 나타나는데 이는 노랑, 주황, 빨간색 계통의 색을 더 잘 구별하게 되는 현상이다. 또 빛의 양을 조절하는 홍채의 기능이 30% 정도 저하되어 시야가 어두워진다. 시력의 저하는 40대 이후에 약해지기 시작하여 70세 정도에는 돋보기 없이는 정상시력을 유지하기가 어렵게 된다.

(2) 청각

청각기능은 시각기능 다음으로 중요한 기능으로서 소리의 고저와 강도 및 간격을 식별하는 것이다. 소리는 높고 낮은 소리(Htz)와 크고 작은 소리(db)로 구분하는데, 청력의 저하는 50세 이후부터 시작되며 고음과 작은 소리에 대한 감지능력이 현저히 감소한다. 따라서 노년기가 되면 낮은 음일수록, 크기가 큰 소리일수록 잘 들을 수 있고 높은 음일수록, 작은 소리일수록 듣기가 어렵다. 노인성 난청은 신체적인 노화현상으로 나타나는데, 50세 이후에 많으며, 여성노인보다 남성 노인에게서 많이 볼 수 있다. 이 같은 현상은 현재 노인들의 경우 여성들은 가정에서 생활하는 시간이 많은 반면에 남성노인들은 소음이 심한 외부활동이 많았던 이유로 판단된다. 그러나 노인성 난청은 성별보다는 생활환경에서 더 큰 영향을 받는다는 것이다.

청력장애가 있는 노인들과 대화할 때는 노인과 눈을 마주 보고 같은 눈높이에서 말하며, 가까이 앉아서 말하고 천천히, 분명히, 입을 크게 벌려서 말하며, 저음과 큰소리로 말하고 조용한 곳에서 말하며, 중요한 내용은 반복해서 말하고 가능한 평소에 사용한 단어를 반복해서 사용하며, 동작과 언어를 병행하면 의사소통에 도움이 된다(Kiyak, 1996).

(3) 미각

미각은 단맛, 신맛, 짠맛, 쓴맛으로 구분하는데 연령이 증가하면 혀를 구성하고 있는 미뢰의 민감도에 변화가 나타난다. 노년기가 되면 단맛이나 짠맛에는 무뎌져서 식성이 짜거나 달게 변화되는 것을 볼 수 있으며, 반면에 신맛에는 매우 민감한 반응을 보인다. 그러므로 노년기에 입맛을 잃었을 때 전해질의 균형을 유지하고 입맛을 회복하기 위한 방법으로는 반찬의 당도나 염도를 높여서 반찬을 준비하는 것이 생활의 지혜이다.

(4) 후각

후각기능의 저하는 자연적인 노화현상이다(Hooyman and Kiyak, 1999). 후각의 저하는 식욕상실이나 영양실조 등의 문제를 유발할 수 있으며, 또 가스 누출이나 화재와 같은 사고의 위험과 상황에 대처하지 못하는 문제를 초래할 수 있고, 신체나 환경상의 위생관리문제를 수반할 수 있다.

(5) 촉각(통각)

신체접촉의 감각을 촉각이라고 하는데 촉각에 대한 민감성은 45세까지는 증가하나 그 이후에는 현저히 감퇴한다(Atchley, 2000). 그러므로 노인에게 마사지 같은 케어는 접촉의 강도가 높아야 효과를 얻을 수 있다. 또 통증에 대한 민감성은 연령이 증가함에 따라 약화된다고 하지만 통각은 개인적, 문화적 요소가 우세하다고 볼 수 있다. 그러므로 노인환자를 케어하는 과정에서 환자가 호소하는 통증에 대해서 무심코 지나쳐서는 안 되며, 과잉 표현이라고 판단하는 것은 좋은 케어 태도가 아니다.

4) 정신기능의 노화현상

정신기능은 외부자극을 인지하여 뇌에 전달하고 뇌의 지시를 근육에 전달함으로써 행동으로 표현하는 기능을 말한다. 정신기능은 감각과 지각적 자극이 생물학적 유기체에 역동적으로 작용함으로써 나타나는 현상이다. 이는 지능, 학습능력, 기억력, 판단능력, 사고능력, 문제해결능력, 창의성, 동기, 감정, 본능적 욕구 등의 다양한 요소들로 구성되어 있다(최성재·장인협, 2010).

(1) 지능

지능에는 '새로운 것을 학습하는 능력'을 나타내는 유동적 지능과 '환경에 적응하는 능력'을 나타내는 결정화 지능이 있다. 유동적 지능은 추리력이나 기억력과 관련되어 새로운 것을 학습할 수 있는 능력을 나타내는 지능지수로서 일반적으로 우리가 알고 있는 지능지수이다. 반면에 결정화 지능은 경험이나 훈련과 관련되어 환경에 적응하는 능력을 나타내는 지능지수로서 노년기에는 유동적 지능지수는 낮아지는 반면, 결정화 지능지수는 경험이나 훈련의 양만큼 높아진다(Hom and Cattell, 1967).

이와 같은 두 종류의 지능지수는 연령이 증가함에 따라 다른 양상을 보인다.

즉, 노년기에는 새로운 것을 학습하는 능력을 나타내는 유동적 지능지수는 저하되고 반면에 환경에 적응하는 능력을 나타내는 결정화 지능지수는 높아지는 현상을 보인다. 지능지수는 연령보다 교육의 정도가 더 큰 영향을 미친다고 볼 수 있다(Botwinick, 1978).

(2) 학습능력

학습능력은 연습이나 경험을 통해서 정보나 기술을 습득하는 것을 의미하며 과업수행의 결과로써 측정할 수 있다. 이 능력은 연령이 증가함에 따라 저하된다고는 하지만 다른 요인들도 복합적으로 영향을 미치고 있기 때문에 절대적이라고 볼 수는 없다. 만약 노년기에도 충분한 시간이 주어지거나 학습내용이 구체적이고 학습목표가 분명하며 학습결과에 대한 보상이 큰 경우에는 학습능력이 향상될 수 있다(최성재·장인협, 2010).

(3) 기억력

기억력은 감각기관을 통해 받아들여진 정보를 부호화해서 저장해 두었다가 다시 인출해내는 능력을 말한다. 기억의 구조는 감각기억 → 단기기억 → 장기기억으로 이루어지며, 감각기억은 감각기관을 통해 입수된 정보로서 짧은 시간 동안(1초 이내)에 인식되어 머물러 있는 것이며, 그 정보에 의식적 관심이나 주의를 기울이면 단기기억으로 머물러 있다가 부호화되어 장기기억으로 전환되어 저장된다. 기억력의 감퇴는 뇌세포의 수가 큰 영향을 미치는데 인간의 뇌세포는 35세 이후부터 하루 10~30만 개씩 파괴되기 때문에 자연적인 노화현상이라고 볼 수 있다. 기억의 유형에는 시험기간 동안에만 기억하고 소실되는 단기기억과 구구단이나 80세 노인이 손자녀의 생일 기억하기, 알파벳 기억하기 등과 같은 장기기억과 3분~몇 시간 전의 사건이나 상황을 기억하는 최근기억과 아주 오래된 상황이나 사건을 생생하게 기억하는 옛날 기억 등이 있다.

노년기에는 최근기억과 단기기억의 수준은 취약하지만 옛날기억과 장기기억은 양호한 수준을 보이는 것이 특징이다.

(4) 사고능력

사고능력은 학습과 지각에 의해서 받아들인 상황을 구별하는 능력으로 일반적으로 연령이 증가함에 따라 저하된다고 본다. 그러나 사고능력은 연령보다는 교육수준이나 지능에 의해서 더 크게 영향을 받는다.

(5) 문제해결능력

문제해결능력은 사고과정을 통해서 도출된 논리적인 추리력으로 결정을 내리고 수행하는 능력으로 연령이 증가하면 저하되는 것이 일반적이지만 이 능력도 교육수준이나 지능, 직업, 동년배 간의 교류 등에 크게 영향을 받는다.

(6) 창의성

창의성은 개인의 독특하고 발전적인 문제해결능력이라고 할 수 있다. 창의성은 분야별로 노화현상의 시기가 다르게 나타나고 있다. 데니스(Dennis, 1966)의 연구에 의하면 인문학 분야는 70대까지도 40대와 별 차이 없이 활발하며, 과학분야는 60세 이후에 상당히 저하되고, 예술분야는 40대 이후부터 70대까지 지속적으로 저하된다는 것이다. 그러나 창의성은 연령의 영향보다는 동기나 압박감, 노력이나 보상 등과 같은 요인에 의해서 더 크게 영향을 받으며 개인차가 크다고 볼 수 있다.

(7) 동기

동기는 목적을 추구하는 행위의 추진력을 말하는데, 연령의 영향보다는 확고한 목표나 구체성, 보상의 크기에 따라 좌우된다고 할 수 있다(Kuhlem, 1964).

(8) 감정

감정은 주로 신체 외적인 상황에 대한 반응이나 때로는 소화기나 순환기의 생리적인 변화까지도 수반하는 강한 정신적 상태로서 불안, 격노, 슬픔, 기쁨, 놀라움 등을 포함한다. 감정은 늙어가면서 표출능력이 저하되지만(Dean, 1962), 연령보다는 사회·문화적인 요인이 더 크게 작용하는 것으로 본다.

(9) 본능적 욕구

본능적 욕구는 학습되지 않은 신체적 에너지로서 사람으로 하여금 어떤 행동을 하고 싶도록 만드는 힘이다. 연령 증가와 관련된 기본적인 본능적 욕구는 식욕, 성욕, 활동욕 등이 있다. 노년기의 식욕은 자연적인 노화현상으로 볼 수 있으나 식생활의 습관이 좌우하므로 개인차가 크다. 노년기의 성욕은 남녀를 불문하고 감소하는 것이 일반적이지만 없어지는 욕구는 아니다. 성욕은 신체적 능력이나 배우자의 연령, 건강상태 및 사회·심리적인 요인에 의해 크게 영향을 받는다. 활동욕은 연령 증가에 따라 다소 감소할 수는 있으나 연령보다는 신체적·심리적·사회적·경제적 여건의 영향을 더 크게 받는다.

노년기는 신체기능과 정신기능 및 감각기능이 자연적인 노화현상과 관련되어 질병으로 나타난다. 그러므로 노인의 건강상태 및 질병상태를 정확하게 파악하고 이해하기 위해서는 위와 같은 신체기능, 정신기능 및 감각기능에 대해서 충분히 숙지하여야 한다.

3

노인소득보장

제1절 노인의 빈곤과 소득보장

1. 노인빈곤의 원인과 실태

우리나라의 사회안전망은 크게 1, 2, 3차로 구성되어 있다. 1차 안전망인 4대 사회보험은 일반국민을 대상으로 노령, 질병, 산재, 실업 등의 사회적 위험을 보험을 통해 분산하고 있으며, 2차 안전망은 공공부조를 통해 1차 안전망에서 보호받지 못한 저소득 빈곤계층의 기초생활을 보장하고 있다. 아울러 3차는 긴급구호가 필요한 자에게 최소한의 생계 및 건강 유지를 지원하고 있다.

소득보장의 일반적 분석방법은 4층 구조이론으로 설명하면, 0층은 국민기초생활보장제도와 기초연금제도가 있고, 1층 국민연금, 2층은 퇴직연금제도가 있으며, 1층과 2층에 걸쳐서 특수직역연금이 있다. 그리고 3층의 개인연금은 임의가입 형식의 퇴직연금, 개인연금, 주택연금, 농지연금 등으로 구성되어 있다(우해봉, 2012). 또 다른 방법으로 공조(公助), 호조(互助), 자조(自助)와 같은 방법으로 나눌 수 있다. 실제로 노후소득보장은 공적인 보장체계 외에도 자녀로부터의 지원, 개인적인 저축, 조상으로부터의 상속 등 많은 방법이 있지만 그러한 소득보장은 개인차가 심하다.

또 최순남은 소득보장의 분석방법으로 ① 데모그란트(Demogrant), ② 사회보험, ③ 공공부조, ④ 퇴직금제도, ⑤ 세금감면이나 할인혜택, ⑥ 노인고용 등을 들고 있다(최순남, 1995). 데모그란트란 국가가 일정한 부류에 속하는 사람에게 일정한 액수 또는 서비스를 제공하는 제도이다. 예를 들면, 비기여제 무갹출노령연금, 노령수당 등이다. 소득보장과 관련된 사회보험에는 두 주류가 있는데, 균일제(flat system)의 평등주의와 소득비례제(earnings-related system)의 능력주의가 있다. 우리나라는 후자에 속하지만 능력주의의 장점을 평등주의에서 보완하는 정책을 채택하고 있다. 공공부조는 국가가 생활이 어려운 국민에게 최저생활을 보장해주는 일종의 구빈사업이다.

통계청의 '2018년 고령자 통계'에 따르면 우리나라 노인(65세 이상)의 빈곤율은 43.7%이다. 노인 두 명 중 한 명의 소득이 중간소득의 절반에도 못 미친다는 뜻이다. 즉 균등화 처분가능 소득기준 2013년 65세 이상 인구의 지니계수[1]는 0.420으로 전체국민의 지니계수 0.302보다 0.118이 높다. 균등화 처분가능 소득기준 2018년 65세 이상 인구의 상대적 빈곤율[2]은 43.7%로 전체 상대적 빈곤율 14.6%에 비해 3.3배 높다. 또한 노인 중 국민연금 등 공적연금을 받는 비율이 45.6%에 그치고, 1인당 수령액은 월평균 57만 원(남자 76만 원, 여자 37만 원)에 불과하기 때문이다. 퇴직할 때 목돈으로 받아 써버리곤 했던 퇴직금은 이제 연금으로 바뀌 노후 생활을 준비해야만 한다. '100세 시대'를 맞아 정부 또한 퇴직연금 활성화를 위해 노력 중이다. 이에 발맞춰 금융사들도 다양한 퇴직연금 상품과 서비스를 선보이고 있다.

빈곤의 원인은 가장 보수적인 입장에서 말하면 개인의 무능력, 나태함 등에 기인하는 것으로 보고 있고, 가장 급진적인 입장에서 말하면 자본주의의 경제체제의 모순 등에서 발생하는 문제라고 분석하고 있다. 빈곤의 책임을 개인에게 둘 경우 ① 개인이 교육과 기술에 대해서 투자하지 않았거나 또는 효과가 작은 사례이다. ② 개인의 능력이 낮거나 또는 운이 나빴던 것 등이다. 이와 같이 빈곤의 원인을 개인적 책임으로 보는 경우는 대개 심리주의적 관점을 지닌 각인이론이거나 기능적 부적응을 중요시하는 기능이론에서 찾아볼 수 있다.

한편 오늘날에는 빈곤의 원인과 책임을 과거의 개인적 차원에서 정치적·사회구조적 차원에서 찾고 있다. 정치적·사회구조적 차원의 빈곤이란 ① 취업기회의 제한과 임금을 결정하는 노동시장의 구조에서 나타나는 문제점, ② 근본적으로 자

1) 지니계수란 소득불평등도를 나타내는 지표로 0에서 1사이 값을 가지며 1에 가까울수록 불평등도가 높다.

2) 상대적 빈곤율(%)은 소득수준이 빈곤선(중위소득의 50%에 해당하는 소득) 미만인 인구의 비율을 말한다.

본주의 경제체제의 모순에서 생기는 빈곤함 등으로 분석할 수 있다. 이와 같이 빈곤의 원인을 사회적 책임으로 간주하는 경우는 구조주의적 관점을 지닌 갈등이론에서 찾아볼 수 있다.

지역별로는 농촌지역의 빈곤문제가 심각한데, 농촌의 노인빈곤율이 높은 이유는 노후 소득보장제도인 사회보험과 공공부조제도가 주로 도시 임금노동자를 위주로 개발된 것과 관련이 있다고 할 수 있다. 즉, 농촌주민은 사회보장 중 국민연금이 주로 부부 중 한 사람(세대주)만 적용받고 있으며, 공공부조의 경우 토지에 대한 재산평가액으로 인해, 소득이 낮음에도 불구하고 수급자가 될 수 없기 때문이다. 실제적인 김희연 외(2009)의 조사에서도 2007년의 경우 농촌지역 노인빈곤율이 70%를 넘어 매우 심각하다고 지적하고 있고, 농촌지역 빈곤의 대책으로 토지나 주택을 담보로 한 역모기지 대출사업(reverse mortgage loan)을 제시하고 있다.

2. 연금보험

우리나라에서 실시되는 공적연금제도는 국민연금과 공무원연금, 군인연금, 사립학교교직원연금의 특수직역연금제도로 구성되어 있다. 또한 1998년 7월 1일부터 「노인복지법」에 의한 저소득 노인의 소득보완정책의 일환으로 실시하던 경로연금을 대신하여 2007년 4월에 제정되고 2008년 1월부터 시행되고 있는 기초연금제도가 있다. 여기서는 이것을 포함해서 논하기로 한다. 각종 연금의 수급자 현황은 다음과 같다.

2018년 국민연금, 공무원연금 등의 공적연금을 받는 고령자 수급자는 총 612.9만 명으로 전체 고령자 인구 중 45.6%를 차지하고 있다. 고령자의 공적연금 수급률은 2005년에는 16.1%에 불과하였으나, 꾸준히 증가하고 있는 추세이며, 고령자의 월평균 연금 수령액은 전년보다 4만 원 증가한 평균 57만 원의 연금을 수령한 것으로 나타났고, 성별로 보면 남자 76만 원, 여자 37만 원으로 남자는 10~100

만 원에 78.3%가 분포되어 있는 반면, 여자는 10~25만 원 연금을 받는 구성비가 61.4%로 가장 많다.

〈표 3-1〉 연금1) 수령 현황(55~79세)

(단위: 천 명, %, 만 원)

연도	연금 수령자	구성비[2]	금액대별 구성비							평균 수령액
			소계	10만 원 미만	10~25 만 원 미만	25~50 만 원 미만	50~100 만 원 미만	100~150 만 원 미만	150 만 원 이상	
2008	2,624	30.0	100.0	32.0	36.9	12.3	5.6	3.6	9.6	41
2011	4,641	46.9	100.0	44.7	25.3	13.8	6.6	2.8	6.8	36
2012	4,696	45.4	100.0	43.1	23.6	15.9	7.4	2.7	7.2	38
2013	5,046	46.5	100.0	36.1	27.3	18.2	8.3	3.1	7.0	39
2014	5,117	45.2	100.0	21.1	39.2	19.7	9.1	3.3	7.7	42
2015	5,251	44.5	100.0	1.5	50.4	24.9	11.1	3.7	8.4	50
2016	5,379	43.2	100.0	0.9	49.2	24.9	12.3	4.0	8.7	51
2017	5,763	44.6	100.0	0.7	46.6	26.2	13.7	4.0	8.8	53
2018	6,129	45.6	100.0	0.6	42.9	27.6	15.0	4.3	9.7	57
남자	3,181	49.7	100.0	0.5	25.8	29.7	22.8	6.4	14.8	76
여자	2,947	41.8	100.0	0.7	61.4	25.3	6.5	2.0	4.2	37

자료: 통계청(2018). 통계청 「경제활동인구조사 고령층 부가조사」, 각 연도 5월

주: 1) 공적연금(국민연금, 사학연금, 군인연금 등), 기초연금, 개인연금 등 노후생활의 안정을 위해 정부 또는 개인에 의해 조성되어 수령한 금액

2) 55~79세 인구 중 연금수령자 구성비

3. 국민연금

우리나라는 1962년부터 시작된 제1·2차 경제개발 5개년 계획을 성공적으로 수행한 결과 그 영향으로 성장보다는 분배 측면에서 불균형의 시정과 국민생활의 질적 향상을 도모하기 위해 1973년에 「국민복지연금법」이 제정되었다. 그러나 동

년 오일쇼크(oil shock)에 의해서 국가재정과 기업의 요청 등으로 그 실시 시기가 무기한 연기되었다. 그 후 1986년 「국민연금법」으로 개칭·개정하여 1988년에 겨우 국민연금제도를 실시하게 되었다.

1995년부터는 농어촌지역의 농어민, 2000년에 도시지역 주민까지 확대 적용되어 전 국민연금시대가 되었고, 현재는 1인 이상 피고용도 당연 적용 사업장이 되었다. 우리나라 국민연금의 급여 종류별 수급 자격과 급여 수준을 표로 나타내면 다음과 같다.

〈표 3-2〉 국민연금의 급여종류별 수급 요건과 급여 수준

급여 종류		수급 요건	급여 수준
노령연금	완전	20년 이상 가입 60세에 도달한 자	기본연금액 100%+부양가족 연금액
	감액	10년 이상 20년 가입 60세에 도달한 자	기본연금액의 50%+부양가족 연금액(가입기간 1년 증가 시마다 기본연금액의 5%를 증액)
	재직자	완전노령연금 수급권자 또는 감액노령연금 수급권자가 65세 이전에 소득이 있는 업무에 종사하는 경우	기본 50×50%(가입기간 1년 증가 시마다 기본연금액의 5%를 증액, 연령 1세 증가 시마다 연령별 지급률 10%를 증액)
	조기	가입기간 10년 이상, 연령 55세 이상인 자가 소득 있는 업무에 종사하지 아니하고, 60세 도달 전에 청구한 경우	기본 50×70%+부양가족 연금액(가입기간 1년 증가 시마다 기본 연금액의 5%를 증액, 수급개시 연령 1세 증가 시마다 연령별 지급률 6% 증액)
	분할	가입기간 중 혼인기간이 5년 이상인 노령연금 수급권자의 배우자가 60세 이상이 된 경우	배우자였던 자의 노령연금액
장애연금		가입 중에 질병 또는 부상으로 완치 후에도 장애(1~4급)가 있는 자	장애 정도에 따라 기본 연금액의 60~100%+부양가족연금액
유족연금		노령연금 수급권자, 가입자, 가입기간 10년 이상인 가입자였던 자, 장애등급 2급 이상의 장애연금 수급권자, 가입기간 10년 미만인 가입자였던 자로서 질병이나 부상으로 1~2년 내 사망한 자	가입기간에 따라 기본 연금액의 40~60%+부양가족연금액
반환일시금		60세 도달이나 사망, 국외이주 등으로 국민연금에 더 이상 가입할 수 없게 되었으나 연금수급 요건을 채우지 못한 경우	납부보험료에 일정 이자를 가산하여 일시금으로 지급

자료: 국민연금공단 홈페이지

1) 피보험자

국민연금의 가입대상자는 특수직역연금 대상자와 국외거주 국민과 국내거주 외국인을 제외한 국내거주 18세 이상 60세 미만의 국민이다.

가입 대상에 의해서 사업장가입자, 지역가입자, 임의가입자로 구분되고, 또한 강제적용 대상자와 임의적용 대상자로 나눈다.

2) 보험급여 내용

국민연금의 급여종류는 「국민연금법」 제49조에 명시되어 있는데 그 지급사유에 의해서 기본연금액과 부양가족연금액으로 구성되어 있다. 급여의 수급 요건과 수준, 완전노령연금의 수급개시는 2008년부터이다.

3) 연금관리기구의 조직과 운영

국민연금은 적립방식을 채택하고 있다. 국민연금제도의 기본운용 방향은 국민소득수준에 상응하는 기본생계의 유지, 소득의 재분배 기능, 장기적인 재정안정성의 배려 등이고 현재는 적립방식인데 앞으로는 수정 적립식이나 부과방식으로 전환될 것이다. 소득에 대한 갹출금의 본인부담률은 노동자가 최초 5년(1988년부터)은 3.0%, 그 다음 5년(1993년부터)은 6.0%, 그 후(1998년부터)는 9.0%(절반은 사용자 부담)를 부담하는 것으로 되어 있고, 지역가입자도 각각 3%, 6%, 9%이다.

그리고 보험자인 보건복지부장관의 위탁을 받은 '국민연금공단'이 가입자에 대한 기록의 관리 및 유지, 연금보험료의 부과, 급여의 결정 및 지급, 가입자, 가입자였던 자 및 수급권자를 위한 노후설계 서비스 및 자금의 대여와 복지시설의 설치·운영 등 복지증진사업, 가입자 및 가입자였던 자에 대한 기금증식을 위한 자금대여사업, 이 법 또는 다른 법령에 따라 위탁받은 사항, 그 밖에 국민연금사업에 관하여 보건복지부장관이 위탁하는 사항(동법 제3장)의 업무를 수행한다.

4. 특수직역연금제도

우리나라의 특수직역연금제도는 공무원연금, 군인연금, 사립학교교직원연금으로 나누는데, 세 가지 연금은 거의 비슷한 급여체계를 가지고 있다. 따라서 본서에서는 공무원연금을 중심으로 고찰하고 마지막으로 세 연금제도를 비교하고자 한다.

1) 공무원연금

공무원연금은 사회보장제도 가운데 가장 먼저 출발한 것으로 1982년 전면개정을 하는 등 시행착오를 많이 거쳐서 오늘에 이르게 되었다.

급여의 종류는 크게 단기급여와 장기급여로 대별되는데, 단기급여는 공무원의 공무로 인한 질병·부상과 재해에 대한 급여이고, 장기급여는 공무원의 퇴직·장애 및 사망에 대한 것이다(「공무원연금법」 제25조). 또한 단기급여는 공무상 요양비, 재해부조금, 사망조위금으로 세분할 수 있다(동법 제34조). 장기급여는 ① 퇴직급여로 퇴직연금, 퇴직연금일시금, 퇴직연금공제일시금, 퇴직일시금이 있고, ② 장해급여로 장해연금, 장해보상금이 있고, ③ 유족급여로 유족연금, 유족연금부가금, 유족연금특별부가금, 유족연금일시금, 유족일시금, 유족보상금, 순직유족연금, 순직유족보상금이 있고, 마지막으로 ④ 퇴직수당이 있다(동법 제42조).

(1) 피보험자

군인과 선거직 공무원을 제외한 「국가공무원법 및 지방공무원법」에 의한 공무원, 국가 또는 지방자치단체의 기타 직원으로 구성되어 있다.

(2) 연금관리기구의 조직과 운영

공무원연금제도의 운영에 관한 사항은 인사혁신처장이 맡아서 주관한다(동법 제2조). 공무원연금공단은 급여의 지급, 기여금, 부담금, 그 밖의 비용 징수, 공무원연금기금을 불리기 위한 사업, 공무원 후생복지사업, 주택의 건설, 공급, 임대 또는 택지의 취득, 그 밖에 인사혁신처장이 위탁하는 사업을 수행한다.

2) 사립학교교직원연금

급여의 종류와 자격, 수준 등은 공무원연금과 동일하나 오로지 적용대상의 신분에 따라 구별된다. 즉, 적용대상은 「사립학교법」에 의한 교원과 사무직원이다. 재원은 개인부담금, 국가부담금, 법인부담금 및 재해보상부담금과 그 예정운용수익금의 합계액이 장래에 균형이 유지되도록 하여야 한다(「사립학교교직원연금법」 제43조). 운영주체는 사립학교교직원 연금공단에서 관할 업무를 관장하고 있다(동법 제4조).

3) 군인연금

군인연금은 1963년에 제정되었다. 급여의 종류와 자격, 수준 등이 공무원연금과 대동소이하다. 구체적인 급여의 종류는 「군인연금법」 제6조에 언급되어 있는데 퇴역연금, 퇴역연금일시금, 퇴역연금공제일시금, 퇴직일시금, 상이연금, 유족연금, 유족연금부가금, 유족연금특별부가금, 유족연금일시금, 유족일시금, 사망보상금, 장애보상금, 사망조위금, 재해부조금, 퇴직수당, 공무상 요양비로 구성되어 있다. 이 법에 따른 군인연금제도의 운영에 필요한 재원(財源)에 충당하기 위하여 군인연금기금(이하 "기금"이라 한다)을 설치한다(동법 제37조). 기금은 국방부장관이 관리·운용한다(제37조의3). 기여금은 기준소득월액의 1천분의 70에 상당하는 금액으로 하고(동법 제38조), 이 법에 따른 급여에 드는 비용을 기여금, 부담금으로 충당할 수 없는 경우에는 그 부족한 금액을 국가에서 부담한다(제39조의2).

제2절 공공부조

공공부조는 일반조세를 재원으로 급여가 제공되며, 자산조사에 의한 개별적인 욕구의 측정과 확인이 급여자격 요건이 된다. 「국민기초생활보장법」 제5조 제1항에 의하면 수급권자는 부양의무자가 없거나, 부양의무자가 있어도 부양능력이 없거나 부양을 받을 수 없는 자로서 소득인정액이 최저생계비 이하인 사람으로 한다.

2017년 우리나라 국민기초생활보장 수급자는 약 149.2만 명 중 65세 이상 고령자는 43.1만 명 28.9%이다. 이러한 수치는 전체 수급자의 수가 줄어드는 가운데 노인의 비율이 높아가는 것을 알 수 있다. 한편, 2017년 65세 이상 수급자 중 여자의 비율 66.3%이고, 남자의 비율은 33.7%로 나타났다(통계청, 2018).

〈표 3-3〉 국민기초생활보장 수급자

(단위: 명, %)

연도	총수급자 (일반 수급자)	65세 이상 수급자			
			구성비[1]	남자	여자
2008	1,444,010	382,050	26.5	100,772	281,278
2010	1,458,198	391,214	26.8	106,723	284,491
2012	1,300,499	376,098	28.9	107,156	268,942
2014	1,237,386	379,048	30.6	114,731	264,317
2015[2]	1,554,484	419,452	27.0	133,292	286,160
2016	1,539,539	420,731	27.3	137,078	283,653
2017	1,491,650	430,549	28.9	145,164	285,385

자료: 통계청(2018); 보건복지부, 「국민기초생활보장 수급자 현황」, 각 연도

주: 1) 구성비 = (65세 이상 / 전체) × 100

2) 2015년 상대 빈곤선 도입, 급여별 선정기준 다층화 등 맞춤형 기초생활보장제도로 개편 후 전체 수급자 수가 큰 폭으로 증가함

재원조달은 서울과 기타지방으로 나누는데, 서울은 중앙정부가 50%, 서울특별시가 50%이고, 다른 지방은 중앙정부가 80%, 광역자치단체가 10%, 기초자치단체가 10%로 구성되어 있다. 본래 공공부조는 중앙정부의 임무이나 각 지방에서 구제를 남발할 소지가 있어서 국가와 지방이 비용을 분담하는 것이다. 급여는 생계급여, 주거급여, 의료급여, 교육급여, 해산급여, 장제급여, 자활급여의 7가지이다.

행정담당기관은 국가 및 지방자치단체이고, 수급권자의 선정은 급여의 필요즉응의 원칙에 의하여 결정·고시하는데, 기초자치단체장은 직권조사 또는 신청이 있을 때 지체 없이 급여지급의 여부를 결정하여야 한다. 또한 생활보장위원회는 생활보장사업의 기본방향 및 대책 수립, 소득인정액 산정방식의 결정, 급여기준의 결정, 최저생계비의 결정, 보장기금의 적립·관리 및 사용에 관한 지침의 수립, 기타 위원장이 부의하는 사항을 심의하기 위하여 중앙 및 지방위원회를 설치하여 급여기준의 결정, 기금의 정립·관리 및 사용에 관한 지침을 수립한다.

제3절 기초연금

공적연금에 가입할 수 없었던 기존의 노인과 20년 수급조건을 채우지 못한 계층에 대해서는 1991년부터 70세 이상의 공공부조 수급자에게 월 1만 원씩 노령수당제도를 마련하여 대응하도록 하였다. 노령수당은 1989년에 개정된 「노인복지법」 제13조 및 동법 시행규칙 제17조 등에 국가 또는 지방자치단체는 65세 이상 노인에 대하여 노령수당을 지급할 수 있다고 규정해서 노령수당지급이 가능하게 되었다. 또한 대상자를 늘리고 수당을 높여서 제도의 향상을 도모해 오다가 1997년 개정된 「노인복지법」의 제2장에 경로연금의 규정이 신설되어 1998년 7월 1일부터 실시하게 되었다.

정부는 이러한 경로연금제도를 폐지하고, 2007년 4월에 제정되고, 2008년 1월부터 시행되고 있는 기초노령연금 제도를 실시하게 되었다. 또 2014년 7월부터는 「기초연금법」으로 개칭하고 그 지급액을 최고 2배로 늘려서 시행하고 있다. 이 제도는 노인에게 기초연금을 지급하여 안정적인 소득기반을 제공함으로써 노인의 생활안정을 지원하고 복지를 증진함을 목적으로 한다. 기초연금은 65세 이상의 어르신 중 소득과 재산을 환산한 소득인정액이 하위 70%(2015년 기준금액 단독 93만 원, 부부 148.8만 원)인 경우 받을 수 있다. 이때 해외거주, 직역연금 수급, 자동차 및 회원권 소유, 임차소득, 거주지, 가구유형 등에 따라 수급 여부가 달라진다.

기초연금은 기초연금을 신청한 날이 속하는 달부터 지급한다. 혹시 신청이 밀려 대상자 선정이 지연되더라도 기초연금은 신청일이 속한 달을 기준으로 지급한다. 만 65세 생일이 속한 달의 한 달 전에 신청한 경우, 만 65세 생일이 속한 달부터 지급한다. 기초연금은 수급권을 상실한 날이 속하는 달까지 지급한다.

지급 방법은 기초연금을 받는 자 본인 명의의 계좌로 입금하는 것이 원칙이다. 다만, 부부 모두 기초연금을 받을 경우, 부부 모두가 동의하는 경우 배우자의 계좌로 입금 가능하다. 기초연금은 매월 25일에 지급한다. 25일이 토요일이거나 공휴일인 경우에는 그 전일에 지급한다.

다음의 경우에는 기초연금의 지급이 정지된다. 수급자가 교정시설, 치료감호시설에 수용 중인 경우, 가출·행방불명 신고 접수일로부터 1개월이 경과한 경우이다. 해외에 장기 체류하는 경우는 2014. 6. 30일 이전 출국자는 180일 이상, 2014. 7. 1일 이후 출국자는 60일 이상이다.

지급정지 사유가 발생한 달까지는 기존의 기초연금액을 지급하고, 그 다음 달부터 지급이 정지된다. 지급정지 사유가 소멸할 경우, 지급 정지 사유가 소멸한 달의 다음 달부터 지급이 개시된다.

이 제도는 노인 중에서 생활이 어려운 노인들에게 기초연금을 지급하는 법이다. 그러므로 일종의 공공부조법에 속한다. 저소득층 노인의 생활안정을 지원하는 법이지만 연금액수가 넉넉지 못한 것이 현실이며, 연금 재정이 허용하는 범위에서 질적 개선이 이루어져야 할 것이다.

기초연금에 관한 외국의 사례를 살펴보면, 일본은 국민연금제도의 발족 당시 일정한 연령에 달한 노인에게는 무갹출로, 특히 전액국고부담에 의한 노령복지연금을 지급할 것을 규정했다. 영국은 1908년 「노령연금법」이 제정되어 70세 이상 노인으로 20년 이상 영국 거주 등의 조건으로 노령연금을 지급하였다(신섭중, 1987). 프랑스는 1905년 공적연금제도를 실시할 당시 65세 이상 노인에게 갹출제 연금의 수급권이 없으면 국고부담으로 연간 1만 4490프랑(franc)을 지급하였다(한국보건사회연구원, 1992). 이와 같이 각국에서는 공적연금의 실시초기에 연금에서 제외된 계층, 즉 빈곤에 빠지기 쉬운 계층인 노인을 위해서 전액국고부담으로 무갹출 노령연금을 지급해 왔다.

기초연금은 급여 수준과 대상이 일정 수준 이하로 한정되어 있기 때문에 공공부조 제도의 보완적인 차원에 지나지 않는 등 제한적이다. 앞으로 전체노인을 대상으로 최저한의 생활이 유지될 수 있는 급여 수준으로 향상되어 노인의 소득을 보장하여야 할 것이다.

이 법 제21조(기초연금 수급권의 보호) ① 기초연금 수급권은 양도하거나 담보로 제공할 수 없으며, 압류 대상으로 할 수 없다. ② 기초연금으로 지급받은 금품은 압류할 수 없다고 하여 수급권을 보호하고 있다.

또한 제22조(이의신청) ① 제13조에 따른 결정이나 그 밖에 이 법에 따른 처분에 이의가 있는 사람은 특별자치시장, 특별자치도지사, 시장, 군수, 구청장에게 이의신청을 할 수 있다. ② 제1항에 따른 이의신청은 그 처분이 있음을 안 날부터 90일 이내에 서면으로 하여야 한다. 다만, 정당한 사유로 인하여 그 기간 이내에 이의신청을 할 수 없었음을 증명한 때에는 그 사유가 소멸한 때부터 60일 이내에 이의신청을 할 수 있다. ③ 제1항과 제2항에 따른 이의신청의 절차 및 결정 통지 등에 관하여 필요한 사항은 보건복지부령으로 정한다. 이와 같이 권리구제를 통하여 수급자의 군리를 보호하고 있다.

2018년 기준 단독가구 131만 원, 부부가구 209.6만 원이고, 2018년 9월~2019년 3월 25만 원이고, 2019년 4월부터 하위소득 20%는 30만 원, 그 외는 25만 원이 지급된다(보건복지부 홈페이지).

제4절 노인일자리사업

1. 노인일자리사업(보건복지부, 2019 참고)

1) 개요

노인일자리사업의 의의는 일하기를 희망하는 노인에게 맞춤형 일자리를 공급하여 노인에게 소득창출 및 사회참여의 기회를 제공하는 것이며, 사업목적은 어르신이 활기차고 건강한 노후생활을 영위할 수 있도록 다양한 일자리 사회활동을 지원하여 노인복지 향상에 기여하는 것이다.

사업의 근거는 「노인복지법」 제23조에 "노인에게 적합한 직종의 개발과 그 보급을 위한 시책을 강구하며 근로 능력 있는 노인에게 일할 기회를 우선적으로 제공하도록 노력하여야 한다. 제23조의2에 국가 또는 지방자치단체는 노인의 능력과 적성에 맞는 일자리의 개발·보급과 교육훈련 등을 전담할 기관을 설치·운영하거나 그 운영의 전부 또는 일부를 법인·단체 등에 위탁할 수 있다.

또한 저출산고령사회기본법제11조에 국가 및 지방자치단체는 일할 의욕과 근로능력이 있는 고령자가 최대한 일할 수 있는 환경을 조성하여야 한다.

노인일자리사업 참여를 통해 얻을 수 있는 긍정적인 효과는 첫째, 심리사회적(Psychology) 효과로서 자아효능감 0.41점, 삶의 만족도 1.75%, 삶의 질 2.64% 증가한다. 둘째, 사회네트워크(Society) 효과로서 비혈연관계 및 사회단체 활동량 증가이다. 셋째, 건강증진(Health) 효과로서 참여노인 1인당 연간 54만 5,994원의 의료비 지출 감소이다. 넷째, 경제적(Economy) 효과로서 참여소득은 −14.7%의 가구소득 빈곤 감소에 결정적인 영향이다(시니어클럽 홈페이지).

2) 사업의 유형

노인일자리사업의 유형은 다음의 표와 같다.

〈표 3-4〉 사업의 유형

<table>
<tr><th colspan="2">구분</th><th colspan="2">유형</th><th>주요내용</th><th>예산지원</th><th>활동성격</th></tr>
<tr><td rowspan="9">노인일자리 및 사회활동 지원사업</td><td rowspan="2">노인 사회 활동</td><td colspan="2">공익활동</td><td>노인이 자기만족과 성취감 향상 및 지역사회 공익증진을 위해 참여하는 활동</td><td>자치단체 경상보조</td><td rowspan="2">봉사</td></tr>
<tr><td colspan="2">재능나눔활동</td><td>재능을 보유한 노인이 자기만족과 성취감 향상, 지역사회 공익 증진을 위해 자발적으로 참여하는 봉사성격의 각종 활동</td><td>민간 경상보조</td></tr>
<tr><td rowspan="7">노인일자리</td><td colspan="2">사회 서비스형</td><td>취약계층 지원시설 및 돌봄시설 등 사회적 도움이 필요한 영역에 노인인력을 활용하여 필요한 서비스를 제공하는 일자리</td><td>자치단체 경상보조</td><td rowspan="7">근로</td></tr>
<tr><td rowspan="6">시장형(취창업)</td><td>시장형 사업단</td><td>참여자 인건비 일부를 보충지원하고 추가사업 수익으로 연중 운영하는 노인일자리</td><td>자치단체 경상보조</td></tr>
<tr><td>인력파견형 사업단</td><td>수요처의 요구에 의해서 일정 교육을 수료하거나 관련된 업무능력이 있는 자를 해당 수요처로 연계하여 근무기간에 대한 일정 임금을 지급받을 수 있는 일자리</td><td>자치단체 경상보조</td></tr>
<tr><td>시니어 인턴십</td><td>만 60세 이상의 노인에게 일할 기회를 제공함으로써 노인의 직업능력 강화 및 재취업기회를 촉진</td><td>민간 경상보조</td></tr>
<tr><td>고령자 친화기업</td><td>고령자가 경쟁력을 가질 수 있는 적합한 직종에서 다수의 고령자를 고용하는 기업설립 지원</td><td>민간 경상보조</td></tr>
<tr><td>기업 연계형</td><td>기업이 적합한 노인일자리를 창출하고 유지하는 데 필요한 직무모델 개발, 설비구입 및 설치, 4대 보험료 등 간접비용을 지원</td><td>민간 경상보조</td></tr>
</table>

(1) 공익활동

공익활동은 노인이 자기만족과 성취감 향상 및 지역사회 공익 증진을 위해 참여하는 봉사 활동으로 정의할 수 있다.

참여자격은 만 65세 이상 기초연금수급자를 원칙으로 하고, 만 65세 이상 기초연금수급 대기자가 없을 경우, 만 60~64세 참여 허용(차상위계층을 우선 선발한다. 운영기간은 9개월이며, 참여자 활동시간은 월 30시간 이상(일 3시간 이내)이다. 참여자(활동비)는 1인당 27만 원 이내를 받는다.

〈표 3-5〉 공익활동의 사업내용

유형	세부사업 내용
노노케어	독거노인, 조손가정 노인, 거동불편 노인, 경증치매 노인 등 취약노인 가정을 방문하여 일상생활을 안정적으로 유지할 수 있도록 안부확인, 말벗 및 생활 안전점검 등 필요한 서비스를 제공하는 활동
취약계층지원	장애인, 다문화 가정, 한부모 가족 아동 등 취약계층에게 상담 교육 및 정서적 지원 등 필요한 서비스를 제공하는 활동
공공시설봉사	복지시설, 공공의료시설, 교육(보육)시설, 지역 내 주거환경 및 생태환경 정화 등 지역사회 내 필요한 공익 서비스를 제공하기 위해 필요한 각종 사항을 지원하는 활동
경륜전수활동	노인이 평소 가지고 있는 경험과 지식, 삶의 지혜를 동세대, 아동 청소년 세대 등 지역공동체 구성원들과 공유하는 활동

공익활동의 구체적인 사업내용으로 먼저 취약계층지원은 장애인봉사, 다문화가정봉사, 한부모가족봉사, 청소년 선도봉사, 생활시설 이용자 지원 등이다. 공공시설봉사는 학교급식 지원봉사, 스쿨존 교통지원 봉사, CCTV 상시관제, 보육시설봉사, 지역아동센터봉사, 도서관봉사, 공원/놀이터 등 공공시설봉사, 문화재시설봉사, 공공의료 및 복지시설봉사, 지역사회 환경개선 봉사, 주정차질서계도 봉사, 어린이 안심 등하교 지원봉사, 기타이다. 경륜전수활동은 건강체조 취미생활지도, 문화공연활동, 체험활동지원, 경륜전수활동 등이다.

(2) 사회 서비스형

취약계층 지원 시설 및 돌봄시설 등 사회적 도움이 필요한 영역에 노인인력을 활용하여 필요한 서비스를 제공하는 일자리이다.

참여자격은 만 65세 이상 기초연금수급자를 원칙으로 하고, 시니어 컨설턴트, 치매 공공후견인 등 보건복지부가 인정하는 특정 유형은 60세 이상 가능하다. 운영기간은 최소 10개월이며, 참여자 근무시간은 월 최소 60~66시간 범위 내이다. 인건비는 시간당 9천 원 적용(월 최대 59.4만 원), 주휴수당 및 연차수당은 별도로 지급한다.

〈표 3-6〉 사회 서비스형 사업내용

유형	세부사업 내용
아동시설지원	지역아동센터 지원, 다함께 돌봄시설 지원, 보육시설 지원
청소년시설지원	청소년 수련관시설 지원, 청소년 상담복지센터 등 지원
장애인시설지원	장애인 관련시설, 장애인특수학교 등 지원
취약가정시설지원	한부모복지시설 지원, 다문화가족시설 지원, 건강가정지원센터 등 지원
노인시설지원	재가노인복지시설 지원(경로당 제외), 노인보호전문기관 등 지원
기타시설지원	기타 지역 내 취약시설 또는 사회적 공헌 유형 등 지원

(3) 시장형사업단

시장형사업단은 노인에게 적합한 업종 중 소규모 매장 및 전문 직종 사업단 등을 공동으로 운영하여 일자리를 창출하는 사업으로, 일정기간 사업비 또는 참여자 인건비 일부를 보충지원하고 추가사업 수익으로 연중 운영하는 노인일자리이다.

운영기간은 연중참여를 원칙으로 하고, 참여자의 근무시간은 당사자 간 근로(도급)계약서로 정한 시간에 따르지만 1일 최대 8시간 이내 근무 준수이며, 연장근로 또는 휴일근로가 불가피할 경우 22시 이전 및 토/일요일, 공휴일 근무가능하다.

예산지원 기준은 1인당 연간 230만 원 지원하며, 정부보조금 외 사업 수익을 통해 더 높은 급여를 지급할 수 있는 사업단에 우선적으로 예산을 지원한다.

〈표 3-7〉 시장형사업단 사업내용

구분	사업유형	세부사업 내용
공동 작업형	공동작업장 운영 사업	기업과 연계하여 관련 생산품 혹은 반제품을 생산 · 조달하는 사업 예) 쇼핑백 제작, 제품 포장 등
제조 판매형	식품제조 및 판매 사업	식재료를 활용하여 식품 등을 제조하여 판매하는 사업 예) 참기름, 장류, 스낵류 등 제조 및 판매
	공산품제작 및 판매사업	일정한 시설을 갖추고 규격에 맞춘 공산품을 제작하여 판매하는 사업 예) 천연비누, 양초 등 제작 및 판매, 짚풀공예, 수공예품 등 공동제작
	매장운영사업	소규모 매장 및 점포를 운영하는 사업 등 운영 예) 카페, 음식점, 매점(마트)
	지역영농사업	유/휴경지를 활용하여 농산물 등을 공동으로 경작하고 판매하는 사업 예) 콩, 고사리 등 재배
	기타 제조 및 판매 사업	기타 제조 판매 사업
서비스 제공형	영유아 및 청소년 교육지원	어린이집, 유치원, 학교 등 영유아 및 청소년을 대상으로 시설관리, 급식지도, 안전지도, 인성교육 등 교육지원 관련 통합 서비스 제공
	아파트택배 사업	아파트단지 내 택배물품을 배송 · 집하하는 사업
	지하철택배 사업	지하철을 이용하여 각종 수하물 및 서류 등을 배달하는 사업
	세차 및 세탁사업	일정 정도의 시설 또는 장비를 갖추고 세차 혹은 세탁 등의 서비스를 제공하는 사업
	소상공인협력사업	지역 내 소상공인 업무지원
	기타 서비스 제공형	사업 수익을 통해 향후 발전 가능성이 있는 기타 서비스 제공 사업 예) 환경정화, 이미용, 수선, 공원관리, 재활용, 청소사업 등

3) 인력파견형사업단

인력파견형사업단은 수요처의 요구에 의해서 일정 교육을 수료하거나 관련된 업무능력이 있는 자를 해당 수요처로 연계하여 근무기간에 대한 일정 임금을 지급받을 수 있는 일자리이다.

운영기간은 연중이며, 참여자 근무시간은 근로계약서상 정한 시간에 따르고, 예산지원 기준은 1인당 연간 15만 원, 수행기관별 사업물량은 최소 100자리 이상이다. 예산집행기준은 1인당 연중 10일 이상 파견 시 또는 1인당 연중 50만 원 이상 급여 발생 시 15만 원 집행, 1인당 연중 10일 미만 파견 시 또는 1인당 연중 50만 원 미만 급여 발생 시 5만 원 집행한다.

〈표 3-8〉 인력파견형사업단 사업내용

중분류	소분류	사업 내용
관리사무 종사자	경영, 영업, 판매 및 운송 관련 관리자	행정 및 경영, 회계, 영업 및 판매 관련 관리자, 운송, 기타 고객 서비스 관리자
	기타 사무직	상담, 여행 안내, 통계관련 사무원, 고객상담 및 기타 사무원
공공/ 전문직 종사자	교육 관련 종사자	교육강사, 보조교사, 보육교사
	기타 전문직	시험감독관, 리서치, 설문, 번역, 문화방송, 출판관련 종사원
서비스 종사자	예식 및 보건 의료 서비스	예식, 혼례 및 장례종사자, 산후조리, 요양, 간병 등 보건 의료 관련 서비스 종사자
	운송 및 여가 서비스	택시, 버스, 기타 자동차운전원, 운송 서비스 종사자
	조리 및 음식 서비스	패스트푸드원, 주방 식당보조원, 음식배달원 등 서비스 종사자
	배달원	택배원, 우편물집배원, 기타 배달원
판매 종사자	계산원 및 매표원	매장계산원 및 요금정산원, 매표원, 복권판매원
	판매원 및 판매 단순종사자	주유원, 상점판매원, 상품대여원, 기타 판매관련 단순 종사원
농림어업 숙련 종사자	농림 어업 작물재배 종사자	곡식, 채소 및 특용작물, 과수, 원예작물 재배업, 조경원, 조림 및 벌목원, 임산물 채취, 양식원 및 기타 관련 종사원
기능원 및 관련 기능 종사자	식품가공 관련 종사자	정육원, 김치 및 밑반찬 제조 종사원, 기타 식품가공 종사원
	기타 기능 관련직	섬유 의복, 가죽관련 기능직, 목재 기구 악기, 금속성형, 전기 전자 관련 기능직, 공예 및 귀금속 세공원, 배관공 등
생산 제조 단순노무직	생산/제조	식료품제조, 곡물가공품 제조, 떡, 빵 및 과자류제조, 도시락 및 식사용 조리식품 제조, 탁주 및 발효주 제조업 등
	단순노무직	청소원 및 환경미화원, 경비원, 가사 및 육아 도우미, 주차관리원 및 안내원, 재활용품수거원, 세차, 세탁, 검침, 골프장 도우미, 학교 병원급식 도우미, 농어촌일손 도우미, 기타 단순종사원
	기타	육류, 수산물 가공 및 저장, 과실 및 채소가공, 소분

4) 예산지원 기준

〈표 3-9〉 예산지원 기준

<table>
<tr><th colspan="2" rowspan="2">구분</th><th colspan="4">참여자 1인 예산지원 기준</th><th rowspan="2">국고 보조</th></tr>
<tr><th>활동비(월)</th><th>참여기간</th><th>부대경비*(연)</th><th>계</th></tr>
<tr><td colspan="2" rowspan="2">공익활동</td><td>27만 원</td><td>9개월</td><td>14만 원</td><td>257만 원</td><td rowspan="9">50%
(서울
30%)</td></tr>
<tr><td>27만 원</td><td>12개월</td><td>16만 원</td><td>340만 원</td></tr>
<tr><td colspan="2">사회 서비스형</td><td>54만 원(권장)
~59.4만 원</td><td>11개월(권장)
~10개월</td><td>48.9만 원</td><td>788.7
만 원**</td></tr>
<tr><td rowspan="3">시장형
사업단</td><td>공동작업형</td><td>–</td><td rowspan="3">연중</td><td rowspan="3">230만 원</td><td rowspan="3">230만 원</td></tr>
<tr><td>제조판매형</td><td>–</td></tr>
<tr><td>서비스제공형</td><td>–</td></tr>
<tr><td colspan="2">인력파견형사업단</td><td>–</td><td>연중</td><td>15만 원</td><td>15만 원</td></tr>
<tr><td colspan="2">시니어 인턴십</td><td>1,746천 원</td><td>12개월</td><td>–</td><td>2,269.8
만 원***</td></tr>
</table>

* 부대경비 : 시장형사업단, 인력파견형사업단은 사업비
** 주휴수당 및 연차수당 연 1,458천 원 포함
*** 전담인력 퇴직적립급 포함 13개월 반영

5) 노인일자리 및 사회활동의 단계별 전달체계

진행단계 및 역할주체	주요내용	필요서류
1단계 기본계획수립: 보건복지부, 광역 시 · 도 및 기초자치단체	• 보건복지부: 노인일자리 및 사회활동 지원사업 기본계획 수립 및 시 · 도별 예산배분 • 광역 시 · 도: 보건복지부의 노인일자리 및 사회활동 지원사업 기본 방향 및 국고 내시 기준 근거하여 시 · 도별 기본계획 수립 ※ 시 · 군 · 구별 균등식 사업량 배분은 지양하고 사업수행능력 및 노인인구 수, 사업추진 수요(의지)가 있는 기초자치단체를 중심으로 배분. 시 · 군 · 구별 사업량, 전담인력 및 예산 배분 계획 수립 후 통보 • 기초자치단체: 광역 시 · 도 기본계획에 근거하여 시 · 군 · 구별 자체계획수립 및 노인일자리 업무시스템(이하, 업무시스템) 등록. 노인일자리 및 사회활동 지원사업 위원회 구성 및 수행기관 선정(심사 및 지정). 선정된 수행기관별 사업량, 예산 및 전담인력 등 배분수행기관 위탁계약 체결	시 · 군 · 구별총괄 운영계획서. 사업 위탁관리 협약서 등
2단계 사업운영 계획수립: 수행기관	• 사업계획 등록 및 심사: 업무시스템에 단위사업 계획서 등록 및 심사 신청, 지자체 및 보건복지부(개발원) 심사 승인	노인일자리 및 사회활동지원 사업계획서
3단계 사업추진준비: 수행기관	• 참여자 모집 및 선발: 공개모집이 원칙, 유형별 선발기준에 의해 선발, 공익활동은 시 · 군 · 구를 통해 통합모집 및 선발 진행, 사회 서비스형은 지자체 주도하에 수행기관 통합모집, 수행기관별 선발, 시장형사업단 및 인력파견형사업단은 수행기관별 참여자 공개모집 실시, 행복e음 및 복지로 신청자 선발 진행 • 수요처 등 개발 및 선정: 참여노인이 활동할 수 있는 활동지역(수요처) 협의 개발 및 선정, 수혜자(서비스대상자) 발굴 및 선정, 참여자-수요처(수혜자) 간 협약서 작성 지원, 업무시스템 내 수요처 및 서비스대상자 현황 등록	참여신청서 · 선발기준표 서비스신청서 · 개인정보동의서 협약서
4단계 참여자교육: 수행기관	• 소양 및 활동(직무)교육 실시: 공익활동은 활동에 필요한 활동교육 실시(12시간 이상, 안전교육 3시간 이상 포함), 시장형사업단은 소양교육 3시간 이상, 직무교육 5시간 이상 실시(사고발생 예방을 위한 안전교육 2시간 이상 포함), 사회 서비스형은 소양교육 12시간 이상, 직무교육 6시간 이상 실시(사고발생 예방을 위한 안전교육 2시간 이상 포함)	

진행단계 및 역할주체	주요내용	필요서류
5단계 사업관리: 수행기관	• 활동관리 및 활동비 지급(공익활동): 현장 수시방문 등을 통해 활동 진행사항 확인, 수요처(수혜자)와 참여자 매칭, 참여자로부터 활동일지(수요처 확인) 수령 후 활동비 지급 • 근무관리 및 임금 지급(사회 서비스형, 시장형사업단): (근로) 근무현장을 방문하여 참여자 출근부에 자필 서명, (근로) 근무일 수(근무시간) 확인 후 개인별 임금 지급, (도급) 납품량 확인 후 개인별로 도급에 대한 보수 지급	공익활동협약서 활동일지 근로계약서 도급계약서 참여자 출근부 임금(도급보수) 지급대장
6단계 사업평가: 수행기관	• 만족도 조사: 참여자, 수요처 및 수혜자 등 만족도 조사 실시 • 사업평가: 추진사업에 대한 종합분석 및 점검, 차기연도 사업계획 수립 시 반영하여 발전방안 모색	설문조사표 만족도 조사보고서 사업평가서

2. 시니어클럽

1) 개요

시니어클럽은 노인일자리 전담기관 운영을 통한 노인의 사회적 경험 및 지식을 활용할 수 있는 다양한 노인적합형 일자리를 개발하고 이에 참여할 수 있는 여건을 조성하여 노인의 삶의 질 향상을 도모하는 것을 목적으로 한다.

법적 근거는 「노인복지법」 제23조의2 제1항 제2호(노인일자리 전담기관의 설치·운영 등)로 국가 또는 지방자치단체는 노인의 능력과 적성에 맞는 일자리지원사업을 전문적·체계적으로 수행하기 위한 노인일자리 전담기관을 설치·운영하거나 그 운영의 전부 또는 일부를 법인·단체 등에 위탁할 수 있다. 노인일자리지원기관: 지역사회 등에서 노인일자리의 개발·지원, 창업·육성 및 노인에 의한 재화의 생산·판매 등을 직접 담당하는 기관으로 「노인복지법」 제31조에 따른 노인복지시설(2013. 6. 4 개정, '13. 12. 5. 시행), 「노인복지법시행령」 제17조의3 및 제17조의4(노인일자리 전담기관의 운영위탁 등)에서 보건복지부장관 및 지방자치단체의 장은 노인일자리 전담기관 운영의 전부 또는 일부를 노인일자리사업을 실시한 경험이 있고 노인일자리 관련 전담인력 등을 갖춘 법인·단체에 위탁할 수 있다고 규정하고 있다. 「노인복지법」 제45조 제2항(비용의 부담)에서는 노인일자리 전담기관의 설치·운영을 위한 비용은 국가 또는 지방자치 단체가 부담한다고 규정하였다. 개략적인 연혁을 살펴보면 다음과 같다.

- 2001년 노인일자리 전담기관 지역사회 시니어클럽(CSC/Community Senior Club) 시범사업 실시(5개소)
- 2004년: 명칭 변경 및 기관 확대
  - 명칭 변경: 지역사회 시니어클럽(CSC) → 노인인력지원기관
  - 추가 지정: 노인인력 지원기관 11개소, 국민건강보험 시니어클럽(직능)
- 2005년: 지방이양, 명칭 변경 및 사업역량 강화(신규 5개소)
  - 분권교부세 지원사업으로 전환
  - 명칭 변경: 노인인력지원기관 → 시니어클럽
  - 노인일자리(공동작업형, 제조판매형 일자리) 중점수행기관으로 지정
- 2008년: 지속적인 시니어클럽 확대 및 사업평가 강화
  - 11개소 신규 지정(총 65개소, 2008. 11. 기준)
  - 지역노인 일자리 전담기관으로서의 선도적 역할수행을 위한 기관운영 실태 및 사업의 성과에 대한 평가 강화
- 2018년 : 시니어클럽 확대 지속 및 사업평가 강화
  - 총 146개소

운영원칙은 노인들의 개별적 고유성과 존엄성이 최대한 보장되도록 운영, 노인복지시설로서 일정한 규모의 시설과 인력을 확보하고 지역사회 자원을 활용하여 노인들에 대한 상담, 교육, 훈련, 일자리 창출 등의 서비스 제공이다.

사업주체별 주요 업무 및 역할은 보건복지부가 노인일자리 정책 및 시니어클럽 정책방향 수립, 시니어클럽 운영지침 마련을 담당하며, 지방자치단체(시·도, 시·군·구)는 시니어클럽 지정 및 취소, 시니어클럽 예산 및 행정 지원, 지도·점검 및 평

가를 담당한다. 시니어클럽 협회는 시니어클럽의 균형적 발전과 활성화를 위한 업무 지원, 시니어클럽 종사자와 사업 참여자의 권익 보호, 시니어클럽 사업의 우수사례 발굴 및 전파, 일하는 노인에 대한 인식 개선 및 자원봉사 활동 지원, 노인일자리 및 시니어클럽 운영 관련 정책 건의이다. 시니어클럽은 지역노인 일자리 전담기관으로서의 기능 및 역할수행, 지역특성에 적합한 공동작업형, 제조판매형 노인일자리사업 수행, 지역사회 내의 노인인력 활용을 위한 교육 훈련 및 사후관리, 일하는 노인을 위한 지역 연대 및 기타 관련사업 수행이다.

2018년 중점추진방향은 첫째 「노인복지법」 제23조의2, 「노인복지법시행령」 제17조의3 제3항의 지역노인 일자리 전담기관으로서의 역량 강화, 둘째 지방자치단체는 공동작업형, 제조판매형 일자리 등 민간분야 노인일자리 전문성 확보를 위하여 시니어클럽 확충 적극 추진, 셋째 주로 민간분야(공동작업형, 제조판매형, 인력파견형) 노인일자리 수행기관으로서의 민간분야 일자리 활성화에 선도적 역할 강화이다.

3. 은퇴 이후의 재취업

1) 은퇴 후의 취업욕구

오늘날 노인들의 경제적 자립과 사회적 역할을 원하는 노인들의 취업욕구는 날로 높아지고 있어 노인 일자리의 필요성은 더욱 중요시되고 있다. 한 연구에 의하면, 노인들은 은퇴로 사회문화적 단절을 경험하고 이전과는 다른 역할이 요구되지만 여전히 일을 통한 역할을 지향하는 것(이가옥, 2005)으로 나타난 것을 보면 이는 퇴직연령에 상관없이 건강이 허락하는 한 일을 통해서 사회적 역할을 유지하고 싶어 하는 것으로 이해할 수 있다. 변재관의 연구(2001)에 따르면, 노인이지만 개인에 따라서는 지속적으로 사회에 기여할 수 있는 생산성을 가진 인력인데

단지 신체적으로 노화된 존재라는 이유로 의존적인 피부양계층으로 취급받고 있다. 이러한 예로 약 98만 명의 노인이 근로능력이 있음에도 불구하고 직업 활동을 못하는 것으로 파악되었다.

2018년 고령층(55~79세) 중 향후 취업하기를 희망하는 비율은 64.1%로 전년 62.6%에 비해 1.5% 증가하였다. 취업 희망 고령층(55~79세)이 일하기 원하는 주된 이유는 '생활비에 보탬이 되어서(59.0%)'로 가장 높았고, 다음은 '일하는 즐거움 때문(33.9%)'으로 나타났다. 성별로는 남자 고령층(55~79세)의 취업 희망 비율(75.6%)이 여자 고령층(53.6%)보다 훨씬 높았으며, 여자 고령층(55~79세) 취업희망자의 62.0%가 '생활비에 보탬이 되기 때문'에 일하기 원한다고 응답하였다. 구체적인 내용은 다음의 표와 같다.

〈표 3-10〉 취업의사 및 취업을 원하는 이유(55~79세)

(단위: %)

구분	장래근로 원함						
		일하는 즐거움	생활비 보탬	사회가 필요로 함	건강 유지	무료 해서	기타
2008	57.1	34.6	54.8	2.0	3.0	5.3	0.2
2009	57.6	33.6	56.6	1.9	2.6	5.0	0.2
2010	60.1	33.5	56.8	2.4	2.2	4.9	0.3
2011	58.5	35.5	54.9	2.4	2.2	4.8	0.3
2012	59.0	36.5	54.4	2.0	2.1	4.8	0.2
2013	60.1	36.9	54.8	1.9	1.7	4.5	0.2
2014	62.2	38.8	54.1	1.6	1.5	3.8	0.1
2015	61.2	35.9	57.1	1.8	1.6	3.6	0.1
2016	61.5	34.8	58.1	2.2	1.5	3.3	0.0
2017	62.6	34.4	58.3	2.3	1.6	3.3	0.1
2018	64.1	33.9	59.0	2.2	1.5	3.3	0.0
남자	75.6	36.5	56.7	3.0	1.3	2.5	0.0
여자	53.6	30.7	62.0	1.2	1.7	4.4	0.1

자료: 통계청(2018). 통계청, 「경제활동인구조사 부가조사(고령층)」 각 연도

홍형욱 외(2004)의 '노후의 일에 대한 의식'을 연구한 결과를 보면, 현재 50대 중년층 대부분이(93.1%) '노후에 할 일이 있어야 한다, 노후에 일할 기회를 적극적으로 찾겠다(76.3%)'고 생각하고 있으며, 노후의 일을 고려하여 준비하고 있는 것으로 나타났다. 또한 취업희망에 관한 보건복지부자료(2004)에서는 연령이 젊고 교육수준이 높을수록, 읍·면지역보다는 도시 거주 노인의 취업희망률이 높게 나타나 미래의 노인들의 취업희망률이 높아질 것으로 예상할 수 있다.

또한 2010년 장래 근로 희망 고령자(55~79세)의 일자리 선택기준을 조사한 결과(통계청, 2010), '임금수준'이 32.8%로 가장 높았고, 다음은 '계속근로 가능성(22.7%)', '일의 양과 시간대(20.0%)'로 나타났다. 한편 교육 정도별로 보면, 대졸 이상의 경우 '일의 내용'을 가장 중요한 일자리 선택기준으로 생각하고 있었다.

2) 노인의 재취업

스즈키(전정숙, 2007, 재인용)는 정년 이후를 준비하는 단계로 일에 대한 4가지 생각을 가지고 가능하면 재취업의 기회를 갖고 전문능력을 익히기를 권면한다. 그에 따르면 재취업을 희망하는 경우에는 다섯 가지 항목을 고려해야 한다고 한다.

첫째, 수입으로 많이 벌고 싶은가 아니면 적당한 수준에 만족할 수 있는가?

둘째, 근무형태로 상근직인가 아니면 아르바이트인가?

셋째, 일의 내용이 현역 시절의 연장선상인가 아니면 새로운 것인가?

넷째, 일하는 목적이 자신을 위하는 것인가 아니면 다른 사람을 위하는 것인가?

다섯째, 일을 찾는 방법에서 스스로 찾을 것인가? 아니면 소개를 받을 것인가?

이 다섯 가지 종목을 종합적으로 고려하여 나름대로 정리해두고 준비해 나가야 한다는 것이다.

일할 의사를 가지고 있는 노인에게 일자리를 제공하는 것은 노인에게 일정한 소득을 얻는 것뿐만 아니라 사회에 참여할 수 있는 기회도 제공하며 정신적·정서적 유용감과 함께 건강증진에도 도움을 주는 것이다.

2018년 55~79세 고령자 중 장래 근로희망자의 일자리 선택기준은 '일의 양과 시간대(27.6%)', '임금수준(24.2%)', '계속근로 가능성(16.5%)' 순으로 나타났다. 전년보다 일의 양과 시간대와 출퇴근거리 등 편리성은 증가한 반면, 임금수준, 일의 내용, 계속근로 가능성, 과거 취업경험 연관성은 감소하였다. 성별로 보면, 남자는 임금수준, 일의 양과 시간대, 여자는 일의 양과 시간대, 임금수준 순으로 많았다.

〈표 3-11〉 일자리 선택기준(55~79세)

(단위: %)

	계*	임금 수준	일의 양과 시간대	일의 내용	출퇴근 거리 등 편리성	계속 근로 가능성	과거취업 경험 연관성	기타**
2008	100.0	54.8	12.3	6.1	2.9	13.8	7.8	2.4
2011	100.0	27.3	21.4	11.5	4.5	22.3	10.5	2.4
2012	100.0	29.4	21.7	10.6	4.7	21.8	9.9	1.9
2013	100.0	24.9	25.9	12.6	5.3	18.8	11.0	1.6
2014	100.0	23.2	27.9	13.0	5.4	18.6	10.5	1.4
2015	100.0	23.3	27.6	13.5	5.3	18.0	11.3	1.0
2016	100.0	24.1	26.7	12.9	5.2	17.4	12.3	1.4
2017	100.0	25.1	26.2	13.4	6.0	16.6	11.4	1.4
2018	100.0	24.2	27.6	13.1	6.2	16.5	11.0	1.4
남자	100.0	26.0	21.8	14.1	3.8	19.1	13.2	2.0
여자	100.0	21.9	35.1	11.7	9.4	13.1	8.2	0.6

자료: 통계청(2018). 통계청, 「경제활동인구조사 고령층 부가조사」 각 연도 5월
주: * 장래근로 희망자
** '사업장 규모', '사회적 지위유지 가능성', '기타' 포함

현재 퇴직 후에 소득원 상실로 노인들의 근로욕구는 증가하지만 사회의 전반적인 부정적 사고로 노인의 직업활동이 어려운 것이 사실이다. 이러한 상황에서 노인의 직업활동을 활성화하기 위하여 몇 가지 주장들이 제기되고 있다(고난숙,

2004).

첫째, 정년 후 근무연장에 대한 다양한 고용조건을 적용하여 재고용을 확대 실시하여야 한다.

둘째, 고령자고용촉진법 규정의 강제화로 고령자 취업을 단순히 권장하는 차원이 아니라 법적 강제적용을 규정하는 것이 바람직하다.

셋째, 노인에게 적합한 다양한 직종을 개발 및 보급이 시급하다.

현재 고령자취업 및 재취업 프로그램은 주로 보건복지부와 노동부에서 주관하고 있다. 보건복지부에서는 노인취업알선센터, 고령자취업알선센터를 관장하고, 노동부에서는 고용안정센터와 고령자 인재은행이 있고, 창업지원 등은 중소기업청에서 하며, 고급인력정보센터는 경영인총연합회에서 운영되는 등 각각 적용 법률에 따라 서로 다른 운영 주체들에 의해서 운영되고 있다. 그러나 노인들의 다양성을 고려하지 못하고 일관적인 고용 연계에만 치우치는 경향이 있고 구인처 정보부족, 기업의 노인에 대한 부정적인 인식 등으로 활성화되지 못하고 있다.

제5절 퇴직연금[3)]

1. 도입의 배경

퇴직연금제도란 사용자가 법정퇴직금제도에 갈음하여 근로자를 피보험자 또는 수익자로 하는 퇴직보험 또는 퇴직일시금 신탁에 가입하여 근로자의 퇴직 시에 일시금 또는 연금으로 수령하게 하는 제도를 말한다. 즉 기업이 공적연금제도를 보

3) 금융감독원의 퇴직연금 안내 참고, http://pension.fss.or.kr/fss/psn/intro/system/system4.jsp 2019.01.12.

완하여 근로자의 노후생활보장을 강화하기 위한 사적연금제도이다.

연금제도는 크게 공적연금인 국민연금과 사적연금인 개인연금과 기업연금으로 나누어진다. 대부분 국가들은 국민의 노후생활을 보장하기 위해 연금의 3층(국민연금, 기업연금, 개인연금) 보장 제도를 갖추고 근로자들이 퇴직 후 풍요로운 노후생활을 누릴 수 있도록 시행하고 있다. 우리나라의 경우 국민연금, 개인연금은 이미 도입하여 정착단계에 있으나 기업연금은 도입단계에 있다.

이 제도의 도입배경에는 고령화, 저출산의 급속한 진행으로 은퇴 후의 생활은 점차 장기화되어가는 반면, 노년층을 부양할 수 있는 젊은 세대의 인구는 감소하고 있어 노후생활에 대한 체계적이고 종합적인 준비가 필요하다.

퇴직금제도는 1953년 「근로기준법」에 의거한 임의제도였으나, 1961년 30인 이상 사업장에 의무 적용하도록 강제화되면서 법정제도로 발전하였고, 그 범위가 점차 확대되었다. 그러나 퇴직금제도는 잦은 이직과 중간정산, 조기퇴직 등으로 퇴직금이 생활자금으로 소진된 경우가 많아 노후 소득재원으로서의 역할을 수행하지 못하고 있다. 2014년 8월 통계청에서 실시한 '경제활동인구조사 근로형태별 부가조사 결과'에 따르면 전체 임금근로자의 평균근속 연수가 5년 7개월에 불과하다. 이처럼 평생직장의 개념이 사라지고 있는 만큼 근로자 스스로 적극적인 관심을 갖고 노후생활에 대비할 필요가 있다. 따라서 기존의 법정 퇴직금의 문제점은 일시금 지급이 대부분이며, 중간정산의 확산 등으로 인해 노후소득 보장기능이 미흡하다. 또 사내유보가 일반적이므로 기업도산 시 근로자의 수급권이 보호되기 어렵고, 퇴직부채에 대한 실질적인 비용예측이 어려워 경우에 따라 일시금 부담이 가중되는 등 기업의 재무관리가 용이하지 못하다.

퇴직연금제도에 대한 논의는 2001년 7월 노사정위원회에서 처음으로 시작되었다. 그러나 2003년 7월 노사 간의 이견으로 합의도출에 실패하고, 그 이후 정부 주도로 퇴직연금제도를 도입하기 위한 준비가 진행되었다. 마침내 국회에서 퇴직연금제도의 모법인 「근로자퇴직급여보장법(이하 "근퇴법")」이 의결(2004. 12. 29.)·공포(2005. 1. 27.)된 후, 2005년 12월 1일부터 현행 퇴직연금제도가 본격적으로 시행되었다.

2014년 9월 1일 정부가 오는 2022년까지 국내 모든 사업장의 퇴직연금 가입을 전면 의무화한다고 발표하였다. 즉 고용노동부와 관계부처는 8월 27일 경제장관회의에서 퇴직연금 의무가입 사업장을 확대하는 내용이 담긴 '사적연금 활성화 대책'을 확정·발표했다. 확정안에 따르면 오는 2016년부터 종업원이 300인 이상인 사업장은 퇴직연금 가입 의무화가 실시된다. 퇴직연금 가입 의무화에 따라 2017년에는 100인 이상 300인 미만 사업장, 2018년에는 30인 이상 100인 미만인 사업장, 2019년에는 10인 이상 30인 미만, 2022년에는 10인 미만인 사업장이 대상이다. 정부는 최근 2016년 근로자 3백 명 이상 기업부터 퇴직연금을 의무화하고 단계적으로 확대돼 2022년에는 모든 기업에 적용키로 했다. 30인 이하 영세 사업장에 대해서는 내년 7월에 만들어지는 퇴직연금기금에 가입할 경우 사업주 부담금의 10%를 3년 동안 지원해주기로 했다. 또 대기업은 2년 후부터 기금운용위원회를 만들어 퇴직연금기금을 직접 관리할 수 있도록 해 수조 원의 퇴직연금기금을 굴리는 대기업도 나올 것으로 예상된다.

퇴직연금기금이 위험 자산에 투자할 수 있는 한도도 40%에서 70%로 늘려 고수익을 추구할 수 있도록 하고 대신 1인당 5천만 원까지 예금자보호를 하기로 했다. 정부는 퇴직연금 제도가 정착될 경우 가입 근로자는 700만 명, 적립규모는 170조 원으로 늘어날 것으로 기대하고 있다. 고용부 관계자는 "이번 대책은 공적연금은 국민연금이 짧은 가입기간과 낮은 소득 대체율로 노후소득 보장에 충분치 않다는 점을 고려해 마련됐다"며 "노후소득 보장체계를 강화하기 위해 퇴직연금 등 사적연금의 역할을 확대할 필요가 있다"고 말했다. 퇴직연금 가입 의무화 소식에 네티즌들은 "퇴직연금 가입 의무화, 연봉에서 빼는 건 아니겠지?", "퇴직연금 가입 의무화, 연봉에서 포함하는 회사가 있다는 것이 문제다", "퇴직연금 가입 의무화, 연봉 포함 퇴직연금은 의미가 없는 짓"이라는 반응이다.

2. 제도의 개념

퇴직연금은 기업이 근로자의 노후소득보장과 생활안정을 위해 근로자 재직기간 중 사용자가 퇴직금 지급재원을 외부의 금융기관에 적립하고, 이를 사용자(기업) 또는 근로자의 지시에 따라 운용하여 근로자 퇴직 시 연금 또는 일시금으로 지급하도록 하는 '기업복지제도'이다. 1인 이상의 사업장의 사용자(사업주 등)는 퇴직급여제도인 퇴직금제도와 퇴직연금제도 중 하나 이상의 제도를 설정하여야 한다(근퇴법 제4조①).

그러나 퇴직연금제도는 법정 퇴직금 제도와 달리 노사합의에 의해 자율적으로 도입하는 제도로서 강제성이 없다. 따라서 기존의 퇴직금 제도를 반드시 퇴직연금제도로 전환해야 하는 것은 아니며, 그대로 유지하는 것도 가능하다. 사용자가 퇴직급여제도(퇴직금제도 및 퇴직연금제도)를 설정하지 않은 경우에는 퇴직금 제도를 설정한 것으로 간주한다(근퇴법 제11조).

3. 제도의 종류

퇴직연금은 크게 세 종류가 있다.

첫째, 확정급여형 퇴직연금제도(DB, Defined Benefit)는 근로자가 퇴직 시에 수령할 퇴직급여가 근무기간과 평균임금에 의해 사전적으로 확정되어 있는 제도이다. 사용자가 적립금을 직접 운용하므로 운용결과에 따라 사용자가 납입해야 할 부담금 수준이 변동될 수 있다. 또한, 임금인상률, 퇴직률, 운용수익률 등 연금액 산정의 기초가 되는 가정에 변화가 있는 경우에도 사용자가 그 위험을 부담한다.

둘째, 확정기여형 퇴직연금제도(DC, Defined Contribution)는 사용자가 매년 근로자 연간 임금의 1/12 이상을 부담금으로 납부하고, 근로자가 적립금의 운용 방법을 결정하는 제도이다. 근로자의 적립금 운영성과에 따라 퇴직 후의 연금 수령액이 증가 또는 감소하게 되며, 결과적으로 적립금 운용과 관련한 위험을 근로자가 부담하게 된다.

셋째, 개인형 퇴직연금제도(IRP, Individual Retirement Pension)는 근로자가 퇴직하거나 직장을 옮길 때 받은 퇴직금을 자기 명의의 퇴직계좌에 적립하여 연금 등 노후자금으로 활용할 수 있게 하는 제도이다. 퇴직연금수령 개시연령에 도달하지 않더라도 그전에 받은 퇴직일시금을 개인퇴직계좌를 통해 계속해서 적립·운용하는 것이 가능하다. 상시근로자 10인 미만인 사업장에서 근로자대표의 동의를 얻어 근로자 전원이 개인퇴직계좌를 설정한 경우에는 퇴직연금제도를 설정한 것으로 간주한다. 사업장 규모의 영세성을 감안하여 고용부에 퇴직연금규약 신고절차를 생략하고, 퇴직연금제도 도입을 용이하게 하기 위한 특례이다. 연간 1,800만 원의 한도 내에서 추가 불입 가능하며, 가입자가 자기 부담금으로 납입한 금액은 세제적격 연금저축 납입액과 합산하여 연간 700만 원까지 세액공제가 가능합니다.

〈표 3-12〉 퇴직연금의 종류

구분	확정급여형	확정기여형	개인퇴직계좌	
			기업형 IRP	개인형 IRP
개념	• 퇴직 시 지급할 급여수준을 노사가 사전에 약정 • 사용자가 적립금 운용방법을 결정 • 사용자는 근로자 퇴직 시 사전에 약정된 퇴직급여를 지급 • 계속 근로기간 1년에 대하여 30일분의 평균임금에 상당하는 금액 이상	• 기업이 부담할 기여금 수준을 노사가 사전에 확정 • 근로자가 적립금 운용방법을 결정 • 근로자는 일정연령에 도달하면 운용 결과에 따라 퇴직급여를 수령	• 10인 미만의 사업장의 경우 근로자 전원의 동의를 얻어 개인퇴직계좌설 설정→퇴직급여제도 설정한 것으로 인정 • 근로자가 적립금 운용방법을 결정 • DC형 준용-근로자는 일정연령에 도달하면 운용결과에 따라 퇴직급여를 수령	• 근로자 직장 이전 시 퇴직연금 유지를 위한 연금통산 장치 • 근로자가 적립운용방법을 결정 • 퇴직일시금 수령자가입 시 동 일시금에 대해 퇴직소득세 과세 이연 • 아래의 어느 하나에 해당하는 사람은 연간 1,800만 원의 한도 내에서 추가 불입 가능 1. 퇴직급여제도의 일시금을 수령한 사람 2. 확정급여형 또는 확정기여형 퇴직연금제도의 가입자 3. 자영업자, 계속근로기간 1년 미만 근로자, 주 15시간 미만 근로자, 공무원, 군인, 교직원, 별정우체국 직원

<table>
<tr><th rowspan="2">구분</th><th rowspan="2">확정급여형</th><th rowspan="2">확정기여형</th><th colspan="2">개인퇴직계좌</th></tr>
<tr><th>기업형 IRP</th><th>개인형 IRP</th></tr>
<tr><td>기업 부담</td><td>• 산출기초율(운용수익률, 승급률, 이직률 등)에 따라 부담금 변동
• 규정에서 정한 최소 수준 이상을 납부하여야 함
• 퇴직연금사업자는 기업의 부담금이 최소수준을 상회하는지 매년 재전건전성 검증 실시</td><td>• 매년 기업의 부담금은 근로자 임금의 일정비율로 확정
※가입자의 연간 임금총액의 1/12에 해당하는 금액 이상</td><td>• 매년 기업의 부담금은 근로자 임금의 일정비율로 확정
• 가입자의 연간 임금총액의 1/12에 해당하는 금액 이상</td><td>• 없음</td></tr>
<tr><td>연금 수급 요건</td><td colspan="3">• 연령 : 55세 이상
• 가입기간 : 10년 이상
• 연금수급 : 5년 이상</td><td>• 연령 : 55세 이상
• 연금수급 : 5년 이상</td></tr>
<tr><td>일시금 수급 요건</td><td colspan="3">• 연금수급 요건을 갖추지 못한 경우
• 일시금 수급을 원하는 경우</td><td>• 55세 이상으로 일시금 수급을 원하는 경우</td></tr>
<tr><td>담보 대출 · 중도 인출 사유</td><td colspan="4">• DB형은 아래의 사유에 대하여 담보대출(적립금의 50%)에 한하여 가능
• DC형 및 IRP는 담보대출(적립금의 50%) 및 중도인출 가능
• 무주택자인 가입자가 주택을 구입하는 경우
• 가입자 또는 그 부양가족이 6월 이상 요양을 하는 경우
• 천재지변 등으로 피해를 입는 등 고용노동부장관이 정하여 고시하는 한도</td></tr>
<tr><td>적합한 기업 · 근로자</td><td>• 도산 위험이 없고, 정년 보장 등 고용이 안정된 기업</td><td>• 연봉제 도입기업
• 체불위험이 있는 기업
• 직장 이동이 빈번한 근로자</td><td>• 0인 미만의 영세 사업장</td><td>• 퇴직일시금 수령</td></tr>
</table>

4. 제도의 효과

근로자는 퇴직연금제도를 통해 은퇴 시 퇴직금을 연금 형태로 수령할 수 있어 노후 생활을 안정적으로 꾸려나갈 수 있다. 사용자도 법인세 절감, 비용부담의 평준화 등 재무적 관점에서 여러 이점을 얻을 수 있다. 따라서 퇴직연금제도는 노사 모두에게 도움이 되는 제도이다.

먼저 사업자의 입장에서는 부채비율이 개선되어 재무건전성이 향상된다. DB형의 경우 사외적립된 퇴직연금 운용자산이 확정급여채무(DBO)의 차감항목으로 계상되어 순부채가 감소하게 된다. DC형의 경우 회사가 납부하여야 할 부담금을 비용으로만 인식하고, 퇴직연금 관련 부채를 인식하지 않으므로 부채비율 개선효과가 있다. 퇴직연금 부담금 납입액은 전액 손금으로 인정되어 법인세 절감효과가 있다. 퇴직금에 대한 법인세 손금산입 한도가 단계적으로 축소되어 폐지될 예정이다. 정기적(매월, 매분기, 매반기, 매년)으로 부담금을 납부하므로 비용부담이 평준화되고, 따라서 퇴직금 관련 비용에 대한 예측 및 재무관리가 용이하다.

한편 근로자 입장에서는 사외적립을 통해 금융기관이 퇴직금 지급재원을 관리하므로 근로자의 퇴직금 수급권이 강화된다. 근로자가 직접 운용지시할 수 있어 개인 성향에 따라 운용방법의 선택권이 보장된다. 이직할 때 또는 중간 정산할 때 부과되던 세금이 은퇴 후 연금수령 시까지 연기되므로 실질 소득이 증가한다. 이직 시의 일시금도 개인퇴직계좌를 통해 계속 적립할 수 있어 과세연기는 물론, 세제 혜택이 적용되는 55세 이후 다양한 노후 설계가 가능하다.

제6절 기타 연금제도

1. 농지연금[4)]

농지연금이란 만 65세 이상 고령농업인이 소유한 농지를 담보로 노후생활 안정자금을 매월 연금형식으로 지급받는 제도이다. 농지자산을 유동화하여 노후생활자금이 부족한 고령농업인의 노후 생활안정 지원으로 농촌사회의 사회 안정망 확충 및 유지하는 것을 목적으로 한다. 법적인 근거는 「한국농어촌공사 및 농지관리기금법」 제10조(사업) 및 제24조의5(농지를 담보로 한 농업인의 노후생활안정 지원사업 등)에 근거한다.

신청자격에서 연령은 민법상 연령을 말하며 주민등록상 생년월일을 기준으로 계산하여 적용하고, 「농지법」에 따른 농업인은 동법 제2조 제2호에 따른 농업인을 말한다. 농지연금 신청일 기준으로부터 과거 5년 이상 영농경력 조건을 갖추어야 하고, 영농경력은 신청일 직전 계속 연속적일 필요는 없으며 전체 영농 기간 중 합산 5년 이상이면 된다. 소유농지는 신청인의 총 소유농지가 3만m^2 이하이며, 지목이 전, 답, 과수원으로 실제 영농에 이용 중인 농지를 말한다.

농지연금의 장점은 농지연금을 받던 농업인이 사망할 경우 배우자가 승계하면 배우자 사망 시까지 계속해서 농지연금을 받을 수 있다. 연금을 받으면서 담보농지를 직접 경작하거나 임대할 수 있어 연금 이외의 추가소득을 얻을 수 있다. 정부예산을 재원으로 하며 정부에서 직접 시행하기 때문에 안정적으로 연금을 지급받을 수 있다. 연금채무 상환 시 담보 농지 처분으로 상환하고 남은 금액이 있으면 상속인에게 돌려주고, 부족하더라도 더 이상 청구하지 않는다.

4) 한국농어촌공사 농지연금포털, http: //www.fplove.or.kr/main.do?execute=main 2015.01.20.

지급방식은 가입자(배우자) 사망 시까지 매월 일정한 금액을 지급하는 종신형 방식과 가입자가 선택한 일정기간 동안 매월 일정한 금액을 지급하는 기간형 방식이 있다. 기간형으로 선택 시 매월 받는 월지급금은 종신형보다 많이 받을 수 있다.

2. 주택연금[5)]

주택연금이란 만 60세 이상(주택소유자 또는 배우자)의 고령자가 소유주택을 담보로 맡기고 평생 혹은 일정한 기간 동안 매월 연금방식으로 노후생활 자금을 지급받는 국가 보증의 금융상품(역모기지론)이다. 이를 위하여 공사는 연금 가입자를 위해 은행에 보증서를 발급하고 은행은 공사의 보증서에 의해 가입자에게 주택연금을 지급한다.

가입가능 연령은 주택소유자 또는 배우자가 만 60세 이상(근저당권 설정일 기준)이고, 확정기간 방식은 주택소유자 또는 배우자가 만 60세 이상인 자 중 연소자가 만 55세~만 74세이며, 우대방식은 주택소유자 또는 배우자가 만 65세 이상(기초연금 수급자)이다.

① 월지급금 지급방식 종신방식은 월지급금을 평생 동안 지급받는 방식이다. 인출한도(대출한도의 50% 이내)를 설정하느냐에 따라 종신지급방식과 종신혼합방식으로 구분된다.

첫째, 확정기간방식은 고객이 선택한 일정기간(10~30년) 동안만 월지급금을 지급받는 방식이다.

둘째, 대출상환방식은 주택담보대출 상환용으로 인출한도(대출한도의 50%

5) 한국주택금융공사, https://www.hf.go.kr/hf/index.do 2019.01.12.

초과 70% 이내) 범위 안에서 일시에 찾아 쓰고 나머지 부분을 평생 동안 매월 연금형태로 지급받는 방식이다.

셋째, 우대방식은 주택소유자 또는 배우자가 기초연금 수급자이고 부부기준 1.5억 원 미만 1주택 보유 시 종신방식(정액형)보다 월지급금을 최대 12.7% 우대하여 지급받는 방식이다. 인출한도(대출한도의 45% 이내)를 설정하느냐에 따라 우대지급방식과 우대혼합방식으로 구분된다.

2019년 현재 전국에 59,082명이 가입해 있고, 가입자의 평균연령은 72세이며, 평균 월지급금은 100만 원, 평균 주택가격은 291백만 원으로 나타났다. 지급방식별 선택비율을 살펴보면 종신지급방식(65.9%), 종신혼합방식(22.9%), 확정혼합방식(1.2%), 사전가입방식(1.1%), 대출상환방식(2.0%), 우대지급방식(5.4%), 우대혼합방식(1.6%)으로 나타났다.

② 주택구분 일반주택은 등기사항증명서상 용도가 주택인 경우이다(단독, 다세대, 다가구주택 및 아파트). 단, 복합용도주택은 전체 건물 면적에서 주택면적이 차지하는 비중이 1/2 이상인 경우이다. 노인복지주택은 노인에게 주거시설을 분양하여 주거의 편의, 생활지도, 상담 및 안전관리 등 일상생활에 필요한 편의를 제공함을 목적으로 하는 시설이다.

③ 월지급금 지급유형으로 첫째, 정액형은 집값이 하락해도 평생동안 월지급금의 변화가 없는 방식으로 확정기간방식, 대출상환방식, 우대방식은 정액형만 선택 가능하다. 둘째, 전후후박형은 월지급금을 가입 후 10년간 많이 받다가 11년이 되는 해부터 최초 월지급금의 70%만 받는 방식이다.

연금의 방식 등(「한국주택금융공사법 시행령」 제3조의2)에 근거하고, 주택소유자가 동법 제9조 제4항 제2호에 따른 주택담보 노후연금대출 한도의 100분의 50 이내에서 다음의 용도로 사용하기 위하여 수시로 일정한 금액을 지급받는 방식이다.

4

노인의료보장

제1절 노인의료

1. 건강의 개념(WHO의 정의)

건강이란 허약하지 않거나 질병이 없을 뿐 아니라 신체적·정신적·사회적·영적으로 완전하게 편안한(쾌적한, 행복한) 상태를 뜻한다. 인간의 건강을 좌우하는 요소에는 4가지가 있는데 첫째는 생활양식으로서 식이, 배설, 수면, 운동, 스트레스가 포함되며 이 요소가 차지하는 비율은 50% 수준이다. 둘째는 20%를 차지하는 환경적 요소로서 대기 및 수질과 관련된 물리적 요소와 가족관계나 친구관계를 의미하는 환경적 요소이다. 셋째는 20%를 차지하는 생물학적인 요소로서 성(Gender), 유전, 인종 등이 포함되며 넷째는 10%를 차지하는 의료체계이다.

2. 노인의료의 특성

노인에게 의료는 보완적이기보다는 필수적인 성격을 띠며, 치료적인 의미보다는 대증적(對症的) 목적이 있고, 의료 및 보건기관의 근접성이나 노인의 성격과도 연관이 있다. 우리나라의 노인의료비는 1995년 이후 매년 지속적으로 증가하고 있어 전체인구 대비 약 14%의 노인이 사용하는 의료비가 전체 의료비의 35% 이상을 차지하고 있다(의료통계, 2018).

이와 같이 노인의료비가 지속적으로 증가하는 이유는 ① 만성퇴행성 질환으로 인한 입원, 통원 및 수술, 약물치료의 증가 ② 고가 의료장비의 이용 건수의 지속적인 증가 ③ 부양가족의 부재 및 부양의식 약화로 인한 장기입원 노인의 증가 등으로 볼 수 있다.

3. 노인의료보장의 필요성

노년기가 되면 노화와 만성적인 질병상태에 처하게 되므로 의료비의 지출이 많아지지만 경제적인 여건은 열악해지기 마련이다. 때문에 필수적으로 국가적 차원의 의료보장제도가 필요하다. 노인에게 의료보장이 필요한 이유는 첫째, 노인에게 의료는 노인의 삶의 질과 수명에 가장 직접적으로 영향을 미치기 때문이다. 둘째, 노년기에는 만성적인 질병의 합병증으로 인해 입원이나 수술과 같은 적극적인 치료가 필요한 상황에 놓이게 되면 고액의 의료비를 노인이 해결하기 어렵기 때문이다. 셋째, 노인의 건강은 노인 자신과 가족뿐만 아니라 국가발전의 지표가 되기 때문이다.

노인의 의료비 지출양상을 보면 연령이 증가할수록 높아지고 노인 단독가구일수록 많아지며 앓고 있는 질병의 수가 많을수록 높다. 또 ADL의 제한 정도가 많을수록, 월소득이 낮을수록, 정기적으로 이용하는 병원이 있는 노인일수록 많은 것으로 나타났다. 우리나라는 노인의료비의 대부분이 만성질환으로 인하여 지속적으로 증가할 수밖에 없는 구조이다. 현재 노인의료비의 상위 5개 질환은 본태성 고혈압, 알츠하이머병, 만성 신장질환, 뇌경색증, 무릎 관절증으로 나타났다. 이 질환이 노인의료비의 상당 부분을 차지하고 있는 것은 대형병원의 무분별한 진단비용과 수술남용, 과다한 약물투여 때문이다.

4. 노인의 건강상태를 판단하는 기준

노년기의 건강상태는 다음과 같은 2가지의 기준에 의해서 판단할 수 있다.

첫째, 질병의 유무이다. 의사에 의해 진단된 질병이 있으면 관리가 필요한 경우이다. 노년기에 만성적으로 앓고 있는 질병으로는 고혈압, 당뇨병, 만성기관지염, 퇴행성관절염 등이다. 우리나라의 노인들 중 한 가지 이상의 질병을 앓고 있는 노인은 지난 30여 년간 여전히 80~90% 이상이다.

둘째, 기능의 정도이다. 노년기가 되면 질병에 의해서거나 노화에 의해서 신체의 기능이나 정신기능, 감각기능 등이 저하되어 일상생활에 불편을 겪는 경우이다.

제2절 노인의 건강상태

1. 신체적 건강

노년기의 건강상태는 질병의 유무로 알 수 있다. 우리나라의 통계상 노인의 3대 사망원인은 암, 뇌혈관질환, 심혈관질환이다. 이러한 질병은 노인뿐만 아니라 성인들에게도 동일한 현상이다. 노년기에는 급성질병은 감소하고 만성질병이 증가한다. 따라서 회복기간이 길어지며 이로 인해 와상상태로 진전하게 된다. 우리나라 노인들의 만성질환은 고혈압, 만성퇴행성 관절염, 요통 및 좌골통, 당뇨병, 소화성 궤양, 골절, 천식, 기관지염 등이며 이로 인한 합병증으로는 뇌졸중, 심근경색증 등이다.

노년기의 건강상태는 기능상태의 정도로 판단할 수 있는데, 일상생활의 가능 정도를 판단하는 지표로는 ADL(Activities Daily Living)과 IADL(Instrumental Activities Daily Living)이다. ADL은 일상생활동작으로 식사하기, 앉기, 걷기, 화장실 이용하기, 옷 갈아입기, 목욕하기를 의미하고, IADL은 도구를 이용한 일상생활동작으로 가사일, 전화하기, 교통수단을 이용한 외출, 물품구매 등이다. 이 같은 ADL과 IADL의 기능 정도로 노인의 건강상태를 파악할 수 있다.

2. 정신적 건강

노년기에는 신체적 노화나 질병, 환경적 여건으로 인하여 정신적 건강상태가 악화된다. 구체적인 원인으로는 배우자나 의미 있는 친구, 친지, 자녀 등의 죽음으로 인한 개인적 상실과 퇴직으로 인한 역할과 지위의 상실과 같은 사회적 상실, 퇴직이나 예기치 않은 재정적 손실로 인한 경제적 상실과 성격의 변화, 신체적 질병, 노화, 죽음에 대한 집착으로 인하여 정신적 질병을 초래하게 된다.

노년기의 정신적 질병은 크게 기능적 장애와 기질적 장애로 구분할 수 있다. 기능적 장애는 신체 조직에는 아무런 병적인 소견이 없으나 증상을 보이는 장애로서 주로 정신병(정신분열증=조현증, 우울증, 조울증), 신경증(히스테리, 불안증, 건강염려증, 정신신체형장애), 성격장애(자기도취적 성격장애, 반사회적 성격장애) 등이 있다. 기질적 장애는 신체 조직상 병적인 소견을 보이면서 증상을 나타내는 장애로서 대표적인 질병이 치매이다.

제3절 의료보장 프로그램

우리나라에는 의료 서비스 전달체계가 3구조로 되어 있다.

첫째는 통원보호(home/out-patient cara)로서, 이용자가 병원이나 보건기관을 직접 방문하여 서비스를 받는 체계이다. 둘째는 입원보호(In-patient care)로서, 일반병원이나 노인병원에 입원하는 경우가 있고 요양시설에 입소하여 받는 체계이다. 셋째는 방문보호(visit care)로서, 보건소의 정기적, 초기적, 예방적 방문이나 가정간호 서비스를 제공하기 위하여 이용자의 가정을 전문가가 방문하여 서비스를 제공하는 체계이다.

1. 건강보험제도

우리나라는 1963년에 「의료보험법」이 제정되었으나 1977년에 500인 이상 사업장을 시작으로 직장의료보험제도가 시행되었고 1979년에는 공무원 및 사립교원 의료보험이 뒤를 이었으며 1986년에 농촌지역 시범사업을 통해 1988년 농촌지역, 1989년 도시지역으로 확대하여 전 국민 의료보험화가 이루어졌다. 이후 1993년에는 지역의료보험과 공무원 및 사립교원 의료보험을 통합하였고 2000년에는 지역, 공무원 및 사립교원, 직장의료보험까지 통합하여 「국민건강보험법」으로 재탄생하게 되었으며 더불어 의약분업도 시행하였다. 건강보험은 정액제와 정률제를 적용하여 정액제는 진료비로 15,000원을 정해 놓고 진료 시에 소요되는 비용이 정액 내에서 해결되면 정해진 액수를 지불하고, 만약 진료 시의 검사 및 처치 등이 포함되어 정액을 초과하면 비율에 따라 비용이 정해진다. 정액과 정률은 병원의 규모에 따라 달라지며, 약국의 정액은 11,000원이다.

현재 우리나라의 병원등급은 의원과 치과의원, 한의원, 30병상 미만의 1차 병원, 100병상 이상의 2차 병원, 500병상 이상의 대학병원과 700병상 이상의 종합병원과 같은 3차 병원으로 구분하고 있다. 진료비는 1차, 2차, 3차 병원에 따라 차등 적용되므로 병원의 등급에 따라 진료비나 처치료, 검사료, 수술비, 병실료 등이 크게 차이가 난다. 이는 병원 등급에 따라 본인부담비율이 다르기 때문이다. 2013년부터는 의원급-만성질환관리제와 중증질환 산정 특례제도가 시행되고 있다. '의원급-만성질환관리제'는 고혈압이나 당뇨병과 같은 질병에 대한 진료를 의원에서 받고 관리하면 진료비의 본인 부담률을 30%에서 20%로 경감시켜 주는 제도이다. 또 중증질환 산정 특례제도는 암이나 심장질환, 뇌혈관질환, 희귀난치성질환, 중증화상과 같은 질병을 치료하는 비용에 대하여 기간을 정해 놓고 본인부담금을 정한 기간 동안에는 5~10%만 부담하도록 하는 제도이다. 암과 희귀난치성 질환은 5년간, 심장질환과 뇌혈관질환은 30일, 중증화상은 1년 동안이며 본인부담률은 희귀난치성 질환이 10%, 그 밖의 질환은 5%이다.

2. 의료급여제도

우리나라의 의료급여제도는 1977년 의료보호법이 제정되면서 정착하였으나 그 이전에는 1961년에 제정된 생활보호법에 의해서 서비스가 제공되었고 현재의 명칭은 의료보호에서 의료급여로 개칭되어 사용하고 있다. 의료급여 대상자는 1종과 2종으로 구분하고 있으며, 1종은 국민기초생활보장수급자, 국가유공자, 인간문화재, 이재자, 이주자 등이다.

의료급여대상자 1종에 대해서는 의약품 및 진료의 오남용을 예방하기 위해 2007년 8월부터 본인부담금을 지불하도록 규정을 변경하였다. 그러나 비 지불대상으로 정한 18세 미만인 자, 임산부, 희귀난치성 질환자, 장기이식환자, 선택병/의원 대상자, 가정간호대상자, 행려환자 등은 본인부담금이 없이 서비스를 받을 수 있다. 이를 위해서는 주민센터에 신청서로 신고해야 한다. 비지불자 외에는 진료 시 1,000원~2,000원, 약국은 500원, CT, MRI, PET 등은 5%를 지불해야 한다. 그러나 이 지불금액은 국가가 건강생활유지비 명목으로 전용계좌에 매월 6,000원을 지급하여 이 금액으로 수납하게 되며, 만약 병원을 이용하지 않을 경우에는 잔액을 다음 달에 생계비에 합산하여 지급받게 된다. 그러나 입원 시에는 이전의 제도와 같이 무료이다. 이 제도의 시행으로 의료급여비로 지출된 국가 예산이 크게 절감되었다고 한다. 의료급여대상자는 조건부 수급자, 차상위계층 일부 대상자도 해당되며 보험료만 지불하지 않을 뿐 입원이나 외래 진료 시에는 예전과 동일하고 본인부담금은 일반 가입자와 큰 차이는 없다. 그러나 지불능력이 없는 입원환자는 사회복지 공무원의 신원보증으로 퇴원 후 분할로 병원비를 납부할 수도 있는 제도가 있다.

3. 노인건강진단 및 보건교육

우리나라는 2년에 1회 이상 노인건강검진을 시행하도록 「노인복지법」에 규정하고 있다. 건강보험가입자나 피보험자는 건강보험관리공단에서 시행하는 격년제 건강검진을 받을 수 있다. 그러나 의료급여대상자는 국가의 재정으로 관리하기 때문에 국가의 예산에 맞춰 건강검진대상자 수를 결정하여 실시하고 있다. 그 밖에도 정부가 안검진 및 수술, 치과치료 등을 제공하고 있다.

노인건강진단의 목적은 질병의 조기 발견과 치료로 건강의 유지 및 증진 도모와 노인건강수준 향상으로 건강하고 활기찬 노후생활을 보장하는 것이다. 근거법령은 「노인복지법」 제27조, 시행령 제20조, 시행규칙 제8조~9조이며, 실시대상은 시·군·구 관할구역에 거주하는 65세 이상 국민기초생활보장 수급권자 및 차상위계층 노인 중에서 노인건강진단 희망자와 기타 보건소장이 노인건강진단이 필요하다고 인정하는 자이다. 또 저소득층 노인에 대한 정밀 안검진으로 안질환을 조기에 치료함으로써 노인들의 시력향상 및 실명예방, 노인 개안수술비 지원을 통한 노인 및 가족의 의료비 부담을 경감시키고 있다.

최근에는 국가의 예산으로 생애전환기 건강검진을 실시하고 있다. 시기는 만성질환이 다발하는 만 40세와 만성질환의 합병증이 다발하는 만 66세이다. 2013년부터는 치매예방을 위하여 66세, 70세, 74세에 인지 및 정신기능 검진도 시행하고 있다.

보건교육은 1년에 1회 이상 시행하도록 규정하고 있어서 보건소에서 경로당, 노인생활시설 및 이용시설을 대상으로 질병, 전염병, 생활습관, 운동 등의 교육을 실시하고 있다.

〈표 4-1〉 노인 건강검진 항목

구분			진단항목
1차	기본진료		1. 진찰(시진, 청진, 촉진, 문진) 2. 체위 검사(신장, 체중, 근거리 및 원거리 시력, 청력, 혈압) 3. 치과 검사(우식증, 결손치, 치주질환)
1차	혈액 검사		1. 혈색소 2. 총콜레스테롤 3. 혈청지오티 4. 혈청지피티 5. 혈당 6. 매독[1]
1차	기타 검사		1. 요검사(요당, 요단백, 요잠혈, 임질, 클라미디아감염증[2]) 2. 안검사(정밀안저 검사, 양측) 3. 간이인지기능 검사(MMSE) 4. 흉부 X선 간접촬영
2차	기본진료		1. 진찰(시진, 청진, 촉진, 문진)
2차	흉부질환 기타 흉부질환		1. 흉부X선 직접 촬영 2. 결핵균 집균도말 검사
2차	순환계 질환	고혈압	1. 혈압 2. 정밀안저 검사(양측) 3. 심전도 검사
2차	순환계 질환	고지혈증	1. 혈압 2. 트리그리세라이드 3. HDL 콜레스테롤
2차	간질환		1. 총단백 2. 알부민 3. 알카라인포스파타제 4. 총빌리루빈(총 · 직접) 5. 유산탈수효소(LDH) 6. 알파휘토단백
2차	신장질환		1. 요침사 현미경 검사 2. 요산 3. 크레아티닌 4. 요소 · 질소
2차	빈혈		1. 헤마토크리트 2. 백혈구 수 3. 적혈구 수
2차	당뇨질환		1. 식전 혈당(FBS) 2. 식후 혈당(PPS)
2차	안질환		1. 안압 검사 2. 각막곡률 검사 3. 굴절 및 조절 검사
2차	치매		1. 치매척도 검사(GDS 또는 CDR)
2차	골다공증 검사		1. 양방사선(광자) 골밀도 검사

자료: 건강보험공단

주 1) 매독은 의료기관과 보건소에서 모두 가능주

2) 임질과 클라미디아감염증의 경우 소변검체 검사가 가능한 보건소에서만 실시

4. 시설보호 서비스

우리나라는 병원 외에 요양 서비스가 필요한 노인들을 위하여 노인의료 복지시설을 설치·운영하고 있다. 과거의 노인의료 복지시설은 본인부담률에 따라 무료, 실비, 유료로 구분하였고, 노인 장기요양보험제도 시행 이전에는 전문과 일반으로 구분하였으며 노인전문병원과 치매요양병원도 노인의료복지시설에 포함하고 있었으나 현재는 노인 요양시설과 노인 요양 공동생활가정으로만 구분되어 있다.

노인의료 복지시설에 관한 시설기준 및 인력배치기준은 「노인장기요양보험법」 제31조에 규정되어 있으며, 입소자 30인 이상의 시설과 10인 이상 30인 미만의 두 개의 규모로 구분하여 시설기준과 직원배치기준을 정하고 있다. 구체적인 내용은 다음의 〈표 4-2, 4-3〉과 같다.

〈표 4-2〉 노인의료 복지시설의 시설기준

<table>
<tr><th colspan="2">구분
시설별</th><th>침실</th><th>사무실</th><th>요양보호사실</th><th>자원봉사자실</th><th>의료 및 간호사실</th><th>물리(작업)치료실</th><th>프로그램실</th><th>식당 및 조리실</th><th>비상재해대비시설</th><th>화장실</th><th>세면장 및 목욕실</th><th>세탁장 및 세탁물건조장</th></tr>
<tr><td rowspan="2">노인요양시설</td><td>입소자 30명 이상</td><td>○</td><td>○</td><td>○</td><td>○</td><td>○</td><td>○</td><td>○</td><td>○</td><td>○</td><td>○</td><td>○</td><td>○</td></tr>
<tr><td>입소자 30명 미만 10명 이상</td><td>○</td><td colspan="3">○</td><td>○</td><td>○</td><td>○</td><td>○</td><td>○</td><td>○</td><td colspan="2">○</td></tr>
<tr><td colspan="2">노인 요양 공동생활가정</td><td>○</td><td colspan="4">○</td><td colspan="2">○</td><td>○</td><td>○</td><td colspan="3">○</td></tr>
</table>

자료: 보건복지부(2018)

※ 세탁물을 전량 위탁 처리하는 경우 세탁장 및 세탁물건조장 두지 않아도 됨

※ 기존 의료기관의 일부 층을 요양시설로 전환하는 경우 물리치료실, 조리실, 세탁장 및 세탁물 건조장 공용 가능

〈표 4-3〉 노인의료 복지시설의 직원배치기준

<table>
<tr><th colspan="2">직종별
시설별</th><th>시설장</th><th>사무국장</th><th>사회복지사</th><th>의사(촉탁)의사</th><th>간호(조무)사</th><th>물리치료사 또는 작업치료사</th><th>요양보호사</th><th>사무원</th><th>영양사</th><th>조리원</th><th>위생원</th><th>관리인</th></tr>
<tr><td rowspan="2">노인요양시설</td><td>입소자 30명 이상</td><td>1명</td><td>1명(*)</td><td>1명(*)</td><td>필요수</td><td>입소자 25명당 1명</td><td>1명(*)</td><td>입소자 25명당 1명</td><td>필요수</td><td>1명(*)</td><td>필요수</td><td>필요수</td><td>필요수</td></tr>
<tr><td>입소자 30명 미만 10명 이상</td><td>1명</td><td colspan="2">1명</td><td>필요수</td><td>1명(*)</td><td>필요수</td><td>입소자 25명당 1명</td><td></td><td></td><td>필요수</td><td>필요수</td><td></td></tr>
<tr><td colspan="2">노인 요양 공동생활가정</td><td colspan="3">1명</td><td></td><td colspan="2">1명</td><td>입소자 3명당 1명</td><td></td><td></td><td></td><td></td><td></td></tr>
</table>

자료: 보건복지부(2018)

노인 요양 공동생활가정은 치매·중풍 등 노인성 질병으로 수발을 필요로 하는 노인을 가정과 같은 환경에서 일상생활에 필요한 편의 제공 및 기능훈련과 공동생활을 통해 자립된 생활을 영위하도록 하며 타인들과의 공동생활을 통해 치매노인들의 문제행동과 행동장애 완화를 목적으로 하는 시설이다. 입소대상자 및 입소절차는 「노인장기요양보험법」 규정에 따른다. 입소인원 규모는 개소 당 5~9인이며, 건물의 규모는 국고 지원기준으로 1인당 20.5㎡이다. 시설·설비 및 인력배치기준은 「노인복지법 시행규칙」 제22조, 노인 요양 공동생활가정 시설·설비기준 및 직원배치기준에 준한다.

소규모요양시설은 운영 내용에 따라 입소보호 및 재가보호 서비스를 병행하는 복합시설로서 탈시설화 이념을 바탕으로 지역사회에 설치하여 가족, 지역사회, 국가가 노인부양을 분담하는 시설이다. 이 시설은 별도의 법적 시설 유형이 아니며, 기능보강 지원 모형이다. 건물은 면적에 따라 가형과 나형으로 구분하며 가형은 입소보호+재가보호(방문요양, 주·야간보호), 나형은 입소보호+재가보호(방문요양)이다. 가형의 이용인원은 10명, 나형은 15명이지만 추가면적을 확보할 경우

입소보호 및 주·야간보호의 정원을 증원할 수 있다. 입소대상자의 기준과 절차는 노인장기요양보험의 규정을 준용하고, 재가시설 역시 노인 장기요양보험 재가 서비스의 방문요양과 주·야간보호 대상자의 기준을 준용한다. 직원배치기준은 다음과 같다〈표 4-4, 4-5〉.

〈표 4-4〉 가형(입소 10인+주·야간 9인+방문요양) 인력기준

<table>
<tr><th></th><th>시설장</th><th>사무국장</th><th>사회
복지사</th><th>(촉탁)
의사</th><th>간호
(조무)사</th><th>물리(작업)
치료사</th><th>요양보호사</th></tr>
<tr><td>입소시설</td><td rowspan="3">1명</td><td colspan="2">1명</td><td>1명</td><td colspan="2">1명</td><td>4명(*3명)</td></tr>
<tr><td>주 · 야간</td><td>–</td><td>–</td><td>–</td><td colspan="2">겸직</td><td>1명</td></tr>
<tr><td>방문 요양</td><td></td><td>–</td><td>–</td><td></td><td></td><td>10명 이상(농어촌
5명 이상)</td></tr>
</table>

※ 인력기준(*) 상세요건자료: 노인복지사업안내서, 보건복지부(2018)

1. 사무국장은 입소자 50명 이상인 경우에 한해서 배치(50명 미만 시설 배치 불요)
2. 사회복지사, 물리치료사는 기본 1명 배치하고, 입소자 100명 초과 시마다 1명 추가
3. 사회복지사는 사회복지사 자격증 소지자여야 함
4. 영양사는 입소자 50명 이상인 경우에 한해서 배치(50명 미만 시설 배치 불요)

〈표 4-5〉 나형(입소 15인+방문요양) 인력기준

<table>
<tr><th></th><th>시설장</th><th>사무국장</th><th>사회
복지사</th><th>(촉탁)
의사</th><th>간호
(조무)사</th><th>물리(작업)
치료사</th><th>요양보호사</th></tr>
<tr><td>입소시설</td><td rowspan="2">1명</td><td colspan="2">1명</td><td>1명</td><td colspan="2">1명</td><td>6명(*5명)</td></tr>
<tr><td>방문 요양</td><td>–</td><td>–</td><td>–</td><td>–</td><td>–</td><td>15명 이상(농어촌
5명 이상)</td></tr>
</table>

※ 인력기준(*) 상세요건자료: 노인복지사업안내서, 보건복지부(2018)

5. 노인보건 서비스

보건복지부는 공공보건의료 확충방안의 일환으로 체계의 효율성을 높이기 위해 네트워크를 구축하여 전국의 보건소를 건강증진과 만성질병의 사전관리 등 예방기능에 중점을 두고 있다. 이와 관련하여 소개할 수 있는 사업은 몇 가지가 있다.

첫째, 심뇌혈관 질환관리이다. 고혈압이나 당뇨병, 고지혈증 환자를 등록시켜 관리하면서 생활습관에 대한 교정치료와 약물처방 등 맞춤형 방문 서비스를 제공하고 민간 의료기간을 이용하는 환자에 대한 주기적인 교육과 상담을 제공한다.

둘째, 치매예방 및 치매노인 발굴사업을 시행한다. 만 60세 이상 노인을 대상으로 치매선별검사를 시행하여 치매환자를 발굴한다. 검사 결과에 따라 치매 거점병원으로 의뢰하는 역할도 수행하며 지속적이고 전문적인 관리를 위해서는 치매광역센터에 연계하기도 한다. 그 밖에도 치매노인과 가족을 위한 교육과 인지기능향상을 위한 용품을 대여 및 제공하기도 하며 치매노인 가정을 방문하여 질병진행경과를 관찰하고 필요한 서비스를 연계하기도 한다.

이와 관련하여 보건복지부 산하에 중앙치매센터를 설치하고 전국에 권역별로 광역치매센터를 설치하여 운영하고 있다. 광역치매센터에는 치매인식 개선을 위한 캠페인과 교육과 치매에 대한 최신 정보를 제공하며 치매에 관심 있는 일반인도 중앙치매센터, 치매정보 365, 광역치매센터를 통해 가입하면 통합회원으로 자유롭게 원하는 서비스를 받을 수 있다. 광역치매센터는 광역별로 설치·운영되고 있다. 2018년부터는 전국의 모든 지자체가 치매안심센터를 설치하여 국가책임제의 치매사업을 추진하기 위하여 기존의 치매상담센터의 업무와 광역치매센터와 함께 치매 조기발견과 예방을 위해 운영하고 있다.

6. 노인장기요양 서비스

우리나라는 전 세계에 유례가 없을 정도로 빠르게 고령화가 진행되고 있다. 노인인구의 증가와 더불어 신체적·정신적으로 허약한 고령노인이 크게 증가하였지만 가족구조의 변화와 노인부양에 대한 가족의 책임의식이 약화되어 사회적 부양이 불가피한 상황이 초래되었다. 특히 평균연령의 증가에 따라 장기요양이 필요한 노인환자도 급속하게 증가하여 노인 장기요양 서비스가 도입·운영되었다.

2008년 7월부터 시행된 노인 장기요양 서비스는 고령이나 노인성 질병 때문에 일상생활을 혼자 수행하기 어려운 노인 등에게 신체활동 또는 가사활동지원 등의 장기요양 서비스를 사회적 연대원리에 의해 제공하고 있다. 노인 장기요양 서비스에 대한 자세한 내용은 본서 7장에서 소개하기로 한다.

7. 지역사회보호 서비스

시설 서비스가 있는 반면에 신체적·정신적 기능 저하로 지역사회에 거주하면서 받을 수 있는 서비스로는 독거노인관리 서비스, 노인돌보미바우처 서비스, 주·야간보호 서비스, 방문요양 서비스, 방문간호 서비스, 방문목욕 서비스, 단기보호 서비스, 식사 및 밑반찬 배달 서비스 등도 있다. 이들 중 독거노인관리, 돌보미 바우처, 식사 및 밑반찬 배달 서비스를 제외한 서비스는 노인 장기요양 서비스로 제공되고 있다.

5

노인주거보장

주거보장은 넓은 의미에서는 노인이 거주하는 곳, 즉 주택, 시설, 병원 등 전체를 의미하지만 여기서는 주로 노인의 거주에 대한 의미와 관련된 주택 등으로 한정하여 살펴보고자 한다.

제1절 주거보장의 의미와 원칙

1. 주거보장의 의미

인간의 생존에 필요한 세 가지 요소는 당연히 의식주일 것이다. 이 모두는 당연히 중요하지만 그중에서 거주도 노후의 생활에서 매우 중요한 요소이다. 주거보장이란 개인 자신의 독립성을 유지하면서 안전하고 안락한 일상생활을 유지할 수 있는 공간을 확보하고 유지할 수 있도록 주택의 건설과 공급, 그리고 이에 관련되는 서비스를 통하여 지원하여 주는 제반 사회적 노력을 의미한다(이혜원, 1998). 그러나 자녀의 부모 부양에 대한 태도도 변화하고 있으며, 노인이 단독으로 거주를 마련하고자 한다면 주택 가격이나 전월세 가격이 비싼 우리나라에서 노인이 적절한 주거공간을 찾는 것은 어려운 일이다. 그렇기 때문에 다른 무엇보다 정부가 관심을 기울여야 할 일은 노인을 위한 적절한 주거공간을 마련하는 것이다. 이는 노년기에는 활동영역이 가정 내에서 이루어지는 경향이 많아 주거가 노인의 심리적·정서적 안정에 미치는 영향이 크기 때문이다. 노인주거는 노인문제의 핵심이라 할 수 있다. 노인복지는 주택으로 시작하여 주택으로 끝난다(社會保障硏究所 編, 1990)는 표현이 있을 정도로 적절한 주거의 제공은 노인복지의 기본이라고 할 수 있다. 따라서 노화로 인한 일상생활 능력의 저하가 오더라도 독자적인 생활이 오래도록 가능한 그런 형식의 주택을 개발하는 한편, 그 필요성을 홍보하여 누구도 피할 수 없는 노년기를 대비하여 미리부터 스스로 노년기의 주거문제를 준비할 수 있게 하는 것이 필요하다(박신영, 2003).

일본의 오모토(大本圭野, 1990; 박차상 외, 2002, 재인용)는 노년기 생활의 특성 세 가지를 들고 있는데, 첫째, 정년퇴직으로 경제적 수입에 한계가 있다. 둘째, 정년퇴직으로 인하여 사회적 관계가 단절되거나 축소되고, 자녀가 성숙하여 독립하기 때문에 사회적으로 고립되기 쉽다. 셋째, 심신이 쇠약하여 장애를 가지기 쉽다.

이러한 특성을 바탕으로 노인주거보장의 필요성은 다음과 같다.

첫째, 노인이 경제적으로 수입에 한계가 있기 때문에 주택수당제의 도입이나 무료 또는 저렴한 비용으로 주거공간을 마련해주어야 한다.

둘째, 직장에서 퇴직한 노인의 주요 활동공간은 자연스럽게 주택이 된다. 지역사회에 있는 주택에서 사회적 관계를 지속적으로 유지할 수 있도록 생활의 장으로서 노인주거보장이 필요하다.

셋째, 노인들이 심신의 질병으로 장애를 동반하게 됨에 따라 계속하여 지역사회에서 거주할 수 있도록 주거보장이 이루어져야 한다.

2. 주거보장의 원칙

적절한 주거의 확보는 인간 생존에 필수적인 것이지만, 그 필요성은 고령기에 가장 크다고 할 수 있을 것이다. 이는 고령기에는 생활의 주된 공간이 주택에 한정되며, 편리한 주거조건을 갖추지 않고는 생활이 이루어질 수 없기 때문이다. 그러나 오늘날 절대다수의 노인이 적절한 주거공간에 거주하고 있지 않은 실정이다. 따라서 고령화 시대의 노인을 위한 주택정책은 노인이 적절한 주거공간에 거주하며 필요한 생활관련 서비스를 제공받을 수 있도록 하는 것에 초점이 맞추어져야 할 것이다.

따라서 노인이 독립적이고 자율적이며 심리적으로 안정된 주거생활을 영위할 수 있도록 경제적 특성에서 큰 편차를 보이는 노인층의 주거수요에 부응할 수 있는 소득에 따른 노인주택 공급 프로그램 개발과 정부지원체계를 재정비해야 한다.

이를 위해서 다음과 같은 원칙을 확립하는 것이 필요하다.

첫째, 거주의 연속성이다. 주택의 구조가 사용하기 불편하여 혹은 적절한 의료복지 서비스를 제공받을 수 없기 때문에, 태어나고 성장하며 오랫동안 생활하여 왔던 지역과 주택을 벗어나 노후에 전혀 다른 주거환경으로 옮겨가게 되는 것은 노인들에게 심리적 육체적 영향을 크게 줄 수 있다는 것이다. 따라서 가능한 한 생활해 왔던 지역사회와 주택에서 노후를 보낼 수 있도록 '주거의 연속성'을 보장해 주는 것이 필요하다. 특히, 주거의 연속성은 복지정책 수립 시 강조되고 있는 정상화(normalization) 이념과도 일맥상통한다. 정상화란 노인이나 장애자가 지금까지 살아왔던 환경에서 지금까지와 비슷한 리듬으로 살아갈 수 있게 해야 하는 것이다.

둘째, 주거의 안전성이다. 아무리 자신의 주택에서 생활하고 싶어도 주택의 구조가 생활하기 어렵고, 또한 안전사고의 위험이 높다면 오히려 입소시설에서의 생활보다 나을 것이 없을 것이다. 따라서 안전하고 편리한 주거를 보장하기 위한 주택의 공급이 필요하다.

셋째, 주거의 건강성이다. 고령자 주거실태를 보면, 낡고 협소한 주택에서 생활하는 경우가 많고, 게다가 주택 내부에 채광이나 통풍이 안 되고, 소음 등으로 인하여 열악한 환경에 있는 주택이 많으며, 이로 인하여 적절한 휴양이나 휴식을 취할 수 없어 오히려 고령자의 건강을 악화시키는 경우도 적지 않다. 따라서 건강하게 거주할 수 있는 고령자용 주거공간의 건설이 필요하다.

넷째, 주거의 요양 및 재활성이다. 지역사회와 주택에서의 생활지원을 전제로 한 복지이념의 변화에 따라 주택에서 생활하는 고령자가 증가하게 되고, 또한 주택 내에서 요양이나 재활(rehabilitation)을 하게 되는 경우가 늘어나게 될 것이다. 따라서 주택 내에서 요양이나 재활이 가능하게 하는 구조와 공간이 제공되어야 한다는 것이다(박신영, 2003).

제2절 노인주거의 유형

1. 노인세대구성과 노인주거의 유형

2017년 고령자 가구(가구주 연령이 65세 이상)는 399만 9천 가구로 전체 가구의 20.5%를 차지하며, 이는 계속 증가하여 2045년에는 47.7%가 될 전망이다. 고령자 가구를 유형별로 보면, 1인 가구 비중이 33.4%로 가장 많고, 그 다음은 부부(32.7%), 부부+자녀(9.8%), 부(모)+자녀(5.5%) 순이다. 노인 1인 가구(독거노인) 및 노인부부세대가 66.1%에 이른다. 구체적인 내용은 다음의 표와 같다.

〈표 5-1〉 노인가구 추이

(단위: 천 가구, %)

구분	총 가구	고령자 가구	비중	고령자 가구 유형 및 구성비[2)]							
				부부	구성비	부부+자녀	구성비	부(모)+자녀	구성비	1인 가구	구성비
2000	14,507	1,734	11.9	573	33.1	184	10.6	79	4.5	544	31.4
2005	16,039	2,350	14.7	796	33.9	243	10.3	116	4.9	746	31.7
2010	17,495	2,923	16.7	985	33.7	286	9.8	149	5.1	991	33.9
2017	19,524	3,999	20.5	1,310	32.7	393	9.8	221	5.5	1,337	33.4
2020	20,174	4,607	22.8	1,491	32.4	451	9.8	252	5.5	1,555	33.8
2025	21,014	5,944	28.3	1,897	31.9	596	10.0	325	5.5	1,990	33.5
2030	21,641	7,336	33.9	2,333	31.8	731	10.0	395	5.4	2,489	33.9
2035	22,067	8,656	39.2	2,705	31.3	837	9.7	448	5.2	3,003	34.7
2040	22,306	9,890	44.3	3,000	30.3	936	9.5	492	5.0	3,459	35.0
2045	22,318	10,653	47.7	3,103	29.1	980	9.2	510	4.8	3,719	34.9

자료: 통계청(2017). 통계청, 「장래가구추계」 2017. 4.
주: 1) 가구주의 연령이 65세 이상인 가구
2) 고령자 가구 중 유형별 구성비

선진국에서는 고령사회를 맞이하여 주택정책은 사회정책의 중요한 부분을 담당하고 있다. 이들 국가들에서 발전되어 온 노인주거의 형태는 일반 주택에서부터 반의존적인 노인을 위한 노인보호주택 그리고 노인의료 복지시설인 노인 요양시설(nursing home), 노인전문요양시설, 노인전문병원, 병원에 부속된 노인주거, 각종 서비스가 조직화된 노인촌락에 이르기까지 연속적 시스템으로 구성되어 광범위하다.

그러나 우리나라 노인복지정책에서 주택보장은 무의탁 노인을 위한 양로 및 요양시설과 일부 유료시설을 제외하고는 사실상 전무한 상태이다. 또한 노인주택의 개념에 대해서도 전반적인 합의는 되어 있지 않다고 할 수 있다. 우리 사회의 고령화 사회 진입, 이에 따른 국가의 노인문제 대비의 필요성, 장래의 유망산업으로 부각되는 실버타운 등에 대한 기업들의 투자와 관심 등을 고려한다면 앞으로 노인주택은 급성장할 수 있는 분야로 대두되고 있다고 할 수 있다.

기존 주택을 변형한 반계획주거에는 공동사용주택(shared housing), 액세서리 주택(accessory apartment), 에코(ECHO: Elder Cottage Housing Opportunities) 주택이 있으며, 계획주거에는 퇴직노인촌락(retirement communities), 노인집합주택(congregate housing), 요양원(nursing home) 등이 있다. 여기에서는 반계획주거와 계획주거를 소개하고 정상화 이념에 기초하여 지역사회 내에서 재가복지와 시설복지를 연속적인 시스템으로 운영하고 있는 스웨덴의 주택정책을 검토하기로 한다.

2. 반계획주거

반계획주거는 기존의 일반적인 주거 유형에 개축이나 증축 등을 하여 노인이 편리하게 거주하도록 한 경우와 노인의 사회적·심리적 특성을 보완하기 위하여 노인이 다른 사람과 함께 거주하는 경우의 주택을 말한다.

1) 공동사용주택

2인 이상의 비혈연 관계에 있는 개인이 상호이익을 위하여 인적 및 재정적 자원을 공동부담하여 주택을 공동사용하는 것으로, 각 개인은 자신의 개인 침실을 독립적으로 소유하고 거실, 부엌, 식당과 같은 공동영역을 공동으로 사용하는 형태의 주택이다. 이 형태의 주택은 혼자 사는 노인이 고독과 소외 등의 어려움을 감당해 낼 수 없을 경우 선택할 수 있는 대안 중의 하나라고 할 수 있다.

2) 액세서리 주택

현관, 주차장 등은 공동으로 사용하나 침실과 거실 등은 독립적으로 이용하는 주거 단위를 말하는 것이다. 이 주택은 임대 가능한 부분적인 독립공간을 별도로 마련해 주어야 하므로 한 세대만 살게 되어 있는 구조를 변경하는 경우가 대부분이다. 자녀들이 성장하여 집을 떠나게 되면서 여분의 공간이 생기게 되는 주택들이 많아지고, 이러한 주택을 유지하는 데 들어가는 난방비, 세금, 유지관리비 및 기타 생활비가 높아지게 됨에 따라 사용하지 않는 주택자원을 하나의 수입원 및 서비스원으로 활용한 것이다.

3) 에코(ECHO) 주택

자녀세대와 부모세대가 같은 울타리 내에서 살도록 계획된 가족지향적인 형태다. 노인으로 하여금 가족과 가까이 있으면서 독립적으로 살 수 있도록 기존의 주택이 위치한 대지에 노인을 위해 지은, 작고 이동 가능한 일시적인 조립식 주택을 말한다. 즉, 이 주택은 자녀들의 집 옆에 조립식 가건물을 세워 자녀들과의 상호교류가 가능하도록 함으로써 노인들이 신체적·정서적·심리적 측면의 도움을 자녀들로부터 받을 수 있는 주택 형태라고 할 수 있다. 이 같은 주택은 노인과 그 가족에게 독립성과 프라이버시, 안전성, 경제성, 거주성을 제공해 준다.

3. 계획주거

반계획주거가 노인을 위해 일반 주택의 일부를 개조하거나 증축하여 부수적으로 이용에 편리를 도모한 주거임에 반해, 계획주거는 처음부터 노인을 위해 특별히 계획하여 지은 주거를 말하는 것으로 퇴직노인촌락, 노인집합주택, 요양원 등이 있다.

1) 퇴직노인촌락

노인촌락 또는 실버타운은 미국과 호주에 보편화된 노인주거시설의 집합지역 유형으로, 우리나라의 「노인복지법」에는 명시되어 있지 않다. 그러나 최근 노년학 분야의 많은 연구에서 노인전용 주거시설이 일정한 지역에 집단 또는 촌락으로 형성되어 노인들만의 동질성이 강조된 안전한 주거문화가 정착되어야 한다는 의견이 제기되면서 등장하게 된 용어이다(이인수, 1999). 이 용어는 유료 노인복지주택, 유료 양로 및 요양시설 등 노인의 편의를 도모하기 위한 포괄적인 개념이나, 우리나라에서는 축소된 개념으로 사용되고 있다.

노화에 의해 인간은 전반적인 신체·정신기능이 저하되면서 각종 만성퇴행성 질환을 갖게 마련이므로 노인주거 측면에서 노인들의 질환 관리 및 일상생활 보조를 동반하는 특수한 주거시설 개발이 시급한 과제로 부각되면서 등장한 것이 노인촌락이다. 노인촌락은 노인을 위한 의식주 및 문화시설, 기본 의료시설을 구비한 종합 노인주거시설이 집단으로 모여 형성된 지역으로, 자녀로부터 독립된 생활을 영위하는 노인들이 공동생활을 영위하는 광범위한 공간을 의미한다.

이 촌락은 노인을 위해 계획한 주거 단위들을 한곳에 모아놓아 일반 주거지역과는 다른 노인주거지역이라는 동질성을 갖도록 계획한 주거단지이다. 여기에는 대개 노인에게 필요한 서비스 시설들이 제공되어 있다. 입주자는 주로 50~70세의 중류층이나 상류층의 은퇴자나 은퇴 후 활동적인 생활을 추구하는 노인을 대상으로 하며, 조용한 환경에서 안정된 생활에 관심이 있는 노인에게 적합한 주거 유형이다.

2) 노인집합주택

간호 서비스를 필요로 하지는 않지만, 완전히 독립적이지도 않은 노인에게 생활을 보호해 주는 서비스 시설을 갖추어 놓고, 이 시설에 접근이 용이하게 하여 비교적 독립적인 생활을 할 수 있도록 하는 주거형태를 말하며, 1970년대에 개발된 새로운 노인주거 형태이다. 덜 활동적이고 가사가 힘에 겨운 노인에게 관심을 끄는 형태이며, 거주자는 대개 65~85세의 노인이지만 평균 연령은 폭넓은 편이며, 그 이용자는 대부분 부유층 노인이다.

주택소유 형태를 보면, 소유권은 있으나 거주권리만을 갖는 형태(조합주택)나, 주거 단위에 대한 완전 소유권을 갖는 형태(콘도미니엄)가 보편적이지만, 최근에는 임대 형태로도 개발되어 다양한 수입계층에 제공이 가능하다. 이 주거 유형은 기본적인 서비스를 공급해 주어 노인으로 하여금 독립생활을 하도록 자극해 줄 수 있는 한편, 우울증 제거에 도움이 되고, 사회적인 고립감을 줄여 신체적·정서적인 안정성을 제공한다.

3) 요양원

병원시설이 통합되어 있는 주거의 형태로, 지속적인 건강치료를 하는 노인을 위한 곳이다. 돌보는 방법에는 두 가지가 있는데 하나는 중간적인 것으로 일어나기, 약물치료 받기, 몸단장하기와 같은 일상생활을 도와주는 것이고, 또 다른 하나는 숙련된 것으로 24시간 연속적으로 간호를 해주는 것이다. 노년기의 마지막 단계에 이용되는 주거로 대개 분리되어 제공하고 있다. 최근에는 이 같은 요양원의 개념이 신축적 보호를 강조한 새로운 노인주거 유형에 통합되는 경향이 있다. 이 경우 노인의 건강상태가 나빠지면 동일주거 내에 위치해 있는 양로시설에 갔다가 호전되면 그 이전 단계의 주거로 같은 거주지 내에서 이동할 수도 있기 때문에 긍정적인 신축성의 효과를 갖게 되기도 한다.

제3절 노인주거보장의 사례

과거 선진국에서의 노인거주는 일반주택→보호시설(nursing home)→병원이라는 3단계를 거치는 방식이었으나, 노인주택, 즉 노인들의 능력감퇴와 쇠약을 고려하여 노인들이 독립하여 생활할 수 있도록 특수한 설비와 시설을 갖춘 노인주택이 공급되면서 보호시설에 가야 할 많은 노인들이 기존의 생활거점을 바꾸지 않고 지금까지 생활해 온 가정이라는 공간에서 그대로 머물면서 주거 만족을 얻고 있다. 우리나라의 경우 노인복지입소시설의 이용이 제한되거나 유료시설은 비용부담이 과다하므로 대부분이 일반주택에서 불편함을 감수하면서 생활하다가 임종한다고 할 수 있다. 이 때문에 가벼운 노화증상이나 단순한 휴식이 필요한 고소득 노인의 경우는 종합병원이나 개인병원에 장기적으로 입원하는 이른바 '사회적 입원'을 하는 경우도 있다(박신영, 2003; 권중돈, 2013).

1. 우리나라

우리나라에서 노인을 위한 계획주거환경의 개념이 처음 도입된 것은 1987년에 서울 노원구 상계동에 건축된 상계 19단지 3대 가족형 아파트이며, 이후 노인을 위하여 특별히 설계된 아파트의 사례는 찾기 힘들다. 이 아파트는 3대가 각자 사생활을 유지하면서 공동생활이 가능하도록 계획된 것으로, 수평인거형(27평), 수평동거형(27평), 수직동거형(25평), 각 120호씩 총 360호가 공급되었다. 수평인거형은 노부모세대와 자녀세대가 출입구와 주방, 화장실을 완전히 분리·사용할 수 있도록 하되, 노인세대 전용공간으로부터 외부의 출입구를 거치지 않고 자녀세대 전용공간으로 동선을 연계하는 단위주택 내 출입구를 설치하여, 노인세대의 부양이나 가사활동의 공동화 등을 위한 수단을 확보하고 있다.

수평동거형은 하나의 일체형 단위주택에 노인세대와 자녀세대의 생활공간을 함께 계획한다. 평면계획의 특징은 노인세대 침실과 자녀세대 침실을 모두 남향에 배치하되, 노인세대 침실에는 별도의 독립식 욕실을 설치하고 침실 사이의 중간에 거실을 둠으로써 각 세대의 프라이버시를 확보하고 있다. 수직동거형은 복도로부터의 진·출입층은 자녀세대가, 단위주택 내 상층부는 노인세대가 전용으로 사용할 수 있도록 단위주택 자체를 복층형으로 구성한 사례이다. 수평동거형의 경우처럼 노인세대는 전용욕실과 침실만을 전용공간으로 사용하고, 나머지 단위주택 내 공간은 자녀세대와 공동으로 활용할 수 있도록 계획되어 있다.

최근 전라북도 김제시에서는 노인전용 아파트의 건설을 추진하였지만 법적 문제로 인하여 공공임대아파트로 변경한 사례(박신영, 2003)가 있으며, 경기도 파주지역에 노인들만 거주할 수 있는 아파트가 건축되었으나, 실제는 부동산 투기의 현장이 되고 있는 실정이다(KBS 9뉴스, 2004. 5. 25).

이와 같이 노인을 위한 공동주택은 공급사례를 찾아보기 어려울 뿐만 아니라 건축이나 분양과정에서 많은 문제점을 보이고 있다. 그러나 노인들이 자신이 살던 집을 개축하거나 도시 인근지역에 개개인의 기능수준과 욕구에 맞게 주택을 신축하는 사례들이 증가하고 있으며, 민간기업이나 개인이 운영하는 유료 노인복지시설들이 급속하게 확산되고 있다.

최근 커뮤니티케어의 4대 핵심요소별 중점 과제 중 첫 번째가 주거지원 인프라로, 어르신 맞춤형 '케어안심주택' 대폭 확충한다는 것이다. 노인이 평소 사는 곳에서 건강관리를 받고 각종 돌봄 서비스 등을 편하게 누릴 수 있는 '케어안심주택'을 대폭 확충하고, 앞으로 신규로 공급하는 노인 공공임대주택(예: 2019~2022년 약 4만 호 예정)은 모두 케어안심주택으로 확보 추진한다. 노인이 많이 거주하는 영구임대주택(14만 호) 등도 케어안심주택으로 탈바꿈(~2025)하며, 다양한 모델 개발, 선도사업·도시재생지역 등에서 실증을 거쳐 확대한다는 것이다.

또한 주택개조는 노인안전 및 독립생활을 위한 맞춤형 주택 개보수로서 계단, 현관 문턱 제거, 욕실, 주방 개보수 등을 지원하며, 다양한 재원(선도사업, 장기요양, 모금기관 등)과 사회적 경제조직(지역자활센터, 자활기업 등)을 활용하여 대대적인 집수리를 추진한다. 대상은 일상생활수행능력(옷 갈아입기, 화장실 사용, 목욕 등)이 불편한 노인 중 재가노인 약 24만 세대를 지원 목표(~2025)로 해서, 집수리를 통한 낙상 예방은 노인의료비 절감에 크게 기여 가능성이 높다. 뿐만 아니라 관계부처와 함께 경로당, 마을회관을 노인이 편하게 모여 놀고 쉴 수 있는 공간으로 탈바꿈을 추진한다. 즉 건강예방·관리 프로그램 등을 운영하는 경로당으로 대폭 확대한다(관계부처합동, 2018).

2. 영국

제2차 세계대전 이후 영국의 지방정부는 저소득 노인을 위해 관리하기 쉬운 난방시설과 인체공학을 고려한 부엌, 세면대, 조명시설이 갖추어지고 휠체어가 드나들 수 있는 넓은 문, 손잡이가 달린 욕실과 넓은 복도 등이 있고 불필요한 계단 따위가 없는 보호주택을 공급하였다.

영국의 대표적인 노인주택은 보호주택(sheltered housing)이라 할 수 있다. 보호주택은 지방정부나 주택조합 같은 공공기관에서 주로 공급하지만, 일부는 민간에서 분양용으로 공급하여 구입, 임대 또는 일부는 구입하고 나머지는 임대하여 입주할 수 있다. 보호주택은 단지마다 차이가 있지만, 대체로 방 1~2개와 주방으로 이루어진 소형주택들이 평균 20~40호 정도로 단지를 이루고 있는 경우가 많다. 각각의 주택에는 핸드레일, 미끄럼 방지 장치 등의 노인편의시설이 설치되어 있으며, 공동시설로 사교실, 세탁실, 손님맞이방 등이 있다(이영환, 2001).

이러한 노인보호주택은 노인을 위해 특별히 설계된 단독주택의 집합단지라는 공통점이 있지만, 노인들이 받는 서비스의 정도에 따라 몇 가지 유형으로 구분된다(박신영, 2003). 제1범주의 보호주택은 건강하고 활동적인 노인을 위한 주택단지로서 특별한 서비스가 주어지지 않으며, 10~20호 정도로 구성되어 있다. 제2범주의 보호주택은 어느 정도 타인의 원조를 필요로 하는 노인들이 입주하여 생활하는 주택으로 관리인(warden) 1인이 25~35호 정도의 보호주택을 관리하면서 긴급호출 서비스, 지역의료체계와의 연계 등의 서비스를 제공한다. 제2.5범주의 보호주택은 요보호주택(very sheltered housing)이라고도 하며, 허약한 노인을 위한 주택단지로서 다수의 관리인이 긴급호출 서비스, 지역의료체계와의 연계, 식사, 목욕 서비스 등의 케어 서비스를 제공한다(박광준, 2004).

또 역저당제도(reverse equity mortgage, 대출 기간 중 매월 분할대출 및 계약종료 시에 원리금 합계를 일괄하여 상환하는 방식이다. 통상 노인 사망 시 담보주택을 매각하여 상환이 이루어짐)를 활용하여 주택개량자금을 대출받도록 하는 지분활용형 자금대출(Equity Release Mechanism)이 지방자치단체에 의해 시행되고 있다(박신영, 2003).

3. 미국

미국의 경우 대다수의 노인들은 노인의 특성을 고려하지 않은 일반주택에서 거주하고 있지만 노인을 위하여 특별히 계획된 다양한 형태의 노인주택이 존재한다(최성재, 1993).

먼저 은퇴촌(retirement community)은 우리나라에서 노인촌 또는 실버타운으로 불리는 노인전용 주거단지이다. 은퇴촌은 흔히 선벨트(sun belt)라 불리는 일기조건이 좋은 지역에 조성되는 경우가 많으며, 독립주택이나 서비스 주택이 중심이긴 하지만 가끔 요양시설이 같이 있는 경우도 있다. 은퇴촌에 입소하는 노인들은 주로 중·상류층의 은퇴자가 많다. 노인집합주택(congregate housing)은 간호 서비스를 받을 정도는 아니지만 일상생활에 약간의 어려움이 있는 노인들이 가구단위의 독립된 생활공간을 사용하면서, 공동주방과 식당을 갖추고 일상생활에 필요한 가사원조, 여가활동, 세차 등의 서비스를 제공하는 주택이다. 부지공유주택(accessory housing)은 친척이 거주하는 단독주택부지에 기존 주택과 분리된 노인용 주택을 만들어 생활하는 형태로 현관, 주차장 등은 공동으로 사용하지만 침실과 거실 등은 독립적으로 이용하는 주택유형이다. 공유주택(shared housing)은 경제적 이유나 기타 다른 이유로 집이 필요한 노인들이 만나서 한 주택에서 같이 생활하는 형태를 의미한다. 하숙주택(boarding home)은 일반적으로 생활기능이 저하된 저소득 노인이 5~6단위로 공동생활을 하면서 식사 서비스와 일상생활상의 케어 서비스를 제공받는 주택이며, 24시간 보호를 제공하는 하숙주택도 있다. 에코주택(echo housing)은 자녀세대와 부모세대가 같은 울타리 안에서 살도록 계획된 주택으로, 기존의 주택이 위치한 대지에 노인을 위해 지은 작고 이동 가능한 일시적 조립식 주택을 말한다. 즉, 이 주택은 자녀들의 집에 조립식 가건물을 세워 자녀들과 상호교류가 가능하도록 하면서 노인과 자녀세대 모두에게 독립성과 프라이버시, 안전성, 경제성, 거주성을 제공한다.

4. 스웨덴

스웨덴에서는 노인에게 케어가 필요하게 되어도 가능한 한 자택에서 케어를 받을 수 있도록 하기 위해서 대단히 많은 홈헬퍼(home helper)와 수많은 간호사가 배치되어 있다. 또한 재가복지의 기점이 되고 재가복지를 지원하는 주간보호소가 있는, 소위 재가복지지원형의 중간시설이 주택지에 배치되고 있다. 자택에서의 생활이 곤란하게 되거나 불안한 고령자와 장애자의 경우도 될 수 있는 한 수용시설 입소를 피하고 케어를 받을 수 있는 집합주택에 사는 것을 원한다. 정부도 될 수 있는 한 이를 가능하게 할 방침이다. 그와 같은 방침에 따라 스웨덴에서는 노인 수용시설을 증설하지 않고 가능한 한 자택에서 생활을 할 수 있도록 재가복지지원시설과 케어지원시스템을 계속 정비하고 있다.

케어가 조금 필요한 경우에는 케어를 받을 수 있는 집합주택에 살고 중도의 케어가 필요할 경우에는 요양원에 입소하나, 이 요양원도 주택지역 내에 건축하고 있으며 방에는 화장실과 샤워기가 있는 개인실로 하는 등의 주거적 성격을 강화하는 방향으로 나아가고 있다. 즉, 시설이라기보다 간호기능이 강화된 집합주택이라는 느낌이 나도록 하고 있다. 케어를 받을 수 있는 집합주택은 물론 주택에 해당하고, 입주자는 집세를 지불한다(단, 입주하고 있는 연금생활자의 대부분은 공적 주택수당을 수급하여 이것으로 집세를 지불한다).

케어를 받을 수 있는 집합주택의 대부분은 지방자치단체 소유의 회사에 의해 건축되고 있고, 다른 집합주택과 같이 한해 융자금 이자율이 2.5%인 주택자금을 받아서 건설하고 있다. 공적인 주택융자의 대상이 되는 이상주택으로서 필요한 기준을 갖추고 있으며 특히 고령자와 장애인이 이용하기 쉽도록 배려하여 건축하고 있다.

통상 케어를 받을 수 있는 집합주택은 주택 내나 인근의 고령자와 장애인이 이용하도록 하고, 동시에 재가복지의 거점기능을 하는 주간보호소를 병설하고 있으며, 레스토랑과 휴게실을 갖추고 있어, 수도인 스톡홀름에서는 일반인도 이 시설을 이용하고 있다. 일반주택과의 주요한 차이점은 공동의 레스토랑과 휴게실 등을 갖추고 있다는 점, 긴급통보시스템을 비치하고 있어 각 입주자의 방과 센터가 연락할 수 있다는 점, 센터에서 의료기관과 홈헬퍼에게 즉시 연락하여 필요에 따라 홈헬퍼와 간호사가 도움을 줄 수 있다는 점, 관리인이 있어 밤에도 간호사가 대기하고 있다는 점 등이다. 물론 건물과 설비는 고령자와 장애인이 안전하게 이용할 수 있도록 배려한 구조로 건축되고 있다.

스웨덴에서는 종래의 노인 수용시설의 건설은 1970년대부터 하지 않고 있고, 케어를 받을 수 있는 집합주택의 건설 또한 보다 일반주택에 가까운 그룹홈으로 바꾸며 재가복지의 지원에 힘을 쏟고 있다.

5. 일본

일본에서는 1980년대가 되어서 지방정부가 실버 하우징(silver housing)을, 중앙정부의 특수법인인 일본주택 도시정비공단이 시니어 하우징(senior housing)을 공급하고 있다. 우리나라도 저소득노인을 위한 공공주택의 공급을 적극 검토해야 할 것이다.

또한 소득이 낮을지라도 주택을 소유한 노인이 많음에 착목하여, 노인이 가지고 있는 주택을 활용하여 주택개량자금이나 생활관련 서비스를 도입할 수 있는 방안의 도입을 검토해야 할 것이다. 예를 들면, 일본의 무사시노이치(武藏野市)가 1980년 복지공사를 설립하고, 1981년부터 노인 소유의 토지 등을 담보로 돈을 빌려 주면, 노인이 이 돈으로 복지공사가 제공하는 주택개량자금과 서비스를 구입하도록 한 것도 좋은 사례가 될 수 있다(박신영, 2003).

6

노인복지 서비스

노인복지 서비스는 시설에 입소하여 서비스를 제공받는 시설복지 서비스와 지역사회에 기반을 둔 재가복지 서비스로 구분해 볼 수 있다. 사실상 이 서비스 중 어느 것이 우선이고 최선이라고 한마디로 단정 지을 수 없는 것은 노인들이 자신의 건강상태나 부양자의 상황에 따라 시설복지와 재가복지 중 선택을 하여 이용하고 있기 때문이다. 시설복지 서비스는 우리나라의 노인복지가 발전함에 있어 오랜 기간 함께한 서비스이며, 1990년대 재가복지 서비스가 도입되면서 지금은 시설복지와 재가복지가 병행하여 운영되고 있는 실정이다.

최근에는 노인주거복지시설이나 노인의료 복지시설의 수가 확대되고 있는 것이 가정의 기능을 해체하는 역할을 한다고 우려하는 목소리도 있다. 그러나 우리나라의 노인인구 증가속도가 세계에서 가장 빠른 것을 감안한다면 시설 인프라는 더욱 필요한 것으로 보인다. 시설이 가정의 기능을 대체하는 역할만 담당할 것이 아니라 가정의 기능을 지지하고 보완하는 역할로 발전시키고 노인과 가족의 상황에 따라 필요시 재가이든 시설이든 이용할 수 있는 시스템 구축이 더욱 발전되어야 할 것으로 보인다.

제1절 노인복지 서비스의 정의와 의의

1. 시설복지 서비스

시설복지 서비스란 노인이 자신이 살던 가정을 떠나 시설에 입소하여 숙식 등 필요한 서비스를 제공받는 서비스를 말한다. 노인을 돌보아야 하는 부양자의 부재로 노인 스스로 일상생활을 영위할 수 없는 경우에는 장기적인 케어를 받을 수 있는 시설복지 서비스가 요구된다. 시설복지는 부양자의 부재나 부양자의 사정으로

부양에 어려움이 있는 경우 가정의 기능을 대체하는 역할뿐만 아니라 부양자의 과중한 부양부담을 경감시키는 등 가정의 기능을 보완하고 지지하는 역할까지 담당하고 있다. 2008년 7월부터 노인 장기요양보험제도가 실시되면서 시설급여의 서비스형태로서 노인의료 복지시설에 입소하여 시설 서비스를 받도록 하고 있다. 우리나라 노인시설의 전국 수요대비 공급 충족률은 약 92%이나, 지역별 편차가 심해 과소시설 비율이 높다고 볼 수 있다(보건복지부·한국보건사회연구원, 2012). 특히 2010년 기준 노인 요양시설은 전체 정원 대비하여 볼 때 65세 이상 노인인구의 약 1.95%를 차지하고 있어 노인인구 증가 대비 시설 수는 부족한 것으로 보인다. 아직까지 시설입소는 자녀들 입장에서 볼 때 시설입소라는 것이 자녀로서의 의무를 다하지 못하고 부모를 버린다는 잘못된 부양의식에서 나타나는 현상이라고 볼 수 있다.

시설복지 서비스를 이용하는 노인들의 특성을 살펴보면, 대부분이 질환을 앓고 있으며 치료를 해도 완쾌가 잘 되지 않는 만성적이며 퇴행적인 성격의 질병을 가지고 있다. 또한 거동이 불편하며 정신적 상태가 온전치 못하여 노인 혼자 일상생활 기능을 수행할 수 없어 24시간 케어가 필요한 경우가 많다.

그렇기 때문에 노인복지시설은 노후에 새로운 삶을 시작할 수 있는 중요한 장소이므로 노인들의 삶의 질을 위해서 가정적인 분위기와 전문적인 프로그램을 준비하고 제공할 필요가 있다. 시설복지는 재가복지와는 달리 노인에 대한 장시간 관찰이 가능하고 노인 상황을 잘 파악할 수 있어 필요한 욕구에 대해 즉각적으로 대응할 수 있는 장점을 가지고 있다. 또한 이용자의 서비스에 필요한 장비나 시설을 한곳으로 모아 이용할 수 있어 재가복지 서비스보다 경비가 절감된다는 점과 동료를 쉽게 사귈 수 있는 이점도 가진다. 하지만 시설복지 서비스는 집단이 강조되어 개별성과 사생활이 무시될 수 있고, 시설이라는 공간과 지역사회와의 교류가 활발하지 못해 사회와의 고립감을 초래할 수도 있는 단점을 가지고 있다.

2. 재가복지 서비스

재가복지 서비스란 노인이 살던 지역사회를 떠나지 않고 자신이 살고 있는 가정에서 생활하면서 필요한 의료 및 복지 서비스를 제공받는 서비스를 말한다. 노인들은 자신이 살고 있는 지역사회를 떠나기를 꺼려하는 특징을 가지고 있고 실제로 노후에 자신이 살고 싶은 희망하는 장소로서 자신의 가정을 선택하고 있다. 재가복지 서비스를 필요로 하는 노인의 특징은 대부분 24시간 서비스가 필요하지 않은 건강상태로, 시설을 이용하는 노인들보다는 건강이 양호한 편이다. 재가복지 서비스는 가정에 머무르면서 필요한 서비스를 제공받는 것으로 노인이 사는 집으로 방문하는 서비스와 단기간 또는 이용가능한 시간대에 시설을 이용할 수 있는 서비스가 있다.

재가복지 서비스는 시설복지 서비스와 달리 개별욕구에 초점을 두고 개입할 수 있으며, 무엇보다도 자신이 살던 가정과 지역사회를 떠나지 않고 서비스를 이용할 수 있다. 그러므로 가족과 지역사회와 단절하지 않고 생활할 수 있다는 점이 장점이지만, 시설복지처럼 지속적으로 노인을 관찰하고 즉각적인 대응을 할 수 없다는 점과 24시간 케어는 불가능하다는 단점이 있다.

〈표 6-1〉 재가복지 서비스와 시설복지 서비스의 장점과 단점

구분	장점	단점
재가	• 비용이 저렴하다. • 지역사회 내에 거주할 수 있다.	• 24시간 케어가 힘들다. • 노인의 케어욕구에 즉각적으로 대응하기 어렵다.
시설	• 장시간 관찰이 가능하다. • 노인의 케어욕구에 대응하기가 쉽다. • 시설 및 장비의 활용이 용이하다. • 또래집단을 형성하여 동료를 사귀기 쉽다.	• 살던 지역사회를 떠날 수도 있다. • 노인의 개별성이 자칫 무시될 수 있다.

자료: 현외성 외(2007), 노인복지실천사례론. 양서원.

제2절 노인복지 서비스의 유형과 내용

1. 시설복지 서비스

노인 장기요양보험제도 도입으로 「노인복지법」이 개정(2017. 8.)되면서 기존 제도가 개편되었다. 주거 및 의료복지시설의 무료, 실비, 유료의 구분을 없애고 노인주거복지시설의 노인공동생활가정과 노인의료 복지시설의 노인 요양 공동생활가정을 신설하여 2008년부터 시행되고 있다.

노인주거복지시설의 목적은 일상생활에 지장이 없는 노인을 대상으로 급식과 그 밖에 일상생활에 필요한 편의를 제공하여 노후의 안정된 생활을 도모하고자 함이다. 「노인복지법」 제32조에 의하면, 노인주거복지시설은 양로시설과 노인공동생활가정, 노인복지주택으로 구분한다.

양로시설은 입소노인에게 급식, 주거의 편의, 생활지도, 상담 및 안전관리 등 일상생활에 필요한 각종 편의를 제공하여 노후에 편안하고 안정된 생활을 도모하기 위한 시설이다.

노인복지주택은 노인을 대상으로 급식, 주거의 편의 등을 제공할 목적으로 민간사업자가 전액 자부담으로 동 시설을 설치하고, 운영비는 입소노인의 본인부담으로 조달하여 운영하는 노인주거복지시설을 말한다. 노인복지주택은 단독취사 등 독립된 주거생활을 하는 데 지장이 없는 60세 이상의 노인에게 주거시설을 분양 또는 임대하여 주거의 편의·생활지도·상담 및 안전관리 등 일상생활에 필요한 각종 편의를 제공함을 목적으로 하는 사업이다.

향후 정부는 경제적으로 여유가 있어 자녀에게 의존하지 않으려는 베이비 붐 세대가 은퇴하면서 기존의 기초수급자 위주의 보호시설(양로시설, 노인공동생활가정)에서 중산층을 위한 다양한 공급방안을 모색하여 노인들의 주거 안정화를 도모할 계획이다(보건복지부, 2017).

〈표 6-2〉 노인주거복지시설의 유형

구분	시설 종류	시설 목적
노인주거 복지시설	양로시설 (입소정원 10명 이상)	노인을 입소시켜 급식과 그 밖의 일상생활에 필요한 편의를 제공
	노인공동생활가정 (입소정원 5명 이상 9명 이하)	노인들에게 가정과 같은 주거여건과 급식, 그 밖에 일상생활에 필요한 편의를 제공
	노인복지주택 (30세대 이상)	노인에게 주거시설을 분양 또는 임대하여 주거의 편의 · 생활지도 · 상담 및 안전관리 등 일상생활에 필요한 편의를 제공

노인의료 복지시설은 「노인복지법」 제34조에 의하면 노인 요양시설, 노인 요양 공동생활가정으로 구분한다.

노인의료 복지시설의 입소대상은 「노인장기요양보험법」 제15조에 따른 수급자 중 시설급여 대상자로 장기요양급여수급자, 기초수급권자로서 65세 이상의 자, 부양의무자로부터 적절한 부양을 받지 못하는 65세 이상의 자가 해당된다. 그러나 노인보호전문기관에서 학대피해노인으로서 입소를 의뢰한 노인과 기초수급자나 긴급조치 대상자로서 거주지가 없어져서 가정에서 생활이 불가능하거나, 부양의무자가 부양을 거부하거나 실종되는 등의 사유로 수발을 들 사람이 없는 경우에도 관할 시군구청장이 판단하여 노인 요양시설로 입소 보호할 수 있다.

〈표 6-3〉 노인의료 복지시설의 유형

구분	시설 종류	시설 목적
노인의료 복지시설	노인 요양시설 (입소정원 10명 이상)	치매 · 중풍 등 노인성 질환 등으로 심신에 상당한 장애가 발생하여 도움을 필요로 하는 노인을 입소시켜 급식 · 요양과 그 밖에 일상생활에 필요한 편의를 제공
	노인 요양 공동생활가정 (입소정원 5명 이상 9명 이하)	치매 · 중풍 등 노인성 질환 등으로 심신에 상당한 장애가 발생하여 도움을 필요로 하는 노인에게 가정과 같은 주거여건과 급식 · 요양, 그 밖에 일상생활에 필요한 편의를 제공

2. 재가복지 서비스

재가복지 서비스는 노인 여가복지시설과 재가노인복지시설에서 제공되는 서비스를 말한다. 노인 여가복지시설이란 「노인복지법」 제36조에 의하면 노인복지관, 경로당, 노인교실 등 노인의 여가를 위한 시설이다.

① 노인복지관은 60세 이상 노인의 교양·취미생활 및 사회참여활동 등에 대한 각종 정보와 서비스를 제공하고, 건강증진 및 질병예방과 소득보장·재가복지, 그 밖에 노인의 복지증진에 필요한 서비스를 제공하는 시설이다. 노인복지관은 예방, 보호, 통합 기능을 중심으로 지역사회노인들의 다양한 복지욕구에 대응하여 여가, 건강, 일자리, 자원봉사, 취약계층지원 등의 체계적이고 통합적인 노인종합복지 서비스의 제공을 확대 추진하고 있다.

② 경로당은 지역노인들이 자율적으로 친목도모·취미활동·공동작업장 운영 및 각종 정보교환과 기타 여가활동을 할 수 있도록 하는 장소를 제공하는 것을 목적으로 하는 시설이다. 이러한 경로당은 지역사회 노인들에게 여가선용의 기회를 제공하고 지역사회 생활에 만족감과 보람을 가질 수 있도록 하는 중요한 역할을 수행하는 시설이다(이근홍, 2003). 현재 경로당에서는 지역 노인복지증진을 위한 경로당의 공공적 역할을 강화하기 위하여 독거노인 생활교육의 장소로, 농어촌에서는 경로당을 노인공동생활 공간으로 활용하고 있다. 정부는 경로당 활성화 사업을 2003년 44개소의 노인복지관에서 전개한 것을 시작으로 지역의 노인복지·정보센터로 기능을 혁신하기 위하여 현재까지 경로당 운영혁신 사업을 지원해 오고 있다. 또한 경로당 운영프로그램의 현황조사를 토대로 운영프로그램이 미흡한 경로당을 선정하여 노인복지관 프로그램과 연계하거나 건강운동, 공동작업장 운영 등 각종 프로그램을 지원하고 있다.

노인교실은 노인들에 대하여 사회활동 참여욕구를 충족시키기 위하여 건전한 취미생활, 노인건강 유지, 소득보장 기타 일상생활과 관련한 학습 프로그램을 제공하는 시설이다.

재가노인복지시설의 목적은 정신적, 신체적인 이유로 독립적인 일상생활을 수행하기 곤란한 노인과 노인부양가정에 필요한 각종 서비스를 제공함으로써, 노인이 가족 및 친지와 더불어 건강하고 안정된 노후 생활을 영위할 수 있도록 함과 동시에 노인부양으로 인한 가족의 부담을 덜어주기 위함이다. 재가노인복지시설이란 방문요양 서비스, 주·야간보호 서비스, 단기보호 서비스, 방문목욕 서비스, 재가노인지원 서비스 중 하나 이상의 서비스를 제공함을 목적으로 하는 시설을 말한다.

1) 방문요양 서비스

방문요양 서비스란 가정에서 일상생활을 영위하고 있는 노인으로서 신체적·정신적 장애로 어려움을 겪고 있는 노인에게 지역사회 안에서 건전하고 안정된 노후를 영위하도록 장기요양요원(요양보호사)이 가정을 방문하여 신체활동 및 가사활동 등 필요한 각종 서비스를 제공한다. 이용대상은 장기요양급여 수급자로 심신이 허약하거나 장애가 있는 65세 이상의 자로서 가정에서의 보호가 필요한 자이다. 그러나 노인돌봄 서비스, 가사간병 도우미, 독거노인 생활지도사 등 타 서비스를 제공받고 있는 자는 대상에서 제외된다. 제공되는 서비스는 신체활동지원 서비스, 가사활동지원 서비스, 개인활동지원 서비스, 정서지원 서비스 등이 있다.

〈표 6-4〉 재가노인복지시설의 유형

구분	시설 종류	시설 목적
재가노인 복지시설	방문요양 서비스	가정에서 일상생활을 영위하고 있는 노인으로서 신체적 · 정신적 장애로 어려움을 겪고 있는 노인에게 필요한 각종 편의를 제공하여 지역사회 안에서 건전하고 안정된 노후를 영위하도록 하는 서비스
	주 · 야간 보호 서비스	부득이한 사유로 가족의 보호를 받을 수 없는 심신이 허약한 노인과 장애노인을 주간 또는 야간 동안 보호시설에 입소시켜 필요한 각종 편의를 제공하여 이들의 생활안정과 심신기능의 유지 · 향상을 도모하고, 그 가족의 신체적 · 정신적 부담을 덜어주기 위한 서비스
	단기보호 서비스	부득이한 사유로 가족의 보호를 받을 수 없어 일시적으로 보호가 필요한 심신이 허약한 노인과 장애노인을 보호시설에 단기간 입소시켜 보호함으로써 노인 및 노인가정의 복지증진을 도모하기 위한 서비스
	방문목욕 서비스	목욕 장비를 갖추고 재가노인을 방문하여 목욕을 제공하는 서비스
	재가노인 지원 서비스	경제적 · 정신적 · 신체적인 이유로 독립적인 일상생활을 영위하기 어려운 노인과 복지 사각지대 노인들에게 일상생활지원(방문요양 제외)을 비롯한 각종 필요 서비스를 제공함으로써 지역사회 내에서 건강한 생활을 영위하는 데에 어려움이 없도록 예방적 복지 실현 및 사회 안전망 구축을 목적으로 함

2) 주 · 야간보호 서비스

주·야간보호 서비스는 부득이한 사유로 가족의 보호를 받을 수 없는 심신이 허약한 노인과 장애노인을 주간 또는 야간 동안 보호시설에 입소시켜 필요한 각종 편의를 제공하는 서비스이다. 이용대상은 장기요양급여 수급자로 심신이 허약하거나 장애가 있는 65세 이상의 자로서 주간 또는 야간 동안의 보호가 필요한 자가 해당된다. 제공되는 서비스는 생활지도 및 일상생활동작훈련 등 심신의 기능회복을 위한 서비스, 급식 및 목욕 서비스, 이동 서비스, 노인가족에 대한 교육 및 상담 서비스가 있다.

3) 단기보호 서비스

단기보호 서비스는 부득이한 사유로 가족의 보호를 받을 수 없어 일시적으로 보호가 필요한 심신이 허약한 노인과 장애노인을 보호시설에 단기간 입소시켜 보호함으로써 노인 및 노인가정의 복지증진을 도모하기 위한 서비스이다. 이용대상은 장기요양급여 수급자로, 심신이 허약하거나 장애가 있는 65세 이상의 자로서 월 1일 이상 15일 이하(단, 장기요양수급자 이외의 자 중 중증질환이 있는 노인, 연고가 없는 노인, 취학·생계곤란 등의 사유로 인하여 부양능력이 없는 부양의무자로부터 부양을 받지 못하는 피부양 노인에 대하여는 1개월에 15일을 초과하여 이용일수를 연장할 수 있음) 단기간의 보호가 필요한 자이다. 제공되는 서비스는 신체활동지원, 기능회복훈련, 그 밖의 일상생활에 필요한 편의를 제공하는 서비스가 있다.

4) 방문목욕 서비스

방문목욕 서비스란 목욕 장비를 갖추고 재가노인을 방문하여 목욕을 제공하는 서비스를 말한다. 이용대상은 장기요양급여 수급자로 심신이 허약하거나 장애가 있는 65세 이상의 자로서 가정에서의 목욕이 필요한 자이다. 제공되는 서비스는 목욕준비, 입욕 시 이동보조, 몸 씻기, 머리 말리기, 옷 갈아입히기 등이며, 목욕 후 주변정리까지 포함한다.

5) 재가노인지원 서비스

재가노인지원 서비스는 경제적·정신적·신체적인 이유로 독립적인 일상생활을 영위하기 어려운 노인과 복지 사각지대 노인들에게 일상생활지원(방문요양 제외)을 비롯한 각종 필요 서비스를 제공함으로써 지역사회 내에서 건강한 생활을 영위하는 데에 어려움이 없도록 예방적 복지 실현 및 사회 안전망 구축을 목적으로 하고 있다. 이용대상은 장기요양급여 수급자이나 방문요양, 방문목욕, 주·야간보호, 단기보호 서비스 외의 서비스를 필요로 하는 자, 장기요양급여 수급자 외의 자 중 기초수급권자 및 부양의무자로부터 적절한 부양을 받지 못하는 자로서 혼자서 일상생활을 수행하기 어려워 서비스의 제공이 필요하여 시군구청장이 의뢰한 자, 기타 자연재해 등으로 긴급지원이 필요한 노인(장기요양 서비스 이용자 포함) 등이 해당된다.

6) 기타 서비스

1997년 외환위기 이후 우리 사회는 사회 양극화가 심화되고 상대적으로 취약계층이 매우 증가하였다. 기존의 사회복지제도로서는 당시 사회적 위기에 직면한 개인이나 가족들을 보호할 수 없는 수준이 되자 사회복지를 통한 사회안전망에 대한 관심이 높아졌고, 사회 서비스에 대한 수요도 급증하였다. 이에 정부는 2007년 사회 서비스센터를 발족하고 이후 현재까지 노인돌보미 및 지역사회 서비스투자사업, 가사간병 도우미사업 등을 운영하고 있다.

최근 핵가족화가 빠르게 진행되고 여성의 경제활동참가율이 높아지면서 과거에 가족이 담당했던 서비스를 이제는 시장을 통해 구매하려는 사회 서비스가 부각되고 있다. 노인에 대한 사회 서비스는 고령화로 인하여 급증한 노인에 대한 돌봄 서비스 수요가 복지증진 차원에서 크게 증대되었고, 이를 가족이 더 이상 담당하기 어렵기 때문에 정부가 일정 부분 책임을 지게 되었다. 우리나라는 세계에서 가장 빠른 고령화 속도를 나타내고 있어 부양부담이 더 증가할 것으로 예상되고 있고, 노화에 따르는 신체적 및 정신적 기능의 저하로 인한 노인성 질환에 대한 간병수요도 급증할 것으로 예측된다. 또한 노인을 수발하는 데 많은 어려움이 따르기 때문에 가족들이 감당하기에 한계가 있으므로 국가적 차원에서 서비스를 확대하는 것에 대한 요구가 더 커지는 것이 필요성을 증가시킨다고 볼 수 있다.

노기성(2011: 18)은 사회 서비스란 보육, 노인돌봄, 장애인돌봄 등 주로 수요자의 선택권이 강조되고 최근 전자바우처사업을 중심으로 확장되고 있는 서비스분야로 정의하고 있다. 보건복지부(2014)는 일반적인 의미로서 개인 또는 사회 전체의 복지증진 및 삶의 질 향상을 위해 사회적으로 제공되는 서비스를 말하며 공공행정(일반행정, 환경, 안전), 사회복지(보육, 아동, 장애인, 노인보조), 보건의료(간병, 간호), 교육(방과 후 활동, 특수교육), 문화(도서관, 미술관 등 문화시설 운영)를 포괄하는 개념으로 사용하고 있다. 결국 사회 서비스는 사회복지, 보건의료, 교육, 문화 서비스 등을 포함하는 개념으로 취약계층이 서비스 제공자이면서 수요자가 되는 것을 주요 활동으로 간주하는 것을 의미한다. 이러한 사회 서비스는 노인, 장애인 아동 등의 서비스 대상에 따라 구분할 수 있고, 서비스가 이루어지는 장소에 따라 생활시설과 이용시설로 나눌 수 있다.

그러므로 이러한 사회 서비스 중 노인돌봄 서비스와 최근 노인을 대상으로 활성화되고 있는 급식지원 사업을 중심으로 살펴보고자 한다.

(1) 노인돌봄 서비스

노인돌봄 서비스란(「노인복지법」 제27조의 2항, 사회복지사업법 제33조의 7항에 근거) 혼자 힘으로 일상생활을 영위하기 어려운 노인과 독거노인에게 욕구에 따라 안전확인, 생활교육, 서비스 연계, 가사 및 활동지원, 주간보호 서비스 등 맞춤형 복지 서비스를 제공하는 것을 말한다. 즉, 가정에서 거주하는 독거노인들을 중심으로 그들의 일상생활을 지원하고 당면한 문제를 해결하여 정상적인 생활을 영위할 수 있도록 제공하는 서비스를 의미한다. 노인돌봄 서비스는 노인이 가정에서 보호를 받을 수 있게 되면 가족과 함께 생활하는 것과는 별개로 상당한 장애를 가지고 있다고 하더라도 가정이나 지역사회에서 생활할 수 있기 때문에 시설에 입소할 필요가 없게 되거나 시설입소를 늦출 수 있게 되어 바람직하다는 장점이 있다. 최근 가족의 구조와 기능이 계속 변화하고 있고, 부양에 대한 가치관과 태도의 변화로 인하여 노인부양에 대한 가족보호의 기능이 약화 내지는 축소되고 있는 상황을 고려할 때 노인돌봄 서비스를 통하여 가족보호 기능을 강화하고 장려하는 방향이 될 수 있다.

노인돌봄 서비스는 2007년 독거노인 생활관리사 파견사업과 노인 돌보미 바우처사업을 시작하였고, 2009년 독거노인 생활관리사사업과 노인 돌보미 바우처사업을 통합하여 명명된 것(보건복지부, 2009)으로 노인돌봄 기본 서비스와 노인돌봄 종합 서비스로 구분된다. 노인돌봄 기본 서비스는 혼자 힘으로 일상생활을 영위하기 어려운 노인과 독거노인에게 욕구에 따라 안전확인, 생활교육, 서비스 연계, 가사 및 활동지원, 주간보호 서비스 등 맞춤형 복지 서비스를 제공하는 것이 목적이다. 노인돌봄 종합 서비스는 혼자 힘으로 일상생활을 영위하기 어려운 노인에게 가사·활동지원 또는 주간보호 서비스를 제공하여 안정된 노후생활을 보장 및 가족의 사회경제적 활동기반을 조성하는 것이 목적이다.

① 서비스 대상

노인돌봄 기본 서비스 주민등록상 동거자 유무에 상관없이 요양 서비스가 불필요하고 실제 혼자 살고 있는 만 65세 이상 노인으로서 다음의 경우에 해당하는 자로 한다. 즉, 일상적 위험에 매우 취약하여 정기적인 안전 확인이 필요한 경우, 소득, 건강, 주거, 사회적 접촉 등의 수준이 열악하여 노인관련 보건복지 서비스 지원이 필요한 경우, 안전확인이 필요한 대상은 아니지만 정기적인 생활상황 점검 및 사회적 접촉기회 제공이 필요한 경우를 말한다.

노인돌봄 종합 서비스의 서비스 대상은 만 65세 이상의 노인(단기가사의 경우 독거노인 또는 고령(만 75세 이상) 부부노인가구) 중 장기요양인정심사에서 노인장기요양 등급외(A, B) 판정을 받고, 가구소득이 기준 중위 소득 160% 이하에 해당하는 사람이 이용할 수 있다.

〈표 6-5〉 노인돌봄 종합 서비스 이용가구 월평균 소득

가구원 수	1인	2인	3인	4인	5인	6인	7인	8인
전국 가구 월평균 소득 150%(천 원)	2,240	4,154	6,164	7,104	7,265	7,426	7,587	7,748

자료: 보건복지부(2014). 사회 서비스 전자바우처 홈페이지

② 서비스 내용

노인돌봄 기본 서비스의 주된 서비스 내용은 안전확인 서비스, 생활교육, 서비스연계이다. 이러한 서비스 실시를 위해 독거노인 현황조사와 지역사회보건 복지 서비스 현황조사가 선행되어야 한다. 안전확인 서비스는 노인돌보미가 독거노인 1인에 대하여 주 1회 이상 방문을 통한 직접 확인을 하거나 주 2회 이상 전화를 통한 간접적으로 안전을 확인하고 무선페이징, 안심폰, 독거노인 U-care 등 현재 독거노인에게 보급되어 있는 안전확인 기구의 점검과 사용법을 안내하는 사업이다. 독거노인을 위한 생활교육사업은 지역특성을 고려하여 돌보미별 월 1회 이상 또는 독거노인 별 분기당 1회 이상으로 1회당 1시간 정도의 보건, 복지, 교육, 문화영역의 다양한 생활교육 프로그램을 구성하여 주민자치센터나 복지관, 경로당 등 독거노인이 접근하기 쉬운 장소에서 교육을 실시하는 사업을 의미한다. 서비스 연계활동은 독거노인의 욕구파악을 통하여 지역의 정부지원사업 및 민간 지역사회 자원을 적극적으로 발굴하여 독거노인을 위한 서비스 연계계획을 수립하는 것이다.

노인돌봄 종합 서비스는 방문 서비스를 원칙으로 하며, 서비스 제공시간은 노인돌보미 1회 방문 시 2시간을 기본으로 하며 2시간 이후는 1시간 단위로 산출한다. 노인돌봄 종합 서비스의 서비스 유형은 방문 서비스(월 27시간, 36시간), 주간보호 서비스[월 27시간(9일), 36시간(12일), 단기가사 서비스(월 24시간)]가 있으며, 사회 서비스 이용 및 이용권 권리에 관한 법률에 따라 시군구에 등록한 제공기관에서 서비스가 제공된다. 구체적인 서비스 내용은 다음과 같다(보건복지부, 2014). 첫째, 방문 서비스는 식사 및 세면 도움, 옷 갈아입히기, 체위변경, 신체기능의 유지 및 증진, 화장실 이용 도움, 외출 동행, 생필품 구매, 청소 및 세탁 등

의 서비스를 제공한다. 둘째, 주간보호 서비스는 심신기능 회복 서비스(여가, 물리치료, 작업치료, 언어치료 등의 기능 훈련), 급식 및 목욕, 노인 가족에 대한 교육 및 상담 등의 주간보호 서비스를 제공한다. 셋째, 단기가사 서비스는 식사도움, 옷 갈아입히기, 외출 동행, 취사, 생필품 구매, 청소, 세탁 등을 제공한다.

〈표 6-6〉 노인돌봄 종합 서비스 이용자 현황

(단위: 명)

구분	2013	2014	2015	2016	2017
이용자 수	42,282	46,759	43,428	44,293	47,686

자료: 보건복지부(2017). 보건복지백서

(2) 무료급식사업

무료급식지원 사업은 가정형편이 어렵거나 부득이한 사정으로 식사를 거를 우려가 있는 노인들(기초수급자 노인 및 차상위계층 노인, 저소득 독거노인)에게는 무료로 식사를 제공하고 그 이상의 일정한 경제적 능력을 갖춘 노인들에게는 실비로 식사를 제공할 수 있도록 함으로써 노인급식 지원 수준을 제공하고자 하는 것이다. 시장·군수·구청장은 급식인원 수, 급식횟수, 사업자 재정형편 등 무료급식 사업의 규모를 고려하여 예산의 범위 내에서 무료급식사업자에게 소요예산을 지원하며, 경로식당, 종합사회복지관, 노인복지관, 재가노인복지시설, 종교단체 등 비영리단체 중 위탁사업자로 기관을 결정한다.

특히 이 사업에서는 독거노인을 대상으로 도시락 배달을 하는 개개 시설 및 기관에서는 도시락 배달과정에서 독거노인들의 기본적인 건강상태 및 안전 여부를 확인하여 이상징후를 발견할 경우에는 지자체 및 노인돌봄 기본 서비스 사업수행 기관에 즉시 통보하도록 하는 업무 협조를 하고 있다.

① 경로식당 무료급식

경로식당의 무료급식 대상은 가정형편이 어렵거나 부득이한 사정으로 식사를 거를 우려가 있는 60세 이상 노인과 노인돌봄 기본 서비스 사업을 통해 수요가 파악된 경우 적절하게 서비스를 제공할 수 있도록 무료급식사업 수행단체에 연계 지원한 경우이다. 경로식당 일일평균 이용자 수가 20인 이상이고 주 3회 이상 급식을 하는 곳을 급식기관으로 지정하고, 60세 이상 기초생활수급 노인 및 차상위계층 노인(독거노인 포함)에게는 무료로 제공하여야 하며 그 이상의 일정한 능력을 갖춘 노인의 경우에는 실비수준의 급식비 징수가 가능하다.

② 거동불편 저소득 재가노인 식사배달

이 사업의 급식대상은 도시근로자 월평균소득 미만인 가구의 60세 이상 노인으로 거동이 불편하여 경로식당을 이용하지 못하여 식사를 거를 우려가 있는 노인과 기타 독거노인 등 시장·군수·구청장이 필요하다고 인정하는 자이다. 급식은 노인의 건강·영양상태, 서비스 욕구 등을 고려하여 밥, 국, 밑반찬, 죽 등 다양한 형태로 제공하고, 식사 제공 시 이용노인이 가정식처럼 느끼도록 보온을 유지하고 부패방지가 가능한 용기를 사용해야 한다. 또한, 대다수 노인이 만성질환을 보유하고 있음에 따라 치료식(당뇨병, 고혈압)을 제공할 수 있는 방안도 모색한다. 60세 이상 기초생활수급 노인 및 차상위계층 노인(독거노인 포함)에게는 무료로 제공하여야 하며, 그 이상의 일정한 능력을 갖춘 노인의 경우에는 실비수준의 급식비 징수가 가능하다.

7

노인 장기요양보험제도

최근 우리나라는 평균수명의 연장으로 건강한 노인과 더불어 만성질환을 가진 노인과 자녀와 따로 사는 노인부부가구나 독거노인의 증가로 인하여 장기요양 서비스의 필요성이 대두됨에 따라 2008년 7월부터 노인 장기요양보험제도가 시행되고 있다. 장기요양보호(Long-Term Care)는 장기간 서비스가 필요한 대상자에게 다양한 서비스를 지속적으로 제공하여 생활에 불편함이 없도록 하는 서비스이다. 장기요양 서비스의 대상자는 노인뿐만 아니라 장기보호가 필요한 장애인, 아동, 노숙자, 정신질환자, 에이즈환자 등도 포함할 수 있으나 본 장에서는 우리나라의 노인장기 요양보험제도에서 대상자로 인정한 노인에 관한 내용만 다루기로 한다.

노인장기 요양보호는 신체적으로나 정신적으로 건강한 노인은 제외되며 건강하지 못한 노인이라도 기능상의 특정한 장애로 인하여 장기간의 요양 서비스를 필요로 하는 경우에만 제공함을 의미한다. 그러므로 이러한 노인들에게는 신체적인 보호뿐만 아니라 일상생활과 관련된 다양한 사회적 서비스를 제공할 필요가 있다.

제1절 장기요양보호의 개념 및 의의

1. 장기요양보호의 개념

장기요양보호의 개념은 노년학, 노인병학, 간호학, 사회복지학 등에서 일찍부터 사용되어 온 개념이다. 영어의 'long-term care'라는 말을 우리말로 표현하면 장기보호, 장기간병, 장기수발 등으로 해석할 수 있지만 우리나라에서는 2003년 '공적 노인 요양 보장위원회'의 구성과 더불어 사용하기 시작하였다. 일반적으로 장기요양보호란 노인 요양시설에서 제공하는 신체보호라고 생각할 수 있겠지만 이보다 더 광범위한 개념으로 사용된다. 즉, 장기요양보호는 장기적인 보호를 필요로 하는 노인들에게 신체보호뿐만 아니라 그들의 일상생활에서 절대적으로 필요한 개인적 케어(personal care)까지 제공하는 것을 의미한다. 과거의 장기요양보호 서비스는 시설에서의 보호로만 간주되었으나 현재는 시설보호뿐만 아니라 지역사회에 기반을 둔 재가 서비스 모두를 포함하여 사용하고 있다.

칸(Kane, 1987)은 장기요양보호를 스스로 자신을 보호할 능력을 잃었거나 다시는 가질 수 없는 사람들에게 오랫동안 제공되는 보건 서비스, 개인 서비스, 사회 서비스로 규정하였다. 제콥존(Jacobzone, 1999)은 장기요양보호를 '허약한 노인 또는 이미 의존적인 상태에 빠져 있거나 생활상의 장애를 가진 노인에게 장기간에 걸쳐 일상생활수행능력을 도와주기 위해 제공되는 모든 형태의 보호 서비스'로 정의하고 있다. 또한, 노년학 사전에서는 장기요양보호를 만성적인 신체적·정신적 장애를 가진 사람들에게 지속적으로 제공되는 보건·사회적 서비스들로 이것을 통해 최적의 기능 수준을 유지하게 된다고 말하고 있다. 그러므로 장기요양보호는 신체기능 수준에 대한 치료적 재활요법과 현재의 기능수준을 유지하고 기능의 저하를 지연시키기 위한 서비스이며 만성질환이나 기능의 손상 또는 생애의 말기에 있는 노인들에 대한 서비스의 제공 등 다양한 종류의 서비스로 구성되어 있으며 그 범위도 다양하다.

이러한 장기요양보호 서비스는 지역사회, 가정 및 시설에서 다양하게 제공되며, 노년기 삶의 질 향상에 목표를 두고 있다. 장기요양보호에서의 삶의 질이란 노인의 신체적·사회적·정신적 및 심리적 안녕으로 표현할 수 있으며 '전인적 보호'를 의미한다(박형화, 2000). 깁슨(Gibson, 1994) 역시 장기요양보호제도가 만성질병을 가진 노인들의 독립적인 기능적 기간을 연장하므로 노후생활의 질을 향상시킨다고 주장하고 있다. 장기보호 서비스를 받을 수밖에 없는 노인들은 신체적 기능이 저하되고 부양자가 없는 것이 가장 큰 문제이다. 가족은 누구보다도 노인에 대해 잘 알고 잘 이해할 수 있는 중요한 서비스 제공자이므로 가족이 포함된 지역사회

중심의 장기요양보호는 노년기 생활에 매우 중요한 역할을 하게 될 것이다.

2. 장기요양 대상노인

일반적으로 대상노인을 선정하는 데 있어서 가장 많이 사용하는 척도는 일상생활활동과 수단적 일상생활활동이라고 할 수 있다. 유스티스(Eustis, 1982; 이가옥, 1999, 재인용)는 장기요양보호 대상자를 ① 일상생활활동과 수단적 일상생활활동 및 정신건강 측면에서 기능적인 활동에 제한을 받거나, ② 와상노인이나 집 안에서만 활동 가능한 노인 등 기동력에 제한을 받는 노인으로 정의하고 있다. 그러므로 장기요양보호의 대상노인은 기본적 또는 수단적 일상생활활동을 스스로 수행하지 못하는 노인으로 정의한다.

OECD 국가의 기준(보건복지부, 2000, 재인용)에서는 IADL에만 장애가 있는 경우를 경증장애(moderate disability), 1개의 ADL이라도 장애가 있는 경우를 중증장애(severe disability)로 구분하고 있다. 또한 수잔(Suzanne, 1992)은 장애의 정도를 ① 적어도 두 가지 ADL 기능에 손상을 가진 노인을 중증장애(severe disability), ② 적어도 한 가지 이상 ADL 기능이 손상되어 있거나 두 가지 IADL에 제한을 가지고 있는 노인을 경증장애(moderate disability), ③ 거의 장애가 없거나 장애가 아닌 경우로는 기능상의 손상이 없거나 IADL에 한 가지 제한을 가지고 있는 경우로 규정하여 구분하고 있다. 이와 같이 장기요양보호 대상노인을 선정하는 기준은 ADL과 IADL 모두를 고려하고 있다.

3. 장기요양보호 서비스의 필요성

선진국과 마찬가지로 우리나라에서도 노인장기요양보호제도는 고령이나 질병 등으로 기능적인 일상생활의 영위가 어려운 이들의 지속적인 보호와 치료뿐 아니라 부양가족의 신체적, 심리적, 경제적 부양부담, 의료비 증가 등에 대한 사회적 보호의 차원에서 대두되었다. 특히 오늘날 노인복지에서 전통적인 효의 개념이 점차 무너지면서 이를 대체하는 지원책들이 필요하게 되었고 산업화 이후 현대가족의 기능이 약화되거나 파괴되면서 매우 심각해진 노인 부양문제가 필요성을 반증하고 있다.

노인인구의 급증과 평균수명의 연장으로 인하여 장기요양보호 대상자의 증가가 예상되고 있어 이에 대한 대책으로 2008년 7월부터 노인장기요양보험이 시행되고 있다. 현재 시행되고 있는 노인 장기요양보험제도는 짧은 기간 안에 준비한 정책인 만큼 시행착오를 겪으면서 많은 개선을 거듭하고 있다. OECD 국가와 비교해 볼 때, 선진국의 경우 이미 오랜 시간을 두고 장기요양에 대한 대책을 마련해 왔으나 우리나라는 고령화 속도가 상대적으로 빨라 충분한 준비를 위한 긴 시간을 확보할 수 없었다는 것이 국가적 실책이라고 할 수 있다.

장기요양보호 서비스의 필요성을 몇 가지로 요약하면 다음과 같다.

1) 만성질환 및 장애노인의 증가

오늘날 노인인구가 급증하면서 건강한 노인과 더불어 질환을 가진 노인의 수가 함께 증가하고 있으며 그 수는 점차 더 늘어날 것으로 예상되고 있다(2005년 말 노인인구는 전체 인구의 9.1%, 2008년 10.3%, 2014년 12.7%). 노후에 건강하다면 큰 문제가 없겠지만 건강상태가 약화되면 노인 자신과 가족에게 큰 부담으로 작용하게 된다. 특히 노인들의 질환은 재활과 치료가 어려운 만성적인 질환[퇴행성 관절염과 고혈압, 신경통, 치매(인지증), 당뇨병 등]이 대부분이기 때문에 '병약한 노인(a sick person)'으로의 이미지를 부각시킨다. 실제로 장기요양보호 노인은 대부분 만성질환을 앓고 있는 것으로 나타났으며 고통을 주는 질병은 뇌졸중, 치매(인지증) 및 정신질환, 관절염 및 신경통, 당뇨병과 고혈압 등의 순이다.

특히 노인의 건강상태가 연령이 증가할수록 약화된다는 점은 노인들이 주관적으로 평가한 자신의 건강상태에서도 잘 나타난다. 장기요양 서비스를 받고 있는 노인들 가운데는 ADL 및 IADL의 수준이 떨어져 독립적 생활이 불가능한 노인이 대부분이며, 우리나라 노인 10명 중 9명(88.5%)은 만성질환을 갖고 있고, 1인당 만성질환 수는 평균 2.5개로 확인되었다(한국보건사회연구원, 2011). 특히 연령이 증가할수록 유병률도 증가하고 있기 때문에 평균수명이 증가하는 한 만성질환 노인은 계속 증가할 것이며 노인 단독가구의 비율이 높아질수록 사회적 부양을 받아야 하는 노인인구의 비율도 증가하게 될 것이다. 2014년 4월 기준 노인장기요양보험의 수급자는 노인인구 대비하여 볼 때 6.2% 수준이며 1등급은 전체 비율 중 9.6%, 2등급은 18.5%, 3등급은 71.9%를 차지하고 있다(국민건강보험공단 부산지역본부, 2014).

일반적으로 노인들은 연령이 증가할수록 노화로 인한 신체적 능력의 약화뿐 아니라 질병으로 인한 건강상태의 약화가 심화되는 경향이 있다. 이로 인하여 65세 이상 노인의 유병률은 비노인에 비해 2~3배 정도 높으며 연령이 증가할수록 유병률 또한 크게 증가한다. 뿐만 아니라 연령이 높아질수록 신체적 질병뿐만 아니라 정신질병의 일종인 치매(인지증)도 크게 증가한다. 현재 치매(인지증)노인은 전체 노인의 10%(50만 명) 수준으로 예상하고 있으며 치매(인지증)의 유병률도 평균수명과 비례할 것이므로 만성질환 및 장애로 인한 장기요양보호의 요구도는 크게 증가할 것이다. 노인성 질병은 만성적이고 퇴행적이어서 재활이 쉽지 않으며 평균수명의 연장과 의학기술의 발달로 인해 장기요양보호기간도 길어질 것이라는 점은 자명한 사실이다.

2) 가족구조의 변화와 가족의 부양부담 증가

고령화 사회로 접어들면서 노인인구가 급증하여 경제적으로는 경제활동인구의 비율이 감소하고 그들의 노인부양에 대한 부담이 커지고 있다. 보건·의료적 측면에서도 고령자의 인구가 비대해짐에 따라 고령으로 인한 질병에 대해 개인적으로나 가족의 재정적, 심리적으로 노인보호의 부담이 증가하고 있다.

장기요양보호 노인은 타인의 도움 없이는 일상생활을 영위할 수 없는 노인들이 대부분으로서 이들 노인의 상당수는 가족으로부터 적절한 보호를 받기 어려운 상황에 놓여 있어 시설보호 및 재가복지 서비스에 대한 필요성이 증가하고 있다. 대다수의 장기요양보호 노인은 가족으로부터 수발을 받고 있으나 10% 정도는 수발자가 없으며 60세 이상 노인 중 자녀와 함께 동거하는 노인 수는 늘고 있어 장기보호 노인들의 부양문제가 가족들에게 심각한 부담을 주고 있는 것이 작금의 현실이다.

산업화 이후 노인을 부양하던 여성들의 사회진출과 저출산으로 인하여 가족의 전통적 기능이 변화되고 수발을 제공하는 가족구성원이 감소하면서 노인부양이 사회문제가 되었다. 특히 노쇠하고 기능이 손상된 노인을 가족의 부담으로 하기에는 무리가 따르게 되면서 부양에 대한 새로운 사회적 지원책들이 요구되었으며 가족이 담당하던 부양기능을 사회복지적인 지원 서비스들로 대체됨으로써 새로운 부양모형이 만들어지고 있다. 또한 산업화, 도시화, 핵가족화의 영향으로 가족구성원이 감소되면서 가정에서 노부모를 부양하는 가족의 부양기능이 약화되었으며 가족의 구조적인 변화는 가족 중심적인 사고에서 개인주의적인 사고로, 부모 중심 사고에서 부부 중심 사고로 전환되었다. 이로 인하여 가족수발자의 노인 부양부담이 가중되면서 우리 사회에 내재되어 있던 경로효친사상이나 효도관도 변모하게 된 것이다.

이와 같이 자녀의 경제적 부담이 더욱 가중되고 특히, IMF 위기 이후에 수많은 조기 퇴직자들이 양산되면서 더 많은 노인인구와 사회적 부담이 가중되어 그

여파는 10년이 지나도 회복할 기미가 보이지 않고 있다. 그러나 2008년에 시행된 노인 장기요양보험제도로 인하여 가족의 부양부담과 경제적인 부담은 어느 정도 해소되고 있다고는 하지만 완전히 해소되었다고 볼 수 없다.

3) 노인의료비의 증가

국민의 삶의 질에 대한 욕구와 보건의료에 대한 욕구가 다양해지면서 전체 국민의료비의 비율이 크게 높아졌으며 특히 노인의료비의 증가율은 상상 밖의 수준이다. 노인들의 대부분은 만성질환을 가지고 있어 질병에 대한 예후가 좋지 않게 되면서 장기간의 치료가 요구되기 때문에 이를 전적으로 노인과 가족에게 부담시키는 것은 노인부양을 회피하고 노인을 학대하는 문제를 초래하는 이유가 되고 있다.

이와 같이 노인의료비의 증가는 의료비에 대한 노인과 가족의 부담을 경감시키기 위한 새로운 재원마련과 함께 장기요양이 필요한 노인을 부양하는 새로운 제도를 도입하게 된 계기가 된 것이다.

제2절 노인장기요양보험의 주요 내용

노인 장기요양보험제도는 2005년 7월 1차 시범사업을 시작으로 3차에 걸친 시범사업을 거쳐 2008년 5월부터 등급신청을 개시하여 7월 1일부터 시행하게 되었다. 많은 문제점과 부정적인 여론에도 불구하고 대상자 및 가족들의 만족도는 높게 나타나 성공을 거두었다고 하지만 아직도 시행착오의 과정에서 문제점에 대한 시행규정이 지속적으로 개선되고 있다.

2008년 7월 노인장기요양보험 도입 이후 노인돌봄 확대 및 가족부담 경감을 위해 수급대상을 지속적으로 확대해 오고 있다. 특히 2013년 '치매특별등급신설'을 통하여 치매노인 노후돌봄 강화를 국정과제로 선정하여 추진한 결과, 2014년 7월부터 치매특별등급이 신설되어 시행되고 있다.

1. 노인장기요양보험의 개요

1) 목적 및 특징

노인 장기요양보험제도는 고령이나 노인성 질병 등으로 목욕이나 집안일 등 일상생활을 혼자서 수행하기 어려운 이들에게 신체활동·가사지원 등의 서비스를 제공하여 노후생활의 안정과 그 가족의 부담을 덜어주기 위한 사회보험제도이다. 우리나라 노인 장기요양보험제도는 건강보험제도와는 별개의 제도로 도입·운영되고 있는 한편, 제도운영의 효율성을 도모하기 위하여 보험자 및 관리운영기관을 국민건강보험공단으로 일원화하고 있다. 또한 국고지원이 가미된 사회보험방식을 채택하고 있고 수급대상자로는 65세 미만의 장애인이 제외되어 노인을 중심으로 운영되고 있다.

이러한 노인 장기요양보험제도의 주요 특징을 정리하면 다음과 같다(국민건강보험공단 노인장기요양보험 홈페이지).

첫째, 건강보험제도와의 별도 운영을 들 수 있다. 장기요양보험제도를 건강보험제도와 분리 운영하는 경우 노인 등에 대한 요양 필요성 부각이 비교적 용이하여 새로운 제도 도입에 용이하며, 건강보험 재정에 구속되지 않아 장기요양급여 운영, 장기요양제도의 특성을 살릴 수 있도록 「국민건강보험법」과는 별도로 「노인장기요양보험법」을 제정하였다.

둘째, 사회보험 방식을 기본으로 한 국고지원 부가방식을 취하고 있다. 우리나라 장기요양보장제도는 사회보험방식을 근간으로 일부는 공적부조방식을 가미한 형태로 설계·운영되고 있다. 「국민건강보험법」의 적용을 받는 건강보험가입자의 장기요양보험료[건강보험료액×6.55%(2013년도 장기요양보험료율)]+국가 및 지방자치단체 부담(장기요양보험료 예상수입액의 20%+공적부조의 적용을 받는 의료급여수급권자의 장기요양급여비용)으로 구성되어 있다.

셋째, 보험자 및 관리운영기관의 일원화이다. 우리나라 장기요양보험제도는 이를 관리·운영할 기관을 별도로 설치하지 않고 「국민건강보험법」에 의하여 설립된 기존의 국민건강보험공단을 관리운영기관으로 하고 있다. 이는 도입과 정착을 원활하게 하기 위하여 건강보험과 독립적인 형태로 설계하되, 그 운영에 있어서는 효율성 제고를 위하여 별도로 관리운영기관을 설치하지 않고 국민건강보험공단이 이를 함께 수행하도록 한 것이다.

넷째, 노인중심의 급여이다. 우리나라 장기요양보험제도는 65세 이상의 노인 또는 65세 미만의 자로서 치매·뇌혈관성 질환 등 노인성 질병을 가진 자 중 6개월 이상 혼자서 일상생활을 수행하기 어렵다고 인정되는 자를 그 수급대상자로 하고 있다. 그러나 65세 미만인 자의 노인성 질병이 없는 일반적인 장애인은 제외된다.

2) 등급기준

우리나라의 노인 장기요양보험제도의 등급은 2008년 도입시기에는 3등급으로 운영되어 왔으나 2014년 7월부터 총 5등급으로 세분화되었고, 2018년 1월부터는 장기요양 '인지지원등급'을 신설·시행하여 그간 신체기능이 양호하여 장기요양등급 판정에서 탈락했던 경증치매환자도 인지 서비스 등 장기요양 서비스를 이용할 수 있게 되었다. 1등급은 장기요양인정 점수가 95점 이상인 자, 2등급은 장기요양인정 점수가 75점 이상 95점 미만인 자, 3등급은 장기요양인정 점수가 60점 이상 75점 미만인 자, 4등급은 장기요양인정 점수가 51점 이상 60점 미만인 자, 5등급은 장기요양인정 점수가 45점 이상 51점 미만인 자로 기준을 정하고 있다. 6등급은 치매환자를 대상으로 한 인지지원등급으로 장기요양인정 점수가 45점 미만인 자로 정하고 있다.

〈표 7-1〉 등급판정 기준

장기요양 등급	심신의 기능상태
1등급	심신의 기능상태 장애로 일상생활에서 전적으로 다른 사람의 도움이 필요한 자로서 장기요양인정 점수가 95점 이상인 자
2등급	심신의 기능상태 장애로 일상생활에서 상당 부분 다른 사람의 도움이 필요한 자로서 장기요양인정 점수가 75점 이상 95점 미만인 자
3등급	심신의 기능상태 장애로 일상생활에서 부분적으로 다른 사람의 도움이 필요한 자로서 장기요양인정 점수가 60점 이상 75점 미만인 자
4등급	심신의 기능상태 장애로 일상생활에서 일정 부분 다른 사람의 도움이 필요한 자로서 장기요양인정 점수가 51점 이상 60점 미만인 자
5등급	치매환자로서(「노인장기요양보험법 시행령」 제2조에 따른 노인성 질병으로 한정) 장기요양인정 점수가 45점 이상 51점 미만인 자
인지지원등급	치매환자로서(「노인장기요양보험법 시행령」 제2조에 따른 노인성 질병으로 한정) 장기요양인정 점수가 45점 미만인 자

자료: 국민건강보험공단 노인 장기요양보험 홈페이지 www.longtermcare.or.kt/npbs

3) 기존 건강보험제도 및 노인복지 서비스 체계와의 차이

첫째, 노인 장기요양보험제도를 국민건강보험제도와 비교하여 보면(국민건강보험공단 노인 장기요양보험 홈페이지) 국민건강보험은 질환의 진단, 입원 및 외래 치료, 재활 등을 목적으로 주로 병·의원 및 약국에서 제공하는 서비스를 급여대상으로 하는 반면, 노인 장기요양보험은 고령이나 노인성 질병 등으로 인하여 혼자의 힘으로 일상생활을 영위하기 어려운 대상자에게 요양시설이나 재가기관을 통해 신체활동 또는 가사지원 등의 서비스를 제공하는 제도이다.

둘째, 노인복지 서비스 체계와의 차이를 비교하면, 기존 「노인복지법」상의 노인요양은 주로 국민기초생활보장 수급자 등 특정 저소득층을 대상으로 국가나 지방자치단체가 공적부조 방식으로 제공하는 서비스 위주로 운영되어 왔다. 그러나 「노인장기요양보험법」상 서비스는 소득에 관계없이 심신기능 상태를 고려한 요양 필요도에 따라 장기요양인정을 받은 자에게 서비스가 제공되는 보다 보편적인 체계로 운영되고 있다.

〈표 7-2〉 노인 장기요양보험제도와 기존 노인복지 서비스체계의 비교

구분	노인 장기요양보험제도	기존 노인복지 서비스 체계
관련법	• 「노인장기요양보험법」	• 「노인복지법」
서비스 대상	• 보편적 제도 • 장기요양이 필요한 65세 이상인 노인 및 치매 등 노인성 질병을 가진 65세 미만인 자	• 특정대상 한정(선택적) • 국민기초생활보장 수급자를 포함한 저소득층 위주
서비스 선택	• 수급자 및 부양가족의 선택에 의한 서비스 제공	• 지방자치단체장의 판단 (공급자 위주)
재원	• 장기요양보험료+국가 및 지방자치단체 부담+이용자 본인부담	• 정부 및 지방자치단체의 부담

2. 노인장기요양보험의 적용

1) 신청대상

소득수준과 상관없이 노인장기요양보험 가입자(국민건강보험 가입자와 동일)와 그 피부양자, 의료급여수급권자로서 65세 이상 노인과 64세 이하 노인성 질병이 있는 자로 한다.

2) 적용대상

건강보험 가입자는 장기요양보험의 가입자가 되며, 이는 법률상 강제가입이 되어 있다. 또한 공공부조의 영역에 속하는 의료급여 수급권자의 경우 건강보험과 장기요양보험의 가입자에서는 제외되지만 국가 및 지방자치단체의 부담으로 장기요양보험의 적용대상으로 하고 있다. 따라서 노인장기요양보험의 적용대상은 65세 이상 노인 또는 치매, 중풍, 파킨슨병 등 노인성 질병으로 6개월 이상의 기간 동안 혼자서 일상생활을 수행하기 어려운 자가 해당된다.

〈표 7-3〉 장기요양보험 인정 현황

	2008	2010	2012	2014	2016	2017
노인인구(A)	5,086,195	5,448,984	5,921,977	6,462,740	6,940,396	7,310,835
신청자	355,526	622,346	643,409	736,879	848,829	923,543
인정(수급)자(B)	214,480	315,994	341,788	424,572	519,850	585,287
비율(B/A)	(4.2%)	(5.8%)	(5.8%)	(6.6%)	(7.5%)	(8.0%)

자료: 보건복지부(2017). 보건복지백서

국민건강보험공단 부산지역본부(2014)의 자료에 의하면, 노인인구 대비 장기요양 수급자를 연도별로 살펴보았을 때 2009년 5.4%였던 것이 2011년 5.7%, 2013년 6.1%로 계속 증가하고 있다.

3) 장기요양인정 및 서비스 이용절차

노인장기요양보험에서는 장기요양보험 가입자 및 그 부양자나 의료급여수급권자 누구나 장기요양급여를 받을 수 있는 것은 아니다. 장기요양인정이란 일정한 절차에 따라 장기요양 급여를 받을 수 있는 권리(수급권)가 부여되는 것을 말한다. 장기요양인정 절차는 먼저 공단에 장기요양인정 신청을 하고 난 후 공단직원의 방문에 의한 인정조사와 등급판정위원회의 등급판정, 그리고 장기요양인정서와 표준 장기요양 이용계획서의 작성 및 송부로 이루어지고 있다. 장기요양인정 신청자격은 장기요양보험 가입자 및 그 피부양자 또는 의료급여수급권자 중 65세 이상의 노인 또는 65세 미만인 자로서 치매, 뇌혈관성 질환 등 노인성 질환을 가진 자로 국한된다.

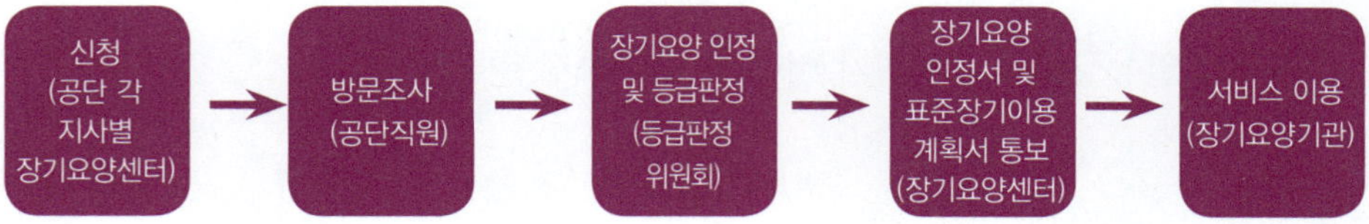

[그림 7-1] 장기요양인정 절차

4) 재원

노인장기요양보험에 소요되는 재원은 장기요양보험료와 국가 및 지방자치단체 부담과 장기요양급여 이용자가 부담하는 본인 일부 부담금으로 운영된다. 전체 비용 중 본인 일부부담금은 재가급여가 당해 장기요양급여비용의 15%, 시설급여는 장기요양급여비용의 20%로 정하고 있으나 시설급여에는 식사재료비, 이·미용 서비스, 상급 병실료 등이 비급여로 산정된다.

5) 장기요양급여 종류

장기요양급여는 크게 재가급여, 시설급여, 특별현금급여로 나누고 있다.

(1) 재가급여

① 방문요양

방문요양 서비스는 장기요양요원이 수급자의 가정 등을 방문하여 신체활동 및 가사활동 등을 지원하는 장기요양급여를 말한다. 2014년 7월부터 치매특별등급(5등급) 신설로 인지자극 활동 및 잔존기능 유지 향상을 위한 사회활동 훈련을 제공하는 인지활동형 방문요양이 시행되고 있다. 그러나 장기요양 5등급 수급자는 가사지원(빨래, 식사준비 등)을 제공받을 수 없다.

② 방문목욕

방문목욕 서비스는 장기요양요원이 목욕설비를 갖춘 장비를 이용하여 수급자의 가정 등을 방문하여 목욕을 제공하는 급여를 말한다.

③ 방문간호

방문간호 서비스는 장기요양요원인 간호사 등이 의사, 한의사 또는 치과의사의 지시서에 따라 수급자의 가정 등을 방문하여 간호, 진료의 보조, 요양에 관한 상담 또는 구강위생 등을 제공하는 장기요양급여를 말한다. 1~4등급 수급자는 방문간호 건강관리 서비스를 월 한도액에 상관없이 월 1회 이용이 가능하나, 5등급 수급자의 경우에는 방문간호지시서 발급일부터 6개월 동안 월 1회 방문간호 급여를 이용하여야 한다.

④ 주 · 야간보호

주·야간보호 서비스는 수급자를 하루 중 일정한 시간 동안 장기요양기관에 보호하여 신체활동 지원 및 심신기능의 유지·향상을 위한 교육·훈련 등을 제공하는 급여를 말한다.

⑤ 단기보호

단기보호 서비스는 수급자를 월 15일 이내 기간 동안 장기요양기관에 보호하여 신체활동 지원 및 심신기능의 유지·향상을 위한 교육·훈련 등을 제공하는 장기요양급여를 말한다.

⑥ 기타 재가급여: 복지용구

기타 재가급여란 수급자의 일상생활 또는 신체활동 지원에 필요한 용구로서 보건복지부장관이 정하여 고지하는 것을 제공하거나 대여하여 노인장기요양보험 대상자의 편의를 도모하고자 지원하는 장기요양급여를 말한다.

복지용구 급여란 「노인장기요양보험법」 제23조 제3항에 근거하여 심신기능이 저하되어 일상생활을 영위하는 데 지장이 있는 노인장기요양보험 대상자에게 일상생활 또는 신체활동 지원에 필요한 용구로써 보건복지부장관이 정하여 고시하는 것을 구입하거나 대여하여 주는 것을 말한다. 급여품목에는 구입품목 9종과 대여품목 8종이 있다. 구입품목으로는 이동변기, 목욕의자, 성인용 보행기, 안전손잡이, 미끄럼 방지용품, 간이변기, 지팡이, 욕창예방 방석, 자세변환용구가 해당된다. 대여품목에는 수동휠체어, 전동 또는 수동침대, 욕창예방 매트리스, 이동욕조, 목욕 리프트, 배회감지기, 경사로 등이 해당된다. 급여대상자가 복지용구를 이용할 시 복지용구의 연 한도액은 1인당 160만 원이며, 급여비용의 본인 부담률은 일반대상자 15%, 경감대상자 7.5%, 기초생활수급자는 무료이다.

(2) 시설급여

시설급여에는 장기요양기관이 운영하는 노인의료 복지시설(노인전문병원은 제외, 노인 요양시설, 노인 요양 공동생활가정)에 장기간 동안 입소하여 신체활동 지원 및 심신기능의 유지·향상을 위한 교육·훈련 등을 제공하는 요양급여가 있다.

(3) 특별현금급여

특별현금 급여는 도서·벽지 지역 등 요양시설이 없어 불가피하게 가족 등에게서 요양을 받은 경우 등에 지원되는 현금급여이다. 여기에는 가족요양비, 특례요양비, 요양병원간병비가 있으나 현재는 규정에 따라 가족요양비만 제공하고 있다.

6) 인프라 현황

(1) 시설 인프라 현황

노인장기요양기관으로 등록된 시설의 현황은 시설 요양기관과 재가 요양기관으로 구분할 수 있다. 2011년 6월 말 기준(보건복지부, 2011)으로 시설 요양기관은 3,967개소, 재가 요양기관은 11,228개소로 집계되었다. 도시지역의 시설 인프라 공급률은 여전히 수요에 못 미치고 있으나 농어촌지역은 시설 공급률이 저조한 실정이다.

(2) 인력 인프라 현황

인력 인프라에 대한 현황은 많은 문제점이 발생하고 있는 가운데 수요 대비 공급률이 400%를 초과하고 있다. 현재 50만 명에 가까운 요양보호사가 배출되었으나 취업한 요양보호사는 11만 명을 약간 웃도는 수준이다. 요양보호사는 제도의 시행 초기 인력충당을 우려해 취약한 조건으로 인력양성을 시작한 것이 문제의 시발점이 되었으며 제도 시행 이후 월평균 3~4만 명을 배출하였으나 최근 정부의 법적 조치 이후 크게 감소하고 있는 추세이다. 2011년 6월 말 기준(보건복지부, 2011) 장기요양기관의 전문인력은 280,332명으로 나타났다. 이 중 요양보호사가 262,720명, 사회복지사 6,202명, 의사(촉탁포함) 1,194명, 간호사 8,666명, 치과위생사 17명, 물리(작업)치료사 1,533명이었다.

제3절 노인장기요양보험의 문제점

1. 이용 대상자 측면에서의 문제

노인 장기요양보험제도의 신청대상은 소득수준과 상관없이 노인장기요양보험 가입자와 그 피부양자, 의료급여수급권자로서 65세 이상 노인과 64세 이하 노인성 질병이 있는 자로 되어 있다. 즉, 급여를 신청할 수 있는 대상자가 노인성 질환을 앓고 있는가를 검토하여 노인성 질환을 앓고 있는 것으로 확인되면 연령을 떠나서 수급자로 선정된다. 2010년 만 65세 미만인 자 중 노인장기요양 급여 대상자로 선정된 사람이 23,680명(7.5%)이나 집계되고 있다(박화균, 2012). 최근 노인성 질환을 앓는 사람들 중 젊은 계층이 과거보다 더 증가하고 있다고 한다. 노인장기요양보험이라면 노인성 질환을 앓고 있는 대상자가 어느 정도 노인과 비슷한 연령이 되어야 함에도 불구하고 노인성 질환을 기준으로 하여 청년층 내지는 중년층까지 포함하게 된다면 대상자로 선정되어 사망 시까지 장기간에 걸쳐 급여를 지급해야 하기 때문에 앞으로 보험료 재정에 어려움이 발생할 가능성이 크다.

또한 노인장기요양보험의 수급자들 중 시설 서비스를 이용하는 경우에는 돌보는 가족이 없거나 있어도 중증노인들이라 부양이 어려운 경우가 대부분이다. 이러한 점을 고려한다면 노인장기요양보험으로 가정의 기능이 파괴되거나 약화되는 것은 바람직하지 않기 때문에 재가 서비스의 시간을 확대한다든지 대상자의 폭을 넓힌다든지 하는 재가급여의 확대 방안을 모색할 필요가 있다.

2. 급여범위의 문제

현재 노인 장기요양보험제도는 예방적 차원에서 대응하기보다는 질병의 상태가 어느 정도 악화된 수급자들에게 서비스를 제공하는 데 중점을 두고 있다. 사실 치료도 상당히 중요하다고 보여지나 치료적인 개입보다는 예방적인 대응이 비용적인 면에서 효율적이고 수급자를 줄이는 효과를 가져올 수도 있다. 물론 노인성 질환을 판정받은 노인들의 재활이 쉽지는 않고 노화도 계속 진행되고 있으나 이제는 예방적 차원에서의 서비스들도 필요하다고 보인다.

3. 관리의 문제

우리나라 노인장기요양보험을 담당하고 있는 기관은 국민건강보험공단이다. 국민건강보험공단은 주로 병·의원을 관리·감독하였다. 노인장기요양보험 시행 후 노인장기요양기관을 관리·감독하는 경우 경영 차원의 시각만 고려하고 사회복지차원의 시각은 고려하지 않은 단점을 가지고 있다. 또한 지방자치단체와 국민건강보험공단의 관리는 서로 중복되는 점도 발생하고 있어 이를 상호 조정하는 과정이 요구된다.

8

고령친화산업

제1절 고령친화산업의 개념

1. 고령친화산업의 정의와 의미

1) 고령친화산업의 정의

고령친화산업에 대한 개념은 학문적이기보다는 실천적인 면에서 언급되고 있다. 아직까지 명쾌한 개념정의는 없으나 다만 학문적 측면과 실천적 측면에서 고령친화산업을 정의하고 있다. 현재 소개되고 있는 개념은 다음과 같다. '민간기업이 경제력이 있는 노인 인구계층 및 노후대책을 준비하는 예비노인 인구계층을 대상으로 그들의 욕구에 적합한 상품과 서비스를 자유시장 원리로 공급하는 산업'(황의록, 1992), '고령친화산업이란 은퇴한 노인들을 대상으로 생활의 안정과 보호, 편의를 민간부문에 의해 자유시장에서 재화 및 서비스의 형태로 제공하는 일련의 경제활동'(윤석원, 1993), '고령층의 정신적·육체적 기능을 향상·유지시키고 고령자의 완전한 사회활동을 위하여 민간이 시장경제에 입각(영리 차원)하여 상품이나 서비스 공급을 행하는 산업'(김현주·박재룡, 2005), '노인복지분야와 기업분야에서 노인복지 서비스의 일부를 시장경제 체계 속에서 공급하고 소비하려는 것' 등이 있다. 이 같은 특성을 기초로 고령친화산업의 개념을 정리해 보면 "노인계층을 대상으로 그들이 필요로 하는 서비스를 주로 민간 차원에서 자유 시장 원리에 따라 제공하는 경제활동이다."라고 할 수 있다.

2) 고령친화산업의 의미

우리나라가 눈부신 경제발전을 거듭하여 선진국에 돌입하면서 노인복지와 관련된 대부분의 서비스를 온정주의에 입각한 기초생활보장의 수준에서 한 걸음 더 나아가 고도로 향상된 삶의 질을 기대하는 대중적 욕구에 초점을 맞추게 되었다. 이러한 욕구를 충족시키기 위한 노력으로 1990년대 초부터 등장한 고령친화산업은 전문가에 의한 연구로 개발되어 이로 인하여 유료화가 불가피하게 된 것이다. 현재 우리나라는 선진 복지국가의 동향에 따라 국가와 지방정부가 복지정책의 기본적인 방향과 예산을 관리하고 복지법인이나 단체, 사업자 및 개인이 정부 차원에서 개발한 프로그램 프로젝트를 수주하는 계약형 복지모델의 의미를 갖고 있다. 그러나 고령친화산업은 국가나 지방정부에서 일률적으로 노인 개개인에게 직접 전달하는 것이 아니라 중소단체나 사업자가 개발하고 노인 개개인에게 서비스의 효과를 입증하여 계약하는 프로젝트이며 이를 상품화하여 판매·전달하는 산업형 복지모델로 발전한 것이다. 따라서 미래에는 노년층을 고객으로 하는 수익형 사업인 고령친화산업이 노인복지를 주도할 것이다.

2. 고령친화산업의 발달과정

1) 고령친화산업의 등장배경

고령친화산업은 1990년대 초부터 사회와 기타 관련자들의 관심을 끌기 시작하였다. 이 산업은 갑자기 등장한 것이 아니라 노후생활과 관련된 각 분야에서 꾸준히 변화되는 사회환경과 노인의 양적·질적 증가 등 여러 가지 요인들의 영향으로 필요성을 인식하게 되면서 등장하였다. 고령친화산업은 두 가지 관점에서 성장·발전해 오고 있다고 볼 수 있다. 하나는 학문적 관점이고 다른 하나는 현실적·경제적 관점에서 유망산업으로 인식되면서 발전한 것으로 보고 있다. 우리나라에서 사회적, 제도적 여건이 마련되지 않았던 시대에 고령친화산업이 등장하게 된 배경은 크게 다섯 가지 측면에서 설명할 수 있다.

(1) 노령인구의 증가

노인인구가 양적·질적으로 증가하면서 그들과 그들을 부양하는 가족의 입장에서 행복한 노후생활을 위해 여러 가지 욕구를 해결할 상품과 서비스가 필요하게 되었다. 특히 평균수명이 연장됨으로써 가족의 역할을 대체할 상품이나 서비스는 현대사회를 살아가는 노인이나 가족에게 불가피한 현실이 된 것이다.

(2) 가족구조의 변화

산업화, 도시화, 핵가족화로 인한 가족구조의 변화는 우리나라의 현상만은 아니며 선진국에서는 핵가족화가 보편화된 지 이미 오래전이다. 2014년 전국 노인생활실태조사에 의하면 우리나라도 노인부부나 독거노인세대가 69%를 차지하는 수준에 이르렀다. 이러한 가족구조의 변화는 노인을 부양하는 문제뿐만 아니라 노인이 독립적인 일상생활을 가능하도록 하는데 다양한 문제를 초래한다는 의미이다. 따라서 이러한 문제를 해결하기 위해서는 다양한 차원의 해결방안이 필요하게 된 것이다.

(3) 국민소득의 증가와 노인의 경제력 향상

경제발전으로 인하여 국민의 소득수준이 증대되고 사회보장제도의 확대로 인해 노인의 경제력이 향상되면서 자녀가 부모를 직접 부양하기보다는 상품이나 서비스를 구매하여 제공하거나 노인이 자신의 경제력으로 직접 구매하여 사용하는 서비스나 상품이 필요하게 되었다. 경제력이 높은 노인가족의 형태를 통크족(TONK: Two Only No Kids)이라고 칭하는데 통크족은 자녀 없이 배우자와만 사는 형태이다. 한 노인복지시설운영체가 60대 이상의 노인 300명을 대상으로 조사한 결과를 보면 응답자의 63%가 "자녀와 근거리에 있는 독립가구나 노인 전용시설에서 살고 싶다."고 응답했다(경향신문, 2004. 10.).

(4) 복지국가의 위기와 민영화 등으로 인한 사회복지정책의 변화

1970년대 후반 복지국가의 재정파탄과 위기 이후 선진 복지국가는 새로운 복지정책의 기조로 중앙정부의 기능을 지방정부로 분산하여 각종 공공기관과 프로그램을 민영화하는 방안 및 사회적 약자집단이 자활하고 자립할 수 있도록 자조집단화 하는 정책으로 전환하였다.

따라서 노인복지분야에서도 가능한 노인복지대상자를 엄격하게 선별하고 급여수준을 낮추는 한편 독립적으로 생활할 수 있는 복지정책기조를 적용하기에 이르렀다. 더불어 개인이나 기업도 어느 정도의 공공성과 복지성을 띠면서 영리성을 추구할 수 있는 사회복지나 노인복지 서비스를 제공할 수 있도록 각종 규제와 조치를 완화하기 시작하였다. 분야에 따라서 기존의 사회복지 무료화 개념을 유료화하는 적극적인 방안을 도입하게 되었으며 사회복지분야에서 가장 선도적으로 유료화를 도입한 분야는 노인복지와 아동복지라고 볼 수 있다.

(5) 국민의 삶의 질 향상과 노인생활의 양질화 현상

경제·사회적 향상과 중산층 이상의 노인 수가 증가하면서 이들 수준에 적합한 유료 노인복지 서비스의 개발이 요청되었다. 이로 인하여 소득 있는 계층이 자유롭게 선택할 수 있는 다양한 노후복지 서비스와 프로그램을 개발하여 제공하는 복지정책이 전개되기 시작하였다.

2) 고령친화산업의 추진과정

고령친화산업의 도입배경의 영향으로 선진 복지국가에서는 이미 1970년대 후반 이후 고령친화산업이 활발하게 발달하였다. 그러나 우리나라는 1990년대에 들어오면서 이 산업에 대한 관심이 높아지게 되었고 고령친화산업에 대한 수요는 이미 상당 수준 존재하고 있다. 그러나 아직은 낮은 수준에 머물러 있으며 일부 분야에 대한 공급이 선점하면서 마치 그 분야가 고령친화산업의 전부인 것으로 인식되고 있기도 하다.

고령친화산업은 이러한 관심 속에서 2002년 7월 처음으로 실버산업 활성화 방안이라는 노인보건복지분야의 정부정책으로 검토되었으나 그 이전에는 각 부처가 개별·분산적인 정책(일부 장애인보조용구, 실버타운 등)으로 일부 시행하였다. 2004년 4월부터 민·관의 전문가를 중심으로 연구를 진행해 왔으며 대한노인회 등 13개의 정책 수요자들의 의견을 수렴하였고 네 차례의 부처협의를 거쳐 2005년에 고령친화산업의 체계적인 추진을 위하여 고령친화산업지원법(가칭)의 공동입법 추진 및 고령친화산업 활성화 추진단을 설치·운영하였다. 따라서 산업자원부와 보건복지부 등의 일부 부처에 부분별 행동계획을 마련하여 시범사업 및 성공사례 발굴을 통해 고령친화산업을 홍보하였다. 2005년에는 공급기반구축을 위한 정부의 비전제시와 행동계획마련이 필요하게 되면서 공급 측면에서 중소기업의 영세화와 낙후된 R&D 능력을 강화하기 위해서 2006~2007년에는 생산체계를 갖추어 2008년을 기점으로 수요기반을 강화하기 시작하였다. 고령친화산업은 1차적으로 요양산업, 기기산업, 정보산업, 여가산업, 금융산업, 주택산업, 한방산업, 농림산업이 연구·개발하였으며 2차로 장묘산업, 교육산업, 의류산업, 식품산업, 교통산업, 의약품산업 등이 개발되어 상품화되고 있다. 고령친화산업에서 시장규모가 가장 큰 분야는 요양과 장묘산업이며 그 밖에는 의약품산업, 의료 및 복지기기산업, 한방산업으로 예상되고 있다.

우리나라 고령친화산업은 2008년 2월부터 「고령친화산업진흥법」이 제정·시행됨에 따라 제도적인 체제를 구축하였으며 앞으로 수요에 적합한 제품이나 서비스를 상품화하여 공급함으로써 수요자의 만족도를 높이는 동시에 고용창출의 효과도 기대할 수 있을 것이다.

3. 고령친화산업의 특성

1) 산업적 특성

고령친화산업은 국가 차세대 성장동력 산업으로서 국가 경쟁력 및 시장매력도 등 수익성 외에 진일보한 복지국가 차원에서의 공공성 제고도 고려해야 한다. 즉, 신체적, 사회적, 경제적으로 취약한 고령층 대상의 산업이기 때문에 노인의 안전과 권익도 보장될 수 있도록 정부의 적극적인 관심과 지원이 필요하다는 측면에서 기존산업과 다른 특성이 있다.

전반적으로 고령친화산업은 수급의 관계가 수익자 부담을 기본으로 하는 시장경제원리를 따른다는 측면에서 노인복지와 차별화되지만 노인의 생존권과 복지가 직접적으로 관련된 산업이라는 측면에서 정부의 적극적인 역할이 필요하다. 고령친화산업은 시장기능을 활용한다는 측면이 정부의 재정을 사용하는 노인복지제도와 다를 뿐만 아니라 궁극적으로는 고령자의 삶의 질을 향상시켜야 하는 정부의 책임과 의무를 이행하는 방법이라는 측면에서 맥락을 같이한다. 특히 공적부조대상자들에게는 정부가 우선적으로 제품 및 서비스를 구매하는 형식으로 시장을 활성화시킬 필요도 있다.

고령친화산업은 큰 시장 규모로 형성될 산업이지만 세부내용은 다양하고 변화에 민감한 세분화된 소형시장의 특성도 가지고 있다. 따라서 다품종 소량생산에 가능한 중소기업에 적합한 산업으로서 내수확산과 고용창출에 크게 기여할 것으로 전망되고 있다. 그러므로 경제양극화 대책수립을 위한 협력을 통해 혁신형 중소기업 육성 프로그램(RIS)과 연계하여 추진하고 있다. 이러한 특성은 산업정책을 추진하는 데 있어서도 범위의 경제성 및 연계의 경제성을 추구해야 하기 때문에 자원의 공동 활용에 기초한 산업클러스터 형태가 보다 효과적이며 나아가 지역균형 발전에도 기여할 것이다.

2) 소비자적 특성

기업의 입장에서 고령친화산업의 태동과 급속한 성장에 영향을 미친 최대 수요층인 실버마켓의 특성을 살펴보면 다음과 같다.

첫째, 고령 소비자에게 필요한 제품은 신체적 기능을 보완하는 첨단제품보다 기능적으로 단순하여 손쉽게 사용할 수 있는 제품이어야 한다는 것이다.

둘째, 노인들은 스스로를 평균 15세 정도 더 젊다고 인지하고 있기 때문에 젊은 층이 선호하는 제품을 선호할 확률이 높다는 것이다.

셋째, 대상 소비주체가 이동성이 적고 한정된 지역에 거주하며 지속적인 서비스를 요구하는 경우가 많으므로 지역과의 연계가 높은 지역 밀착형이어야 한다. 따라서 수요계층이 지역적으로 확산되어 있고 고객확보가 상대적으로 용이한 도시지역 위주의 사업전개가 필요하다는 것이다.

넷째, 수요자는 필요한 서비스가 통합되어 제공되기를 선호하기 때문에 보건+의료+복지+주거+기기+여가, 금융+여가+의료+주거+한방 등의 서비스가 one-stop으로 제공되어야 한다. 따라서 고령친화제품 및 서비스의 통합화를 통한 클러스터링으로 고객만족도를 제고해야 산업경쟁력이 강화될 수 있을 것이다.

다섯째, 여성의 평균수명의 증가로 인해 독신여성노인 중심의 재화 및 서비스의 개발이 더욱 필요할 수 있다는 것이다.

이와 함께 제품과 서비스 개발 시 국가적·문화적 특성이 반영될 필요성이 상대적으로 높은 산업으로 볼 수 있다.

3) 베이비 붐 세대의 특성

고령화 산업의 주 고객인 실버세대는 전쟁 후 산업화가 시작된 1955~1963년 사이에 출생한 세대로서 이전 세대와 질적, 양적으로 확연한 차이를 나타내고 있다. 이들은 다양한 소비의 적극적 주체자로 고령친화산업의 활성화에 기폭제로 작용할 것으로 전망하고 있다. 베이비 붐 세대는 50년간 인구 구성비를 지속적으로 증가시킨 유일한 연령군으로서 대규모의 단일 최대 소비 주도층을 형성하고 있으며 이들이 첫 번째 노후준비 세대이다. 이들은 산업적 측면에서 주택, 자동차, 영화산업 등의 성장을 이끈 세대이며 이들이 은퇴하는 시점에서 주도하게 될 산업이 고령친화산업이라는 측면에서 시사하는 바가 크다. 이들은 50세 이상 세대(8년)에 비해 교육연수가 4년 정도 더 길어서 일정수준 이상의 소득을 축적하였을 뿐만 아니라 소득보장제도의 확립으로 인해 상당 수준의 구매력을 갖추고 있다. 이와 더불어 이 세대는 80년대 민주화를 경험한 세대로서 사회참여의식이 높고 개인주의적인 서구적 가치관이 확산되어 자신을 위한 소비가 높다. 또한 1~2명의 소수 자녀를 두고 있어서 부를 축적하고 주택을 소유하였을 뿐 아니라 금융, 건강의료, 교육, 상거래 등을 on-line으로 처리하는 정보통신기술을 효과적으로 활용하는 능력을 갖추고 있다.

4) 기타

고령친화산업은 개념에서도 찾아볼 수 있는 특징이 있다. 첫째, 고령친화산업은 그 대상이 노인 또는 넓게는 노후를 대비하는 연령계층을 대상으로 하고 있다는 점이며 둘째, 고령친화산업은 서비스 제공주체 혹은 운영주체가 주로 민간부문 중심으로 이루어져 있다는 점이고 셋째, 이 같은 특징 때문에 서비스 제공원리나 운영원리는 자유 시장원리에 따라 이루어진다는 점이며 넷째, 고령친화산업에서 제공할 수 있는 서비스는 노인의 욕구에 따라 다양하게 개발될 수 있다는 점이다.

고령친화산업이 일반적인 산업과는 다른 특성을 몇 가지로 정리하면 다음과 같다(최혜경·정순돌, 2001).

첫째, 고령친화산업은 복지산업이라는 것이다. 국민의 일부 계층인 노인을 대상으로 이들의 공통적인 욕구와 문제를 해결해 주는 차원에서 국가가 고령친화산업체계를 인정하고 지원하며 동시에 노인의 권익보호와 안전보장을 위해 국가가 관여하므로 사회복지적 성격을 지닌다는 것이다.

둘째, 고령친화산업은 비영리산업이 아닌 영리산업이다. 고령친화산업은 본질적으로 수익자부담의 영리원칙을 추구하며 고령친화산업의 공급주체는 민간이고, 상품과 서비스는 시장경제원리에 의해 공급된다는 것이다.

셋째로 고령친화산업은 시간소비형 산업이다. 고령자의 관심은 여가를 어떻게 즐길 것인가에 있게 마련이다. 따라서 시간을 효율적으로 활용하는 서비스보다는 시간을 충실하게 소비할 수 있는 서비스가 보다 더 잘 팔릴 것이다.

넷째, 고령친화산업은 여성주도형 산업이라는 특징을 갖는다. 실버시장은 여성이 주도하게 될 것이다. 그 이유는 첫째, 65세 이상 인구의 67%가 여성이고 여성이 남성보다 오래 산다. 둘째, 노후에는 구매결정권을 여성이 가지고 있는 비율이 높고 경제관념도 더 철저하다. 셋째, 실버시장은 소비자의 평가에 의한 광고, 이른바 소비자의 입김에 의한 광고효과가 위력을 발휘할 것이므로 여성이 정보전달의 매체화 가능성이 크다는 점 등을 들 수 있다.

다섯, 고령친화산업은 다품종 소량형 산업이다. 보편적으로 노인은 보통 수준의 의식주 생활에 있어서 불편함을 느끼지 않는다. 그러나 현대사회에서는 생활에 대한 수요가 다양해지고 개성을 추구하는 경향이 높아지기 때문에 고급품질을 선호하는 경향이 높아질 것이다. 개인의 다양한 기호, 선호도, 심신의 부자유성 등의 특정한 요구에 대응할 수 있는 다품종 소량형 생산과 공급이 주류를 이루게 될 것이다.

여섯째, 고령친화산업은 정보산업이다. 정보화 사회에 있어 모든 산업이 정보산업의 성격을 갖지만 고령친화산업은 특히 노인고객의 관리와 정보가 사업성패를 좌우할 것이다. 고령친화산업은 각 분야가 밀접하게 연관되어 있기 때문에 노인욕구와 이에 적합한 각 분야의 새로운 상품에 대한 정보가 제공되지 않으면 노인은 어떤 상품이 시장에 나와 있는지 모른다. 그러므로 실버 서비스, 실버상품의 종류와 이용방법, 가격 등에 대한 정보를 제공함으로써 서비스의 존재를 인식시키고 상품과 서비스의 유용성과 효과에 대한 객관적, 구체적 정보를 제공함으로써 저항감을 불식시켜야 할 것이다.

일곱째, 고령친화산업은 소비자의 신용과 평판에 의존하는 평판산업이다.

여덟째, 고령친화산업은 서비스지향형 산업이다. 사회가 발전할수록 소비구조의 중심은 상품에서 정보 서비스 쪽으로 이동한다. 고도화된 경제와 고령화 현상은 정보 서비스사회를 앞당기는 힘이 될 것이다. 따라서 고령자는 일반적인 상품이나 서비스에 충족감이 높은 상태이므로 보다 높은 차원의 서비스, 특히 최상급의 욕구인 건강과 생명에 대한 양질의 서비스를 기대한다. 그러므로 실버시장에는 서비스를 중심으로 하는 상품과 시설 등을 갖추어야 할 것이다.

그 밖에 고령친화산업의 특성을 공익성과 수익성이 결부된 산업, 중소형 기업에 적합한 산업, 강한 연계성을 지닌 산업, 노동집약적 산업, 강한 지역성을 지닌 산업 그리고 도시형 산업으로 요약하기도 한다(원융희 외, 2000).

〈표 8-1〉 고령친화산업의 특성

구분	내용
공익성과 수익성의 결부	자유경쟁원리를 바탕으로 하지만 고령자에게 안정감, 평안함, 신뢰감도 함께 제공
중소형 기업에 적합	수요의 다양화, 세분화, 다변화 등으로 중소형 기업에 적합
강한 연계성	보건, 의료, 복지와 연계, 시설 · 제품과 연계
노동 집약적	분야별 세분화된 대응 필요, 특정 자격을 갖춘 전문노동력이 다수 필요
강한 지역성	이동성이 적은 고령자 대상, 지역의 문화적 특성 고려
도시형 산업	노인의 인구가 일정 규모로 밀집되어 있는 도시에서 성행

고령친화산업은 노후생활의 보장에 기여하는 한 방법이다. 노인들이 자신의 노후를 자력으로 혹은 가정으로부터 지원되는 경제적 배경을 바탕으로 살아가고 있다는 점에서 노인복지적인 의미를 갖는 한편, 운영자의 차원에서는 영리를 목적으로 하는 점에서 경제활동으로서의 의미도 지닌다고 볼 수 있다. 사회복지는 전통

적으로 비영리를 기반으로 하고 있다는 관점에서 수익자부담의 영리원칙을 추구하는 고령친화산업과는 이질적임에 틀림없다. 그럼에도 불구하고 고령친화산업은 노후생활의 안정적이고 여유 있는 생활을 보장한다는 목적에서 여전히 노인복지의 한 관심 영역으로 자리 잡고 있다.

앞으로 고령친화산업이 지닌 이러한 복합적인 특성을 학문적·이론적으로 정립하고 사회경제적 변화에 따라 발생하는 중산층 이상의 소득계층에게 필요한 산업으로의 발전방안이 요구된다. 뿐만 아니라 노인복지 일선기관이나 고령친화산업의 운영과정에 필요한 실천방법의 개발 및 적용방법은 앞으로 사회복지계나 노인복지계에 새롭게 대두되고 있는 과제이다. 그러나 고령친화산업이 이러한 과제를 해결하기 위해서는 기회요인을 적절히 활용하고 제약요인을 효과적으로 극복하는 방안이 우선되어야 할 것이다.

〈표 8-2〉 고령친화산업의 기회요인과 제약요인

기회요인	제약요인
• 연금 등 소득증가 및 의료비 증가 • 베이비 붐 세대의 신 소비문화 • 우수한 산업기술력 확보 • 거대한 중국시장 인접	• 내수기반 취약 • 법령, 규정 등 제도적 기반 미비 • 기술개발 클러스터링 표준화 미흡 • 고령친화산업에 대한 인식 결여

5) 노인복지와의 연관성

사회복지의 한 분야로서 노인복지는 노인들이 일상생활에 필요한 그들의 욕구를 해결함으로써 인간다운 생활을 영위할 수 있도록 여러 가지 사회적 서비스를 제공하는 활동이다. 이러한 맥락에서 볼 때 노인복지는 현대사회를 살아가는 노인들이 직면하는 각종 사회문제를 해결하고 예방하는 데 관련된 제반 사회복지 서비스를 의미한다.

노인복지의 대상은 노후를 맞이한 노인들의 욕구와 그들의 사회생활상의 문제라고 할 수 있다. 물론 노인의 구체적인 의미에 대해서는 나라와 학자에 따라서 많은 논란이 있어서 노인들이 직면하는 각종 사회생활상의 문제와 노인들의 욕구는 다양할 수 있다. 그러나 노인은 역연령(曆年齡)의 의미로 60세 이상의 사람들을 의미하며 노인들의 욕구와 생활상의 문제는 경제적 빈곤, 건강의 쇠약과 질병, 주거 및 심리사회적 문제 등으로 요약할 수 있다.

노인복지는 전통적으로 가족이 그 역할을 수행해 왔다. 그러나 산업화, 도시화, 핵가족화됨에 따라 가족의 기능이 축소되거나 약화되어 그 기능을 대신하는 새로운 사회제도가 필요하였으며 그것이 바로 사회복지이다. 특히 노인을 대상으로 한 사회복지제도가 노인복지이다. 노인복지는 대가족제도에서 노인을 부양하고 보호하던 역할을 산업화에 따라 사회복지제도가 담당하게 되었다는 것이다(현외성, 1995).

따라서 사회복지제도로서의 노인복지는 노인의 욕구와 문제에 대응하여 꾸준히 개발되어 오다가 근간에 와서 새로운 동향이 생겨나기 시작하였다.

이러한 동향은 사회복지분야 전반에 공통적으로 나타나고 있는 현상으로서 노인복지에서도 예외는 아니다. 그 원인은 복지국가의 위기 이후 경제·정치적 이념의 변화로 작용하고 있기 때문이지만(현외성, 1995), 한편으로는 노인의 양적 증가와 그들 자신의 노후생활에 대한 관심이 높아지고 직접 사용할 수 있는 자원을 소유하고 있다는 상황적 변화라고 볼 수 있다. 이러한 여러 가지 상황을 배경으로 노인복지분야에서 일찍이 출현한 새로운 현상의 하나가 바로 고령친화산업이다. 그러나 고령친화산업은 단지 노인복지에만 한정된 것이라기보다는 노인과 관련된 여러 가지 학문과 실천영역의 복합적인 의미를 지니고 있다. 고령친화산업이라는 개념 자체가 가지고 있는 의미가 복합적이듯이 서비스 내용에도 학문적이고 현실적인 많은 실천영역이 종합적으로 어우러져 있다.

제2절 고령친화산업의 분류

1. 고령친화산업의 분류별 유형

1) 공급주체에 따른 분류

사회복지나 노인복지 서비스의 공급주체는 목적, 재정 및 사업의 내용 등에 따라 매우 다양하다. 지역주민의 욕구와 복지정책의 대응방식 등을 연관시켜 노인복지 서비스의 공급주체를 요약해 보면 다음과 같다.

일반적으로 고령친화산업은 그 특성상 민간부문이 주체가 되지만 같은 민간부문이라도 서비스의 내용, 경영규모, 사업 등에 따라 매우 다양한 형태의 공급주체가 존재한다. 민간부문에는 크게 개인, 민간기업, 재단법인, 사회복지법인, 조합, 종교법인, 기타 등이 있으며 민간기업은 주식회사, 합자회사, 합명회사 및 유한회사 등으로 구분된다. 이러한 유형은 민간부문에서 각자의 목적과 지향하는 바에 따라 고령친화산업이 일차적인 사업목적으로 또는 이차적인 목적으로 이루어질 수 있다. 문제는 고령친화산업을 운영하는 과정에서 민간부문이 가진 효율성과 창조성 등이 시장원리에 맞추어 최대한 발휘되면서 고령친화산업의 본래의 목적인 복지성과 공공성이 균형 있게 유지될 수 있어야 한다는 것이다. 즉, 지나치게 영리만을 추구해도 안 되며 복지적인 성격만 강조해도 운영에 어려움이 있을 것이다. 따라서 고령친화산업은 영리성과 공공성에 복지성이 조화를 이루어야 가장 바람직하게 발전할 수 있을 것이다.

〈표 8-3〉 욕구별 복지정책 및 노인복지 서비스의 공급주체

<table>
<tr><td rowspan="5">지역주민의 욕구</td><td rowspan="2">기본적 욕구</td><td rowspan="5">복지 정책의 대응 방식</td><td>국가 및 지방자치체 복지정책</td><td>공공부문</td><td rowspan="2">사회 시장 모형</td><td rowspan="5">사회 복지 자원</td></tr>
<tr><td>사회복지법인/사단법인/재단법인 등
비영리 공익법인의 정부위탁이나 지원사업</td><td>공공혼합</td></tr>
<tr><td rowspan="3">부가적 욕구</td><td>단체 · 조합 등의 상호부조형 복지사업</td><td rowspan="3">민간부분</td><td rowspan="2">혼합 모형</td></tr>
<tr><td>재단법인의 사회시장과 경제시장 혼합형태의
복지사업</td></tr>
<tr><td>주식회사/합자회사 등 경제 시장형 복지사업</td><td>경제 시장 모형</td></tr>
</table>

자료: 현외성 외(1998)

2) 공급대상자에 따른 분류

공급대상자에 따른 분류에서는 고령친화산업의 주 이용자가 60세 이상의 노인들이다. 이 노인들을 좀 더 세부적으로 살펴보면 중고령노인도 나름대로 공급대상자이지만 고령노인이 될수록 신체적·정신적으로 어려움이 많거나 장애가 수반되는 경우가 일반적이므로 고령친화산업의 많은 서비스가 이 고령노인들에게 집중되는 경향이 있다. 예를 들면 일상생활 불편노인, 와상노인, 장애노인, 치매노인 등과 같은 노인들에게 필요한 케어(care)와 복지를 위한 각종 서비스는 고령친화산업에서 핵심부분이 되고 있다. 이들을 위한 전문병원이나 장기요양시설 그리고 재가복지 서비스에 이르기까지 고령친화산업이 크게 확대되고 있다.

한편 노인은 아니지만 노인에 접근하는 이른바 예비노인이나 40대 이후의 장년계층은 노후대책에 많은 관심을 가지는 것이 어느 나라에서나 일반적인 현상이다. 우리나라에서도 공적인 노후대책이 불완전한 개인이나 가족이 사적인 노후보장대책에 관심을 갖는 사례가 늘고 있다.

3) 대상자의 욕구에 따른 분류

대상자 욕구에 따른 분류에서는 고령친화산업에서 개발한 서비스는 이용자들의 욕구를 반영하여 개발되고 발전한 것이다. 노인들이 가진 욕구는 매우 다양하지만 본 절에서는 구체적인 문제를 가진 노인중심으로 그들이 가진 욕구와 서비스를 살펴보기로 한다.

〈표 8-4〉 노인욕구와 고령친화산업 및 서비스

노인욕구	고령친화산업 및 서비스	주요 노인집단
음식(섭취)욕구	식사배달 서비스	노인가구, 노인단독가구
주거욕구	• 유료양로시설 • 노인주택 • 노인촌락 등 • 3세대 주택	자녀와 별거 자녀와 동거
보건의료욕구	• 노인병원 • 요양시설 • 복지기구/ 서비스 • 개호용품/ 서비스 • 재가복지 서비스 • 복지기구/ 서비스 • 개호용품/ 서비스	치매노인 외상노인
노동욕구	• 고용촉진 서비스	건강한 노인
금융욕구	• 자산, 자금신탁 • 개인연금	소득 유지 노인
교양, 여가욕구	• 여행 • 노인교육 • 자원봉사 • 게이트볼 등	건강한 노인

4) 공급방식에 따른 분류

사회복지에 있어서 사회복지 서비스의 공급방식은 전통적으로 현금급여와 현물급여이다. 그러나 사회복지 서비스 급여의 다양성과 복합성을 고려할 때 이러한 이분법적인 구분은 사회복지 서비스의 특성과 기능을 충분히 반영하지 못하는 한계를 가지고 있다. 따라서 길버트와 스펙트(Gilbert and Specht)는 여섯 가지의 사회복지 급여유형을 현금, 현물, 서비스, 신용(credit), 권력(power) 및 기회 등으로 그 대안을 제시하였다.

고령친화산업의 유형에도 이러한 공급방식을 적용할 수 있다. 노인의 욕구에 대응한 고령친화산업에서도 공급방식은 길버트와 스펙트가 언급한 현금, 현물, 서비스 및 크레디트가 혼합되어 제공될 수 있다. 특히 보건의료적 욕구나 개호욕구에는 현물이나 전문적인 서비스를 많이 이용하고 있다. 반면에 건강하고 근로의욕을 가진 노인집단에게는 고용촉진을 위한 기회를 부여하는 공급방식(할당고용제)을 활용할 수 있고 자산이나 자금을 가진 노인들에게는 소득유지를 위한 크레디트 방식도 유용하게 활용할 수 있다.

5) 사업에 따른 분류

고령친화산업의 형태는 다양하여 앞으로 사회변화와 노인들의 욕구변화에 따라 형태와 내용도 비례적으로 변화할 것이다. 동시에 고령친화산업의 유형과 그 수준은 국가나 사회의 발전과 생활수준에 따라 발달하는 것이 일반적이다.

고령친화산업의 형태는 결국 노인의 욕구가 반영되어 발전하고 있으며 욕구는 전반적인 사회환경의 변화와 노인복지제도의 특성 그리고 노인 자신의 역량과 의식의 변화 등에 따라 변화하고 있음을 알 수 있다. 따라서 고령친화산업은 고정적이라기보다는 매우 유동적인 경제활동 분야의 특성을 지니고 있다. 우리나라의 고령친화산업의 실태는 초보적인 수준이다. 현재 이루어지고 있는 분야뿐만 아니라 그 수효에서도 미국이나 일본에 비해 소규모이다. 그러나 앞으로 고령친화산업은 급속하게 성장 발전할 가능성을 지니고 있기 때문에 향후 노인복지와 사회복지 분야에 커다란 파급효과를 가져올 것이다.

현재 우리나라에서 개발하여 상품화과정에 있는 고령친화산업은 총 14개 분야이며 구체적인 내용은 다음과 같다.

〈표 8-5〉 고령친화산업 14분야

산업분야	산업별 품목
요양산업	재가요양 서비스
기기산업	재택 · 원격진단 · 진료 및 휴대형 다기능 건강정보시스템, 한방 의료기기, 간호지원 및 실내 · 외 이동지원시스템
정보산업	홈케어, 정보통신 보조기기, 노인용 콘텐츠
여가산업	고령친화휴양단지
금융산업	역모기지제도, 자산관리 서비스
주택산업	고령자용 주택개조, 실비 고령자용 임대주택
한방산업	한방보건관광, 항노화 한방기능성 식품, 노인용 한방화장품, 노인성 질환 한약재
농림산업	고령친화 귀농교육, 전원형 고령친화 농업테마타운, 은퇴농장
교통산업	저상버스, 고령자감응 첨단신호기, 형광표지판
식품산업	특수의료용 식품, 건강기능식품
의약품산업	신경계 약물, 순환계 약물, 대사성 의약품
장묘산업	화장 및 납골용품, 웰엔딩 준비 및 체험교실, 개장 및 이장 서비스
의류산업	건강보조스마트웨어, 건강개선용 레저스포츠웨어, 체형보정용 이너웨어
교육산업	일자리 교육 및 훈련

2. 고령친화산업의 발달배경과 추진과정

우리나라는 선진 복지국가에 비해 노인인구가 적을 뿐만 아니라 사회경제적 여건의 미성숙으로 인하여 고령친화산업이 미진한 실정이다. 그러나 1990년대에 들어오면서 노인인구도 급속하게 늘고 고령친화산업에 대한 관련 업계의 관심도 점차 높아가고 있으며 특히 경제력이 있는 노인들을 위한 노후관련 서비스를 개발할 필요성을 인식하여 정부 차원에서도 고령친화산업을 추진하게 되었다.

이윤추구를 목적으로 한 고령친화산업이나 유료 복지 서비스는 그 동안 정부의 사회복지정책의 기조인 '선가정보호 후사회보장제도'의 원칙을 붕괴시킬지도 모른다는 불안감 때문에 정부 차원에서 시도했다고 볼 수 있다. 특히 1993년의 「노인복지법」 개정은 고령친화산업을 활성화하는 전환점이 되었다. 이 법의 핵심적인 개정 내용은 민간기업체나 개인도 도지사의 허가를 받아 유료 노인복지시설(유료 양로, 유료 노인 요양 및 유료 노인주택)을 설치·운영할 수 있도록 한 점이다. 「노인복지법」의 개정은 그 동안 꾸준히 성장한 고령친화산업의 잠재적 수요증대와 고령친화산업에 대한 민간기업의 관심이 많은 배경이 되었으며 동시에 지방자치제의 경제행정 규제와 맞물려 나온 결과라고 볼 수 있다. 따라서 「노인복지법」의 개정은 고령친화산업을 활성화시키는 결정적인 계기가 되었다.

2000년대에 와서는 고령사회로의 진전이 더욱 빨라지고 각종 사회경제적 여건이 고령친화산업을 촉진하는 환경요인으로 작용하면서 정부에서 고령친화산업을 진흥시키는 노력을 전개하게 되었다. 2008년 시행된 「고령친화산업진흥법」 제19조에는 국가 및 지방자치단체는 인구의 고령화에 따른 산업구조의 변화에 부응하는 산업정책을 수립·시행하고 상품 및 서비스 수요의 변화에 대비한 새로운 산업을 육성하기 위한 기반을 구축하여야 한다. 국가 및 지방자치단체는 노인에게 적합한 용구와 용품 등의 연구개발, 생산 및 보급의 활성화를 위하여 필요한 정책을 강구하여야 한다. 국가 및 지방자치단체는 규정에 의한 산업을 육성하기 위하여 필요한 지원을 강화해야 한다고 규정하고 있다.

더불어 보건복지부에서는 「고령친화산업진흥법」의 시행과 함께 고령친화산업육성을 위해 한국고령친화용품산업협회, 고령친화용품화지원센터, 고령친화산업정보은행, 고령친화산업 RIS 사업단 등을 설립·운영하고 있고 매년 광역시별로 고령친화산업 박람회를 개최하여 개발 및 홍보에 노력하고 있으며 재경부 등 11개 부처 및 고령친화산업 분야별 전문가를 위원으로 '고령친화산업 육성추진 위원회'를 구성하여 운영하고 있다.

제3절 고령친화산업의 과제와 육성방안

1. 고령친화산업의 정책적 과제 및 해결방안

고령친화산업의 육성을 위해서는 산업체 및 관련기관에 대한 체계적인 지원이 필요하며 이를 뒷받침하는 법·제도의 정비가 필수적이다. 이러한 배경에서 「저출산·고령사회기본법」이 제정되었고 「고령친화산업진흥법」, 「노인장기요양보험법」 등이 제정되었으나 실행에 있어서 많은 시행착오를 경험하고 있기 때문에 이에 대한 제도적인 개정이 요구되고 있다.

요양산업의 경우 「노인장기요양법」의 방문 및 요양시설과 복지용구대여사업소, 방문간호시설 운영과 관련하여 요양급여 범위와 사업자에 대한 세제혜택, 민간사업자의 무분별한 참여와 사회복지법인의 시설요양으로의 전환 등으로 발생한 문제를 해결할 수 있는 제도의 개정이 필요하다.

주거산업에서는 「노인복지법」, 「건축법」, 「주택법」 중 고령자용 주택의 적정공급 및 주거안정과 관련하여 공급용 택지 확보 지원, 주택의 용적률 및 건폐율 완화, 주택건설 시 일정비율의 의무화, 입주자를 고령자로 제한, 세제 및 융자혜택이 요구되며 고령자 주거안정을 위한 법률 제정과 고령자 주택개조에 대한 금융지원이 필요하다.

기기산업의 경우는 「고령친화산업진흥법」 중 공용품 및 보조기구와 관련하여 산업체 금융지원, 국제협력 촉진, 우수제품 지원, 사업자 단체의 운영이 요구되며 의료법 중 재택·원격 진단·진료 및 휴대형 다기능 건강정보기기에 대한 건강보험 수가 적용, 「건강보험법」 중 한방의료기기를 통한 의료행위에 대한 건강보험 수가 재평가 및 조정이 요구되고 있다.

금융산업에서는 소득세법, 상속세 및 증여세법, 은행법, 보험업법 중 역모기지 제도와 관련하여 참여기관 세제혜택, 저당권 설정비용 면제, 생활자금에 포함된 대출이자 환급, 대출만기 시 상속 및 증여세 감면 등 세제혜택과 정부의 보증 및 담보대상 물건 확대가 요구되며 자산관리 서비스에 대한 제도화 지원과 관련하여 노후소득보장 상품에 대한 세제혜택이 필요하다.

여가산업의 경우 「노인복지법」, 「관광진흥법」, 「지방세법」 중 고령친화 휴양단지 조성과 관련하여 세제혜택, 기금마련, 개발비용 보조, 「국민체육진흥법」의 노인생활체육지도자 양성제도 구축, 「문화산업진흥법」의 노인게임 산업체에 대한 세제혜택 및 인센티브 제공, 노인방송을 공익방송으로 인정하는 것이 요구되고 있다.

정보산업에서는 의료법 중 원격의료기반 구축과 관련하여 원격의료 범위 및 개인정보 보호, 의료인의 자격제한, 법적 책임 및 건강보험 수가 인정이 요구되고 있다.

한방산업의 경우 약사법 중 노인성 질환 한약제제 개발 및 제품화 지원과 관련하여 규격·기준에 대한 한약처방전 및 공증서 제정, 한방전문의약품 제정 및 허가기준 설정이 요구되며 의료법, 문화재보호법 중 한방보건관광 개발과 관련하여 사업체 광고 허용 및 세제지원, 화장품법 중 노인용 한방기능성 화장품 개발과 관련하여 원료 허가기준 완화 및 확대와 원료 및 제품의 신속허가제도 도입이 요구되고 있다.

농림산업에서는 농지법, 농어촌정비법, 농어촌주택개발촉진법, 초지법 중 고령친화농업 테마타운 개발지원과 관련하여 테마타운 조성의 제도적 근거마련과 고령친화 농업인에 대한 세제혜택 및 농산물의 가공상품화 지원이 요구되며 농림·어업민 관련 특별법 중 고령친화 귀농교육 체계화 지원과 관련하여 영농 도우미의 제도화가 필요한 실정이다.

고령친화산업의 발전을 위해서는 적정수의 전문인력 양성과 지속적인 관리가 필수요건이다. 고령친화산업별로 적정수의 필요인력 및 기능과 역할을 설정하여 지속적으로 양성이 이루어져야 한다. 「고령친화산업진흥법」 '제7조 전문인력 양성'에 고령친화산업관련 인력 양성 및 교육기관 지정이 명시되어 법적 근거는 마련되어 있다. 따라서 고령친화 산업별로 필요한 구체적인 인력 선정과 양성계획이 필요하다. 요양산업은 수발관리요원(케어매니저), 요양보호사(홈헬퍼), 노인전문간호사, 가정전문간호사, 주거산업은 주택개조지원상담 전문인력, 기기산업은 고령친화기기개발 인력, 금융산업은 자산관리 서비스 전문인력, 여가산업은 노인생활체육지도자, 정보산업은 콘텐츠 개발인력, 농림산업은 실버농업관리사, 농촌체험활동가, 영농 도우미 등이다.

「고령친화산업진흥법」 '제8조 고령친화산업 연구개발의 추진 등'에 고령친화산업 관련 인력 양성 및 교육기관 지정이 명시되어 법적 근거는 마련되어 있으나 각 산업별로 R&D에 대한 지원은 매우 부진한 실정이다. 요양산업은 방문간병·요양시설, 복지용구 대여사업소 관련 기초연구 및 방문간호시설 활성화 기반구축 연구, 주거산업은 고령자용 주택 적정공급 지원에 대한 기초연구조사 및 고령자용 주택 부품 연구개발, 기기산업은 고령친화기기 R&D 개발 지원 및 활성화 기반 구축을 위한 연구 및 한방 기기산업 관련 기초연구조사, 금융산업은 역모기지론 활성화를 위한 기초연구조사 및 자산관리 서비스 활성화 지원과 관련된 기초연구조사가 필요하다. 여가산업은 고령친화 휴양단지 활성화, 노인 스포츠 종목 및 용품, 노인용 게임개발, 노인방송 관련 기초 조사연구가 필요하며 정보산업은 고령자 특성에 맞는 디지털 콘텐츠 개발, 고령자 전용 정보통신 보조기기 선정개발, 한방산업은 한약제(신약개발)의 연구개발 및 한방보건관광 모델개발, 콘텐츠개발 및 한방 기능성 화장품의 연구개발 및 마케팅 지원, 농림산업은 고령친화 농업테마타운관련 기초조사 연구 및 고령친화 귀농 교육프로그램 개발에 연구가 절대적으로 필요한 실정이다.

2. 고령친화산업의 육성방안

우리나라에서 고령친화산업은 어느 나라보다 전망이 밝다고 볼 수 있지만 아직까지는 수요량이 많지 않다. 사회·경제적 수준이 향상됨에 따라 서비스에 대한 폭발적인 수요가 전망되고 있지만 기업이나 개인이 쉽게 투자할 수 없는 것은 장기적인 투자와 개발이 요구되기 때문이다. 따라서 국가와 지방정부는 장·단기적인 예상범위 내에서 필요한 고령친화산업의 상품과 서비스를 개발하기 위한 개인이나 기업 또는 관련기관에 재정적, 행정적 지원방안을 마련해야 한다. 육성방안으로 세 영역의 노력이 요구된다.

1) 국가 및 지방정부의 고령친화산업진흥과 감독

고령친화산업은 복지적인 특성을 가지고 있지만 어디까지나 시장경제의 논리에 따라 움직이는 영리산업이므로 당장 이익이 창출되지 않은 분야에 지속적으로 투자를 한다는 것이 어려운 일이다. 그렇다고 고령친화 서비스가 필요한 상황에서 프로그램과 서비스를 개발하는 것도 쉬운 일은 아니다. 그러나 미래를 예상하고 수요가 적은 현 시점에서 고령친화산업을 육성하기 위해서는 정부와 지방자치단체가 선도적으로 행정적·재정적 지원을 시도해야 한다.

예컨대, 고령친화산업에 참여하는 기업에게 보조금지급, 사업자금의 저리융자, 세제우대 및 사업승인절차의 간소화 등의 법적·행정적 지원을 적극적으로 도모하고 각종 상품과 서비스 표준안이나 평가기준의 마련, 전문가의 양성에 이르기까지 많은 절차에 정부의 적극적인 지원이 필요하다. 뿐만 아니라 제공된 행정적, 재정적 지원에 대한 관리감독이 철저하게 이루어져야 고령친화산업은 공공성, 복지성, 영리성이 충족되는 목표를 달성할 수 있을 것이다.

2) 고령친화산업체의 사회적 책임

고령친화산업의 운영주체는 대부분 기업이며 기업의 목표는 이윤추구이다. 그러나 고령친화산업은 이윤추구뿐만 아니라 공공성과 복지성의 가치를 병행하여 상품과 서비스를 개발해야 하는 특징을 가진다. 복지성과 공공성은 이윤추구와는 상반되는 가치이므로 기업체의 사회적 책임감 없이는 병행하기 어려울 것이다. 또 고령친화산업은 정부와 지방자치단체의 행정적·재정적 지원을 받으면서 기업이 운영하기 때문에 기업체는 국가나 국민에 대해 반드시 사회적 책임감을 가지고 기업을 운영해야 한다.

고령친화산업체가 공공성과 복지성을 반영하려면 이익의 일정 부분을 사회에 환원하거나 소비자에게 환원함으로써 사회적 책임감을 수행하는 것이며 이를 통해서 고령친화산업체는 기업의 이미지를 제고시키고 지역사회와 함께 성장하는 부가적인 이익도 창출할 수 있다. 그러므로 고령친화산업체는 이윤의 극대화와 국민의 복지증진을 통한 기업이윤의 사회적 환원, 사회봉사, 사회적 책임성을 동시에 실현하는 경영이념을 가져야 할 것이다.

3) 소비자의 자각과 사회적 활동

고령친화산업의 성공 여부는 국가와 기업에만 달린 것이 아니다. 경영의 구성요소인 소비자의 역할이 가장 중요하다고 볼 수 있다. 고령친화산업의 소비자는 일반노인과 신체적·정신적으로 일상생활이 곤란한 노인과 그 가족, 더 넓게는 예비노인까지를 포함한다. 이들 집단이 고령친화산업에 대한 소비자로서 인식과 자각, 욕구를 충족하기 위해 표현하는 사회적 활동이나 행동이 고령친화산업의 경쟁력을 제고시키고 양질의 서비스를 제공하는 데 중요한 요소가 된다. 소비자로서의 현명한 선택과 구매활동을 위해서 고령친화 서비스에 관한 정확한 지식과 정보확보, 논의할 수 있는 환경과 조직구성, 필요시 고령친화산업의 질적 향상과 개선·보완을 도모하는 사회적 운동도 필요하다. 그러므로 노인 단체나 관련기관, 소비자단체, 사회단체 등의 상호·협력을 통해 고령친화산업의 육성과 발전에 중요한 역할을 할 수 있을 것이다.

3. 고령친화산업의 전망

2008년을 전후로 은퇴노인 소비층이 늘어나면서 우리나라의 고령친화산업은 2010년부터 10년간 연평균 12.9% 정도 성장할 것으로 관련자들은 전망하고 있다. 대한상공회의소가 최근 발표한 '국내 고령친화산업의 성장성 전망'이라는 연구보고서에 따르면 10%가 넘은 노인인구에 베이비 붐 세대가 가세하면서 이러한 결과가 나타날 것이라는 전망을 하였다. 현재 14개 부분의 기존산업 전체의 연평균 성장률이 4.7%에 머물 것으로 전망된 가운데 고령친화산업에 속하는 요양(6.6%), 의료기기(12.1%), 정보(25.1%), 여가(13.7%), 금융(12.9%), 주택(10.9%) 등 각각의 고령친화산업 분야는 기존 산업의 성장률을 뛰어넘었다.

여기에는 베이비 붐 세대의 은퇴가 기폭제가 된 것이다. 베이비 붐 세대는 ① 높은 교육, 소득 및 소비수준의 성향, ② 개인적인 가치관 및 소자녀화(노인단독가구 증가), ③ 높은 사회참여의식, 정보통신 이용, ④ 주택, 자동차, 영화산업의 견인세대 등과 같은 다양한 소비의 적극적인 주체로서의 특징이 있기 때문에 탄탄한 수요층을 형성한 것이다. 대한상공회의소의 관계자는 베이비 붐 세대가 은퇴를 시작하는 2010년을 대비하고 두터운 실버 수용층이 형성되는 2025년 전후를 전망하면서 고령친화산업에 대한 전략상품개발과 마케팅에 기업들이 적극적으로 나서야 할 때라고 강조하였다.

4. 고령친화산업의 병폐

국민소득의 증대와 함께 보다 질 높은 생활을 추구하려는 국민의식이 확산됨에 따라 레저, 스포츠, 휴양 및 관광 등에서부터 건강, 주거, 영양, 경제적 보장 등 노후보장과 관련된 다양한 고령친화산업이 노인들은 물론 노후를 대비하려는 장년층에게 많은 관심을 보이고 있다. 그러나 그 대상과 관심영역이 넓은 반면 우리나라의 노후보장 제도는 미흡한 수준이어서 결국 개인 스스로 노후를 대비해야 하는 실정을 감안한다면 고령친화산업은 시장원리에 맡길 수밖에 없을 것으로 보인다. 이러한 여건에서 고령친화산업의 발전에 대한 우려의 목소리도 높다. 고령친화산업에 대한 다음 몇 가지의 우려는 고령친화산업의 활성화에 걸림돌로 작용할 수 있다.

첫째, 고령친화산업은 노인복지뿐만 아니라 사회복지 전반에 시장원리 혹은 수익자부담 원리가 도입되는 계기가 되었다. 그 결과 사회복지분야에 여러 가지 영향을 끼침으로써 소비자들 간에 불평등을 초래하고 심화시켜 사회적 통합을 방해하는 결과를 가져올 것이라는 점이다. 이는 사회복지의 후퇴와 국가의 사회복지 실천의무가 약화되는 것을 의미하는 것으로 해석될 수 있다.

둘째, 고령친화산업이 활성화됨에 따라 노인부양과 보호의 기능을 수행하던 전통적인 가족기능이 급속하게 약화되었다. 노인의료 복지시설이나 주거복지시설의 확대로 인하여 가족과의 분리를 원하지 않은 노인들도 사회적 추세에 따라 시설에서 생활하고 있으며 앞으로는 이러한 노인들이 많이 증가한 것이다. 우리의 전통적인 가치관이 붕괴되는 이러한 현상은 가족의 해체와 세대 간의 정서적 교류의 단절로 이어지는 사회문제를 초래할 수 있다는 것이다.

셋째, 고령친화산업은 시장원리에 따른 경제활동인 동시에 복지성과 공공성을 병행한 산업이므로 현재 대다수 노인층의 문화와 규범에 맞는 고령친화산업의 모형개발이 필요하다. 그러나 현재의 고령친화산업은 미래지향적 성격을 띠고 있어 소수의 노인계층의 욕구만을 반영한 수준으로 개발되고 있으며 대다수의 노인들이 배제되어 오히려 노인계층 간의 위화감을 조성한다는 것이다.

9

노인과 사례관리

제1절 사례관리의 개념과 구성

1. 개념

세계적으로 장기요양 서비스가 정부재정의 압박요인이 되어 사회정책 현안으로 대두되어, OECD(1997)는 비용효과가 높은 재가 및 지역사회 중심의 요양 서비스 제공 모델 개발에 주력하여, 요양시설보다는 커뮤니티 케어(지역사회 돌봄, community care) 지원 강화, 지역 내 각 자원 간 연계활성화, 케어매니지먼트(care management 또는 case management, 개념상의 차이는 있으나 본서에서는 구분하지 않고 사용) 기능을 강화해야 한다고 제시하고, 전략으로 통합적 케어시스템 구축의 필요성을 강조하였다(황미경·이봉화, 2017 참조).

우리 사회는 그동안 노인 중심의 통합적 케어 서비스 및 케어매니지먼트 체계가 제도화되어 있지 않아 공적 장기요양 서비스에서 보건의료와 복지 서비스 간 적절한 연계 부족과 장기요양보험 수급자와 노인돌봄 종합 서비스 대상에 대한 통합적 서비스 전달체계 구축이 촉구되어 왔다. 이와 관련하여 최근 통합 서비스의 확대 방안은 민관협력과 통합사례관리에 의한 취약계층과 돌봄대상자에 대한 지역 중심의 서비스 연계(황미경, 2009; 김승권·황성철·김연우, 2012; 선우덕 외, 2015; 황미경·이봉화, 2017) 강화 전략으로 확대되고 있다.

케어매니지먼트 제도는 건축에서 설계사와 같은 것으로 노인복지 서비스의 질적 향상을 위해서 매우 중요한 요소이다. 설계사는 집주인의 욕구, 신체적 및 정신적 상태, 물리적 환경, 경제적 및 심리적 여건, 가족구성원 수, 주거와 관련된 문화환경적 배경 등 여러 가지 요소를 감안하여 설계도를 그린다. 그 설계도에 따라서 시공사가 집을 짓는다. 다 지은 집을 보고 살아가면서 집주인은 잘 지었는지 어떤지를 평가한다. 제2차 장기요양기본계획(2018~2022)에 케어매니지먼트 제도가 포함되었다. 노인장기요양보험의 케어매니저도 설계사와 비슷한 원리이다. 노인을 둘러싸고 있는 여러 가지 상황을 감안하고 의견을 듣고, 케어매니저가 케어플랜을 노인 당사자(또는 대리인)를 포함하여 다양한 전문직과 함께 세운다. 이렇게 세운 케어플랜에 의해서 노인에게 서비스(급여)가 제공되는 것이다. 이렇게 중요한 케어매니지먼트 제도를 빼고 법을 제정하였다는 것은 노인복지 서비스의 전문성에 절대적인 영향을 미치게 되는 것이다.

그런데 우리나라에 케어매니지먼트가 처음 언급된 것은 아니다. 노인장기요양보험에서도 시범사업에서는 포함하여 시행하였고, 3년마다 실시하는 각종 사회복지시설 평가에서도 사례관리가 빠지지 않고 포함되어 있으며, 2012년부터 행정기관에서도 희망복지지원단을 구성하여 통합사례관리사를 배치하였다.

우선 가장 빈번하게 사용되고 있는 케어매니지먼트(care management), 사례관리(case management), 케어코디네이트(care coordination) 등의 개념은 비슷한 개념으로 사용되고 있는데, 케어를 협의로 받아들여 사례관리의 상위개념으로 사례관리가 있다는 의견도 있다. 그러나 사례관리와 사례관리를 거의 같은 의미로 사용하고 있는 경우도 많다. 영국에서 「커뮤니티케어법(Community Care Law)」이 1993년 4월부터 실시되었는데 그 가운데 사례관리란 용어가 사용된 것이 국제적으로 점차 정착하게 된 것이다. 그래서 이 원조기법의 이념은 생활의 주체자인 클라이언트와 그 가족이 바라고 있는 생활을 실현하기 위한 케어(광의)를 관리하는 것으로, 이는 원조자가 클라이언트(사례)의 생활을 관리하는 것은 아니라고 생각하는 것이다. 또 지역보건에서 케어코디네이션을 사용하는 개념과 내용은 사례관리와 거의 동일한 것으로 이해된다. 단지 엄밀히 말하자면 '코디네이션'에는 사례관리의 중요한 요소인 '모니터'의 개념을 포함시키지 않고 있다는 것이다.

또 다른 시각에서 사례관리는 미국에서 주로 사용하고 있고 개인에 초점을 강조하고, 다양하고 복잡한 욕구를 가진 클라이언트를 대상으로 그들의 욕구를 충족시키고 사회적 기능을 향상시키기 위한 방법론이다(이근홍, 1999). 사례관리는 영국에서 주로 사용하며 정신보건 분야의 탈시설화와 지역사회보호 정책을 효과적으로 수행하기 위한 보건과 사회 서비스 기관상호 간의 조정노력에 의해서 발 달하게 되었다(이근홍, 1999)고 정의하고 있다. 그러나 이 두 개념은 요보호 대상자의 대부분을 차지하는 노인, 만성질환자, 장애인, 아동 등의 문제는 단기간의 치료보다는 문제가 더 이상 악화되지 않도록 하면서 클라이언트가 독립적인 삶을 누릴 수 있도록 하는 데 초점을 두고 있는 장기적인 관리(long-term care management)를 필요로 하는 대상이라는 점에서는 일치하기 때문에(장인협·우국희, 2001) 본서의 목적으로 보아 이 두 가지를 크게 구분하여 논의할 필요가 없어 양 개념을 동의어로 사용하고자 한다. 물론 각각의 용어는 나름대로 특징과 차이를 지니고 있으나, 대체적으로 사례관리로 통용하는 추세인 것 같다. 본서에서는 이러한 개념을 구분하지 않고 혼용하여 사용하고자 한다. 무리하게 하나의 개념으로 통일하여 사용하면 현장이나 실무에서 혼돈을 초래할 수 있기 때문이다.

국민의 생활수준 향상과 더불어 클라이언트의 복지욕구도 고도화, 다양화, 복합화하고 있다. 따라서 복지 서비스 제공측도 다양화, 다원화, 복잡화, 전문화하여 이에 대응하고 있는 것이 오늘날의 사회복지 실정이다. 이를 노인의 재가복지로 한정시켜 살펴보면 ① 재가노인의 욕구의 다양화·복합화, ② 재가노인의 장기보호(long-term care) 욕구, ③ 재가노인의 비공식보호의 중요성, ④ 재가노인을 위한 사회복지 서비스의 불충실성 등이다(이근홍, 1999).

한편 개념을 더욱 정확하게 이해하기 위하여 케이스워크와 사례관리를 비교하면, 우선 공통점으로는 클라이언트와 자원에 대하여 적절한 사정을 실시하고, 개별화, 클라이언트의 자기결정 및 비밀보장 등을 적용한다는 것이고, 차이점은 케이스워크는 클라이언트의 문제에 초점을 두고, 성격발달을 통하여 문제를 해결하고, 사회에 적응하는 데 역점을 두고 있다. 사례관리는 클라이언트의 복합적인 욕구에 초점을 두고, 클라이언트와 사회자원과의 연결과 조정을 통하여 그들의 욕구를 충족시키고, 사회적 기능을 향상시키는 데 역점을 두고 있다.

〈표 9-1〉 케이스워크와 사례관리의 비교

구분	케이스워크	사례관리
개념	스스로 해결하기 곤란한 문제를 가진 개인에게 성격발달과 사회적응을 도모하기 위해서 전문가가 행하는 개별적 · 의식적인 문제해결과정	복합적인 욕구를 가진 클라이언트의 욕구충족과 사회적 기능향상을 위해서 그들과 사회자원과의 연결과 조정을 통하여 그들을 보호하는 과정
목적	성격의 발달과 사회적응 능력의 향상	보호의 연속성, 비용효과성, 접근성과 책임성, 일차집단의 보호능력 향상, 사회적 기능의 향상
대상	사회적응에 장애가 되는 문제를 가진 클라이언트	다양하고 복합적인 욕구를 가진 클라이언트
구성	개인, 문제, 장소, 과정	클라이언트, 케이스 매니저, 사회자원, 과정
기능	치료, 상담, 손상된 능력의 회복, 개인적 · 사회적 자원의 제공, 사회적 역기능의 예방	클라이언트와 서비스의 연결, 비공식 체계와의 상호작용 촉진, 기관 상호 간의 조정, 상담, 문제해결, 옹호
사회복지사의 역할	치료자, 상담자, 서비스 제공자, 지지자, 능력부여자, 교사, 평가자, 옹호자	사정자, 계획자, 중개자, 조정자, 점검자, 평가자, 옹호자, 경계범주자, 자원동원자
과정	접수→조사→사정→치료→종결	접수→사정→기획→조정→점검→평가
수행장소	사회복지기관	다양한 기관과 지역사회
원칙	개별화, 의도적 감정표현, 통제된 정서적 관여, 수용, 비심판적 태도, 클라이언트의 자기결정, 비밀보장	성장과 변화에 대한 신념, 장점과 잠재력의 강조와 개발, 클라이언트의 자기결정, 책임성과 보호의 연속성, 서비스 제공의 포괄성, 지역사회 자원의 적극적 개발과 동원, 권리와 비밀의 보장

2. 필요성

사례관리가 다른 사회복지 실천방법과는 달리 사용됨으로써 달성하려는 목적은 간단하게 네 가지로 말할 수 있다(장인협·우국희, 2001).

① 보호의 연속성을 보장한다는 것이다. 이는 다시 두 가지 차원으로 구분하여 말할 수 있는데, 첫째는 횡단적 차원의 연속성으로 주어진 특정 시점에서

클라이언트의 다양한 욕구를 충족시키기 위해서 포괄적인 서비스를 제공할 수 있다. 둘째는 종단적 차원의 연속성으로서, 시간의 경과에 따라 변화하는 개인의 욕구에 반응적인 서비스를 지속적으로 제공해주는 것이다.

② 서비스의 통합성을 확보한다. 다양한 욕구에 따라 여러 기관과 전문가 및 서비스를 확보할 수 있다는 것이다.

③ 서비스에 대한 접근성을 높인다. 사례관리자의 조정과 연계로 클라이언트가 서비스 접근 시에 장애물을 제거할 수 있다.

④ 사회적 책임성을 보장한다. 클라이언트의 문제를 효과적으로 해결함으로써 사회적 책임성을 높일 수 있다는 것이다.

사회복지 분야에서 사례관리가 필요하게 된 배경은 여러 가지 관점에서 각각 다르게 주장되고 있다. 일반적으로는 1970년대 후반부터 사례관리가 사회복지 실천분야에서 중요한 위치를 차지하게 되었다고 논의되고 있는데, 그 몇 가지 배경을 요약하면 다음과 같다. 그것은 사회인구학적 변화와 거기에 다른 새로운 욕구의 발생, 복지국가의 재정위기와 새로운 사회복지개입의 필요성 대두, 시설수용보호의 한계와 탈시설화 요청, 사회복지 서비스의 전문화와 이에 따른 서비스의 단편화, 노인 장애인 등의 장기적 보호와 이들 욕구의 변화에 따른 개입방법의 요청 등이다.

목슬레이(Moxley)는 휴먼 서비스(광의의 사회복지 서비스) 중에 사례관리가 필요하게 된 이유로 다음의 여섯 가지를 들고 있다.

① 휴먼 서비스의 배분상에 있어 탈시설화의 동향.

② 지역사회에 있는 각종 서비스가 흩어져 존재하고 있다는 것.

③ 지역사회에서 중증의 장애를 가졌거나 생활기능상에 큰 문제로 복수의 욕구를 가진 사람이 증가하고 있다는 것.

④ 휴먼 서비스가 종적 체계를 가지고 있다는 것.

⑤ 개인의 생활기능상에서 사회적 지원이나 도움이 중요한 역할이라고 인식했다는 것.

⑥ 휴먼 서비스를 적은 자원으로 효율적으로 사용해야 한다는 것에 관심이 높아지게 되었다는 것이다.

사례관리가 노인복지 분야에서 특별히 적용되어야 할 필요성과 의미를 몇 가지 측면에서 발견할 수 있다.

첫째, 의학의 발달과 평균수명의 연장으로 장기간 보호해야 할 노인의 수적 증가와 함께 노인의 욕구가 매우 복합적이라는 점이다. 노인들이 가진 각종 질병과 장애는 만성적인 것이어서 오랜 노후생활에 보호(care)가 체계적이고 일관성 있게 관리(management)되어야 할 필요가 있다.

둘째, 신체적·정신적으로 손상되어 있는 노인들이 자신에게 필요한 서비스를 이용하는 데 한계를 가지고 있으므로, 노인들을 위해 지역사회 자원과 서비스를 연계, 조정할 수 있는 사례관리가 요망된다. 더욱이 한국의 노인들은 아직 가정에 머무르고 있는 경향이 강하고, 또 독거노인이 늘어나는 추세에서 재가노인복지를 위해 사례관리가 절실하게 필요하다(김미혜, 1998).

3. 사례관리의 현장(조추용, 2018 참고)

1) 희망복지지원단[1)]

(1) 개념과 운영체계

정부는 복지체감도를 향상시키기 위해 지역사회 내 장기적이고 복합적인 문제

1) 보건복지부(2018), 2018년 희망복지지원단 업무안내 참고

를 가진 복지대상자에게 사례관리를 통해 지역사회, 공공, 민간의 다양한 자원을 연결하여 맞춤형 서비스를 제공하기 위해 통합사례관리사업(희망복지지원단)을 추진하였다. 이러한 통합사례관리사업이 원활하게 추진되기 위해서는 한정된 자원을 효율적으로 활용하여 서비스의 중복, 누락을 최소화하고, 복지대상자의 욕구에 맞는 서비스를 효과적으로 연계, 조정하는 사례관리 담당자의 전문성과 역량문제가 중요한 관건의 하나이다. 따라서 이러한 사례관리 기능을 담당할 전문 인력양성이 통합사례관리사업의 성패를 좌우할 것이다. 희망복지지원단의 운영체계는 ① 희망복지지원단: 통합사례관리사업 총괄 수행·관리, ② 읍면동: 통합사례관리대상 가구 발굴, 초기상담, 통합사례관리 및 서비스 연계, 종결가구에 대한 사후관리 등 수행, ③ 민간 복지기관, ④ 자활관련 사업팀: 희망복지지원단 사례회의와 자활사례 조정회의, ⑤ 통합조사관리팀, ⑥ 지역사회보장협의체, ⑦ 보건소, ⑧ 교육청(학교), ⑨ 고용센터, ⑩ 시군구 사업팀, ⑪ 노인보호전문기관, ⑫ 아동보호전문기관으로 구성되어 있다.

통합사례관리사[2]는 통합사례관리 업무 전담·전문인력으로서, 희망복지지원단의 기능 수행을 저해하지 않는 범위(최소 1인 이상 시군구 배치) 내에서 지자체의 탄력적 운영이 가능하다. 2015년 하반기부터 통합사례관리가 읍면동으로 확대됨에 따라, 지역 통합사례관리 총괄·조정 기능 강화가 필요하다. 기초수급자 및 차상위계층 등 빈곤층의 탈빈곤·빈곤예방을 주요 목표로 하되, 전체 지역주민의 다양한 복지수요에도 능동적으로 대응한다. 그간 복지공무원 확충(7천 명 2011~2014년 7천 명, 2014~2017년 6천 명) 등 복지 인프라 강화, 읍면동의 전달체계 개편을 전국으로 확산하기 위한 '읍면동 복지허브화 추진계획' 의결(관계부처 합동, 제12차 사회보장위원회) 및 사업추진(2016년~) 등이다.

2) 「사회보장급여의 이용·제공 및 수급권자 발굴에 관한 법률」 제42조의2 제2항 통합사례관리사 운영 근거 신설(2017. 9. 22. 시행), '사회복지통합 서비스 전문요원' 명칭을 2013년부터 '통합사례관리사'로 변경

(2) 통합사례관리 업무

희망복지지원단의 세부 사업내용은 크게 통합사례관리사업, 자원관리, 읍면동 복지사업 지원·관리, 지역보호체계 운영으로 네 가지로 나눈다. 각각에 대하여 살펴보면 다음과 같다.

가. 통합사례관리사업

통합사례관리사업의 개념은 지역 내 공공·민간자원에 대한 체계적인 관리·지원 체계를 토대로 복합적이고 다양한 욕구를 가진 대상자에게 복지, 보건, 고용, 주거, 교육, 신용, 법률 등 필요한 서비스를 통합적으로 연계·제공하고, 이를 지속적으로 상담·모니터링 해나가는 사업이다.

목표는 지역주민의 다양한 욕구에 맞춤형 서비스를 연계·제공함으로써 지역주민의 삶을 안정적으로 지원·지지하고, 복지제도의 효과성·효율성 향상이다. 일반적으로 지역주민을 대상으로 하나, 복지욕구 및 경제적 여건을 고려하여 빈곤계층의 탈빈곤·빈곤예방을 중점 목표로 설정(고용-복지 연계에 중점)한다. 읍면동 찾아가는 보건복지 서비스 운영 모형에 따라 고난도 사례관리, 수퍼비전 및 솔루션회의 운영, 자원관리, 읍면동 관리 및 지원, 교육 및 홍보 업무를 수행한다. 통합사례관리 대상자 선정과정은 다음의 그림과 같다.

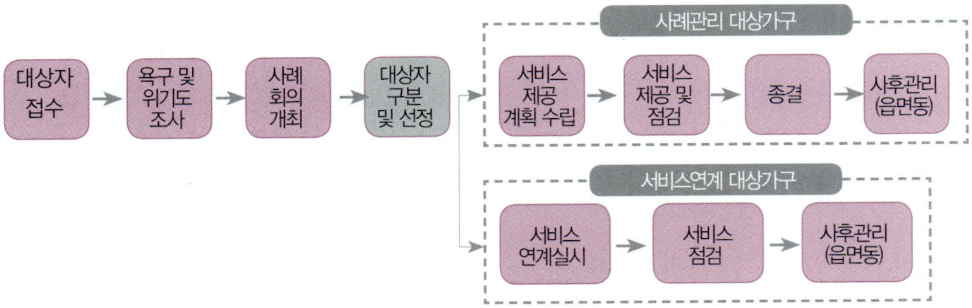

[그림 9-1] 통합사례관리 대상자 선정과정

자료: 보건복지부(2018)

나. 자원관리

자원관리의 필요성은 복지대상자 등 위기가구의 복합적 욕구에 능동적으로 대응하기 위해서는 공공 자원(예산, 프로그램 등)뿐만 아니라 지역사회 민간 자원을 적극 개발하고 체계적으로 관리가 필요하였다. 특히, 희망복지지원단의 통합사례관리사업 대상가구가 필요로 하는 각종 정보 및 상담, 건강, 교육, 일자리, 주거 등의 자원을 전략적으로 발굴·관리함으로써 지역단위 찾아가는 보건복지 서비스 제공체계를 적극 지원한다.

복지 사각지대 발굴 및 위기가구에 대한 찾아가는 보건복지 서비스 제공을 강화하기 위해서는 시군구 희망복지지원단에 의한 지역사회 자원의 총괄 및 읍면동의 민관협력 활용도 필요하다. 특히, 시·군·구 희망복지지원단의 사례관리 기능을 읍면동으로 전면 확대하여 통합 수행함에 따라 예상되는 복지 사각지대 및 자원 수요 확대에 적극적으로 대처하기 위해 읍면동 단위 민관협력체계 구축이 필요하다.

수행주체는 희망복지지원단이 지역사회 자원관리 전담직원 배치·운영(최소 1~2인)하고, 자원관리 전담인력은 자원관리책임자와 자원관리실무자로 구성하며, 총괄기능은 지역사회 자원 조사 및 정보 제공, 자원개발 기획 실천, 연계·협력체계 조성, 사후관리 등 자원 관리 총괄 수행하고, 조정기능은 발굴한 자원을 읍면동 간 공정한 배분·조정, 읍면동 지역사회보장협의체 활성화 지원 등 관내 읍면동 간 자원불균형 해소를 위해 노력한다. 협력기관은 읍면동 희망복지지원단, 시군구 지역사회보장협의체, 읍면동 지역사회보장협의체, 자원봉사센터, 좋은 이웃들, 사회적 경제기업 등이다.

다. 읍면동 복지사업 지원·관리

희망복지지원단은 찾아가는 복지전담팀의 업무에 대해 적극적인 지원·관리를 통해 읍면동이 지역주민을 위한 공공 복지 서비스 수행기관으로 정착·기능할 수 있도록 노력한다. 읍면동 복지사업 지원·관리 주요내용은 읍면동의 초기상담이

충실하게 수행되고 있는지 여부를 주기적으로 점검한다. 점검결과에 대한 피드백을 제공하고, 읍면동 복지담당공무원 등을 대상으로 상담기법 등에 대한 교육 기회를 마련한다. 종합정보 안내는 읍면동에서 제공 가능한 지역사회의 각종 복지정보 안내서 등을 제작 보급하고, 읍면동의 정보안내 상황을 주기적으로 점검한다.

라. 지역보호체계 운영

지역보호체계는 지역 내 보호가 필요한 대상자에 대해 민관협력을 기초로 지역단위 보호망을 구축 및 운영하는 것을 의미한다. 지역사회의 보호가 필요한 사회취약계층 즉, 독거노인, 학대피해노인, 장애인가구, 소년소녀가장, 자살위험군 대상자 등을 민관협력 토대의 지역 네트워크 기반으로 지역단위에서 보호해 나가기 위한 시스템 구축 및 운영 등이다.

보호 네트워크를 강화하여 지역 내 보호가 필요한 대상자에 대한 민관협력 토대의 상시 보호체계 구축을 통한 지역복지를 증진한다. 기존 방문형 서비스 사업 간 연계체계를 보다 강화하고, 주민조직 기능을 활성화시켜 민관협력의 보호 네트워크를 활성화한다. 복지 통(이)장 및 읍면동 지역사회보장협의체 등 민관협력의 인적 안전망 강화로 선제적 사각지대 발굴 및 지원체계를 구축한다. 지역공동체 활성화는 주민참여 활성화를 통한 지역공동체문화를 조성하고, 지역문제 해결을 위한 주민들의 적극적인 참여를 도모하고, 지역공동체 문화 조성을 통한 연대의식을 강화한다.

마. 희망복지지원단의 평가

통합사례관리사는 이명박 대통령 임기(2008~2013) 중인 2009년부터 희망복지지원단에서 일하는 '사회복지통합 서비스 전문요원' 명칭을 사용하다 2013년부터 '통합사례관리사'로 변경하였다. 사례관리 기능을 하는 자(case manager)를 사례관리사라 하며, 이는 문제해결자, 변호자, 중재자, 진단자, 계획자, 지역사회 또는 서비스 조직자, 시스템 연계자, 서비스 감사자와 시스템 수정자, 기록보관자, 평가자, 컨설턴트, 공동원조자, 서비스 조정자, 치료자, 상담가, 촉진자 등의 역할을 수행한다. 통합사례관리 사업은 지역사회 공공·민간자원에 대한 체계적인 관리·지원체계를 토대로 복합적이고 다양한 욕구를 가진 대상자에게 복지, 보건, 고용, 주거, 교육, 신용, 법률 등 필요한 서비스를 통합적으로 연계·제공하고, 이를 지속적으로 상담·모니터링 해나가는 사업으로, 복합적 욕구를 가진 대상자에게 통합사례관리를 통해 공공·민간의 급여, 서비스, 자원 등을 맞춤형으로 연계·제공하는 것이다. 통합사례관리 중점 대상자는 통합사례관리를 통해 탈빈곤 지원이 가능한 국민기초생활 수급가구 및 차상위 빈곤가구, 긴급지원 대상가구 및 국민기초생활수급자 탈락 가구 중 통합사례관리를 통해 빈곤예방 지원 가능 가구 등이다.

사례관리사는 2016년 현재 전국에 총 928명이 배치되어 있다. 그러나 아직까지 60% 인력은 기간제 근로자로서 매년 1년 단위의 계약으로 공무를 수행하고 있다(https://www.jeju.go.kr/975732).

통합사례관리사는 공개적인 채용과정에서 공무원 임용시험을 거쳐서 채용된 것도 아니고, 사회복지전담공무원과 업무분장이나 정확한 역할 분담도 이루어지지 않은 상황에서 채용되어, 자신들의 신분보장도 제대로 이루어지지 않은 상황에서 위에서 언급한 것처럼 복지, 보건, 고용, 주거, 교육, 신용, 법률 등 필요한 서비스를 제공하는 업무를 수행하고 있다.

사례관리업무를 제대로 수행하기 위해서는 정당하고도 안정적인 신분상의 보장, 주어진 업무에 적절하게 수행하기 위한 위상, 행정조치에 의한 권한, 지역사회의 인정, 사례관리를 할 수 있는 자원파악·관계유지 등의 능력과 역량 등이 있어야 가능하다.

2) 찾아가는 동주민센터[3)]

(1) 찾아가는 동주민센터의 구성과 업무 내용

서울시에서 실시하고 있는 찾아가는 동주민센터(찾동)는 2014년 9월 동(洞)마을복지센터 추진기본계획을 수립하고, 2014년 12월에 13개구 선정하여 시행하였고, 2018년에는 25개구 전체를 대상으로 확대하였다. 찾동의 비전은 주민이 만드는 복지공동체, 주민과 함께하는 동주민센터이다. 실행과제는 다음과 같다.

〈표 9-2〉 서울시 찾아가는 동주민센터의 실행과제

주민을 찾아가는 복지 · 건강	주민을 위한 통합 서비스	주민이 만드는 마을 공동체	주민중심의 행정 혁신
• 찾아가는 복지로 사각지대 발굴 · 지원 • 보편적 복지 · 건강생태계 구축	• 찾아오는 복지 민원 원스톱 상담기능 강화 • 동 단위 사례관리 운영	• 주민중심 발굴 · 돌봄체계 • 주민주도의 지역의제 발굴 · 해결	• 동장 등 공무원 역할혁신 • 우리 동네 주무관의 주민밀착 행정 • 주민참여 공간 혁신

자료: 서울시(2018)

이러한 실행과제를 수행할 신규·강화 사업별 추가 소요인력 산출(복지직)은 각 동별 평균 4.92명으로 적정인력은 복지플래너 2.37명, 복지상담 전문관은 2~3명, 동 단위 사례관리는 2.22명으로 나타났으며, 구체적인 연차별 충원 인력은 2018년까지 2,574명으로 복지 등이 2,000명, 방문간호사가 574명으로 다음의 표와 같다.

〈표 9-3〉 연차별 인력충원계획(25개 자치구로 확대): 2018년까지 2,574명 충원 예정

구분	계	2015	2016	2017
복지 등	2,000	464	1,117	419
방문간호사	574	106	230	238

자료: 서울시(2018)

3) 서울시(2018). 찾아가는 동주민센터 업무매뉴얼 참조

동주민센터를 기본모형으로 개편하면 업무내용은 다음의 표와 같다.

〈표 9-4〉 기본모형 및 업무내용

구분	행정자치팀	복지 1팀	복지 2팀
인원(예)	11명	6명	6명
직렬	구분 없음(동주민센터별 여건에 따라 편성)		
기존업무	예산, 회계, 선거, 수방 · 제설, 청소, 환경, 운전, 통합민원, 자원봉사 등	• 맞춤형급여, 차상위지원(한부모, 장애인, 자활, 본인부담경감, 차상위계층 확인서 발급) • 서울형복지, 장애인, 노인, 영유아, 청소년, 바우처 등	
신규업무	• 우리 동네 주무관 • 주민자치 혁신 • 마을공동체 조성 • 주민참여 지원 • 마을기금	• 우리 동네 주무관 • 복지수퍼바이저 • 찾아가는 복지, 보편복지: 복지플래너, 방문간호사 • 통합 서비스 제공: 통합복지상담(복지상담전문관), 사례관리 • 복지생태계 조성 • 복지자원관리, 나눔이웃 등	

자료: 서울시(2018)

신규업무로서 우리 동네 주무관은 동 전 직원이 적극적으로 지역 주민과 소통하는 혁신적 업무를 추진한다. 동네 알기, 지역문제 해결, 주민관계망 확대 등이며, 주무팀 팀장이 총괄업무를 수행한다.

복지수퍼바이저는 복지비전을 공유하고 구성원에 대한 업무지도와 역량을 강화하는 복지 분야로서 상급자 또는 선임자가 담당한다.

찾아가는 복지·보편적 복지는 지역주민들의 복지와 건강문제 해결 및 서비스 제공, 노령층 진입 65세 도래 어르신 복지건강 정보 안내, 예방적 건강관리, 임산부 및 영유아에 대한 보편적 건강, 보육관리 정보 제공, 빈곤위기가정의 체계적 방문관리, 가구별 맞춤형 복지 서비스 제공 등이다.

통합 서비스 제공으로 통합복지상담(복지상담전문관)은 복지상담전문관(팀별 전담인력 1~2명 배치) 및 원스톱 상담 서비스 제공, 내방 민원인의 복지관련 다양한 욕구 해결을 위한 종합상담 창구, 동 단위 사례관리로서 복합적 욕구를 가진 당사자에게 다양한 자원 및 서비스를 제공하여 어려움을 극복할 수 있도록 지원, 내부 사례회의 및 동 단위 통합사례회의 실시, 동주민센터, 민간기관, 구 희망복지지원단 협업 추진 등이다.

복지생태계 조성으로 주민관계 활성화 '우리 동네 나눔이웃'은 동 단위 소지역 중심 나눔·돌봄 공동체 조성, 나눔이웃 주민 주도적 복지사업 기획 추진, 마을공동체 사업 연계, 복지자원조사 및 활용 '우리 동네 나눔가게'는 주민복지 욕구에 즉각적으로 대응하기 위해 복지 관련 자원조사 체계적 관리, 나눔가게 사업추진으로 지역주민 나눔공동체 참여 활성화, 복지생태계 조성을 위한 민·관협력 강화는 '동 지역사회보장협의체, 동 자원봉사캠프' 협력을 통한 동단위 민·관협력 강화이다.

(2) 찾아가는 동주민센터 평가

우리나라의 오랜 전통인 중앙집권적인 요소로 인하여 재정형편이 나은 서울은 전국에 배치된 희망복지지원단의 인원보다 두 배 이상 많은 2,574명의 사회복지사 및 간호사를 찾아가는 동주민센터에 배치하여 행정집행권자의 의도에 따라, 기존의 업무인 맞춤형 급여, 차상위 지원, 서울형 복지 등에다가 추가로 우리 동네 주무관, 복지수퍼바이저, 찾아가는 복지, 보편복지, 통합 서비스 제공 등 다양한 복지 서비스를 제공하고 있다.

각각의 매뉴얼을 살펴보면 찾아가는 동주민센터로 인하여 각 지역이 다양하게 유기적으로 활동하고 있는 것처럼 보이는 것처럼 구성되어 있다. 또 주로 찾아가는 복지, 보편복지에 사회복지사와 간호사가 주로 배치되어 활동하고 있다. 그런데 사례관리 및 통합 서비스 업무는 중심적인 기관이 설치되어 있고, 거기서 특정의 업무를 통괄하고, 필요에 따라 사례회의를 통하여 결정하고 실행하는 등 체계적이고 유기적으로 작용하지 않으면 사상누각이 될 가능성이 높다.

3) 장기요양기본계획(제2차 장기요양기본계획 자료)

(1) 정책배경과 방향

2008년 노인 장기요양보험제도 도입 후 2012년 9월에 제1차 장기요양기본계획(2013~2017)을 수립·시행하였고, 2018년 3월에 제2차 장기요양기본계획(2018~2022)을 세워서 발표하였다. 제2차 장기요양기본계획에서는 중요한 정책여건이 변화하였다.

첫째, 베이비 붐 세대(1955~63년생)의 노인인구 진입(2020년), 80세 이상 고령인구 증가(2017년 153만 명에서 2025년 246만 명) 등에 따라 향후 장기요양 대상자 증가 및 욕구의 변화 예상이다.

둘째, 독거노인·노인부부가구 증가, 가족부양 의식 약화로 가족 내 돌봄은 감소하고, 공적 돌봄 서비스에 대한 욕구는 증가할 전망이다.

셋째, 민간기관 중심의 서비스 공급구조에 따른 왜곡현상 발생이다. 즉 영세·소규모 민간기관의 과도한 경쟁구조로 서비스 질 저하와 종사자 처우 개선에 한계를 나타냈으며, 기관 경영 투명성에 대한 낮은 사회적 신뢰는 정책방향 설정, 수가결정과정 등에서 불필요한 행정비용과 사회적 갈등 유발 등이다.

넷째, 제도 도입 10년 차를 맞이하여, 그간 나타난 장기요양제도의 구조적 문제 해결을 기대하는 다양한 사회적 요구가 증가하고 있는 상황이다.

다섯째, 지속되는 인건비 상승과 수가 인상, 고령화에 따른 수급자 증가 등은 장기요양보험 재정 지출 증가 요인으로 작용하고 있다.

그럼에도 불구하고 제도도입 10년간 성과도 있었다. 즉 전체 어르신의 7% 수준(50만 명)으로 수급자 확대, 재가급여 활성화를 추진, 장기요양기관·인력의 양적 성장과 관리체계 개선, 회계 투명성 강화 및 부당청구·재정누수 방지 등이다.

제2차 장기요양기본계획은 '존엄한 노후생활을 보장하는 지역사회 돌봄 구현'이라는 비전 아래, 이를 실현하기 위한 4대 정책목표와 14개 과제로 구성되었다. 4대 정책 목표는 ① 돌봄의 사회적 책임을 강화하는 장기요양 보장성 확대, ② 이용자 삶의 질을 보장하는 지역사회 돌봄 강화, ③ 안심하고 맡길 수 있는 장기요양 서비스 인프라 조성, ④ 초고령사회에 대응한 장기요양 지속가능성 담보이다. 이러한 추진과제를 완성하고 나면 다음과 같이 5년 후의 모습이 기대된다.

분야	과제		2017년		2022년
보장성 확대	대상자 확대		전체 노인인구의 8.0%, 경증치매노인 등급 탈락		전체 노인인구의 9.6%, 경증치매 노인에게 등급 부여
	본인부담 경감 확대		기준 중위소득 50% 이하까지 본인부담 경감 지원	⇒	기준 중위소득 100% 이하까지 본인부담 경감 혜택 확대
	비급여 부담		기저귀(재가), 식재료비(시설) 전액 본인 부담		급여화 검토(중장기)
지역사회 기반 서비스 이용	서비스 이용체계		이용지원 강화사업 ('17년 시범사업)		수급자 욕구, 지역사회 자원과 연계된 사례관리 체계화
	재가 서비스 제공		기관 · 급여유형별로 분절적인 재가 서비스 제공(재가 서비스 이용률 69%)	⇒	수급자에게 맞춤형으로 통합적 재가 서비스 제공(재가 서비스 이용률 75%)
	수급자 가족지원		가족상담지원 시범사업(참여자 470명, 참여기관 13개)		가족상담지원 사업 강화(참여자 4,000명, 운영센터 110개)
	노인의료-요양 체계		요양병원-시설 기능 미정립		지역사회 중심의 노인의료-시설-재가 서비스 연계
장기요양 인프라 조성	장기요양 인프라 수급체계		체계적인 지역별 적정기관 및 인력 수급 체계 부재		지역별 적정 인프라 가이드라인 제시 및 지역별 수급계획 수립
	공공인프라 확충		공립 요양시설 101개소 공립 주 · 야간보호 94개소		공립 요양시설 160개소 신축 공립 주 · 야간보호 184개소 신축
	장기요양 관리체계		서비스 질과 무관한 장기요양 기관 지정 유지		서비스 질과 연계한 지정갱신제 도입
	장기요양기관 서비스 전문성		치매전담형 기관 55개소, 시설 입소자 의료욕구 미충족	⇒	치매전담형 기관 확대 (4,174개소), 전문요양실 도입
	장기요양인력 경력개발경로		제한된 요양보호사 경력경로		'요양지도사'를 도입하여 현장에서 요양보호사 지도
	장기요양인력 직무교육		일부 요양보호사만 직무교육		모든 요양보호사 및 사회복지사, 시설장 직무교육
	장기요양요원 지원센터		3개 시도에 6개소		각 시도(17개) 별로 1개소 이상

분야	과제		2017년		2022년
지속 가능성 담보	보험재정 및 거버넌스		보험수입 감소, 재정 지출요인은 증가		보험재정 추가확보 방안 검토, 효율적 거버넌스 체계로 재편
	수가체계		규모의 경제를 실현하지 못하는 수가 산정 체계, 복잡 · 다양한 가감산 제도	⇒	적정규모, 전문 서비스 제공을 유도하는 수가 산정 체계, 단순 · 효율화된 가감산제도
	부정수급 관리		부정수급자 급여제한		부정수급자 직권조사 및 등급 재판정
	회계투명성		재무 · 회계규칙, 인건비 지급비율 법적 근거 마련		재무 · 회계규칙, 인건비 지급비율 준수 확보

[그림 9-2] 5년 후 달라지는 장기요양보험

자료: 보건복지부(2018). 제2차 장기요양기본계획 자료

(2) 케어매니지먼트

노인장기요양보험에서 케어매니지먼트는 기관·급여유형별로 분절된 요양 서비스 제공체계, 노인의 의료와 요양의 연속성 부족에 따른 요양병원과 시설 간 기능 정립 문제 등의 문제를 해결하기 위한 방안으로도 도입되었다. 특히 지난 10년간의 한계로서 나타난 지역사회 거주를 지원하는 통합적 요양 서비스 이용 지원 미흡에서 수급자 욕구에 맞는 급여를 제공하는 대신, 개별요양기관이 제공하는 개별 서비스(방문요양) 중심의 분절적 급여 제공 현상이 지속되었기 때문이다. 정책 목표에서도 장기요양 서비스 이용의 체계적인 관리 강화에서 비롯하였다.

구체적인 내용은 지역사회 돌봄(community care)에 기반한 장기요양 서비스 이용이다. 그림으로 나타내면 다음과 같다.

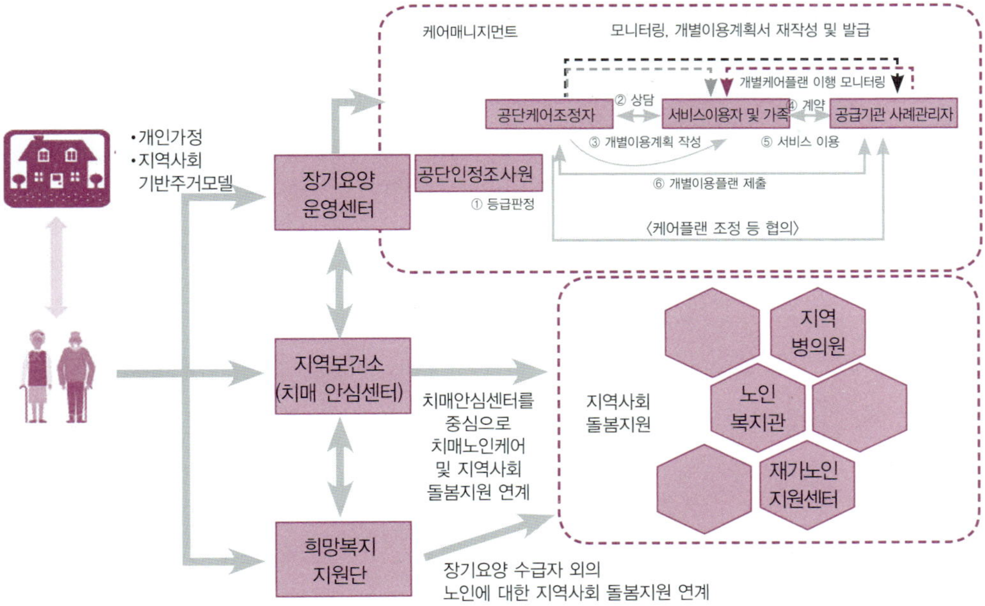

[그림 9-3] 지역사회중심 통합적 서비스 이용 체계(안)

자료: 보건복지부(2018). 제2차 장기요양기본계획 자료

위의 그림에 의하면 현재의 이용체계 안으로서 개인 가정과 지역사회 기반주거 모델에서 케어매니지먼트는 건강보험공단의 장기요양센터에서 제공되는 것으로 되어 있다. 또한 지역보건소의 치매안심센터에서 지역사회돌봄자원을 활용하고, 희망복지지원단에서 지원하는 것으로 되어 있다.

장기요양 서비스 이용의 체계적인 관리 강화에서 등급판정부터 사후관리까지 책임지는 케어매니지먼트를 도입한다. 즉 등급판정과 동시에 서비스 이용 전 과정을 지원하는 한국형 케어매니지먼트 도입으로 조기시설입소 방지 및 지역사회 거주 지원을 한다. 내용은 신규 및 재가수급자의 기능상태와 욕구조사에 기초하여 서비스 이용안내, 지속적인 모니터링을 통한 필요 서비스를 연계한다. 욕구조사는 개별 수급자의 건강상태, 치매, 재활기능상태 등 의료욕구뿐 아니라, 주거·생활환경, 수급자 가구의 특성과 주거지 안전성 등을 반영한 욕구조사를 말한다.

체계는 공단 '케어조정자'와 재가기관 '사례관리자'가 연계하여 수급자 욕구에 기초한 개별케어플랜 작성 및 사례관리를 수행한다. 공단 케어조정자, 기관 사례관리자가 월 1회 이상 사례관리 회의를 개최한다. '표준장기요양 이용계획서'를 수급자·가족의 욕구를 충실히 반영한 '개별이용계획서'로 전환하여 기관 사례관리의 구체적 지침을 제시한다.

또한 전문적인 케어매니지먼트 인력 양성을 위한 교육체계 마련하고, 사례관리 업무를 수행할 공단의 케어조정자, 기관의 사례관리자에 대한 자격기준을 마련하고 체계적인 양성과정·교육방안을 정립한다. 공단 케어조정자는 노인 건강·기능상태 이해 및 지역사회 보건복지자원 분석·연계 등 일차 의료 및 요양 서비스 핵심인력으로 양성, 전문성 강화한다. 기관 사례관리자는 사회복지사·간호사 등 전문인력 중 장기요양기관 실무경력이 3년 이상, 사례관리교육을 이수한 자 등에게 자격부여를 검토한다.

중장기적으로는 치매안심센터, 읍면동 주민센터 등 지역사회 내 사례관리 및 자원전달체계와 연계하여 케어매니지먼트를 운영한다. 지역사회 내에서 사람 중심(person-centered)의 서비스를 적정하게 제공하는 커뮤니티 케어 체계의 일환으로 기능한다. 구체적인 체계 안은 다음의 그림과 같다.

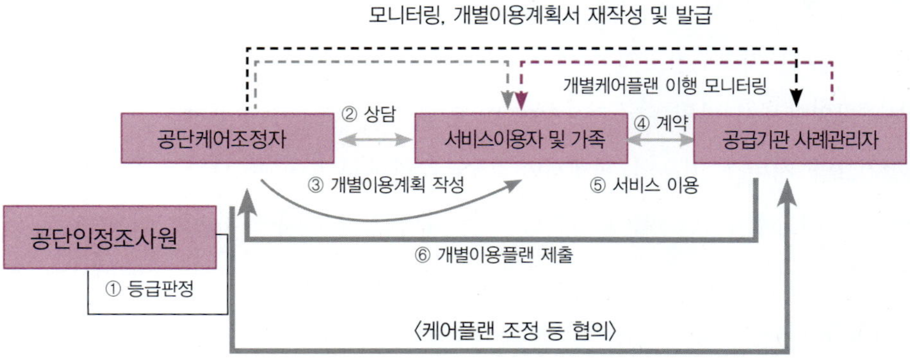

[그림 9-4] 장기요양 케어매니지먼트 체계(안)

자료: 제2차 장기요양기본계획 자료

(3) 장기요양기본계획의 평가

제2차 장기요양기본계획에 의하면 케어매니지먼트 제도를 도입한 것은 크게 변화한 것이고, 바람직하다고 볼 수 있다. 이러한 변화는 이미 10년 전에 장기요양보험 제도 도입 당시부터 언급되었던 것을 10년간의 시행착오를 거친 후에 실시하게 된 것이다.

그런데 장기요양기본계획의 "지역사회중심 통합적 서비스 이용 체계(안)"에 의하면 케어매니지먼트를 장기요양센터 안에서 실시하는 것으로 되어 있다. 그리고 케어매니지먼트의 내용도 거의가 개별케어플랜 작성·제공으로 한정하고 있으며, 현재 제공되고 있는 맞춤형(표준형) 케어플랜 제공에서 약간 진일보한 느낌이다. 일반적인 케어매니지먼트의 내용과 절차인 대상자 발굴, 욕구사정, 관련자(전문가) 케어콘퍼런스, 자원(서비스)개발과 연결, 케어플랜, 케어플랜의 제공과 모니터링, 평가 등의 전반적인 것들이 보이지 않는다. 또한 장기요양센터 내에서 케어매니지먼트를 실시하게 되면 지역사회의 다양한 자원, 민간의 활력, 각종 전문직의 연계·통합 등이 어렵게 되며, 거의 작성된 내용(케어플랜)을 강요하게 되는 결과를 초래하게 되고, 어쩔 수 없이 노인장기요양 서비스로 한정된 서비스로 케어플랜을 작성하게 된다.

3. 사례관리의 구성

사례관리를 구성하는 기본적 요소로는 ① 사례관리를 필요로 하는 대상자, ② 대상자의 욕구를 충족시키는 사회자원, ③ 사례관리를 실시하는 기관에 배치되어 있는 사례관리자이다(조추용·권현주 역, 2000).

1) 대상자(클라이언트)

첫 번째 요소인 사례관리의 원조를 필요로 하는 대상자에 대해서는 욕구가 중복되어 있기 때문에 한 가지 이상의 사회자원을 필요로 하고 있는 사람이 첫 번째 조건이다. 또 하나의 조건은 사회자원의 이용방법을 알지 못하는 사람으로 다음과 같은 특징을 가진 사람이다.

① 복수의 또한 복잡한 신체적·정신적 손상을 안고 있는 클라이언트
② 복수의 서비스를 필요로 하고 있거나 혹은 받고 있는 클라이언트
③ 시설입소가 검토되고 있는 클라이언트
④ 서비스가 충분히 제공되고 있지 않은 클라이언트
⑤ 받고 있는 서비스가 부적절한 클라이언트
⑥ 케어해 주어야 할 가족구성원이 없거나 혹은 충분하지 못한 클라이언트
⑦ 가족구성원만이 돌보고 있는 클라이언트
⑧ 행정 서비스 이외의 비공식적인 지원(예를 들면, 이웃이나 자원봉사자)을 필요로 하고 있는 클라이언트
⑨ 행동이나 태도에 대해서 다른 사람이 견디기 어려운 클라이언트
⑩ 몇 번씩 입·퇴원을 반복하고 있거나 혹은 자기 자신의 건강관리를 할 수 없는 클라이언트
⑪ 자신의 문제점이나 욕구에 대한 판단력이 어려운 클라이언트
⑫ 금전관리가 불가능하거나 혹은 행정 서비스를 신청하는 데 도움이 필요한 클라이언트
⑬ 개인적인 대변자가 필요한 클라이언트

이상과 같이 대상자의 특성에 있어 사례관리는 장기요양이 필요한 사람에게 특히 적합하다고 할 수 있다.

2) 사회자원

사례관리의 두 번째 요소인 대상자의 욕구를 충족시키는 사회자원에 대해서는 광범위하게 생각할 수 있다. 사회자원을 분류하는 하나의 시점으로 누가 그러한 사회자원을 제공하는 공급주체인가 하는 분류이다. 이들 중에는 가족구성원, 친척, 친구·동료, 이웃, 자원봉사자 등과 같은 비공식 섹터(sector)와 행정이나 법인 등의 공식 섹터가 있다. 이러한 여러 가지 공급주체에 따른 사회자원을 대상자가 활용하고, 각 사회자원이 가지고 있는 장점을 살려서 욕구를 충족시키는 것이 사례관리 특징의 하나이다.

3) 사례관리자

사례관리자는 사회자원과 대상자의 욕구를 조정하는 것으로 사례관리자는 가능한 한 전문가여야 하겠지만 이전에는 가족이나 본인이 사례관리를 스스로 하는 일이 많았다. 그러나 지금과 같이 각종 사회자원이 다원적으로 공급되는 시대에서는 가족이 사례관리자로서 충분히 역량을 발휘하기 어렵다고 할 수 있다.

미국이나 캐나다에서는 주로 사회복지사나 지역방문간호사, 때로는 물리치료사나 작업치료사가 사례관리자의 역할을 수행한다. 스테인버그와 카터(Steinberg and Carter, 1983)의 조사에 의하면 미국 전역에서의 사례관리자의 4분의 3은 사회복지사이고 나머지 4분의 1은 간호사, 지역방문간호사, 작업치료사 등이 담당해 왔다. 또한 캐나다의 브리티시 콜럼비아(British Columbia) 주(州)의 보건부 연속케어과에 배치되어 있는 사례관리자의 다수가 지역방문간호사이며, 그 반대로 사회복지사는 소수이다. 그리고 같은 캐나다에서도 마니토바주의 보건부 연속케어과에서는 사회복지사와 지역방문간호사가 함께 팀을 이루어 사례관리를 실시하고 있다. 지역방문간호사는 대상자의 건강이라는 시점에서, 사회복지사는 사회생활을 지원한다는 관점에서 사례관리를 실시하게 되는데, 지역방문간호사와 사회복지사가 협동으로 실시하는 것이 가장 바람직하다고 할 수 있다. 이와 같이 사례관리자는 혼자서 하는 경우도 있으며 몇 사람의 전문가가 팀을 이루어 실시하는 경우도 있다. 직종이 다양한 유럽의 대부분에서 제공되고 있는 서비스는 건강보험 급여내용에 포함되어 있는 경우도 있고, 홈닥터(home doctor)가 사례관리 기능을 맡고 있는 경우도 있다.

제2절 사례관리의 과정

1. 과정의 개요

사회복지실천의 과정은 대부분이 접수→사정→계획 및 실시→평가의 네 단계로 나누어져 있다. 이시노(石野育子, 2000)의 개호과정에서도 정보수집→문제파악→케어플랜→케어실시→케어평가로 나누고 있는데, 이 과정도 케어플랜과 케어실시를 하나의 단계로 본다면 네 단계로 이해할 수 있다.

영국에서는 1990년 국민보건 서비스와 「커뮤니티케어법(the NHS and Community Care Act)」이 제정되고, "사례관리와 사정(*Care Management and Assessment: Practitioners' Guide and Managers's Guide*, 1991)"이라는 지침서가 발간되었는데 이 지침서에 의하면 사례관리란 클라이언트가 지지적, 비용 효과적인 방법으로 필요한 서비스를 받을 수 있게 하기 위하여 서비스 네트워크(network) 안에서 상호 작용하는 일련의 논리적 단계이며 과정으로서 개인(클라이언트, 이용자, 소비자)의 욕구에 서비스를 재단하는(tailoring) 과정이며, 다음과 같이 7개의 단계로 이루어진다고 한다.

첫째, 정보공개(publishing information) 단계: 서비스를 제공받을 수 있는 욕구를 공개하고, 그러한 욕구에 대응하는 자원의 활용과 조정(arrangement)에 대해 알려준다.

둘째, 사정 수준의 결정(determining the level of assessment) 단계: 개인들의 욕구를 정확하게 파악하고, 욕구사정의 적절한 수준을 결정한다.

셋째, 욕구사정(assessing need) 단계: 개별 욕구를 이해함과 동시에, 기관의 정책과 우선순위의 관계를 설정하고, 개입의 목적에 대해 동의를 구한다.

넷째, 케어플랜 작성(care planing) 단계: 욕구사정에 근거해 목적을 달성하기 위한 최선의 방법을 협의하고, 개별 클라이언트의 케어플랜에 대해 협동체계를 구축한다.

다섯째, 케어플랜의 실행(implementing the care plan) 단계: 욕구에 적합하여 필요한 자원을 확보하고 서비스를 제공한다.

여섯째, 모니터링(monitering) 단계: 케어플랜에 근거한 서비스가 제공되는지를 점검하고, 계속적인 지원과 통제를 한다.

일곱째, 재검토(reviewing) 단계: 일정한 간격으로 케어플랜을 수정하기 위하여 제공된 서비스의 성과와 욕구를 재사정(reassessment)한다.

사례관리의 과정을 원용한 아래의 과정에서도 ① 접수(entry) →② 사정 → ③ 사례목표의 설정과 케어플랜의 작성 → ④ 케어플랜의 실시 → ⑤ 케어제공에 대한 점검 및 사후검토 → ⑥ 재사정 → ⑦ 종결의 7단계로 나누지만 이것도 ① 접수(entry) → ② 사정 → 계획 및 실시{③ 사례목표의 설정과 케어플랜의 작성 → ④ 케어플랜의 실시}→ 평가{⑤ 케어제공에 대한 점검 및 사후검토→ ⑥ 재사정 → ⑦ 종결}의 네 단계로 나눌 수 있다. 다만 이 과정에서는 케어플랜의 내용으로 클라이언트가 사회생활 기능을 유지하기 어려우면 재사정에 의해 케어플랜으로 재순환하는 절차를 밟는다. 이것을 그림으로 나타내면 다음과 같다.

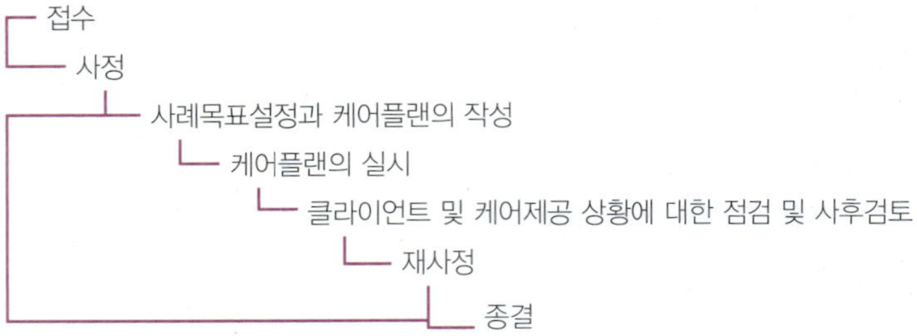

[그림 9-5] 사례관리 과정

자료: 조추용·권현주 역(2000)

먼저 접수단계에서는 주로 사례의 발견, 심사, 접수가 행해진다.

제2단계의 사정은 클라이언트를 사회생활상의 전체적인 관점에서 보아 여러 종류의 문제점이나 욕구를 사정(진단)하는 것이다. 사정의 내용에는 주로 현재의 문제상황, 신체적·정신적인 건강상태, 일상생활동작 능력, 심리·사회적 기능, 경제상황, 클라이언트의 사기, 가치관 및 대인관계의 유지방법, 가족, 이웃, 친구에 관한 정보, 세대구성, 클라이언트의 자조능력이나 프로그램에 대한 적극성, 지금 이용하고 있는 서비스나 지원, 서비스의 자격요건과 관련된 경제상황이나 거주장소 등이 포함된다.

제3단계는 사례목표의 설정과 케어플랜의 작성이다. 먼저 사례목표를 설정하고, 그것에 기초해서 케어플랜을 작성하여, 각 클라이언트에 즉응하는 개별화된 계획을 수립한다. 구체적으로는 클라이언트의 사회생활상에서의 여러 문제와 그 문제들의 바람직한 해결방법을 일람표로 짜서, 각 문제에 대한 바람직한 원조의 종류나 공급주체를 필요한 시간이나 횟수에 따라 주어진 순서대로 실시한다.

제4단계는 클라이언트가 원활하고 질 좋은 서비스나 지원을 받을 수 있도록 계획을 실시하는 단계이다.

제5단계의 클라이언트 및 케어 제공 상황에 대한 점검 및 사후검토는 각종 서비스나 지원이 원활하게 제공되고 있는지의 여부, 그리고 클라이언트 자신의 일상생활동작능력이나 사회상황의 변화에 따라 욕구가 변화하지 않았는지의 여부를 점검하고 계속적으로 체크해 가는 것이다. 점검 및 사후검토 결과로 욕구가 충족되지 않은 것이 발견된 경우나, 정기적으로 체크한 결과에 따라 제6단계의 재사정을 실시한다. 그리고 제3단계 사례목표의 설정과 케어플랜의 작성으로 되돌아가서 사례관리 과정의 순환을 반복하게 된다.

사례관리 과정의 6단계 중 어느 특정단계에 중점을 둠으로써 개개의 사례관리의 특징은 크게 달라진다. 제1단계의 사례발견을 강조하는 것, 혹은 제3단계의 케어플랜의 작성에 역점을 두는 것, 또는 케어플랜을 실시하는 일에 중점을 두는 것까지 각기 사례관리는 다양하다.

사정에 이어지는 케어플랜의 시초는 케어목표의 설정과 케어플랜의 작성이다. 본서에서는 케어플랜에 초점을 두고 논의를 전개한다.

2. 케어플랜의 개괄

케어플랜이란 확인된 클라이언트의 문제, 성취될 결과, 목표달성을 위해 추구되는 서비스 등에 관해서 클라이언트, 사회적 관계망, 다른 전문가, 사례관리자가 합의를 이루어나가는 일련의 과정이다. 케어플랜은 고령자 케어의 현장에서 실제로 케어를 제공하는 사람들의 협의에 의해 이용자에게 제공할 케어의 양과 케어 수준을 사전에 결정하는 문서이다. 사례관리에서 케어플랜이 작성되고 이것에 의하여 케어가 전개되는데, 사례관리에서 케어플랜은 서로 다른 다양한 기관에 소속된 전문가가 동일한 케어플랜에서 역할분담을 명확히 하고, 효과적이고 효율적인 케어를 협동하기 위한 케어플랜인 것이다.

그리고 케어플랜이란 고령자 케어의 질 향상을 위하여 한 사람의 대상자를 대하는 데 하나의 실행 가능한 계획을 대상자의 케어에 관계된 사람들과 협의하고 결정한 내용을 문서화시킨 것이다.

이 정의에서 케어의 질 향상이란, 케어의 대상인 고령자에 대하여 안전하고 유효하고 효과적인 것을 말하며, 한 사람의 대상자에 대해서라는 것은 개별계획에 있다는 것을 각각 전제로 하고 있다.

하나의 실행 가능한 계획이란 간호계획, 개호계획, 기능회복훈련계획, 사회복지계획 등의 개별계획이 아닌, 한 사례에 하나로서 그것이 직원만이 아닌 시설, 설비면 혹은 이용자와 직원의 능력으로 보아도 실행 가능한 것이 필요하다.

케어에 관련된 사람들이 협의하는 것은 사례회의가 이루어져 정보가 공유화되어 있다는 것을 의미하며, 결정한 내용이란 사례회의에서 케어방침과 구체적인 케어플랜이 결정되어 있다는 것을 뜻하고 있다.

마지막의 문장화란 간결하고, 이해하기 쉽고, 대상자와 가족에게도 설명 가능한 문장이어야 하고, 가능한 한 케어실행 후의 예측이나 평가의 기준이 명확하게 제시되어야 한다고 하는 것을 의미한다.

이러한 것을 조목조목 기록한 것이 〈표 9-2〉의 케어플랜 열 가지 조건이며, 이 조건을 만족시키는 것이라면 안전하고 효과적인 케어플랜이라고 할 수 있다.

〈표 9-5〉 케어플랜의 열 가지 조건

① 한 사람에게 하나의 계획이 있을 것
② 실행 가능해야 할 것
③ 케어회의를 거쳐야 할 것
④ 방침과 계획이 결정되어 있어야 할 것
⑤ 케어에 관련된 전원이 이해하고 있어야 할 것
⑥ 구체적이고 이해하기 쉬워야 할 것
⑦ 간결하게 문장화해야 할 것
⑧ 대상자와 가족에게도 설명 가능해야 할 것
⑨ 케어 실행 후에 예측이 제시 되어 있을 것
⑩ 평가의 기준이 명확히 제시되어 있을 것

③의 케어회의를 거쳐야 하는 이유는 케어와 관련된 사람들 사이에 케어플랜의 효과를 공유하고 효과가 없는 계획은 수정하게 되며, 그렇지 않으면 ⑤의 케어에

관련된 전원이 이해하고 있어야 한다는 조건도 만족시키지 못할 것이다. 케어플랜은 지금부터 실시해야 할 것 혹은 지금까지 실시해 온 것을 문서화하고 구체적이며 간략하게 할 필요가 있다. 또 ⑨의 예측과 ⑩의 평가기준에 대해서는 약간의 보충설명이 필요할 것이다.

⑨의 케어 실행 후의 예측이란 그 계획을 실행했을 경우 어떤 결과가 예측할 수 있는지, 언제까지 예측한 결과를 얻을 수 있을지, 어떠한 상황에 처했을 때 중지해야 할 것인지 등을 미리 예측하는 것이다. 예를 들면 매일 아침 식당까지의 이동 시에 보행기를 사용하여 보행훈련을 실시한다는 계획이 세워졌을 경우, 몇 회 실시할 것인가 혹은 며칠 실시하는가에 대한 계획을 세우고, 케어 없는 상태에서 보행기를 사용할 수 있는가를 예측하는 것이다. 또는 어떠한 경우에 개조를 중지해야 하는지도 예측해 둘 필요가 있다. 뒤에 매일은 무리라든지, 직원 배치상 무리가 있다는 것을 안다면 실행 불가능한 계획이므로 이 계획은 의미 없는 것이 된다.

다음은 ⑩의 평가기준에 관한 것인데 케어의 현장에서는 혼란을 야기한다. 그것은 '평가'라는 말에 약간의 저항감이 있기 때문이다. 여기에서 말하는 '평가'란 계획된 행위가 계획대로 실행되었는지를 어떻게든 판단하는 기준을 사전에 작성하여 그 결과를 평가하는 것이다. 따라서 '잘 되었다거나, 안 되었다'라는 것은 아니고 '계획대로 되었는지 또는 잘 되지 않았는지'에 관한 것이다.

계획을 입안한다는 것은 어떤 목표에 대하여 사전에 결과를 예측하고 계획실행 중의 체크체제와 계획종료 후의 평가 판단기준을 제시하는 것이다. 실행되지 않은 계획은 무의미하고 평가기준이 제시되어 있지 않은 행위를 실행한다는 것은 아무 쓸모가 없다.

이상은 케어플랜의 개요이며 실제로 케어 현장에서 계획을 작성하여 활용하기 위해서는 보다 구체적인 설명이 필요할 것이다.

제3절 사회자원

1. 사회자원의 개념

사례관리를 구성하는 중요한 한 가지 요소가 사회자원이다. 오늘날 사회자원의 일부로서의 사회복지 서비스에 대해서 또한 대상자를 지원하는 가족이나 지역사회의 비공식적인 지원체계에 대한 활발한 논의가 이루어져 왔다. 그러나 그것들을 총칭하는 전체로서의 사회자원 그 자체에 대한 논의는 거의 없다. 즉, 사회자원 전체에서 보면 단편화(fragmental)된 한 부분의 사회자원에 관한 연구는 활발하여 그 성과가 축적되어 왔다. 그러나 그것들을 합친 전체로서의 사회자원 총론 연구에 대해서는 그 선행 업적을 거의 찾아볼 수 없다.

사회자원 전체에 관한 논의가 오늘날 필요 불가결하게 된 근거를 현재 사회복지 상황의 특징을 바탕으로 다음과 같이 열거해 본다.

① 사회복지의 동향은 이전의 시설중심의 복지에서 대상자가 거주하고 있는 지역사회를 기초로 한 지역복지로 중심이 이동해 온 것이다. 지역사회에서의 생활을 기본에 두고 생각하는 대상자 원조에서는 현재 상황뿐만 아니라 잠재적인 면까지도 포함한 총체로서의 사회자원을 염두에 두고 사회복지제도나 원조방법을 검토해야만 대상자의 지역사회에서 생활을 지원할 수 있다.

② 사회복지 원조대상자의 사회생활상에 대한 욕구는 다양화·고도화되어 왔다. 대상자에게 사회자원이 주어진 시대에서 대상자가 사회자원을 선택하는 시대가 되었다. 따라서 현재 이러한 욕구에 걸맞은 사회자원은 이전의 최저한의 수준에서 진행되었던 획일적인 것이 되어서는 안 된다. 이러한 동향에 따라 사회자원의 범위가 확대되는 것과 질적인 충실을 도모하는 것이 요청되며, 서비스 공급주체의 다원화·다양화가 촉진되고 있다. 특히 고령사회를 맞이하여 실버산업이라는 시장기능에 바탕을 두는 복지기업, 더 나아가서는

지역의 자주적인 단체에 따른 유상개호 등을 공급하는 주민참가형의 서비스공급 주체가 다수 출현하고 있다. 이것은 이전의 행정 서비스를 중심으로 한 사회자원론에서는 설명이 불가능하므로 새로이 사회자원론을 논리화할 필요성이 생겨나고 있다.

③ 고령화 사회에서 와상노인이나 치매성 노인의 증가에 따른 개호의 책임에 대하여 가족을 중심으로 하는 비공식지원과 행정을 중심으로 하는 공식 서비스가 어떻게 역할 분담을 할 것인가가 중요과제이다. 이와 같은 연구에서는 가족의 개호기능이나 행정시책의 양태가 각각 별개로 심도 있게 검토되고는 있으나, 양자의 관계에 대해서는 거의 밝혀진 것이 없고 관련성 또한 불연속적이다. 따라서 사회자원 간 관련성의 명확화가 필요하다.

④ 지역복지를 추진하려면 개인의 원조 수준, 지역에서의 조직화 수준, 정책수준 등 각각에 관련되는 개개의 사회자원을 단위로 하는 네트워크를 형성해야 한다. 그러기 위해서는 각 사회자원의 내용이나 특징을 확정하고 나서 공통된 가치를 찾아내야만 한다.

⑤ 사회복지 원조방법의 관심은 대상자의 심리적인 측면의 원조보다도 대상자의 환경조성(간접적 서비스 환경조작이라고도 함)으로 향하고 있으므로, 대상자의 환경에 대한 명확한 틀이 필요하게 되었다. 즉, 대상자에게 외적인 사회자원의 내용을 명백하게 할 필요성이 있다고 할 수 있다.

2. 사회자원의 내용

사회자원의 내용에는 어떤 것이 포함되는가? 또한 거기에 포함되는 개개의 사회자원의 특질에 대해 제시해야 되겠지만, '현대 사회복지사전'에서는 사회자원을 다음과 같이 설명하고 있다. 사회적 욕구(social needs)를 충족시키기 위해 동원된 시설·설비, 자금, 물자, 그리고 집단이나 개인이 가지고 있는 지식이나 기능을 총칭한다(三浦文夫, 1982).

이들 이외의 사회자원 분류에 관한 하나의 예를 들어본다. 토마스(Thomas, 1975)는 지역사회자원은 주민에 대해 재정적, 사회적, 상호부조적인 가치를 가지고 있다고 보며, 이 지역사회자원을 물질(산업이나 학교), 상업적 서비스(상점이나 극장), 조직적 지원(교회나 복지기관과 그 직원), 내적인 지원(가족·친구·이웃의 비공식 복지자원)의 네 가지로 범주화하고 있다. 또한 자원을 금전, 애정, 정보, 지위, 서비스, 선의 등으로 분류하는 사람도 있다(Foa, 1971). 사회자원의 내용이나 범위를 확정하기 위해 여기서는 분류의 축이 되는 기준을 먼저 검토해 본다. 이것과 동일한 입장에서 사이포린(Syporin, 1987)은 자원을 그 특성, 의존성, 유효성의 관점에서 다음과 같은 기준을 사용해서 분류를 시도하고 있다. 즉, 자원은 명확한 목표를 달성하는 것과의 관계에서 한 개인이나 그 집단에서 내적인 것인가 외적인 것인가, 공식적인 것인가 비공식적인 것인가, 실용할 수 있는 것인가, 잠재적으로 추출해 가는 것인가, 어느 정도 통제(control)할 수 있는 것인가, 없는 것인가 등이다.

벌머(Bulmer, 1987)는 케어에 한정하고 있는데 아주 간단하게 말하면 공식적 케어의 관계는 게젤샤프트(Gesellschaft, 이익사회)의 관계이며, 비공식적 케어의 관계는 게마인샤프트(Gemeinschaft, 공동사회)의 관계로 구분하고 있다. 프로랜드(Froland, 1980)에 의하면 양자의 특징을 다음과 같이 나누고 있다.

공식적 케어의 섹터에서는 욕구나 수급자격을 평가하는 명확한 기준, 절차에서의 공적인 규칙, 원조 역할 사이에서의 전문 분화나 정식조정, 클라이언트나 소비자와의 관련의 명확화와 기대, 개별적인 특징 내지는 상황에서의 독자적인 문제에 대응할 때의 일관된 기준, 무엇이 성공이나 진전을 구성하는가에 관한 객관적으로 제시된 기준이 존재한다. 반면 비공식적 케어는 관계의 특성, 비공식적 원조자의 상황이나 감정 중심적으로 집단, 이웃, 문화 속에서 광범위한 권리·의무체계에서 성립된 계속적으로 바뀌는 상호감정에 따라 변화하게 된다.

이 공급주체에 따른 사회자원을 제도적인 사회복지 서비스에 한해, 즉 가족이나 지역사회에서의 개별적인 생활을 유지해 가는 욕구에 한정해 논의를 심화시켜 본다. 이와 같은 욕구를 충족시키는 사회지원을 나열하면 다음 [그림 9-6]과 같다.

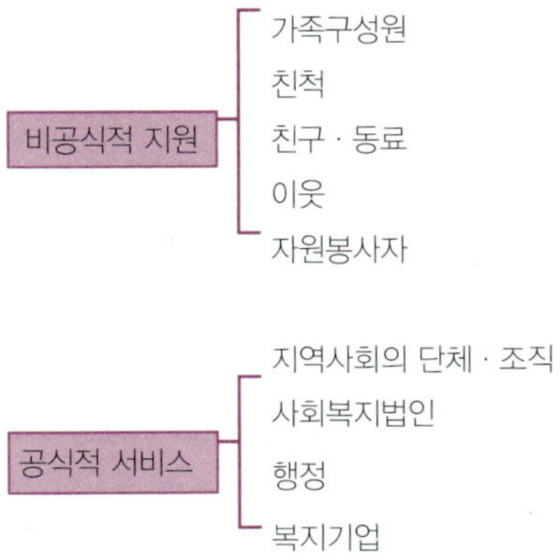

[그림 9-6] 대인복지 서비스와 관련된 서비스와 지원의 공급주체

공식적 서비스 공급주체의 사회자원을 미우라(三浦文夫)의 이론을 바탕으로 정리하면, 행정은 행정형 사회복지 서비스 공급주체, 법인은 사회복지법인이 되는데 이것은 인가형 사회복지 서비스 공급주체, 기업은 시장형 사회복지 서비스 공급주체, 단체는 참가형 사회복지 서비스 공급주체가 된다. 이들 네 가지 중에서 전자의 두 가지 공급주체는 옛날부터 이어져 온 전통적인 것이다. 그러나 후자의 두 가지 공급주체는 최근에 발전해 온 것이다.

이 공식적 서비스와 비공식적 지원을 합치면 다수의 공급주체가 되어 개개의 대상자가 그것들을 조합함으로써 오늘날의 욕구의 다양화·고도화에 대응해 가는 것이 된다. 이 조합방법은 단순히 공급주체별로 하나의 서비스를 각각 모아 놓은 것만이 아니라, 각종 공급주체를 합해서 하나의 서비스를 만들어 내서 이용하는 것도 포함된다. 예를 들면, 비공식적 자원봉사의 노력과 공식적 행정기관의 재정적인 보조로 식사 서비스를 형성하고 있는 곳도 있다. 이 서비스를 이용한 경우 자원봉사와 행정의 두 사회자원을 활용하는 것이 된다. 또한 공식적 서비스 공급주체 사이에서의 협동적인 서비스의 창조도 촉진되었다. 이것에는 민간 복지기업의 서비스를 행정기관이 사서 주민에게 서비스를 제공하고 있는 준 시장형 사회복지 서비스 공급주체라고 불리는 것도 있다. 또한 민간단체가 실시하고 있는 개호 등의 서비스에 대해서는 행정기관이 보조금을 내는 준 주민참가형 사회복지 서비스 공급주체도 있다.

10

노인상담

상담은 일반 대화와는 달리 전문적인 훈련을 받은 상담가와 내담자 간에 이루어지는 전문적인 관계로서 의도적인 활동이다. 상담은 의도를 가지고 하는 활동이라 상담 시 부자연스러울 수 있으나 일상생활에서 그냥 넘어가는 것도 일부러 물어볼 필요가 있다. 일반적 대화에서는 두 사람 간의 관계에서 일방적 소통은 역기능적인 것이라 볼 수 있으나 도움을 주는 상담관계에서는 일방적인 성격을 띠게 된다. 그러나 상담에서 일방적이라는 것은 대화가 일방적이라는 것은 아니다. 상담의 일반적인 특징은 노인복지기관의 사회복지사는 노인에게 도움을 주는 위치에 있으나 내담자인 노인은 사회복지사를 돕지는 않는다는 의미를 내포하고 있다.

노인은 노년기의 생활에서 개인적으로는 노년기의 적응, 심신의 건강악화, 가족 간의 갈등, 사회적으로는 차별, 소외, 사회적 단절 등의 문제에 직면하고 있다. 따라서 노인의 심리·정서적 영역, 경제적 영역, 사회적 영역, 가족적 영역에서의 노인상담이 필요한 실정이다.

제1절 노인상담의 필요성

1. 노인상담의 정의와 목적

노인상담은 도움을 필요로 하는 노인이 전문적 훈련을 받은 상담자와의 대면관계를 통해 자신의 개인적, 가족적, 신체적, 경제적 문제를 해결함과 더불어 감정, 사고, 행동 측면의 인간적 성장을 통해 효과적으로 노후생활을 영위하도록 돕는 과정으로 정의한다(현외성 외, 2011). 이호선(2005)은 노인상담이란 사회적 약자인 노인들이 심리적, 육체적, 정신적, 사회경제적 어려움에 관하여 다양한 통로를 통해 훈련된 상담자와 감정적, 내용적, 이해적 상호작용을 거쳐 기대했던 특정한 관심사에 대한 바람직한 결과를 얻는 모든 과정으로 정의하고 있다. 김태현(2000)은 노인상담이란 도움을 필요로 하는 노인이 상담자와 전문적 원조관계를 형성하여 은퇴문제, 개인 및 가족문제, 경제 및 건강상의 문제를 해결하고 감정, 사고, 행동 측면의 성장을 도모하여 성공적인 노후생활을 영위하기 위하여 노력하는 과정이라고 하였다. 따라서 노인상담은 노인들이 직면한 문제나 어려움을 해결하여 노년기의 심리사회적 기능을 증진할 수 있도록 돕는 과정이다.

이러한 노인상담은 노인의 성장을 지원하고 노년기에 직면하는 다양한 문제를 해결하여 성공적인 노후생활을 영위할 수 있도록 하는 데 기본적인 목적을 두고 있다. Burlingame(1995)은 노년기 발달과업을 근거로 하여 노인상담의 목적을 다음과 같이 제시하였다(권중돈, 2009, 재인용).

첫째, 필요한 의료적, 사회적, 정서적 지원을 효과적으로 동원하고 이용하도록 원조하는 것이다. 노인상담과정에서 상담자는 필요한 경우 노인의 의료적 검사나 치료 및 필요한 서비스를 받을 수 있도록 도와야 한다.

둘째, 신체적인 강점을 강화하고 건강약화에 적응하도록 원조하는 것이다. 노년기에는 신체적인 기능이나 건강이 약화되고 이러한 변화로 인하여 그동안 가능했던 활동들이 어려워질 수 있기 때문에 심신이 건강하고 노화로 인한 변화에 적응할 수 있도록 도와야 한다.

셋째, 노년기의 신체적·재정적 변화와 관련하여 노인의 보호 및 주거시설에 대한 욕구가 충족되도록 원조하는 것이다.

넷째, 지역사회에서 새로운 역할을 가질 수 있도록 원조하는 것이다. 상담자는 노인들이 지역사회에 소속감을 가지고 가치 있는 존재로 느끼며 활발한 교류활동을 할 수 있도록 도와야 한다.

다섯째, 손자녀, 친척 및 지역사회와의 관계를 조정하도록 돕는 것이다. 이때 상담자는 매개자로서의 역할을 수행해야 한다.

여섯째, 배우자나 친구 등 중요한 사람들의 상실에 적응하도록 원조하는 것이다. 상담자는 노인이 친밀한 사람과의 사별을 현실로 받아들이고 슬픔에서 오는 고통을 극복하도록 원조해야 한다.

일곱째, 은퇴와 재정적인 변화에 대처하도록 원조하는 것이다. 이를 위해 여가를 의미 있게 보낼 수 있는 방법, 부부관계에서의 적응, 새롭게 찾아오는 소외감을 극복하는 문제, 경제적 문제를 해결할 수 있는 일자리 연결 등을 중요하게 다루어야 한다.

여덟째, 노인이 자신의 삶에서 주도권을 갖고 중요한 결정들을 할 수 있도록 원조하는 것이다. 상담자는 노인에게 필요한 정보를 제공하며 중요한 의사결정에 필요한 대안들을 제시하여야 한다.

2. 노인상담의 특성

노인상담의 특성은 다른 계층과 달리 노인들만이 가지는 다양한 특성과 관련이 있다. 따라서 노인상담의 특성을 몇 가지 살펴보고자 한다.

1) 내담자의 연령이 상담자의 연령보다 높다

상담자의 연령이 내담자인 노인보다 적은 경우, 상담자는 부담을 느끼게 되는데 특히 노인이 삶의 연륜이 많다 보니 상담자를 가르치려 할지도 모른다는 생각을 가지게 되어 개방적인 자세를 가지기 어렵게 된다. 내담자인 노인 역시 자신보다 나이가 어린 상담자에 대해 신뢰를 형성하기가 어렵다(이호선, 2005).

2) 내담자의 긍정적 변화의 욕구가 약하다

노인들은 노년기에 겪게 되는 노화로 인한 변화들, 소득의 변화, 역할의 변화 등은 새로운 도전과 긍정적 발전을 방해하는 요인이 된다. 노인들은 "다 늙어서 무엇을 하느냐?", "곧 죽어야지." 등의 말은 새로운 삶을 가꾸어 나가려는 의지가 거의 없음을 보여주는 예들이다. 이는 상담에 있어서도 변화를 추구하기보다는 문제를 그대로 정체시키려는 경향으로 나타날 수 있다.

3) 내담자의 살아온 경험과 지식의 의존도가 크다(이호선, 2005)

내담자인 노인은 오랜 삶의 경험을 통하여 다양한 지식을 축적하고 있다. 그 중 삶의 변화에 대한 과정과 결과에 대한 경험은 내담자가 상담에 임하는 자세와 상담과정에 중대한 영향을 미친다. 이 영향력은 상담에 긍정적인 영향을 미칠 수도 있고 부정적인 영향을 미칠 수도 있는데, 특히 부정적인 영향을 미치는 경우 내담자는 상담을 중지할 수도 있다.

4) 가족을 포함한 사회적 지지체계가 약하다

최근 노인들은 자녀의 결혼이나 직장 등의 이유로 자녀와 따로 사는 경우가 많아지고 있다. 자녀와 함께 사는 노인들의 경우에도 건강약화와 심리적 위축 등이 자녀에 대한 의존도를 높이기도 하지만 반면 자녀에게 부담을 주지 않으려는 생각도 가지게 된다. 상담의 필요성이 있는 노인들은 자신의 어려움 등을 자녀나 가까운 친척에게 공개하는 것을 꺼리기 때문에 문제를 오히려 확대시킬 수 있다. 또한 노인들은 자신에게 어려움이나 도움이 필요한 경우에도 사회복지기관의 목적이나 위치를 몰라 이용할 수 없는 경우도 있다.

제2절 노인상담의 유형

1. 장소별 상담 유형

1) 생활시설 상담

생활시설에서의 상담이란 노인주거복지시설이나 노인의료 복지시설에 입소하여 생활하는 노인의 서비스와 불편한 사항에 대하여 노인과 그 가족이 상담하는 유형을 의미한다. 생활시설에 입소하는 노인들은 지금까지 자신이 살던 지역사회와 가정을 떠나 새로운 삶의 장소로 옮기는 것이기 때문에 불안해하고, 자신의 가정으로 다시 돌아가지 못할 수도 있다는 생각에 절망감을 가질 수도 있다. 그러므로 생활시설에서의 상담은 시설생활에서 양질의 서비스로 인간다운 삶을 영위할 수 있도록 지원하는 서비스라 할 수 있다.

생활시설 거주 노인과의 상담이 지니는 특성을 몇 가지로 설명하면 다음과 같다.

첫째, 시설 거주 노인은 대부분 70대 후반의 고령노인들로 상담에 매우 수동적인 편이다.

둘째, 시설 노인은 건강이 좋지 못하거나 부양자의 사정으로 부양할 형편이 못 되거나, 노인 스스로 독립적인 생활을 위해 입소하기 때문에 상담을 원활히 진행하기에 어려움이 따른다.

셋째, 시설 노인들은 상담 시 자신의 욕구를 해결하기 위한 방법으로 과거에 했던 이야기를 반복해서 한다거나 자신의 얘기만을 들어주기 바라는 경향이 많다.

넷째, 시설 노인들은 자신의 주장이 강한 노인도 있지만 대부분 동료와의 원만한 관계를 유지하기 위하여 표현을 자유롭게 못 하거나 생활에서의 불이익을 생각하여 소극적 상담형태를 보이기도 한다.

이러한 생활시설에서의 상담은 주로 입소 전 상담, 입소 중 생활상담, 퇴소상담 등으로 나누어 볼 수 있다. 입소 상담은 입소를 희망하는 노인 및 가족 등과의 상담, 입소결정 및 계약활동을 수행한다. 입소를 희망하는 대상자는 시설의 입소자격, 입소절차, 시설 서비스 및 환경 전반에 대한 궁금함을 가지고 있다. 이러한 경우 상담자는 대상자들의 상황을 고려하여 시설에 대한 다양한 정보 및 입소 전반을 안내하는 역할을 수행하여야 한다. 입소 중 생활상담은 입소하여 생활하면서 노인 및 가족에게 심리적 안정감을 주고, 원만한 생활을 하도록 돕기 위한 것이다. 퇴소 상담은 입소 노인이 가정으로 귀가하는 경우, 타 시설 혹은 병원으로 전원하는 경우, 그리고 입소 노인이 사망하는 경우 등의 사유로 입소생활을 정리하는 것을 말한다.

2) 이용시설 상담

이용시설에서의 상담이란 노인 여가복지시설이나 재가복지시설을 이용하는 노인 및 가족을 대상으로 시설이용과 이용 시 어려움이나 불편함을 해소하기 위한 서비스로 정의할 수 있다. 노인들이 지역사회 내 가족과 함께 거주할 경우에도 신체적 또는 정신적으로 건강상태가 나쁘거나, 가족지지 체계의 부족으로 발생하는 다양한 문제들을 중심으로 심리사회적 상담 서비스를 제공받을 수 있도록 해야 한다. 이를 위하여 노인복지 관련기관들을 중심으로 통합사례관리를 운영하고 지역사회 내 관련기관 간의 네트워크 구축이 마련되어야 한다.

이용시설 상담의 대표적인 기관으로는 노인복지관, 사회복지관, 노인상담소, 노인학대 상담센터, 치매노인 종합상담센터, 재가 서비스를 제공하는 재가복지시설 등을 들 수 있다.

3) 가정방문 상담

노인상담은 어느 곳에서든지 행해질 수 있다. 일반적으로 초기 만남은 노인의 가정에서 이루어지는 경우가 많다. 가정방문상담은 노인이 면담에 대해 부담을 느끼거나 거동이 불편한 경우, 노인이 거주하고 있는 가정으로 방문하여 상담하는 유형을 말한다. 노인들은 자신의 어려움과 문제해결을 위해 기관을 방문하고 싶어도 기관의 위치나 서비스 내용 등을 몰라 기관방문이 어려우므로 가정방문이 유익하다. 또한 상담 초기에 노인의 살고 있는 가정을 방문하여 실제 사는 모습을 관찰함으로써 정확한 이해와 개입계획에 도움이 될 수 있다.

최근 사회복지실천에서 아웃리치(out-reach, 출장원조) 서비스가 강조되고 있는데, 가정방문 상담 역시 노인들이 기관을 잘 모르거나, 서비스 욕구가 커서 개입이 필요함에도 불구하고 접근성이 떨어져 상담이용을 하지 못하는 노인들에게 적합한 실천으로 보인다.

2. 대상별 상담 유형

노인상담은 상담자가 만나는 형태에 따라 개별상담, 집단상담, 가족상담으로 나누어 볼 수 있다.

1) 개별상담

개별상담이란 한 명의 노인과 한 명의 상담자가 일대일로 만나는 형태로, 노인이 자신의 문제를 털어놓고 함께 해결해가는 상담과정을 말한다. 이때 상담자는 노인을 직접 보면서 상담과정 중 언어적 의사소통과 비언어적 의사소통을 정확히 파악하는 것이 중요하다. 노인에게 있어서 개인상담은 가족에게 알리기 꺼리거나 가족구성원이 상담과정에 참여하기 어려울 때 활용되기 쉬우나 개인상담이기에 상담내용에 대하여 자세하고 구체적인 정보로 얘기를 나눌 수 있다. 그러나 개인상담에 응하거나 선택하는 노인은 자신의 의사를 잘 표현할 수 있어야 하고 문제핵심을 잘 파악하고 있어야 상담의 효과가 크다.

2) 집단상담

집단상담은 15명 내외의 노인들을 대상으로 각 노인의 관심사나 대인관계 혹은 행동양식의 변화를 초래하기 위한 활동이다. 집단상담의 기본적인 목적은 개별성원의 능력과 자존감을 유지하거나 증진시키는 것이다. 집단상담을 하는 경우 집단의 운영 목적은 개인의 긍정적인 변화를 추구하고 집단은 매개체로만 활용한다. 집단상담에 참여하는 노인들은 다른 구성원들과 자신의 생각이나 이야기를 함께 공감하거나 비교하면서 자신의 문제해결에 적극적으로 참여할 수 있다. 이때 상담자는 노인들의 참여 동기를 높이고 분명한 목표를 설정하고 적극적으로 경청할 수 있도록 이끌어야 한다.

노인들이 집단상담을 통하여 얻을 수 있는 중요한 요소는 다음과 같다(박재간 외, 2006). 우선 사회화와 집단응집력이다. 많은 노인은 은퇴, 친근한 사람들과의 상실 등으로 인해 심한 고독을 느끼게 되는데, 집단을 통해 고독감을 해소할 수 있다는 장점이 있다. 즉, 집단을 통해 새로운 연결망(network)을 생성할 수 있고, 새로운 관계를 가질 수 있게 되었다. 둘째, 보편성과 희망에 대한 주입이다. 사회, 재정, 신체적 어려움을 자신만이 겪는 것이 아니라는 것을 집단 성원들의 경험을 통해 알게 되며, 중요한 타인의 죽음과 자신의 육체가 쇠퇴해 가는 것을 다른 사람이 문제해결을 해나가는 과정을 통해 배울 수 있다. 셋째, 이타주의이다. 노인 자신도 누군가에게 도움을 줄 수 있는 사람이라는 것을 인식시켜준다. 집단에서 다른 사람의 경험을 배울 수도 있지만, 자신의 경험을 다른 사람에게 가르쳐 줄 수도 있기 때문이다.

3) 가족상담

가족상담은 노인가족을 대상으로 한 상담으로 가족상담을 통해 노인에 대한 가족구성원의 고정관념을 재검토하여 가족이 노인을 돌보는 방법을 발견하고 가족적 결합을 굳히는 계기가 될 수 있다. 노인의 문제로 인하여 가족 전체에 영향을 미치는 경우, 가족을 대상으로 상담을 실시한다. 예를 들어 최근 치매노인의 가족, 노인성 질환을 가진 노인가족, 급성기질환을 앓는 노인가족, 노인부양으로 어려움을 가진 노인가족 등이 주 대상이다.

4) 전화상담

노인전화상담이란 전화라는 매개체를 활용하여 노인에게 신속하게 대응하면서 어려움과 문제에 개입하는 상담 유형을 의미한다(현외성 외, 2011). 하순례(2003)는 전화는 공간적으로 떨어진 사람과의 물리적인 거리를 단숨에 연결시켜 주는 기능을 갖고 있어서 도움을 청하는 이용자의 번거로움 없이도 도움을 받을 수 있게 한다고 하였다. 또한 전화상담은 노인만을 대상으로 하는 것이 아니라 노인이 속한 가족이나 친척 등 비공식적 지지체계나 그 밖에 노인과 관련 있는 일에 종사하는 사람이면 누구나 노인과 관련된 문제를 체면에 개의치 않고 상담할 수 있는 개방통로이다(김태식, 2007).

우리나라에서 전화방문 서비스는 노인의 사회적 서비스 프로그램의 일환으로 시작하였고, 정부의 재정지원이 민간사회복지기관으로 이양되어 주로 저소득층 노인을 대상으로 실시되어 왔다. 전화상담은 노인이 건강상의 이유나 기관을 찾은 어려움, 상담 수속절차의 복잡함, 상담자와의 대면 등의 불편함이 심리적 부담으로 작용할 수 있고, 접근성이 높다는 점에서 적절한 상담방법이라 할 수 있다. 최근 우리나라 노인가구 조사에서 나타나고 있는 노인 단독가구의 증가로 생활상 긴급한 위험에서의 도움 요청과 우울과 경제적 궁핍 등으로 인한 자살유혹, 그리고 노인학대를 신고하기 위한 긴급전화에서도 전화상담은 요긴하게 사용되는 상담 유형이 되고 있다.

이러한 노인전화상담은 노인들이 기관으로 도움을 요청하거나 궁금한 내용을 알아보기 위하여 기관으로 전화하는 전화상담 형태와 노인들의 안부를 확인하거나 말벗 서비스를 목적으로 기관에서 노인에게 전화하는 전화방문 서비스 형태로 구분할 수 있다. 전화방문 서비스는 가정적, 사회적 단절과 소외를 해소하고 유사시 필요한 조치를 취하기 위해서 사회복지기관에서 전화로 방문 서비스를 제공하는 일종의 사회복지 서비스라고 할 수 있다(현외성 외, 1998). 최근 사회적 약자인 노인을 대상으로 전화방문 서비스는 노인의 욕구충족을 도모함으로써 그들의 어려움과 고충을 해결하고 더 큰 문제발생을 사전에 예방할 수 있는 이점을 가지고 있다. 그 예로 독거노인이나 노인 단독가구 등 고독한 노인에게 서로 안부를 주고받음으로써 그들이 지역사회의 관심 속에 있다는 사실을 인식시켜 주고, 숨겨진 욕구를 드러내게 하며 위기발생을 알려주는 기능을 하고 있는 것(김태식, 2007)을 들 수 있다.

노인전화방문상담의 기능과 역할을 살펴보면 다음과 같다(하순례, 2003).

첫째, 노인전화방문상담은 노인들의 수동성에 대하여 복지공급자 측면에서 적극적으로 수행하는 대인 서비스의 특성을 갖고 있다. 즉, 자신의 욕구를 구체적으로 요청하거나 드러내지 못하는 노인들에게 직접 그들의 생활현장으로 들어가 욕구를 충족시켜 준다.

둘째, 노인전화방문상담은 말벗의 역할을 통해 소외와 고립의 문제를 해결하여 주는 정서적 돌봄 행위일 뿐 아니라 숨겨진 문제를 발굴하는 탐색적 역할을 한다.

셋째, 노인전화방문상담은 위기관리 및 대처를 위한 예방적 성격을 갖는다.

그러나 전화상담은 단회상담이나 단기상담으로 끝나는 경우가 많기 때문에 노인에게 가장 시급한 문제나 가장 도움을 받고 싶어 하는 영역에서 효율적으로 상담할 수 있다는 것이 장점이다.

5) 사이버상담

사이버상담(cyber counseling)은 현재 인터넷 상담(internet counseling), 온라인 상담(online counseling)이라는 용어와 혼용하여 사용하고 있으며 컴퓨터기술의 보급으로 빠른 확산을 보이고 있다. 사이버상담이란 최근 인터넷의 빠른 보급으로 컴퓨터와 스마트폰을 이용하여 어려움을 가진 노인이 훈련받은 상담원과의 사이버공간 내 교류를 통하여 자신의 문제를 바람직한 방향으로 해결하는 것을 말한다. 우리나라에서 사이버상담은 지금까지 주로 청소년을 대상으로 발전해 왔기 때문에 아직 노인을 대상으로 하는 사이버상담은 소수에 불과하다(심흥식, 2007).

사이버상담은 실시간으로 활용할 수 있으며 자신의 신분을 노출하기 꺼리는 경우나 불편하여 기관을 방문하기 어려운 노인의 경우에 활용하기 쉬운 상담 유형이라 할 수 있다. 그러나 사이버상담을 하기 위해서는 컴퓨터와 인터넷이 설치된 환경을 갖추고 있어야 하고, 컴퓨터를 다룰 수 있는 기술을 가지고 있어야 가능하다는 단점이 있다. 게다가 손이나 팔의 동작이 불편한 노인의 경우에는 컴퓨터 사용이 원활하지 못하여 사이버상담의 효율성이 떨어지는 경우도 발생할 수 있다. 이미 우리나라의 종합사회복지관 및 노인복지관에서 노인을 대상으로 운영하는 인기 있는 프로그램 중 하나가 컴퓨터강좌였고, 이를 통하여 노인대상 인터넷교육이 확산되면서 사이버상담이 활성화(서혜경 외, 2006)될 수 있는 기반이 마련되었다고 본다.

이 상담이 현대사회의 흐름에 발맞추어 활용도가 높은 상담 유형으로 보이기는 하지만, 사이버상담이 면접상담(언어적·비언어적 의사소통)과 전화상담(언어적 의사소통)과는 달리 글로만 상담이 이루어지기 때문에 목소리도 들을 수 없고, 비언어적 의사소통도 확인할 수 없어 효율성이 떨어지는 상담유형(King, et al.,

2006)이라고 지적한다. 그러나 한 연구(Bambling, et al., 2008)에서는 사이버상담이 목소리나 비언어적 의사소통을 관찰할 수 없기 때문에 클라이언트에 대한 사고를 더 깊게 할 수 있고, 클라이언트는 자신이 가지고 있는 어렵고 복잡한 상황도 채팅 등의 방법으로 쉽게 표현할 수 있어서 상담자가 세부적으로 더 잘 도와줄 수 있는 장점이 있다고 밝혔다.

사이버상담은 일반적으로 공개상담이나 비공개상담으로 진행되고 있고, 유형으로는 채팅, 이메일, 토론 게시판, 소셜 네트워크(SNS) 등의 형태가 있으나 최근 더 다양한 유형들이 개발되고 있다. 사이버상담은 온라인망이 넓기 때문에 지역에 관계없이 이용할 수 있어서 노인들에게 접근성이 높으며, 컴퓨터를 통하여 상담을 하는 것이기 때문에 외부와의 접촉이 직접적이지 않아 덜 위협적이고, 사이버상에서 글로 표현된 기록을 통하여 상담하는 것이므로 기록이 바로 유지될 수 있어 번거로움이 줄어든다(King, et al., 2006). 그러나 사이버상담은 면접(face to face)상담과 달리 노인과 상담자와의 협력관계가 없어 상담의 효율성이 떨어질 수 있다.

결국 사이버상담의 장점은 첫째, 익명성이 보장된다. 둘째, 실시간으로 상담이 진행된다. 셋째, 단회상담이 대부분이나 여러 횟수로 연장할 수 있다. 넷째, 비용을 절감할 수 있다. 다섯째, 다른 상담 사례를 통해 상담적 간접경험을 할 수 있다. 여섯째, 다양한 정보를 얻을 수 있다(이호선, 2005). 그러나 사이버상담의 단점도 고려해야 하는데 첫째, 글로 표현하면서 자신의 강점이나 느낌까지 명확하게 표현할 수 없으며, 의뢰한 노인이 원하면 언제든지 상담을 조기 종결할 수 있다. 둘째, 상담자는 클라이언트의 비언어적 의사소통까지 감지할 수 없다(서혜경 외, 2006). 셋째, 노인이 사이버상담을 하려면 인터넷 사용이 가능한 접근성이 전제가 되어야 하고, 컴퓨터 및 인터넷 사용을 할 수 있어야 한다.

제3절 노인상담의 기법

1. 공감(empathy)

공감이란 사회복지사가 자신의 느낌은 따로 있는데 노인인 상대방의 느낌과 같도록 느껴보고 상대방에게 돌려주는 것을 말한다. 공감의 목표는 상담자가 내담자인 노인의 입장에서 내담자가 느끼는 감정, 사고 등을 이해하고 같이 느껴보는 것이다. 반드시 공감하기는 어려우나 같이 머물러 있어 봄으로써 알지 못했던 부분을 발견하게 하는 계기를 만들 수 있다. 우리가 보고 듣는 것은 자기 자신이 보고 듣고 싶은 것을 원하기 때문에 공감이 쉽지는 않다. 그렇기 때문에 노인이 말하는 그대로를 보고 느껴야 하는 데 장애가 생길 수 있다.

상담자는 공감을 통하여 이해하고 느끼고 나중에는 자기가 이해한 것을 내담자인 노인에게 돌려주는 것(확인)까지를 포함한다. 노인들은 상담자의 "많이 힘들었겠군요."라는 말과 눈빛으로도 자신이 이해받았다는 느낌을 가지게 된다.

또한 공감은 내담자인 노인의 좋지 않은 감정을 뽑아내는 효과나 정서적 흥분을 가라앉혀 주는 효과가 있다. 즉, 노인의 경우 화를 내지 않아도 되는 상황임에도 불구하고 지나치게 화를 내는 경우가 있다. 공감은 격노한 감정을 경감시켜 주는 방법이 되기도 한다. "아, 그랬었군요.", "아~ 그래서요."라고 반복하면서 심리적 포만감을 주게 된다. 노인과 상담하는 과정에서 내담자가 하는 이야기를 들으니까 상담자가 짜증이 난다고 하면 이 짜증을 다루어야 한다. 상담자가 가지고 있는 그런 감정의 자료를 역전이가 일어나지 않도록 다루어야 한다. 그러나 상담자 자신에게는 그런 경험이 없는데 불쾌하거나 괘씸한 것이 느껴진다면 이것은 생생한 공감으로 볼 수 있다. 이런 경우 상담자는 노인에게 "정말 짜증 나고 화가 많이 나시겠어요."라고 다시 돌려주어야 한다. 내담자의 감정은 공감을 해주지만 이것을 위험하지 않게 무해화 또는 중성화해서 돌려주는 것이 필요하다. 내담자의 부정적 감정을 처리해서 안정하게 하여 돌려주는 것을 수용이라고 한다. 상담자가 수용을 잘하고 있는지 노인에게 알려주어야 한다. 상담자는 충분히 노인을 공감해 주어야 부정적 자기측면을 내면화(용기 등)할 수 있는 입장이 된다. 공감을 받은 노인은 다른 사람을 공감해 줄 수 있는 능력이 생기고, 심리적 불편감의 감소와 수용하고 수용받는 것이 다른 인간관계에서도 적용될 수 있게 된다.

2. 바람직한 의사소통기술

다음은 노인과 가족상담의 의사소통을 하기 위한 몇 가지 가이드라인을 제시한 것이다(Burlingame, 1995).

1) 모든 노인과의 의사소통

- 어떤 말을 하는지에 집중할 것
- 사고나 문장의 완성을 허용할 것
- 반응하기 전에 무슨 말인지 의미를 명확히 할 것
- 비심판적인 반응을 할 것
- 함부로 대하지 말 것
- 적절한 눈맞춤을 유지할 것
- 말하는 사람의 스페이스와 속도를 존중할 것

2) 철회 또는 우울한 노인과의 의사소통

- 현재 일에 대해 이야기해라.
- 잘한 것에 대해 현실적인 칭찬을 해라.

- 지난 과거와 가능한 한 미래의 즐거움에 대해 이야기해라.
- 성공을 가져올 활동들을 제안하라.
- 실제로 슬프거나 두려운 감정을 수용하라.

3) 화난 노인과의 의사소통

- 화나서 하는 말에는 상담자로부터 아무 반응도 없는 것이 필요하다.
- 당신이 들은 것을 반복함으로써 배려하는 것을 보여줘라.
- 당신의 목소리를 높이지 마라.
- 문제를 해결하기 전에 이해하고 있음을 보여줘라.

4) 혼란스러운 노인과의 의사소통

- 분명하게 말하라.
- 필요하다면 사례를 제시해줘라.
- 시선과 터치를 사용해라.
- 안정을 유지하고 안심시켜라.
- 이해하고 동의하는 것처럼 굴지 마라.
- 만약 당신이 이해가 되지 않는다면, 이야기를 멈추고 시간이 걸리더라도 반복해서 물어라.
- 오해가 계속된다 할지라도 비판하지 마라. 그것이 당신의 문제라는 것을 보여줘라.
- 메시지에 주어진 직관력과 추측을 사용하라.
- 당신의 상담내용을 이해하지 못함에도 불구하고 수용하고 있음을 보여줘라.

3. 회상

회상(reminiscence)은 노인들이 지금까지 살아온 자신의 과거생활을 떠올려 기억하는 것을 말한다. 노인들은 노후 생활이 과거 젊었을 때보다 여건과 상황이 취약하고, 그동안 살아온 자신의 과거생활을 기억하면서 후회와 회한 등이 교차하여 노년기 생활에 대해 불안함과 우울함을 겪게 된다. 에릭슨은 노년기의 과업을 통합으로 설명하였고 노년기에 통합되지 않으면 절망이 된다고 하였다. 이러한 절망은 노년기 생활에 부정적인 영향을 미치고 삶의 질을 저하시키는 요인이 되고 있다. 그러므로 노인상담에서는 회상요법을 활용하여 통합되지 않은 노인들에게 재통합을 이루게 하여 삶의 질을 향상시킨다.

McInnis-Dittrich(2002)는 회상의 목적을 첫째, 노인들이 과거에 즐겁고 행복했던 기억을 수용하여 현재 기분을 향상하도록 돕는 것, 둘째, 노인들이 과거에 어려움을 어떻게 성공적으로 다루었는지를 검토함으로써 자존감과 대처능력을 향상하는 것, 셋째, 사회기술을 향상하는 것이라고 주장하였다. 즉, 회상을 통하여 노인들의 과거 긍정적 에너지를 가지고 와서 현재의 부정적 에너지와 대체하는 역할을 하여 노년기 생활에 도움이 되도록 하는 것이다. 실제로 회상요법이 노인들의 우울, 자존감, 사회화에 긍정적인 영향을 준다고 밝힌 연구도 있다 (Blankenship, Molinari and Kunik, 1996; McDougall, Blixen and Suen, 1997).

상담자기 회상요법을 활용하기 위해서는 우선 노인들이 살아온 시대와 생활에 대한 이해를 해야 한다. 회상요법은 노인과 자연스럽게 이야기하면서 진행되지만 이야기에 부담을 가지는 노인들에게는 과거경험을 자연스럽게 기억하기 위해 그림 그리기, 옛 노래 부르기, 식물 가꾸기 등을 활용하기도 한다.

4. 적극적 경청

노인상담에서 상담자는 노인들의 이야기를 적극적으로 경청하는 자세가 필요하다. 노인들은 자신의 자존심과 체면으로 이야기하는 것을 힘들어하기 때문에 이야기가 길지 않더라도 말 속에 담긴 진정한 의미를 찾아내는 것이 중요하다. 그렇기 때문에 적극적인 경청은 귀로 듣는 것이 아니라 "눈으로 듣는다.", "마음으로 듣는다." 등의 표현처럼 민감성을 가지고 경청해야 함을 의미한다.

상담이 아니더라도 노인들은 자신의 이야기를 상담자보다 더 많이 하려고 하고, 지난 상담에서 한 이야기도 이번 상담에서 다시 꺼내어 반복하는 등의 모습을 자주 볼 수 있다. 특히 상담자의 연령이 노인보다 어리다 보니 상담자는 말도 못하게 하고 자신의 이야기만 긴 시간 동안 하는 노인들도 있다. 이때 상담자는 노인의 얘기를 필요한 만큼 충분히 들어주는 배려도 필요하다. 노인들은 자신의 이야기를 충분히 하고 나면 "이제 속이 시원하다."고 하는 환기(ventilation)의 효과를 가질 수 있다.

11

노인학대

최근 평균수명의 증가로 노인인구는 증가되고 있으나 노인에 대한 부양의식이 변화하면서 노인학대는 주변에서 흔히 볼 수 있는 사회적 문제가 되고 있다. 우리나라에서 노인학대가 사회적 문제로 대두되기 시작한 것은 1990년대이며, 그전에는 노인학대라는 용어의 사용보다는 노인 홀대로 사용됐다고 볼 수 있다. 노인학대가 사회문제로 인식되면서 2003년의 「노인복지법」 개정으로 2004년 7월부터 「노인복지법」에 노인학대의 예방, 보호 등에 관한 조항이 신설되어 시행되고 있다.

노인학대는 주로 노인과 같이 사는 사람들에 의해 발생하며, 단발적인 사건이라기보다는 시간의 경과에 따라 점점 더 심화되는 경향을 보이기 때문에 매우 심각하다. 현 노인들의 경우 노후준비를 충분히 하지 못하여 자녀들에 대한 의존감이 높으나 효와 부양의식의 변화는 학대피해로 나타나고 있다. 그러나 학대받는 노인들의 경우 노인들 자체도 학대로 인식하지 못하는 경우도 많으며 자녀에게 학대받는 경우, 자녀를 보호한다고 학대피해 사실을 감추는 경우도 종종 발견하고 있다. 2004년부터 「노인복지법」 개정으로 노인보호 전문기관이 법적 기반을 마련하고, 노인의 인권보호와 노인학대 예방을 위해 노력해 오면서 노인학대에 대한 인식이 제고되고 있으나, 노인학대 예방교육 및 홍보를 위한 지속적인 노력이 요구되는 실정이다.

따라서 본 장에서는 노인학대의 개념과 유형에 대하여 살펴보고, 우리나라 노인학대의 실태와 예방책에 대해서도 살펴보고자 한다.

제1절 노인학대의 개념과 유형

1. 노인학대의 개념

노인학대는 문화적 차이에 따라 국가마다 또 학자들 간에도 다르게 정의되고 있지만 실제로 많은 조사를 보면 좁게는 신체적 학대에서부터 방임이나 부적절한 처우, 심리적 학대, 넓게는 기본권의 침해, 자기학대, 자기방임까지를 포함하고 있다. 노인학대는 학대에 대한 인식이 실제적 발생과는 다르게 시간과 상황에 따라서 변화되는 것이며 사회의 구조적 현실이 변화되는 상황에서 생성된 사회문제이다(Biggset, et al., 1995).

한동희와 김정옥(2002)은 노인학대를 '자녀에 의존하고 있는 노인과 자녀 사이에서 일어나는 언어·정서적 혹은 심리적 상해와 인간의 신체적·정서적 복지를 무시하는 행위 그리고 자산에 대한 오용 등으로 노인의 권리가 침해되는 행위'라고 정의하였고, 「노인복지법」에서는 "노인학대라 함은 노인에 대하여 신체적·정신적·정서적·성적 폭력 및 경제적 착취 또는 가혹행위를 하거나 유기 또는 방임을 하는 것을 말한다."라고 정의하였다.

미국은 1995년 「노인학대방지법(The Action on Elder Abuse)」에서 노인학대를 '노인의 모든 관계에서 발생되는 손상이나 장해를 일으키는 단일하거나 반복적인 행동 또는 적절한 행위의 부족'으로 정의하고 있으며, '노인과 동일가구에서 생활하고 있는 노인의 가족구성원인 배우자, 성인 자녀, 기타 부양자나 친척에 의해서 행해지는 신체적·정서적 착취 및 방임과 노인 자신에 의한 방임'으로 규정하고 있다. 일본의 고령자학대방지학회(2006)는 '친족 등 주로 고령자와 인간적인 관계가 있는 자에 의해 고령자에게 가해진 행위로서 고령자의 심신에 깊은 상처를 입혀 고령자의 인권을 침해하는 행위'로 정의하고 있다.

이러한 노인학대의 개념을 협의의 개념과 광의의 개념으로 정리해 볼 수 있다.

협의의 노인학대 개념은 단지 신체적 증거나 명백한 학대만을 노인학대로 간주하고 있으나, 광의의 노인학대 개념에서는 신체적 학대, 심리적 학대, 정서적 학대 또는 언어적 학대, 의료적 학대, 성적 학대를 포함하기도 한다.

따라서 현 시점에서의 노인학대 개념은 누군가가 의도적으로 노인에게 해를 가하는 개념의 소극적인 전제에서 벗어나 노인의 인권보장을 전제로 하는 적극적인 넓은 범주까지 이해(김미혜 외, 2006)하여야 한다.

2. 노인학대의 유형과 특성

노인학대는 학대를 행하는 장소와 행태별 행위에 따른 학대로 다양하게 나타난다. 본서에서는 노인학대의 유형을 공간에 따른 학대유형과 행태적 학대유형으로 구분하여 살펴보고자 한다(보건복지부, 2013).

1) 노인학대의 유형

(1) 공간에 따른 분류

① 가정 학대

노인과 동일가구에서 생활하고 있는 노인의 가족구성원인 배우자, 성인 자녀뿐만 아니라 노인과 동일가구에서 생활하지 않는 부양의무자 또는 기타 사람들에 의하여 행해지는 학대를 말한다.

② 시설 학대

노인에게 비용(무료포함)을 받고 제공하는 요양원 및 양로원, 요양병원 등의 시설에서 발생하는 학대이다.

③ 기타

기타로는 가정 및 시설 외에 공간에서 발생하는 학대공간에 따른 노인학대 유형이 있다.

〈표 11-1〉 노인학대 발생 장소

가정 내	생활시설	이용시설	병원	공공장소	기타	계
3,799	23.8	16	24	94	109	4,280건
88.8	5.6	0.4	0.6	2.2	2.5	100.0%

자료: 보건복지부(2017), 2016 노인학대 현황 보고서

보건복지부(2013)의 2012년도 전국 노인보호전문기관 사례현황을 집계한 결과에 의하면, 학대 발생장소 중 가정 내 학대가 85.0%, 생활시설 6.3%, 공공장소가 2.5%, 병원 2.4%, 이용시설 1.0%, 기타 2.8%로 나타났다. 매년 가정 내 학대 신고건수는 가장 큰 비중을 차지하고 있어 가정 내 학대발생 예방에 대한 노력이 필요하다. 또한 최근 노인 장기요양보험 제도의 시행으로 생활시설 입소가 증가하면서 생활시설에서의 노인학대 비율도 증가하고 있는 실정이다. 생활시설의 학대추이를 보면 2010년에 4.1%였던 것이 2011년 5.7%, 2012년 6.3%로 증가하고 있음을 볼 수 있다.

(2) 행태적 분류

우리나라에서 노인학대의 행태적 분류로는 신체적 학대, 정서적 학대, 경제적 학대, 성적 학대, 방임, 자기방임, 유기 등으로 설명하고 있다.

① 신체적 학대(physical abuse)

신체적 학대는 물리적인 힘 또는 도구를 이용하여 노인에게 신체적 혹은 정신적 손상, 고통, 장애 등을 유발시키는 행위를 말한다.

[판정지표]

- 노인을 폭행한다.
- 노인을 제한된 공간에 가두거나, 노인의 거주지 출입을 통제한다.
- 노인의 신체를 강제로 억압한다.
- 신체적 해를 가져올 위험성이 큰 행위로 노인을 협박하거나 위협한다.
- 노인의 신체적 생존을 위협할 수 있는 행위를 한다.
- 약물을 사용하여 노인의 신체를 통제하거나 생명을 저해한다.
- 노인이 원하지 않거나 수행하기 어려운 노동을 하게 한다.

② 정서적 학대(emotional abuse)

정서적 학대란 비난, 모욕, 위협 등의 언어적 혹은 비언어적 행위를 통하여 노인에게 정서적으로 고통을 유발시키는 행위를 말한다.

[판정지표]

- 노인과의 접촉을 기피한다.
- 노인의 사회관계 유지를 방해한다.
- 노인을 위협 · 협박하는 언어적 표현이나 감정을 상하게 하는 행동을 한다.
- 노인과 관련된 결정사항에 대해서 의사결정 과정에서 소외시킨다.

③ 경제적 학대(financial exploitation)

경제적 학대는 노인의 의사에 반(反)하여 노인으로부터 재산 또는 권리를 빼앗는 행위로서 로서 경제적 착취, 노인 재산에 관한 법률 권리 위반, 경제적 권리와 관련된 의사결정에서의 통제 등을 하는 행위를 말한다.

[판정지표]

- 노인의 소득 및 재산, 임금을 가로채거나 임의로 사용한다.
- 노인의 재산에 관한 법률적 권리를 침해하는 행위를 한다.
- 노인의 재산 사용 또는 관리에 대한 결정을 통제한다.

④ 성적 학대(sexual abuse, sexual sadism)

성적 학대란 성적 수치심 유발행위(기저귀 교체 시 가림막 미사용 등) 및 성폭력(성희롱, 성추행, 강간) 등의 노인의 의사에 반하여 강제적으로 행하는 모든 성적 행위를 말한다.

[판정지표]

- 노인에게 성폭력을 행한다.
- 노인에게 성적 수치심을 주는 표현이나 행동을 한다.
- 신체적 해를 가져올 위험성이 큰 행위로 노인을 협박하거나 위협한다.
- 노인의 신체적 생존을 위협할 수 있는 행위를 한다.
- 약물을 사용하여 노인의 신체를 통제하거나 생명을 저해한다.
- 노인이 원하지 않거나 수행하기 어려운 노동을 하게 한다.

⑤ 방임(neglect)

방임은 부양의무자로서의 책임이나 의무를 거부, 불이행 혹은 포기하여 노인의 의식주 및 의료를 적절하게 제공하지 않는 행위(필요한 생활비, 병원비 및 치료, 의식주 등)를 말한다.

[판정지표]

- 거동이 불편한 노인의 의 · 식 · 주 등 일상생활 관련 보호를 제공하지 않는다.
- 경제적 능력이 없는 노인의 생존을 위한 경제적인 보호를 제공하지 않는다.
- 의료 관련 욕구가 있는 노인에게 의료적 보호를 제공하지 않는다.
- 자신을 돌보지 않거나, 돌봄을 거부함으로써 노인의 생명이 위협받는다(자기방임).

⑥ 자기방임(self-neglect)

자기방임은 노인 스스로가 의식주 제공 및 의료처치 등의 최소한의 자기보호 관련행위를 의도적으로 포기 또는 비의도적으로 관리하지 않아 심신이 위험한 상황이나 사망에 이르게 하는 행위이다.

[판정지표]

• 자신을 돌보지 않거나, 돌봄을 거부함으로써 노인의 생명이 위협받는다.

⑦ 유기(exposure)

유기란 보호자 또는 부양의무자가 노인을 버리는 행위를 말한다.

[판정지표]

• 의존적인 노인을 유기한다.

⑧ 중복학대

신체적 학대, 정서적 학대, 성적 학대, 경제적 학대, 자기방임 유형이 두 가지 이상 복합적으로 발생한 학대 유형이다.

2017년 한 해 동안 노인보호전문기관에 신고 접수된 학대사례 총 13,309건 중 정서적 학대가 42.0%로 가장 많았고, 그 다음이 신체적 학대 36.4%, 방임 8.9%, 경제적 학대가 5.6% 순이었다(보건복지부·중앙노인보호전문기관, 2018).

제2절 노인학대의 발생원인

1. 노인학대의 발생요인

노인학대의 발생은 여러 가지 원인에 의해 이루어진다. 그 원인이 한가지로 국한되어 있지 않고 학대를 받게 되는 피해자와 학대를 하는 가해자의 개인적 요인과 가족상황적 요인, 사회문화적 요인 등 다양한 원인이 복합되어 나타나고 있는 것을 알 수 있다.

1) 개인적 특성 요인

노인학대의 개인적 요인으로는 가족 내의 학대자와 피학대자의 개인적 특성으로 설명할 수 있다.

(1) 가해자의 개인적 특성

우선 가해자의 인격성 특성으로는 쉽게 폭력을 행하고 가족과 어울리지 못하고 다른 사람을 위협하는 공격적인 성격 등으로 인하여 노인학대를 유발할 수 있다. 또한 가해자의 신체적 및 정신적 건강 손상, 심리적 고통, 알코올중독에 의해서도 노인학대가 일어날 수 있다. 가해자가 부양자나 가족인 경우에 사업의 실패나 그 밖의 경제적 어려움 등으로 노인에게 경제적인 도움을 받기 위해 의존을 하려고 하는데 그럴 수 없는 현실일 때 학대가 발생하기도 한다.

(2) 피해자인 노인의 특성

노인의 성격상 노인이 보수적이고 유연성이 부족한 경우, 불평이 많고 참견이 심한 경우, 말다툼을 자주 하는 성격, 공격적이고 폭력적인 성격인 경우나 신체 질병이나 허약함을 부인하거나 과장하는 경향이 있는 경우, 노화로 인한 사리 판단력의 부족 등이 학대를 발생시키기도 한다. 또한 노년기에는 정년퇴직, 역할변화, 가족 내에서의 위치 변화 등 여러 가지 변화를 경험하게 된다. 그에 의한 스트레스로 인해 자신의 뜻대로 생활할 수 없게 되면서 무기력감을 느끼게 되는데, 이러한 무기력감은 의존성을 더욱 높이게 되고 부양자들은 이런 경우 언어적으로나 신체적으로 학대를 쉽게 행사하게 된다.

2) 가족상황적 요인

(1) 부양자의 스트레스

노인을 부양하는 경우 부양에서 오는 스트레스의 영향에서 유발되는 것으로 보인다. 노인학대자는 노인을 돌보는 가족이나 친척 등 주부양자로서 부양부담으로 인한 심한 스트레스를 경험하고 있는 것을 알 수 있다. 게다가 노인부양뿐만 아니라 가족 내의 가사일 등의 다양한 역할이 가중되면서 부양부담, 부양 미숙, 부양 능력의 결여 등에 의해 학대가 발생하기도 한다.

(2) 가정의 경제적인 문제

가정의 경제적 불안정, 즉 최소한의 생활 유지가 어렵다거나 경제적으로 곤란을 겪게 되면 노인부양이 엄청난 부담이 되고 그로 인해 노인학대가 이루어질 수 있다.

(3) 가족관계에 있어서의 불화

가족구성원 간에 애정이 없고 오랫동안 감정적 대립관계가 계속 된 경우 노인을 학대하게 된다. 특히 노부모와 성인 자녀 간의 갈등과 스트레스가 긍정적으로 해결되지 않은 경우는 노인학대의 위험이 더 크다.

(4) 재산문제

노인의 경제적 자원이 노후의 가족관계에 큰 영향을 준다. 경제적 자원의 많고 적음을 떠나 재산상속에 있어 분배가 만족스럽지 못하거나 받지 못하는 등의 재산상속문제로 인해 노부모를 학대할 수 있다.

(5) 세대 간 학대의 전이

어린 시절에 부모에게 학대를 받은 경험이 있는 자녀가 성인이 되었을 때 노부모를 학대하는 경우가 있다.

3) 사회문화적 요인

(1) 노인차별주의

현대사회에서는 노인을 '노쇠하고 외롭고 쓸모없는 신체, 변변치 못하고 죽음을 기다리는 사람'으로 보는 선입관이 많다. 그에 따라 노인에 대한 존경심이 점점 사라지고 그들의 연륜에 대한 평가를 낮게 하고 노인 자신도 자기 가치에 부정적이므로 노인과 부양자 관계의 질이 낮아져 학대가 일어나게 된다.

(2) 가족의 구조적 변화와 가치관의 변화

출산율 저하로 노인을 부양한 성인 자녀 수가 적고 이러한 성인 자녀들은 이혼이나 독신생활 등으로 재정적 어려움을 겪게 된다. 이렇게 노부모에 대한 부양책임이 생기면 더욱 스트레스 수준이 높아지고 학대가 일어날 수 있다.

(3) 고부관계의 변화

가족 내에서 시어머니와 며느리 사이의 상호불신·갈등의 고부관계에서의 변화로 인하여 노인학대가 발생한다.

(4) 사회보장 및 노인복지 서비스의 결여

노인의 소득보장과 의료보장 서비스의 결여 등 노인을 부양하는 가족을 지원하기 위한 사회정책이 미비한 점 등이 노인학대를 발생시키는 원인이 될 수 있다.

2. 학대자와 피학대자의 특성

1) 학대자의 특성

첫째, 복합성으로 오랜 시간 동안 복잡하게 얽혀 온 가족관계 갈등의 극단적인 형태를 보인다.

둘째, 반복성으로 학대는 일회적인 폭력이 아니라 주기적으로 반복되는 특징을 보인다.

셋째, 지속성은 외부개입이 어렵고 쉽게 해결되지 않아 그 문제가 오랫동안 이어지는 경우가 많다.

넷째, 은폐성은 학대가 가족이라는 은폐된 환경에서 일어나는 극단적 갈등으로 외부에 드러나기가 어려운 점이 있다. 또한 피해자인 노인은 가해자인 성인 자녀에 대해 부모로서의 책임감을 가짐으로 외부개입에 주저하게 되는 경우가 많다.

2) 피학대자의 특성

학대를 경험한 노인은 심리·정서적으로 불안정한 상태에 있으며 일상생활 전반에 걸쳐 다양한 어려움에 직면하게 된다. 그들의 특성을 살펴보면 다음과 같다(박석돈 외, 2008).

- 창피함, 수치심과 불안감이 관찰된다.
- 죽고 싶다고 하거나 삶을 비관하는 말을 자주 한다.
- 매사에 지나치게 순종적이고 아첨하는 방식으로 행동한다.
- 매사를 해 보지도 않고 미리 포기해 버린다.
- 심한 배신감으로 분노감정이 있어도 억압한다.
- 억압된 분노감정을 다른 인간관계에서 공격성으로 표출한다.

- 대인관계를 기피하거나 다른 사람의 눈치를 보고 안절부절못한다.
- 세상과 사람에 대한 불신감이 강하다.
- 자신을 인생의 실패자로 인정하고 인생 전체를 부인한다.
- 언제 다시 학대를 받을지 몰라서 불안해한다.
- 학대 행위자인 자녀에 대한 의무감을 포기하지 않는다.
- 언젠가는 학대가 중단될 것이라는 비현실적인 기대를 한다.
- 약물이나 술에 의존하기도 한다.
- 정신병적 증상을 보이기도 한다.
- 자신의 의견을 주장하지 않고 의사결정에도 참여하지 않으려고 한다.

제3절 노인학대의 실태

1. 노인학대의 실태

노인학대는 학대가 얼마나 심각한 수준인지에 그 초점을 둔다. 그러나 현실적으로 노인학대는 표면화와 표준화하는 데 어려운 한계가 있으며, 결과적으로 명료한 결과를 기대하기는 어렵다. 따라서 학대의 실태와 정도가 실제 수준보다 낮게 나타나고 있는 것이 보편적이다. 비교적 학대조사가 발달된 미국에서조차도 연방정부의 단일한 기준이나 정의가 부재하고, 주마다 양상이 상이하므로 노인학대의 공식적 보고는 어려운 실정이다. 미국 국립 노인학대센터(NCEA: National Center on Elder Abuse)에서 실시한 노인학대 실태보고서(NEAIS: The National Elder Abuse Incidence Study)에 의하면 60세 이상 미국 노인의 3%가 학대나 방임을 당하는 것으로 조사되었다(NCEA, 1998). 영국은 노인학대 발생빈도에 대한 정확한 통계수치는 알 수 없으나 전국 규모의 실태조사에 의하면 영국 내 2,000명의 성인을 대상으로 실시한 조사결과, 지역사회의 약 5%의 노인이 언어적 학대를 당하였으며, 2%는 재정적 학대, 2%의 노인은 신체적 학대를 경험한 것으로 조사되었다고 밝혔다. 또한 필레머와 핀켈러(Pillemer and Finkelhor, 1998)는 영국에서는 적어도 4%에 해당하는 노인이 부양자에 의해 학대를 당하는 것으로 추정하고 있으며 특히, 75세 이상 노인이 학대를 당하는 빈도가 높아 사회적인 문제로 표면화되고 있다고 주장했다.

노인학대는 가정폭력의 하나로 단발적인 사건이기보다는 만성질환과 마찬가지로 시간의 경과에 따라 증감되고 재발되는 특징을 갖는다(Lachs and Pillemer, 1995). 가족과 관련된 학대나 방임은 주로 배우자, 자녀, 손자녀, 조카나 사촌 등에 의해 발생되며, 한 명 이상의 가해자가 존재한다는 것이다. 학대는 대개 노인과 같이 사는 사람들에 의해 발생한다는 것이 주요변인이라고 할 수 있다. 이런 가족구성원에 의한 학대는 노인에게 타인에 의한 학대보다 더 심각한 부정적 영향을 가져오므로 가족 안에서의 학대에 좀 더 관심을 가질 필요가 있다.

〈표 11-2〉 학대피해노인 가구형태

	노인단독	노인부부	자녀동거	손자녀동거	자녀 · 손자녀동거	기타	계
건	1,007	1,216	1,536	178	245	440	4,622
비율	21.8	26.3	33.2	3.9	5.3	9.5	100

자료: 보건복지부(2018), 2017 노인학대 현황 보고서

노년기에 경험하는 학대는 노인으로 하여금 자신의 삶 전체를 혼란스럽게 하며 결과적으로 자신의 삶을 통합하기보다는 절망으로 유도하게 된다. 또한 신체적, 심리적, 사회적 기능이 저하되고 있는 노년기에는 학대에 적절하게 대처하기 어려우며 피해노인이 심한 충격을 받기 때문에 정신적 외상이 증폭되어 회복이 훨씬 어렵다. 다이어(Dyer et al., 2000) 등의 조사에서는 학대노인이 일반노인보다 훨씬 심한 우울증(62% 대 12%)과 높은 치매(인지증)(51% 대 30%)의 발병률을 제시

하였고 심리적 불안과 공포 등이 나타나며 심한 경우 자살을 기도하는 것으로 보고되었다.

2017년 한 해 동안 전국 24개 노인보호전문기관에 접수된 신고건수는 13,309건(학대사례 4,622건, 일반사례 8,687건)으로 2013년 대비 약 31% 증가한 것이다. 이 조사에서 학대행위자의 특성을 보면 첫째, 노인과 학대행위자의 관계에서는 아들(37.5%)이 가장 높게 나타났고, 배우자(24.8%), 기관(13.8%) 등의 순으로 나타났다. 실제 학대행위자는 아들, 배우자, 딸, 며느리, 사위, 손자녀, 친척 등 친족의 경우가 대부분을 차지하고 있으나, 최근 노인 요양시설이나 노인병원을 이용하는 노인들이 많아지면서 기관에서의 학대비율도 계속 많아지고 있는 것으로 나타났다. 학대유형별로는 신체적 학대에서는 '배우자'가, 정서적 학대, 방임 및 유기에서는 '자녀 및 그 배우자'가 주 학대 행위자로 나타났다. 둘째, 학대행위자의 제 특성에서는 학대행위자가 남성이 여성보다 두 배로 더 많으며(보건복지부, 2017), 연령은 60세 이상의 노인이 노인을 학대하는 노(老)-노(老) 학대의 경우가 전체 학대행위자의 43.7%로 나타났다. 교육 정도 수준은 '고졸'이, 그리고 직업은 무직이 57.9%였고, 국민기초생활수급자도 12.4%로 경제적으로 어려운 생활수준인 것을 알 수 있다(보건복지부, 2017). 셋째, 최근 노인학대에서 주목할 사항은 학대행위자 연령대에서 보면, 2016년부터는 70세 이상의 노인이 노인을 학대하는 노(老)-노(老)학대의 경우가 증가하고 있다는 것이다. 70세 이상 학대행위자의 비율은 2013년 19.8%, 2017년 26.7로 계속 증가하고 있다.

〈표 11-3〉 학대행위자 유형

본인	배우자	아들	며느리	딸	사위	손자녀	친척	타인	기관	계
290	1,263	1,913	131	424	27	124	49	176	704	5,101
5.7	24.8	37.5	2.6	8.3	0.5	2.4	1.0	3.5	13.8	100

자료: 보건복지부(2018). 2017 노인학대 현황 보고서

성별에 따른 학대 유형을 살펴보면, 전체 학대 사례 중 여성노인이 72.3%, 남성

노인이 27.7%를 차지하였다. 또한 남성노인과 여성노인 모두 정서적 학대가 높게 나타났으며 공통적으로 정서적 학대, 신체적 학대, 방임 학대의 순으로 학대 비율이 높게 나타났다(보건복지부, 2017).

연령대별로 살펴보았을 때 남녀 모두 70대와 80대를 중심으로 발생 비율이 분포되어 있어 연령이 높을수록 노인학대에 노출될 가능성이 커지는 것으로 보인다. 학대의 발생빈도는 '1주일에 한 번 이상' 학대를 경험한다는 응답이 32.1%로 가장 높게 나타났고, 노인학대 지속기간은 '1년 이상 5년 미만' 36.3%, '5년 이상' 34.3%로 과반수 이상이 1년 이상 학대에 노출되고 있음을 알 수 있다(보건복지부, 2017).

2. 노인학대의 원인

우리나라 노인학대의 원인을 학대행위자 원인과 가족 및 환경원인으로 나누어 살펴보고자 한다(보건복지부, 2017).

1) 학대행위자 원인

2016년 한 해 동안 신고접수된 학대 사례 중에서 학대 발생원인이 학대행위자에게서 발견된 경우, 개인의 내적 문제가 34.0%, 개인의 외적 문제가 19.7%로 나타나 행위자 개인의 내적·외적 기질적 특성으로 인한 학대행위자 원인 절반을 넘는 것으로 파악되었다. 이중 개인의 내적 문제는 학대행위자의 성격문제를 의미하는 것으로 분노, 고집, 자신감 결여, 폭력 및 충동성 등의 조절 또는 통제에 어려움을 갖는 경우가 해당된다. 개인의 외적 문제는 학대행위자의 이혼, 재혼, 부부갈등, 스트레스, 실직 등의 문제를 나타내고 있다.

2) 가족-환경 원인

학대 발생원인이 가족·환경 원인에 있는 경우는 피해자와 학대행위자 갈등이 56.3%로 가장 높고, 가족구성원과의 갈등이 26.3%, 가족의 경제적 어려움이 17.4%로 나타났다. 학대피해노인과 학대행위자의 갈등의 학대피해노인과 학대행위자 두 사람 사이의 갈등관계를 의미하며, 가족구성원 간의 갈등은 부모부양 문제, 재산 문제 등으로 학대피해노인 자녀 간, 형제 간, 친족 간의 갈등으로 여러 사람이 갈등대상이 될 수 있으며, 가족의 경제적 어려움은 학대피해노인 및 학대행위자 등의 경제적 어려움 등을 의미한다.

제4절 노인학대의 예방방안

2003년 12월 「노인복지법」이 개정되면서 노인학대의 피해자를 돕기 위한 노인보호 전문기관(노인학대 예방센터)이 설치되고 사회복지사업법 중에서 최초로 처벌 규정이 마련되어 매우 고무적인 일이기는 하다. 그러나 노인학대는 현실적으로 가정폭력의 한 측면으로 간주되고 있어서 적극적인 발굴과 대처에 어려움을 겪고 있다. 노인학대는 정상적인 노화로 인한 변화나 질병으로 인한 증상과 뚜렷이 구별하기 어렵다는 점, 자녀를 학대자로 신고하지 못해 학대상황이 은폐되고 있다는 점, 노인은 법률적으로 완전한 권리의무 주체로 인정됨으로써 노인학대 발생 시 긴급한 위기상황을 제외하고는 개입에 한계가 있다는 점 등으로 인해 개입에 어려움이 있으며(정경희, 2010), 또 가해자에 대한 처벌로 노인학대의 문제를 해결한다는 것은 가족관계를 중시해 온 우리나라 정서에는 적합하지 않기 때문에 학대에 대한 처벌보다는 예방 차원의 접근이 절대적으로 필요한 문제이다.

1. 노인학대 개입의 필요성

2002년 스페인 마드리드에서 개최된 제2차 세계고령화회의(The Second World Assembly on Ageing)의 선언문 내용에서 '노인의 권위를 인정하고 모든 형태의 노인학대나 폭력을 철폐하기 위한 노력을 기울여야 할 것(5항)'을 선언하고 이와 관련하여 행동 권고사항에 노인 유기, 학대와 폭력(107-111항)을 방지하는 것과 관련된 행동계획을 제시하고 있다(보건복지부, 2002). 이 내용을 구체적으로 살펴보면 첫째, 노인에 대한 모든 형태의 유기, 학대 및 폭력근절(110항)을 위한 구체적인 행동은 ① 노인학대와 그의 다양한 특성 및 원인에 대하여 언론이나 여타 인식고양 캠페인을 이용하여 전문가들의 민감성 제고 및 일반 대중교육, ② 여성의 건강 및 안녕에 해로운 의식의 철폐, ③ 노인학대를 근절하는 법률제정 및 법률적 노력의 강화, ④ 노인과 관련된 해로운 전통적 관습의 철폐, ⑤ 지역사회 사업을 개발하여 노인학대에 대응함에 있어서 민간단체를 포함한 시민사회와 정부의 협력 장려, ⑥ 유기, 학대, 폭력 특히 긴급상황하에서 시민의 경각심을 높이고 노인들을 보호함으로써 모든 형태의 유기, 학대 및 폭력으로 인한 여성노인에 대한 위험의 최소화, ⑦ 여성노인과 남성노인에 대한 모든 형태의 폭력의 원인, 특성, 정도, 심각성 및 결과에 관하여 더 많은 조사연구를 장려하고 조사 및 연구결과를 널리 전파하는 것을 제안하고 있다. 둘째, 노인학대에 대응하는 지원 서비스를 신설하여 이를 구현하기 위해 ① 학대 피해자를 위한 서비스, ② 노인학대 보고의 활성화를 위한 시민 및 보건과 사회 서비스 전문가 장려, ③ 보건과 사회 서비스 전문가들이 학대로부터 고통받고 있는 노인들에게 제공될 수 있는 보호와 지원 및 장려, ④ 보호전문직 훈련에 노인학대 관련 내용 포함, ⑤ 노인들에게 소비자 사기에 대해 알리는 교육프로그램 입안(정경희, 2010) 등을 제안하고 있다.

현재 노인보호 전문기관은 중앙노인보호 전문기관 산하에 19개의 지역 노인보호전문기관이 있어 전국에 총 20개소가 운영되고 있다. 중앙노인보호 전문기관은 정부와 함께 지역의 노인보호 전문기관과의 유기적인 협력관계를 맺고 적극적인 홍보·후원사업을 추진함은 물론, 다양한 On-Line 채널을 통한 상호정보교류 및 업무협력을 구축하고 있다.

이와 같은 노인학대에 대한 국제적 관심에 부응하여 우리나라도 넓게는 노인의 권익보장과 안녕한 삶을 위하여, 좁게는 노인학대를 예방하고 감소시키는 측면에서 노인학대에 대한 사회적 관심과 정책적 지원이 요구된다. 노인학대가 우리 사회에서 사회적 문제로 정립되고 구체적인 정책방안의 모색이 추구되어야 하는 당위성은 여기에 있다.

첫째, 노인학대 또한 가족 내에서 발생하는 폭력이므로 가족폭력에 대한 개념화가 이루어진 상황에서 노인학대도 한 범주로 보아야 하며, 크게는 가족폭력이라는 맥락에서 상호 이해, 협력할 필요가 있다.

둘째, 노인부양에 대한 비공식적 기능이 감소하고 있으므로 부양부담에 대한 가족들의 수용력이 약화됨으로써 노인학대는 더 심각한 사회문제가 될 것이다.

셋째, 노인부양의 공식적 역할 증대에 따라 지역사회 또는 노인시설에서 노인학대 발생 가능성이 커질 수 있다.

넷째, 노인 단독가구 및 독거노인 가구가 증대됨에 따라 노인을 대상으로 한 재정적 착취나 노인 스스로 자신을 방임하는 유형의 학대가 발생할 우려가 크다.

따라서 노인학대는 가정 및 시설 그리고 지역사회 등 여러 다양한 상황에서 발생할 수 있으며 노인 자신과 가족, 사회, 문화적 요인이 복합적으로 영향을 미쳐 발생했다고 볼 수 있다. 특히 한국의 노인학대는 산업화, 인구고령화, 핵가족화, 가치관의 변화와 같은 외적인 요인들이 노인학대에 직접, 간접적으로 영향을 미침으로써 노인을 감당할 수 없게 된 가족에게 부양책임을 전담시켜 가해자로 만들고 있다. 결국 노인학대는 개인의 문제나 가정의 문제가 아닌 사회구조적 문제로 대두되므로 이에 적절한 사회적 개입이 필요하게 된 것이다.

2. 피학대 노인을 위한 보호 서비스

우리나라의 노인학대 상담 및 서비스는 2000년부터 재가노인복지시설협회 관련기관 30개소와 까리따스수녀회 관련기관 24개소에서 사회복지공동모금회 신청사업으로 2년간 1588-9222 신고전화 및 상담, 예방교육 등을 통해 시작하게 되었다. 2002년 말에는 노인학대 문제에 대한 심각성을 고려하여 사회복지공동모금회 기획사업으로 채택되었다. 이로 인해 2002년 11월 전문위원회가 구성되었고 다음 달 12월부터 전국을 관할하도록 새롭게 구성된 11개소 지부가 노인학대 상담센터를 개소하여 사업이 시작되었다. 2004년에는 「노인복지법」 개정으로 노인학대 가해자에 대한 처벌규정이 시행되면서 노인학대예방센터가 16개 시·도에 설치되었고 사회적 관심이 급속히 증설되었다. 그 후 기관의 종류를 노인보호전문기관으로 개명하고, 2006년부터는 점차 확대하여 2010년 현재 전국에 20개소가 운영되고 있다.

3. 노인학대의 예방방안

우리나라는 뒤늦게 노인학대에 관심을 갖기 시작하였지만 빠르게 법제화됨으로써 사업이 적극적으로 진행되고 있다. 그러나 법제화 뒤에 필요한 구체적인 업무지침이나 일관성 있는 사례개입 기준들이 뒷받침되지 못하고 상담원의 자질 및 능력이 부족한 것이 노인학대 상담과 예방사업의 현실이다. 따라서 지금까지 노인학대의 현황과 현재까지의 노인학대 예방사업의 진행과정과 문제점을 기초로 몇 가지 개선방안을 제시해보면 다음과 같다.

첫째, 노인학대 상담과 예방사업을 원활히 수행하기 위한 인력의 충원이 절대적으로 필요하다. 특히 전문적인 상담능력이 있는 인력과 이들을 교육하고 훈련하는 전문교육기관이 필요하다.

둘째, 우리나라 노인학대 실태에 대한 전국적 통계와 일관적이고 구체적인 노인학대의 판정기준 및 업무지침이 개발되어야 한다. 정확한 노인학대 실태는 노인학대 개념에 의해 좌우된다. 외국은 전국 규모의 실태조사를 시도하여 학대의 규모와 정도를 파악하고, 이를 근거로 노인학대를 비교적 명확하게 파악하고 있다. 그러므로 노인학대에 대한 정확한 실태파악과 실제적인 노인학대 판정기준이 우선적으로 마련되어야 할 것이다.

셋째, 신고의 목적을 가해자에 대한 처벌에 두기보다는 가해자, 피해자 모두에게 가장 적절한 사회적 서비스를 제공하기 위한 방안이 필요하다. 노인학대는 여러 가지 이유로 자기신고나 타인의 신고가 어렵기 때문에 피해자와 가해자 모두에 대해 비심판적 태도로 접근할 때 신고제가 보다 성공적인 결과를 가져오게 될 것이다. 아동학대는 그 원인을 양육자의 양육에 대한 태도 및 방법의 부족으로 보는 관점이 많은 반면 노인학대는 학대자와 피해자를 뚜렷이 구분할 수 없으며 오히려 다른 학대보다 학대자를 피해자로 보는 입장이 좀 더 강한 편이다. 따라서 피해자를 처벌하고 노인을 가족으로부터 분리하는 것이 아니라 피해자나 가해자 모두에게 더 나은 서비스와 도움을 제공하는 조치가 필요하다.

넷째, 노인학대에 관한 인식 및 예방교육을 노인 당사자와 자녀, 관련 공무원들에게 집중적이고 체계적으로 실시해야 할 것이다. 노인학대에 대한 인식은 매우 저조한 수준이며 심지어는 노인의 권익을 옹호해야 하는 공공기관 관련자들까지도 노인학대를 단순한 가정문제로 인식하고 있다.

다섯째, 노인학대 상담사업을 활성화하기 위해서는 공공과 민간의 협력과 노력이 필요하다. 공적인 면에서는 진보적인 법적·제도적 보호장치의 실천을, 민간에서는 노인학대 문제해결을 위한 개입방안을 연구해야 할 것이다. 무엇보다도 노인학대가 단편적으로 학대에만 치우친 것이 아니기 때문에 다음과 같은 종합적인 노인복지시스템이 필요하다.

1) 옴부즈맨 제도

은폐되거나 외부로 노출되기 어려운 제약을 갖고 있는 노인학대의 특징을 고려하여 아웃리치(Out-Reach) 서비스를 확대해야 한다. 특히 신체적 또는 인지적으로 손상된 노인이 가해자와 함께 살고 있거나 가해자에게 의존된 상황에서 학대가 발생하기 쉽기 때문에 사례발굴을 위한 적극적인 노력이 필요하다. 아웃리치 전략으로 학대위험이 큰 노인을 찾아내기 위해 지역사회 기관과 공공기관을 연계한 옴부즈맨(gatekeeper)을 활용할 수 있다.

2) 재정관리 서비스

노인이 소유한 경제력이 정보 부족과 관리능력 부족으로 재정적 학대로 이어지는 경우가 많기 때문에 노인의 재정적인 관리에 대한 교육과 구체적인 도움을 제공하는 서비스 그리고 제도적으로 이를 대행하는 합법적 조치가 예방적인 차원에서 필요하다.

3) 케어 서비스 체계

과중한 수발부담이 노인학대의 요인이 되고 있기 때문에 병든 노인을 집에 방치하거나 유기와 같은 극단적인 노인학대를 방지하기 위해서는 가족의 수발을 보충적으로 지원할 수 있는 케어 서비스 체계가 재정비되어야 할 것이다.

4) 법률정보 제공 및 법률구조활동

경제적, 신체적, 정신적으로 허약한 상태에 있는 노인의 경우는 스스로 법적 투쟁을 할 수 없는 것은 너무나 당연하다. 따라서 노인이 성인으로서의 기능이 불가능한 면이 많은 점을 감안하여 법률상담이나 법률적인 구조활동을 제공해야 할 것이다.

5) 노인부양 관련 상담 및 사회 서비스 제공

노인학대의 대부분은 지속된 갈등의 결과로 표출된 경우가 많다. 자녀가 부모 부양으로 인해 경험하게 되는 다양한 어려움과 스트레스가 원인일 경우는 부양자들에 대한 상담 및 교육이 문제를 해결하고 예방할 수 있을 것이다. 오늘날의 시대상황에서 노부모의 부양을 자녀에게만 국한시키는 것은 시대의 변화를 반영하지 못한 것으로 볼 수 있다. 따라서 가해자인 가족이 부모를 학대하는 상황을 조성하지 않도록 필요한 다양한 사회적 서비스를 개발하여 제공해야 할 것이다.

6) 일시쉼터 및 학대자 거주이전 조치

학대를 받는 가정에서 일시적으로 벗어나 피해자가 안정감을 회복할 수 있도록 일시쉼터의 마련이 필요하다. 그러나 일시쉼터가 학대자로 하여금 노인을 유기하는 기회로 악용될 수 있으므로 노인이 거주지를 떠나지 않고 학대자가 거주지를 이전하거나 거주지 접근을 법적으로 제한하는 장치도 함께 마련되어야 할 것이다.

12

치매

제1절 치매의 개념과 유형

1. 정의

치매는 성숙한 뇌가 후천적인 외상이나 질병 등 외적 요인에 의해서 기질적으로 손상 또는 파괴되어 전반적으로 지능, 학습, 언어 등의 인지기능과 이해력, 감정, 판단력, 사고력 등의 고등정신기능이 감퇴되어 사회적, 직업적, 기능 또는 타인과의 관계를 유지하는 능력을 상실하는 복합적인 임상증후군을 지칭하는 용어이다(DSM-Ⅳ).

ICD-10(국제질병분류표)에서는 의식이 명료한 상태에서 6개월 이상 일상생활에 곤란을 초래할 정도의 기억장애와 사고장애가 발생하는 질환이라고 말한다.

즉, 치매란 내과 및 신경계 질환으로 인해 뇌신경이 위축·손상되어 주의력, 기억력, 판단력, 시·공간능력 등의 인지기능장애와 망상, 환각, 착각, 감정의 변화, 성격 및 행동변화 등의 정신증상과 근육마비, 보행장애, 반사기능 이상, 연하곤란, 구음장애 등을 포함한 신경증상과 일상생활능력이 감퇴되는 증후군이다.

2. 건망증과 치매의 비교기준

치매는 증상적인 차원에서 오진이 가능한 질병으로서 건망증, 섬망, 노인성 우울증 등과 오진할 수 있다. 특히 보편화된 건망증과 치매를 구분하는 세 가지의 비교기준이 있는데, 첫째, 순간적인 기억장애의 유무(물건을 어디에 두었는지 잠시 기억나지 않는 장애), 둘째, 통찰력의 유무(자신의 판단력이나 기억력을 스스로 깨닫는 정도), 셋째, 기억장애나 판단력이 일상생활에 지장을 주는 정도 등이다.

3. 조기진단이 어려운 치매

치매 인구는 정확한 추산을 할 수 없을 정도로 노년기 질환으로 확산되고 있다. 학자들에 의하면 동서양을 막론하고 65세 이상의 노인인구는 5세씩 증가할수록 치매유병률이 두 배로 증가한다고 주장하고 있다(김양이, 1999). 현재 65세 이상 노인 중에는 치매 인구가 2~3% 정도로 알려져 있으며, 이러한 유병률의 계산 공식에 의하면 85세 이상 노인인구의 치매유병률은 48% 정도로 추산할 수 있다. 치매는 모든 노인에게 두려움의 질병이며 그 이유 중의 하나는 조기에 발견할 수 없다는 것이다. 이렇게 조기진단이 어려운 이유는 다음과 같다(이윤로 외, 2000).

첫째, 치매는 초기의 변화가 두드러지지 않는다. 증상이 다양하고 초기에는 약하게 나타나며 환자들이 이러한 증상을 치매로 인정하지 않기 때문이다.

둘째, 치매의 초기 발병 시기는 신체적 상해나 중대한 사건 경험 이후에 갑자기 나타나는 경우가 많다. 그러므로 병원진료를 거부하거나 그 사건과 관련된 치료에 초점을 두기 때문이다.

셋째, 치매에 대한 일반인들의 지식이 부족하다. 치매는 유발요인이 다양하고 증상도 매우 다양하기 때문에 초기증상을 질병으로 인식하지 않으며 치매를 치료가 불가능한 질병으로 알고 있기 때문이다.

넷째, 치매는 노인성 질환의 일종이며 환자의 30%는 우울증상을 보인다. 노년기에는 심리적인 특성으로 인하여 우울성향이 나타나는데 치매의 우울증상을 이러한 심리적인 변화로 인식하고 진단하기 때문이다. 이러한 이유로 인하여 치매의 조기진단은 쉽지 않다.

4. 치매의 구분

1) 치매의 분류

치매는 원인에 따라서 분류하기도 하지만 치료의 가능성에 따라서도 구분할 수 있다. 치매는 치료가 가능한 경우와 불가능한 경우 또는 증상이 약간 호전되는 경우로 분류한다.

(1) 가역성 치매

우울증, 약물, 알코올 및 화학물질 중독에 의한 정신과적 증상이나 전해질 불균형, 갑상선 질환, 비타민 결핍증(B_{12}), 감염성 뇌질환, 두부외상, 뇌수종 등과 같이 치료와 회복이 가능한 유형이다.

(2) 비가역성 치매

뇌의 신경세포나 신경섬유가 파괴되거나 손상되어 유발된 알츠하이머, 피크병, 헌팅턴씨병, 파킨슨씨병과 같이 치료와 회복이 불가능한 유형이다.

(3) 반가역성 치매

다발성 뇌경색증과 같이 치료를 받으면 증상이 호전되거나 개선되는 유형이다.

2) 치매의 유형

치매는 학자에 따라 매우 다양하게 구분하고 있지만 대표적인 몇 가지 유형만 소개하면 다음과 같다(박종한 외, 1996).

(1) 알츠하이머 치매

뇌세포의 위축과 파괴로 기저 신경절에 신경반을 형성함으로써 신경전달자극능력이 저하되는 유형이다. 가장 두드러진 증상으로는 인격의 변화라고 할 수 있다.

(2) 혈관성 치매

다발성 뇌경색증에 의해 뇌혈관에 부분적인 순환의 장애로 유발되는 유형이다. 가장 특징적인 증상으로는 인지기능의 저하이다.

(3) 알코올성 치매

비타민 B1(티아민)의 흡수를 방해하는 알코올을 지속적으로 섭취함으로써 유발되는 유형으로 만성적인 과음이 치매를 일으킨다. 주 증상으로는 기억장애, 사지경련, 보행실조, 지적 능력저하 등이다.

(4) 외상 후 치매

뇌에 대한 일시적인 큰 자극이나 지속적인 자극으로 인하여 뇌의 기능이 저하되는 일명 권투선수 치매, 만성 외상성 뇌증으로 불리는 유형이다. 주요 증상으로는 정신기능의 둔화, 반응의 둔화, 감정의 둔화, 기억장애 등이다.

(5) 기타

그 밖에도 산소결핍성, 염증성, 가성, 복합성 등의 원인으로 치매증상을 보이는 유형이 있다. 산소결핍성 유형은 심근경색증이나 일산화탄소의 중독으로 유발되며, 염증성은 두뇌에 바이러스가 침범하여 치매증상을 나타내는 유형이고, 가성 치매의 경우는 정신장애의 증상과 유사하여 노인성 우울증으로 오진하기 쉬운 유형이며 복합성 치매는 혈관성 유형과 알츠하이머 유형 등 두 가지 이상의 유형이 중복되는 유형이다.

5. 치매의 병리적 소견

치매는 대뇌의 실질조직이 위축되어 있으며 뇌신경섬유가 아밀로이드라는 단백질 덩어리로 엉켜 있어서 뇌의 신경전달물질이 저하되어 뇌의 혈액순환과 대사작용 및 자극활동이 저하되어 뇌파상의 변화를 보인다.

그러므로 치매는 알츠하이머병, 피크병, 파킨슨병, 헌팅턴병, 제이콥슨병, 다발성 뇌경색증, 뇌종양 및 뇌수종, 갑상선 기능 저하증, 신부전증, 우울증, 영양결핍, 약물 및 알코올중독, 매독, 뇌막염 등에 의해 유발된다고 보고 있다.

6. 치매원인에 대한 이론

치매는 원인이 아직 규명되지 못한 질병이다. 따라서 원인설에 대한 다양한 이론들이 제기되고 있다(Molsa et al., 1982). 이 밖에도 더 많은 이론들이 있다.

1) 유전이론

알츠하이머 유형의 경우 가족력이 50~80%를 차지한다고 주장하는 이론으로서 게놈프로젝트에 의하면 유전자 21, 19, 14번의 변형으로 유발된다고 주장하고 있다.

2) 대사이상이론

혈중 내에 칼슘이나 마그네슘과 같은 물질이 증가함으로써 대사과정의 급속한 저하를 초래하여 치매가 유발된다는 이론이다.

3) 뇌신경전달물질 감소이론

치매는 아세틸콜린이라는 신경전달자극물질의 생산이 감소됨으로써 유발된다고 보는 이론이다. 이로 인해서 뇌파의 흐름이 매우 느려짐을 볼 수 있다.

4) 바이러스이론

신경매독이나 제이콥슨병(광우병)에 근거하고 있으며 특히 염증성 병변은 신경섬유의 엉킴 부분에 많다고 밝혔다.

제2절 치매의 진단

1. 진단의 방법

치매를 진단하는 데는 다양한 방법을 활용하는 것이 바람직하다. 치매진단 시 중요한 요소로는 증상의 발현시기 및 증상의 유형, 진행경과의 유형, 과거력, 약물복용 여부, 감염상태 등이다(이윤로 외, 2000). 치매의 진단은 중요한 요소를 구체적으로 밝히는 과정이라고 볼 수 있다.

1) 문진

환자나 가족을 통해서 증상의 발현시기 및 주요증상, 가족력, 과거병력, 약물복용 여부, ADL(일상생활동작), IADL(도구적 일상생활동작), 질병과 관련된 질문을 통해서 진단하는 방법이다.

2) 일반적인 신체검사

두뇌의 외형, 시각·청각상태, 체중, 혈압 등을 통해 기본적인 신체상태를 점검한다.

3) 신경학적 검사

운동상태나 시력장애, 보행상태 등에 대해 도구를 사용하여 진단하는 방법으로 치매증상의 특징을 파악할 수 있다.

4) 정신의학적 검사

정신질환의 유무를 파악하거나 인지기능의 장애 유무를 판단하는 방법으로 주로 사용하는 도구로는 MMSE-K(Mini-Mental-State-Examination-Korea) 등이 있다(이윤로 외, 2000).

5) 병리학적 검사

이 방법은 기본적 병리검사에서 정밀검사까지 매우 다양하다. 방법으로는 혈액, 생화학, 소변, 흉부방사선, 심전도, 뇌파, CT(컴퓨터 단층촬영), MRI(자기공명영상), PET(양전자검사), 뇌척수액, 뇌피질 조직검사 등이 있다(연병길, 1996).

2. 혈관성 치매와 알츠하이머 치매의 차이점

치매는 크게 혈관성 치매와 알츠하이머 치매로 나누는데, 이 두 유형 간에는 몇 가지 차이점이 분명하게 나타난다. 차이점은 〈표 12-1〉에서 알 수 있다(Evans, Funkenstein, Albert, 1989).

〈표 12-1〉 혈관성 치매와 알츠하이머 치매의 차이점

구분	혈관성 치매	알츠하이머 치매
연령 및 성별	60~70세의 남성에게 더 높다.	40세 후반부터 유발하지만 70세에 다발하며 여성에게 더 높다.
진행경과	갑자기 발병하며 진행과 중단이 반복되는 계단식 증상을 보인다.	서서히 진행하며 점진적으로 악화된다.
병에 대한 인식도	초기에 인식한다.	인정하지 않으려는 성향이 높다.
인격의 변화 정도	인격의 변화는 거의 없다.	인격의 황폐화를 초래한다.
감정반응	정상적으로 유지된다.	부정적인 감정이나 흥분상태를 자주 초래한다.
초기 자각증상	머리가 무겁다, 어지럽다, 건망증	없다.
신경증상	편마비, 파킨슨 증상	초기에는 없다.
합병증	고혈압, 당뇨병, 심장질환, 동맥경화증	없다.
특징적인 증상	감정실금, 우울, 섬망	불안, 다변, 흥분, 성격의 변화
진단소견	다발성 뇌경색증	전반적인 뇌 위축 및 뇌실공동

3. 치매환자의 증상적 특징

치매에 대한 부정적인 인식은 치매환자들의 증상 때문일 것이다. 치매의 증상은 인지기능이나 정서, 행동, 지각 등의 변화와 사회성의 불능과 일상생활동작의 장애에 이르기까지 매우 다양하다(공은숙, 1998).

(1) 인지기능의 변화

인지기능인 기억력(장단기 기억력의 결핍, 물건의 분실, 혼돈, 지남력 상실), 집중력(집중시간의 단축, 새로운 정보의 입력결함, 판단력의 결여), 언어력(단어 찾기의 결함, 실인증, 단어반복, 글쓰기, 개념화 능력 결여), 사고력(망상, 환각, 사고이상) 등이 변화된다.

(2) 정서변화

정서는 불안(부정, 근심, 감정실금 및 조절불능, 분노, 갑작스러운 반응), 우울(슬픔, 희망상실, 죄책감, 자신감 상실, 자살 충동), 조증(광적인 행동, 파괴적인 행동, 인간관계의 결함) 등이 나타난다.

(3) 행동변화

행동에는 성격의 변화(완고함, 감정폭발, 언어남용, 초조함, 흥분, 억지, 배회, 퇴행증, 꼬집기, 쑤시기, 때리기와 같은 폭력적인 행동, 물건 감추기), 수면장애(주야역행, 각성상태), 성적 장애(실금, 성기노출), 신경장애(도보장애, 경련, 원시적인 반사작용, 근수축) 등과 같은 변화가 나타난다.

(4) 기타

지남력 장애, 거울상의 오인, 망상, 환각, 착각 등과 같은 지각변화와 사회적 활동과 대인관계가 점진적으로 불가능하게 되는 사회성, 인간관계의 불능과 신체적·기능적 장애가 점진적으로 나타나 모든 활동에 자기 관리가 불가능한 상태가 된다.

4. 치매의 임상적 증상의 발전단계

치매의 증상은 일시적으로 또는 갑자기 나타나는 증상이 아니라 질병이 진행되면 없었던 증상이 나타나기도 하고 증상이 점차적으로 악화되기도 하는데, 6단계에 걸쳐 증상이 진전된다.

1단계에서는 건망증이 일상생활을 방해하기 시작하며 집중이 어려워져서 새로운 것을 배우는 데 어려움을 느끼고 타인에 대한 감정이입이 불가능하다.

2단계에는 익숙하지 않은 장소에서 쉽게 당황하고 단기기억이 감소되며, 사회적인 일에 흥미가 없어져서 스스로 물건을 구매하는 데도 어려움을 겪으며 고집이 세지고 타인을 비난함으로써 자신의 행동을 감추려 한다.

3단계에서는 원만한 날이 거의 없으며 혼돈으로 과식이나 소식을 하고 일상생활에 어려움을 느낀다. 쉽게 좌절감을 느끼고 특정한 주제나 이야기를 반복하며 적절한 단어를 찾는 데 어려움을 겪고 배회가 시작된다.

4단계에는 보호자가 필요하며 목욕을 거부하거나 끝내지 못하고 일하는 도중에 부적절한 질문을 많이 하며 쉽게 산만해진다. 많은 것을 시키면 화를 내고 불안, 공포, 좌절감을 자주 표출한다. 수면양상이 주야역행, 주야각성으로 변하고 지속적으로 보호자를 따라다닌다.

5단계에는 모든 것을 도와주어야 하며 단어의 의미를 몰라서 대화가 불가능하다. 걷기, 일어나기, 서 있기 등을 하는 데 어려움이 있으며 판단력이 상실되고 실변, 실금을 한다.

6단계에서는 식사를 먹여주어야 하며 실변, 실금이 지속되고 언어적 의사소통이 불가능해진다.

5. 치매진단(자가 점검표)

치매는 치료가 불가능한 질병으로 알려져 있어서 모든 사람이 두려워한다. 따라서 많은 사람이 치매예방에 관심이 많다. 치매를 예방하는 방법은 무엇보다 자신의 인지기능을 점검하는 것이다. 많이 활용하고 있는 점검표를 소개하면 〈표 12-2〉와 같다.

〈표 12-2〉 치매진단 문진표

항목번호	점검내용
1	어떤 일이 일어났는지 기억하지 못한다.
2	며칠 전에 들은 이야기를 기억하지 못한다.
3	본인에게 중요한 사항을 잊는다(결혼기념일, 생일, 제사).
4	반복되는 생활에 변화가 일어나면 적응하기 어렵다.
5	어떤 일을 해 놓고 기억을 못 해 다시 반복한다.
6	약속을 잊는다.
7	이야기 도중 자기가 하고 있는 이야기를 잊는다.
8	하고 싶은 말이나 표현이 떠오르지 않는다.
9	물건의 이름이 금방 생각나지 않는다.
10	TV를 보고 그 내용을 이해하기 어렵다.
11	전에 가본 장소를 기억하지 못한다.
12	길을 잃거나 헤맨 적이 있다.
13	계산능력이 떨어졌다.
14	돈 관리에 실수를 한다.
15	과거에 쓰던 기구의 사용이 서툴러졌다.
합계	예: 2점, 아니오: 1점으로 8점 이상이면 치매로 진단

자료: 나덕렬(2000)

제3절 치매노인가족의 부양부담

1. 치매노인가족의 특성

우리나라에서는 노인을 가정에서 부양하는 것이 전통적인 규범이었고 이로 인한 경제적, 신체적, 사회적, 심리적 부양부담은 가족 스스로 해결해 왔다. 그러나 치매노인을 가정에서 부양하는 것은 말기 암환자를 부양하는 것보다 부양부담이 더 큰 것으로 알려져 있으며 특히 환자의 부양을 전담하는 주부양자의 고통은 심할 수밖에 없다. 치매노인 가족들이 처한 상황 때문에 예전에는 가족들을 "숨겨진 환자 (hidden patient)"로 일컫기도 했으며 이들의 고통스러운 삶의 과정을 소설에 비유하여 "25시를 사는 사람들"이라고 부르기도 했다. 따라서 치매노인에 대한 개입은 가족중심의 접근이 우선되어야 하며 가족의 개입이 순조로울 때 환자의 문제행동이나 증상에도 긍정적인 영향을 미치게 된다.

치매노인가족의 부양부담은 부양하는 가족의 특성에 따라 약간의 차이 가 있다. 현재 치매의 발병률이 높은 75세 이상의 노인들은 자녀가 3~5명 정도여서 자녀들이 적절하게 분배하면 부양부담이 적은 편이지만 치매의 특성상 자녀들이 부양에 대한 부담을 크게 호소하고 있다. 2008년 노인 장기요양보험제도의 시행 이후에는 사회적 부양에 의존하는 비율이 높아 가족의 부양부담이 크게 완화되긴 했지만 경제적 부담은 여전히 자녀의 몫이다.

2. 주부양자의 특성

가족 내에서 치매노인의 부양은 주부양자 한 명이 전담하고 있으며 다른 구성원들은 환자의 간호와 부양에 적극적으로 관여하지 않는 편이다. 예전에는 치매노인의 1차 부양자는 대부분 며느리가 차지하였으나 최근에는 배우자로 변하고 있다.

일반적으로 주부양자가 하루에 치매노인을 부양하는 데 소요되는 시간은 9시간이라고 중앙치매센터에서 밝히고 있다. 주부양자가 치매노인의 일상생활능력의 저하와 인지장애 및 문제행동으로 인하여 감당해야 하는 부양부담감은 증상이 진행될수록 가중된다. 치매노인 주부양자의 특성을 요약해 보면 배우자의 유무가 가장 크게 좌우하며 배우자가 없는 경우에는 며느리나 딸이 주부양의 책임을 맡는다. 주부양자의 연령은 30~40대가 가장 많고 60대도 많은 편이다. 치매노인의 부양은 부양자의 성격이나 생활 정도, 치매노인과의 병전관계가 영향을 미친다. 우리나라는 대리 부양자자 많지만 연령이 낮고 미혼이거나 별거가족, 직업활동 참여자가 대부분이다. 주부양자의 욕구는 경제적인 지원보다 사회적, 정서적 원조가 더 높으며 주부양자가 결정되는 요소로는 근처 거주자나 경제적인 여유, 시간적인 여유, 성격이나 병전관계 등이다.

3. 치매노인가족의 부양부담

학자들이 제시한 부양부담의 차원을 종합해 보면 치매노인가족의 부양부담은 ① 사회적 활동의 제한, ② 노인 및 가족관계의 부정적 변화, ③ 심리적 부담감 , ④ 재정 및 경제활동상의 부담, ⑤ 건강의 악화라는 5개 차원으로 구분할 수 있다.

① 사회적 활동의 제한은 치매노인의 인지기능 저하와 문제행동으로 인하여 부양가족들이 하루 종일 주의를 집중해야 하므로 시간에 대한 요구와 압박을 많이 받는다. 때문에 부양자들은 사회적 관계망과의 접촉이나 사회적 역할 수행에 필요한 개인적 시간과 자유를 가질 수 없게 됨으로써 사회적 활동에 많은 제한을 받게 된다.

② 노인 및 가족관계의 부정적 변화는 가족체계는 가족구성원 간의 상호작용으로 이루어진 총체적 관계이다. 때문에 치매노인의 발생으로 가족의 항상성은 균형을 잃게 되고 구성원 누군가에게 부양부담이 가중됨으로써 부부관계, 세대 간의 관계, 형제자매관계에서 갈등을 초래할 수 있다. 이는 치매노인과 주부양자의 관계와 전체 가족관계에 부정적인 변화를 초래한다.

③ 심리적 부담은 치매노인을 부양하는 과정에서 부양자들은 심리적 안녕상태에 부정적인 영향을 많이 받는다. 심리적 부담을 받는 상황은 치매노인을 부양하면서 사소한 일로 남을 비판하거나 신경질적이고 친절하지 못하며 분노를 통제하지 못하는 심리상태가 초래된다. 때문에 의욕이 상실되고 삶에 대한 흥미가 없어지며 쉽게 낙담하거나 우울해지고 희망이 없고 자신을 무가치한 존재로 생각하는 상태에 빠진다.

④ 재정 및 경제활동상의 부담은 부양자가 치매노인을 부양한 후 치매노인의 치료와 간호에 소요되는 비용이 절대적으로 부족하거나 의료비지출로 재정적 부담을 경험하며 경제활동과 치매노인부양이라는 과업 사이에서 갈등을 겪으며 경제활동에 지장을 받는다.

⑤ 건강상의 부담은 치매노인을 부양하면서 받게 되는 신체적·정신적 건강에 부정적인 영향을 받는다는 것이다. 특히 심리적 부담이나 가족관계의 부정적인 변화는 정신건강에 큰 영향을 미치며 신체적 건강상태를 악화시키는 결과를 초래하기도 한다. 뿐만 아니라 가사나 경제활동, 자녀양육 등의 역할 가중으로 인하여 새로운 질병에 이환되기도 한다.

부양부담의 수준을 권중돈(1995)은 노인부양으로 인한 건강상의 부담 →사회적 활동 제한 → 치매노인과 주부양자관계의 부정적 변화 → 가족관계의 부정적 변화 → 심리적 부담 → 재정 및 경제활동상의 부담 순으로 조사결과를 발표했으며 이은희(1997)는 개인적·사회적 제약에 따른 부양부담 → 육체적·정서적 건강악화에 따른 부양부담 → 경제적 비용에 대한 부양부담 → 치매노인과의 관계상의 스트레스 → 부양에 대한 무가치감 순으로 부양부담을 설명하였다.

4. 부양자들의 부양부담에 영향을 미치는 요소

부양자들의 부양부담에 영향을 미치는 요소로는 ① 치매노인의 일반적 특성으로 성별, 연령, 학력, 경제성, 질병유무가 있으며, ② 부양자와 노인과의 관계에서 포용력 있는 보살핌이나 갈등의 유무, 스트레스의 유무, 자녀의 경우 긴장과 정신적 고통이 심하고 사기가 낮으며, ③ 사회적 지지로 배우자, 형제, 타 친척의 정서적 지지, ④ 부양자의 성별, ⑤ 부양자의 연령, ⑥ 치매노인의 기능적·인지적 손상 정도, ⑦ 부양자의 건강상태, ⑧ 부양기간, 부양의지, 발병기간, 비용, 병전 친밀도, ⑨ 보조 인력의 유무, 부양업무의 양과 가족의 지지 등이 있다.

제4절 치매의 치료적 접근

1. 치료적 접근방법

치매는 원인에 따라 치료나 예방, 증상을 완화시키는 접근방법이 있다. 치료는 가역성 치매의 경우에 해당되며 그 외에 비가역성 또는 반가역성 치매는 예방이나 증상 완화적 접근방법이 해당된다. 즉, 아직까지 원인이 밝혀지지 않은 알츠하이머 치매는 예방이나 증상완화에 접근하는 방법을 적용하고 있다. 치매에 대한 치료적 접근방법은 다양하다. 예를 들면, 인지치료, 작업치료, 오락요법, 사랑방모임, 산책 등이 있고 개인정보훈련, 지남력 훈련, 일상생활동작훈련, 의사소통

훈련, 행동치료요법, 회상요법과 같이 개별 또는 집단별 치료 프로그램 등이 있다 (현외성 외, 1998).

1) 대증적 접근

치매노인에게 나타나는 증상을 완화 또는 제거하기 위한 접근방법으로 주로 약물이나 민간처방을 사용한다. 변비, 설사, 수면장애, 요실금, 피부염, 통증 등과 같은 신체적인 문제나 문제행동 및 질병으로 인한 증상에 활용하게 된다.

2) 지지적 접근

지지적 접근은 치매노인의 일상생활에 도움을 줄 수 있는 접근방법이다. 즉, 신체의 취약성을 보완한다거나 환경을 개선하는 방법으로 치매노인을 관리하는 방법이다.

(1) 신체적 취약성에 대한 보호

약물의 장기복용으로 인한 합병증 예방을 위해 약물을 복용하도록 교육하고 일상생활의 장애를 일으키는 증상에 대한 약물을 처방받도록 의뢰하며 바닥이나 난간과 같은 보호 장치나 물리적 환경을 개선한다.

(2) 환경적 조절

일상생활에 필요한 글씨 큰 달력이나 위치표시판 설치, 신문읽기, TV 시청, 명찰 달기, 구매금지, 야간등 켜기 등의 생활환경을 변화시킨다.

2. 가족적 접근

치매의 문제행동이나 증상은 인지적 기능이 저하된 환자에게는 위험한 상황을 유발하지만 가족들에게는 매우 심한 고통이다. 따라서 치매는 가족들의 견디기 힘든 고통을 완화시키는 접근이 필수적이다.

1) 가족에 대한 개입목표

치매는 환자에게 개입하는 것만큼 가족에게 개입하는 것도 중요하다. 가족에 대한 개입방법은 첫째, 가족의 신체적 부담을 감소시키기 위해 역할분담 방안을 모색하는 것이며 둘째, 주·야간보호, 장·단기보호, 요양 및 재가장기요양 등 사회적 서비스 이용을 도모하며 셋째, 치매가족모임에 참여하여 정보교환 및 부양자의 스트레스를 해소시키는 것이며 넷째, 방문요양을 요청하여 케어 요령을 익히는 것이며 다섯째, 치매에 대한 정보를 교환하는 것이다.

2) 치매가족의 문제점

치매가족은 가족의 상황이나 치매노인의 정도에 따라 매우 다양하게 표출되고 있다. 가족의 심리상태와 주요문제, 치매노인 가족의 역기능과 부양부담을 중심으로 살펴보기로 한다.

(1) 치매가족의 심리상태

치매가족도 부모님이 치매라는 진단을 받거나 증상이 나타나면 다음과 같은 심리적인 변화를 가져온다. 첫 번째 단계에서는 노인의 변화된 인격이나 문제행동에서 혼란을 느끼고 두 번째 단계에는 문제행동으로 인한 혼란스러운 상태에서 가족의 이해가 부족하면 거절하는 상태에 도달하게 된다. “왜 나만 감당해야 하는

가?" 하는 마음으로 노인에게 불친절하고 노인을 방치하며 가족 간의 관계가 악화되는 단계이다. 세 번째 단계에는 환자와 질병에 대해서 서서히 이해하게 되고 케어방법과 사회적 서비스를 모색하게 되며 노인의 상태를 관찰하는 여유가 생기고 돌봄에 무리하지 않으며 자연스러워지는 단념의 단계가 온다. 네 번째 단계에서는 유연성을 가지고 대처하려고 애쓰며 치매노인을 가족의 일원으로 받아들이고 부양자 자신의 시간을 갖게 되면서 치매노인의 행동도 안정되는 수용의 단계를 맞이하게 된다.

(2) 치매노인 가족의 주요문제

치매노인 가족은 확진 자체에 대한 두려움 때문에 치매진단을 기피하며 치료에 대한 계획을 수립할 때 의사결정에서 갈등이나 죄의식을 느끼기도 하고 질병과정이나 진행속도에 대해 인정하지 않는다. 또한 부양자의 신체적·심리적 부담감으로 인해 신체적·정신적 질병이 유발되며 가족갈등이나 가족의 역기능 현상이 나타난다.

(3) 치매노인 가족의 역기능

치매노인 가족은 치매로 인한 노인의 기능이 저하되면서 부양자의 치매노인에 대한 보호책임이 고조되고 가족구성원의 무지원과 비협조 현상이 나타나며 부양자의 역할 가중이 심화되고 역할수행 능력이 저하되는 역기능이 나타난다. 또한 동거가족이나 별거가족이 부양자의 케어방법과 태도를 비난함으로써 부양자와 특정 가족구성원 간의 관계적 갈등이 형성되고, 갈등이 확대되어 치매노인과의 관계도 악화되는 역기능이 나타난다.

(4) 치매가족의 부양부담의 영역

치매가족의 부양부담은 다양한 측면에서 나타날 수 있으나 학자들은 사회적 활동의 제한, 관계의 부정적 변화, 심리적 부담, 재정·경제활동상의 부담, 건강상의 부담 등을 경험한다고 설명하고 있다(권중돈, 1994).

(5) 치매노인 가족을 위한 사회복지사의 역할

치매노인 가족을 위해 다양한 전문가들의 도움이 필요하지만 사회복지사의 역할이 가장 중요하다. 사회복지사가 치매노인 가족을 위해서 할 수 있는 역할은 다음과 같다.

① 가족에게 질병의 증상, 진행과정, 관리방법, 치료방법 등에 관해 정확한 정보를 준다.

② 이해력이 있는 치매환자에게는 자신의 증상을 인정하게 하고, 증상이 악화되는 단계를 알려주며 어떤 치료와 보호를 원하는지 표현하도록 하여 보호계획에 참여시킨다.

③ 가족회의를 소집하여 부양책임에 대한 역할분담에 관여한다.

④ 목표는 실천 가능한 것, 잔여기능을 최대화할 수 있는 방향으로 정하고, 성취감이나 자존감을 높이기 위해 환자의 장점을 이용한다.

⑤ 현실적인 재정계획을 세운다.

⑥ 각종 공·사 보험의 수혜 여부와 경제적 결정권자, 재정운영권 및 방법을 검토한다.

⑦ 정기적인 진료 및 서비스자원을 파악한다.

⑧ 환자의 잠재력을 극대화할 수 있는 기회를 제공한다.

⑨ 환자의 능력을 고려하여 활동을 계획하고 상실된 기능을 대체할 수 있는 방법을 모색한다. 예) 젓가락 → 포크·수저

⑩ 치매환자의 현실검증력을 향상시키기 위해 교육을 실시한다. '손님맞이, 드라마시청, 노래하기, 집안일 돕기'

⑪ 사회적 자원의 활용을 적극적으로 지원한다.

⑫ 치매노인 주 부양자에 대한 상담을 제공한다. '위기개입모델, 해결중심모델, 가족치료모델'

3) 치매노인가족의 욕구와 개입방안

치매노인 가족들의 욕구는 매우 다양하다. 따라서 개입방안도 가족의 형편이나 환자의 정도에 따라 다르게 대처해야 한다. 많은 욕구 중에서 대표적인 욕구에 대해 개입방안을 제시해 보면 다음과 같다(이은희, 1997).

(1) 문제행동의 감소

이 욕구는 의사, 간호사, 사회복지사, 심리치료사 등 전문가의 도움을 받아야 하며 치매가족 모임에 참여하여 대처방법을 터득하고 새로운 정보를 수집하도록 돕는다. 또 가족구성원이나 집단을 활용하여 부양자의 시간활용을 모색하고 문제행동이 심한 경우에는 조절을 위해 의사의 처방을 받도록 한다.

(2) 주 부양자의 질병

치매노인의 주 부양자는 부양으로 인한 부담감 때문에 여러 가지 질병을 앓게 된다. 주 부양자가 질병에 노출되었을 때에는 치료를 위해 진료를 받거나 기존의 질병에 관심을 가져야 하며 사회적 자원을 활용하여 부양부담을 줄이고 가족이 역할을 분담하도록 돕는다.

(3) 요양시설에 대한 정보부족

시설입소가 필요한 치매노인 가족을 위해서 요양시설의 현황을 파악하거나 한국치매가족회, 한국치매협회, 국민건강보험공단 장기요양정보센터, 인터넷 검색 등을 통해 파악할 수 있도록 정보를 제공해 준다.

(4) 시설입소에 대한 자녀의 죄책감

시설입소가 불가피하거나 증상 때문에 노인에게 죄의식을 갖는 가족들에게는 상담을 통해 자녀의 부정적 감정을 발산하도록 돕고, 입소기관을 답사한 후 결정하도록 권유하며 입소 후 잦은 방문으로 보상하도록 지지한다.

(5) 주 부양자의 심리적 부담

주 부양자의 부양부담감은 배우자나 가족구성원의 도움이 전적으로 필요하다. 가족이나 배우자의 정서적 지지와 주 부양자가 개인적인 시간을 갖도록 배려하며, 고충을 이해하고 선물 주기나 역할분담을 통해 배려, 관심, 감사의 표현을 하도록 유도한다.

(6) 기타

주말 및 휴일 보호문제는 365일 주·야간보호센터나 단기시설의 활용이나 가족 간의 역할부담을 통해서 해결할 수 있으며, 치매진단 및 대증치료를 거부하는 주 부양자는 치매의 예후에 대해 이해시키고 거부에 대한 이유를 경청하여 치료에 참여하도록 한다. 또 치매노인의 재산분배 문제는 전문가나 가족의 결정을 유도하고 필요시 법률적 지식을 제공하거나 법률전문가와의 연계도 시도한다.

4) 치매노인 가족을 위한 치료기법

치매노인가족의 문제를 해결하기 위한 기법으로 재구성 및 재명명, 과제와 지시, 은유적 지시, 역설적 지시, 경계선 만들기, 가족 상호 간의 대화, 긍정적 의미 부여, 역할극 등을 효과적으로 활용할 수 있다.

5) 치매노인과 부양가족을 위한 사회복지적 서비스체계

치매노인과 가족을 위한 서비스체계는 다양한 차원에서 구축되어 있다. ① 치매노인 부양가족이 사회복지공무원을 통하여 치매안심센터에 등록하여 관리받거나 상담을 받는 체계, ② 치매협회나 치매가족회와 같은 관련단체를 통해 상담을 하거나 자조 모임에 참여함으로써 서비스를 받는 체계, ③ 노인전문병원을 통해서 진단, 치료 및 재활 서비스를 받는 체계, ④ 노인 장기요양보험제도에 의하여 노인 요양시설이나 노인 요양 공동생활가정에서 보호 서비스나 재활 서비스를 받는 체계, ⑤ 노인 장기요양보험제도에 의하여 방문요양, 방문목욕, 방문간호, 주·야간보호 및 단기보호 서비스를 받는 체계, ⑥ 중앙 치매관리센터와 광역 및 지자체의 치매안심센터를 이용하여 상담 및 관리를 받는 체계 등이 있다.

3. 치매홍보와 가족교육

치매는 치료보다 예방이 무엇보다 중요하다. 그러나 우리나라는 아직까지 치매를 예방하거나 조기에 치료하는 면에 소홀하다. 그 결과 예방이 가능하거나 조기치료로 완치나 질병의 속도를 지연시킬 수 있는 경우에도 치료시기를 놓쳐 심각한 수준의 가족문제와 사회문제를 야기하고 있다. 따라서 치매의 예방과 조기발견 및 치료와 대처방법에 대한 지역사회 교육이 절실하므로 몇 가지 교육방법을 소개한다.

1) 지역사회 주민대상 치매에 대한 홍보와 교육

치매는 아직까지 부분적이거나 잘못된 정보를 가지고 있는 사람들이 많다. 치매에 대한 지식은 치매노인 가족뿐만 아니라 모든 대상에게 필요하다. 따라서 대중매체를 이용한 교육이나 지역사회주민을 대상으로 하는 건강교육형태로 구체적이고 체계적으로 이루어져야 할 것이다.

2) 치매노인 부양가족 대상의 교육 프로그램

치매노인 부양가족에게는 치매에 대한 구체적인 내용의 교육이 필요하다. 교육을 위한 도구로는 소책자나 과학적 논문, 비디오테이프, CD 및 DVD 등이 효과적이다.

3) 치매노인 부양자들의 부양부담 대처기술 훈련

치매노인 부양자들의 부양부담감을 감소시키기 위한 방법으로는 다양한 대처기술들이 있다. 첫째로는 성공적인 가족 모형을 비디오로 보여주고 부양동기를 고취시키는 동기고양, 둘째는 거절하기, 요구하기, 공개적인 감정표현, 칭찬하기, 비판하기, 노여움 표현하기, 감사하기, 용서하기, 사과하기, 사유 밝히기 등의 자기주장훈련, 셋째는 근육이완 훈련, 심상요법, 모델화와 같은 스트레스 감소훈련, 넷째는 비합리적인 사고를 합리적인 사고로 변화시키는 인지적 재구조화 등이다(김양이, 2000).

4) 주 부양자 자신들을 위한 여가활동

치매노인 부양자들의 부양으로 인한 스트레스를 감소시키기 위해 기존의 여가활동이나 새로운 취미활동, 사회활동, 가족활동 등을 지속하는 것이 필요하다.

4. 치매의 예방

치매는 치료가 쉽지 않은 질병이므로 예방이 가장 현명한 대처방법이다. 치매는 적극적인 방법으로 약물요법이 있지만 일상생활에서 손쉽게 활용할 수 있는 방법이 가장 효율적이다. 다양한 차원에서 소개되고 있는 치매예방법을 소개하면 다음과 같이 요약할 수 있다.

첫째는 약물요법이다. 가장 좋은 약물로는 소량의 소염제(아스피린)와 항산화제인 Vit-C, E, 베타카로틴, 혈액순환 개선제(징코민),여성호르몬제(에스트로젠) 등을 복용한다.

둘째는 식이요법이다. 가장 효과적인 식품으로는 등푸른생선 등에 많이 함유된 불포화지방산, 땅콩, 호두, 잣, 참·들기름, 콩류, 우유 등에 많은 단백질, 오메가3, 현미나 메밀과 같은 탄수화물, 과일과 야채, 포도주 1–2잔, 백복신이나 솔잎차와 같은 한방차나 카레 등을 섭취한다.

셋째는 위험인자를 감소시키는 것이다. 이 방법은 두뇌의 손상을 주의하고 지나친 흡연이나 음주를 피하며 우울증을 극복하고 당뇨병과 고혈압, 동맥경화증을 예방·관리하며 다양한 영양소를 섭취하고 환경변화나 정서적 스트레스를 통제하며 가족과 함께 생활하면서 많은 대화를 나눈다.

넷째는 교육요법이다. 교육은 여가 및 취미활동에 적극적으로 참여하고 독서 및 글쓰기, 셈하기 등도 효과적이며 대화하기, 노래 부르기, 악기 연주하기, 그림 그리기 등의 활동을 지속한다.

다섯째는 마그네슘이나 알루미늄 등과 같은 광물질의 섭취를 제한하는 것과 로즈마리와 같은 아로마요법, 마사지나 지속적인 운동, 껌 씹기와 같은 잇몸마찰 및 치아자극도 예방 효과가 크다.

13

노인의 사회참여

노후생활은 흔히 제2의 인생(secondary life)이라고 할 정도로 지금까지의 직업 생활과는 다른 생활을 맛보게 된다. 즉, 시간적으로 여유가 많아져서 이 시간을 어떻게 이용하느냐 하는 것이 노후생활의 성패를 좌우하게 된다. 노인들은 사회적으로 은퇴한 이후 경제적인 문제뿐만 아니라 역할 상실, 고독 등 심리사회적 문제들도 많이 경험하게 된다. 노인의 삶의 질을 높인다는 목적에서 볼 때 노인의 심리사회적인 측면은 매우 중요하게 취급되어야 할 내용이다. 따라서 본 장에서는 노인의 심리사회적인 측면을 유지 또는 강화시켜 줄 수 있는 여가와 교육에 관해서 고찰하고자 한다.

제1절 노인 여가의 필요성과 의미

본 장에서는 지역사회 속에서 행해지는 노인의 자원봉사활동, 노인문화 등에 관해서 고찰하고, 나아가서 노인의 여가 프로그램을 고찰하고자 한다.

1. 여가의 개념

여가는 노동의 반대개념으로 심신의 강제성과 의무성이 희박한 상태로서 자유롭게 휴식을 갖는 것을 의미한다. 이 여가를 다시 두 가지의 의미로 본다면 하나는 피로와 압박감으로부터 휴식을 취함으로써 내일의 생활 재창조하기 위한 에너지를 충전하는 창조적인 여가(recreation)이며, 다른 하나는 즐거운 시간을 보내는 오락(leisure)을 의미한다(최순남, 1995). 캐플랜(Kaplan, 1960)은 여가의 기본적인 속성에 대해 다음과 같이 기술했다. ① 원칙적으로 경제적 기능을 하는 일과 반대되는 것, ② 즐거움으로 기대되고 즐거운 것으로 회상될 수 있는 것, ③ 자발적으로 사회적 역할을 수행해야 하며, 여가에 의무성이 최소한인 것, ④ 심리적으로 자유를 느낄 수 있는 것, ⑤ 문화적 가치에 위배되지 않는 것, ⑥ 중요성과 관심의 정도가 다양한 것, ⑦ 가끔 놀이의 요소를 어느 정도 포함하고 있는 것 등이다. 이와 같이 여가란 심신에 있어서 자유와 비의무라는 시간적 특성과 이것을 자발적·주체적으로 자유재량에 의하여 사용할 수 있다는 특성을 갖고 있다.

물론 노년기에 노동에 종사하는 사람도 있으나 일반적으로 노년기는 강제적으로 노동에 종사해야 할 필요성이 없는 시기이다. 따라서 많은 노인은 현역에서 물러나 여가를 보낼 수밖에 없다. 그러나 노인들의 여가는 재생산의 수단 또는 심신의 피로회복 등을 목적으로 하는 젊은이들의 여가와는 근본적으로 그 성격이 다르다는 점에 유의해야 한다. 즉, 노인의 경우는 하루일과가 거의 여가이기 때문에 여가 자체가 즐겁고 유익한 시간이라기보다는 무료하다. 문제를 제기할 수 있고 그러한 것들이 노인에게 정신적·심리적으로 고통을 안겨주는 결과를 초래할 수도 있다. 이렇게 본다면 노년기의 여가는 개인적으로는 시간의 낭비가 될 것이고, 사회적으로는 인적자원의 낭비가 될 것이다. 그러므로 노인이 삶의 보람을 느끼고 사회적으로도 유용한 여가생활을 보낼 수 있도록 새로운 노인문화를 창조할 필요가 있다. 구체적으로는 노인 자원봉사활동, 세대 간 교류 프로그램 등을 들 수 있고, 오락적이고 자기 개발적인 프로그램으로는 취미활동, 여행, 교육·훈련, 민족문화 전수 등을 들 수 있다.

2. 여가의 유형

노인들이 여가활동에 적극적으로 참가함으로써 노후생활에 긍정적인 효과를 기대할 수 있다(권중돈, 2004). 먼저 여가활동에 참여하게 됨으로써 직장동료관계, 가족관계 등의 위축된 사회적 관계망을 보완·유지 또는 확대할 수 있는 기회를 갖게 되므로, 고독과 소외감을 경감할 수 있다. 둘째, 여가활동을 통하여 무엇이든 의미 있는 활동을 할 수 있는 거리를 마련하게 되므로, 무위 상태에서 벗어나고 자기유용감과 자아개념이 긍정적으로 변화된다. 셋째, 직장이나 가정에 대한 책임으로 인하여 지금까지 발휘하지 못했던 자신의 잠재적 재능을 확인하고 이를 표현함으로써 자아실현의 기회를 가질 수 있게 된다. 넷째, 여가활동의 참여를 통하여 신체 및 정신건강을 유지 또는 향상시킬 수 있게 된다. 다섯째, 후세대에 삶의 지혜와 문화를 전수하고 더 나아가서는 사회발전에 기여할 수 있게 된다. 여섯째, 여가활동을 통하여 삶의 활력을 되찾을 수 있으며, 사기(morale)와 삶의 만족도가 높아진다. 일곱째, 여가활동에 참여하는 과정에서 자신의 삶을 자율적으로 결정할 수 있는 기술과 능력이 증진되어, 삶에 대한 통제력이 높아지게 된다.

여가의 유형은 개개인에 따라서 다양하게 나타난다. 김성순(1991)은 여가의 유형을 근로형, 한거형(閑居型), 사교오락형, 자기완성형, 참여활동형, 폐쇄형으로 나누었고, 타카하시(高橋紋士)는 단독충실형, 우인충실형, 가족충실형, 독서형, 사회참여형으로 나누었다. 또한 박재간(1997)은 가족중심의 여가유형, 가정 외의 여가유형, 여자노인의 여가유형 등으로 나누기도 하였다. 최성재·장인협(2010)은 수단적 활동·표현적 활동, 공식적 활동·비공식적 활동, 1차 집단 참여활동·2차 집단 참여활동, 대인관계활동·단독활동, 유상활동·무상활동(자원활동)으로 구분할 수도 있다.

3. 노인의 여가활동 중요성·필요성

노년기의 사회활동은 개인의 삶의 질 향상과 사회통합이라는 측면에서 그 의의를 찾을 수 있다. 먼저 사회활동을 통해 사회관계를 유지함으로써 사회적 접촉과 사귐의 기회를 지속적으로 갖게 되며, 사회단체가 개인에게 부여한 역할들은 노년기의 사회적 역할 상실을 보상해 주고, 이러한 역할들을 수행함으로써 개인적인 가치감과 만족감을 느끼게 하여 노년기의 삶의 질을 높여준다. 또한 사회로부터 격리되고 주변화(marginalized)되어 있는 노인들에게 새로운 역할을 제시하여 노인층의 잠재력을 사회적으로 이끌어내는 사회통합의 측면은 고령화 사회의 노인복지가 추구해야 할 가치 있는 작업이다(한정란 외, 2001). 특히 노인들의 풍부한 지식과 경험을 활용하여 자신의 능력에 적절한 취업활동의 기회를 부여함으로써 개인적으로는 경제적 독립성을 추구할 수 있게 하고, 사회적으로는 사회적 비용을 줄일 수 있는 이른바 '생산적 복지' 개념에 다름 아니다(이금룡, 2002).

노인의 여가는 일반적으로 노령기에 일정한 사회적, 가정적 역할에 있어서 그 역할을 추구하는 도중에 갖게 되는 여유 있는 시간을 의미하거나 또는 자신에게 부과된 일정한 역할 없이 막연한 긴 시간을 보내는 두 가지 측면으로 볼 수 있는데 노인의 여가는 후자인 경우가 많다. 역할이 감퇴되고 축소되어 가는 노년기에 매일의 생활을 얼마나 유용하게 보내는가 하는 측면은 노인에게 있어 그 어느 문제 못지않게 중요한 일이라고 볼 수 있다(김태현, 1994).

이해영(2013)은 노인의 여가는 생활과 분리하기 힘들다고 보고 생활 자체를 여가의 개념에 포함시킬 수 있다고 하였다. 노년기에 여가활동에 참여하게 될 경우 노후생활의 적응에 많은 긍정적 효과를 기대할 수 있다(나항진, 2004; 권중돈, 2013).

첫째, 여가활동에 참여하게 됨으로써 직장동료관계, 가족관계 등의 위축된 사회관계망을 보완/유지 또는 확대할 수 있는 기회를 갖게 되므로, 고독과 소외감을 경감할 수 있다. 둘째, 여가활동을 통하여 무엇이든지 의미 있는 활동을 할 수 있는 거리를 마련하게 되므로, 무위상태에서 벗어나고 자기유용감이나 자아개념이 긍정적으로 변화한다. 셋째, 직장이나 가정에 대한 책임으로 인하여 지금까지 발휘하지 못했던 자신의 잠재적 재능을 확인하고 이를 표현함으로써 자아실현의 기회를 가질 수 있다. 넷째, 여가활동의 참여를 통하여 신체 및 정신건강을 유지 또는 향상할 수 있게 된다. 다섯째, 후세대의 삶의 지혜와 문화를 전수하고 더 나아가는 사회발전에 기여할 수 있는 기회를 갖게 된다. 여섯째, 여가활동을 통하여 삶의 활력을 되찾을 수 있으며, 사기(morale)와 삶의 만족도가 높아진다. 일곱째, 여가활동에 참여하는 과정에서 자신의 삶을 자율적으로 결정할 수 있는 가술과 능력이 증진되어 삶에 대한 통제력이 높아지게 된다.

노년기에는 경제적인 문제와 더불어 정신적, 심리적 문제가 더욱 중요시되는 시기이므로 노인의 욕구를 충족시켜 주고 도움이 되는 여가선용의 개발은 매우 필요한 일이다. 즉 여가를 유익하게 보낼 수 있도록 배려하는 것은 노인의 고독과 소외감을 극복하는 데 필수적인 요인이 될 것이다.

일반적으로 노인들은 무위무용의 상태일수록 고독, 고립, 무료함을 느끼게 되고, 종국에는 자신이 불행하다는 감정을 가지게 된다. 따라서 노인들 중에서 만성화된 무료함(chronic boredom)에서 풀려나기 위해 공원이나 어린이 놀이터 등을 산책하기도 하고, 경로당에서 시간을 보내기도 하고, 집에서 라디오에 귀 기울이기도 한다(김태현, 1994). 따라서 노인에게 기나긴 노후생활을 어디서, 누구와, 무엇을, 어떻게 하면서 보내는가는 매우 중요하고, 바람직한 여가의 제공 필요성이 있다.

4. 노인 여가복지시설

「노인복지법」 제36조 「동법시행규칙」 제24조 및 제25조에는 노인 여가 복지시설이 규정되어 있다. 우리나라 노인 여가 복지시설은 완만하게 증가추세를 보이고 있고, 특히 지역사회의 노인들에게 큰 영향을 미치는 노인복지관은 10년 전인 2008년과 비교하여 2017년에는 1.63배 늘어났으며, 해마다 증가하고 있는 것을 알 수 있다. 노인 여가 복지시설 중 가장 많은 부분을 차지하고 있는 경로당은 감소하지 않고 지속적으로 완만하게 증가하고 있다. 노인교실은 최근에 증감이 없이 거의 정체된 상태에서 운영되고 있는 것으로 나타났다. 이러한 시설의 법정분류체계를 표로 나타내면 다음과 같다. 또한 여기서는 경로당을 제외한 각 노인 여가시설의 개요만 소개하고 상세한 것은 노인교육에서 고찰하고자 한다.

〈표 13-1〉 우리나라 노인 여가복지시설의 현황

시설	2008	2010	2012	2014	2016	2017
소계	59,422	62,469	64,077	65,665	66,787	67,324
노인복지(회)관	228	259	300	344	350	364
경로당	57,930	60,737	62,442	63,960	65,044	65,604
노인교실	1,260	1,464	1,335	1,361	1,393	1,356
노인휴양소	4	9	–	–	–	–

자료: 통계청(2018), 보건복지부, 「노인복지시설 현황」 각 연도

1) 노인복지(회)관

노인복지(회)관은 노인의 교양·취미생활 및 사회참여활동 등에 대한 각종 정보와 서비스를 제공하고, 건강증진 및 질병예방과 소득보장·재가복지, 그 밖에 노인의 복지증진에 필요한 서비스를 제공함을 목적으로 하는 시설이다.

2) 경로당

경로당은 지역노인들이 자율적으로 친목도모, 취미활동, 공동작업장 운영 및 각종 정보교환과 기타 여가활동을 할 수 있도록 하는 장소를 제공함을 목적으로 하는 시설이다.

경로당은 1960년을 전후로 국가, 지방자치체, 독지가, 지역주민의 협력 등에 의하여 자생적으로 설립되었다. 산업화 이후 농촌에서 자녀와 함께 도시로 이주해 온 노인이나 경제적으로 그다지 여유가 없는 도시의 노인 들은 도시화·핵가족화에 의해서 가정과 사회에서 역할이 상실되고 지위가 하락하였다. 경로당은 이러한 노인들이 모이는 한국의 전통적인 노인휴게소라고 할 수 있다.

경로당은 2017년 말 현재 전국에 65,604개소가 있고, 회원은 65세 이상 전체 노인 417만 명의 36%에 해당하는 약 150만 명 정도가 이용하고 있다. 대부분의 경로당은 세워진 지 20~30년이 지났기 때문에 노후화되어 있다.

경로당의 역할과 앞으로의 과제는 다음과 같다. 한국의 경로당은 노인들에게 가장 가까운 이용시설이며 전국적으로 산재해 있다. 따라서 이 시설을 전국적으로 연결하여 활성화 시키는 것은 앞으로 중요한 과제 중 하나가 될 것이다. 예컨대 경로당을 복지관과 보건복지사무소를 연계한 프로그램의 서브베이스로써 이용할 수 있을 것이다. 그리하여 경로당에서는 건강진단과 오락, 자원봉사자 활동, 수익사업, 노인문제상담, 민간 연결망과 연계하여 다양한 프로그램을 전개할 수 있을 것이다. 그렇게 되면 경로당은 이러한 프로그램을 실시할 수 있는 거점으로 이용할 수 있을 것이다.

그러나 대부분의 경로당에는 전문적이고 조직적인 프로그램이 없다. 그리고 「노인복지법」상에는 여가시설로서 규정되어 있지만 공적 지원은 연간 난방연료비 30만 원과 매월 운영비(관리비, 전기료, 수도료, 전화료 등) 6만 원을 지원하고 있다. 더욱이 지역사회의 주민과 기업의 관심도 매우 낮다. 노인들이 경로당을 거점으로 지역사회에서 적극적인 사회참가를 도모하며 여가시간의 활용, 자원봉사자활동, 소득사업 등을 실시하기 위해서는 공적지원뿐만 아니라 지역사회의 민간 차원에서의 지원도 확충되어야 할 것이다.

3) 노인교실

노인들에 대하여 사회활동 참여욕구를 충족시키기 위하여 건전한 취미생활, 노인건강유지, 소득보장 기타 일상생활과 관련한 학습프로그램을 제공함을 목적으로 하는 시설이다.

제2절 노인자원봉사

1. 노인 자원봉사활동의 의의와 필요성

앞에서 살펴본 대로 노인은 시간적 여유가 많이 있음에도 불구하고 대부분 그 시간을 무의미하게 소일하고 있다. 특히 자원봉사활동을 통하여 자신의 경험을 살리고, 삶의 보람을 느끼며, 사회에 봉사한다는 의식이 부족하다. 노인들에 의한 자원봉사활동이 저조한 원인을 다음의 두 가지로 제시해 보았다.

첫째, 노인 자신의 의지부족과 사회적 인식 및 여건 미비를 들 수 있다. 자신의 인생경험과 지혜를 살려 이웃을 돕고 사회에 공헌하고자 하는 욕구는 막연하게나마 노인에게도 있다. 다만 노인이 하는 자원봉사활동이 조직화되어 있지 않고, 참가하는 방법을 몰라서, 또는 노인 자신이 무력감을 갖게 되고, 자신을 평가절하 하는 것이 적극적인 노인봉사활동에 방해요소가 되어 왔다.

둘째, 노인인력 활용에 대한 사회인식의 저조를 들 수 있다. 노인의 잠재능력과 축적된 경험이 그 활용도를 매우 높일 수 있다. 그리하여 다양한 방면으로 노인의 소중한 경험과 방대한 능력을 발휘할 기회를 만들어 주어야 한다. 그럼에도 불구하고 노인에 대한 사회인식은 매우 부정적인 편이므로 노인들의 장점을 활용할 기회가 거의 없다.

노인 자원봉사의 필요성에 관해서 살펴보면 다음과 같다.

첫째, 타인에게 봉사하며 여가를 즐기는 것은 축적된 인생경험을 살리고 사회적 위치도 재확인할 수 있게 해 준다. 그리고 노인에게 삶의 의미를 가져다주며, 창조적이고 성취하는 삶을 유지한다는 것에 대해 자긍심을 갖게 해 준다.

둘째, 사회봉사활동을 하면서 해당 업무에 대하여 사회교육적인 측면에서 재교육을 받고, 동료 자원봉사자들이나 이웃과 유대관계를 형성함으로써 노인의 고독

문제를 해결할 수 있다.

셋째, 다양한 경험을 통해 변화하는 사회를 직접 체험함으로써 포용력을 키우고 젊은 세대를 보다 잘 이해하게 되어 세대 간의 갈등을 줄여나갈 수 있다.

넷째, 노인의 지위향상과 노화에 대한 사회적 인식의 확산을 기대할 수 있다(현외성 외, 1998).

2. 노인에 의한 자원봉사활동 영역

노인 자원봉사활동 영역은 자원봉사활동의 거의 전 영역에 걸쳐서 이루어지고 있다. 일본에서는 고령화율이 제일 높은 아키타현(秋田県, 현재 33.8%, 2040년 43.8%)에서는 신체적으로 거동이 가능한 노인이 거동이 불편한 노인을 다양한 방법으로 케어하고 있는 경우까지 볼 수 있다.

자원봉사활동의 영역은 활동의 장을 기준으로 한 분류와 활동의 대상에 따른 분류로 대별할 수 있다. 이것들은 궁극적으로는 그들의 복지적 삶을 목표로 하는 것이기 때문에 사회변화에 따라 매우 다양한 영역과 내용이 있을 수 있다. 자원봉사에 대한 우리의 관심은 현실적이고 미래지향적인 인간, 사회환경 간의 가치창조적 상호관계, 공동의 복지를 위해 계획적인 변화노력을 하는 것에 두어야 한다.

모든 프로그램은 일차적 목표가 달성되면 그에 대한 후속조치로 활동원으로 하여금 보상감을 체감할 수 있게 하고, 자신감과 기쁨, 보람, 감사로 이어지게 하고, 신바람이 생성될 수 있도록 하여야 한다. 그리고 그러한 신바람이 원동력이 되어 2차, 3차 목표를 설정하여 재창조적 노력을 할 수 있도록 지도할 수 있어야 한다.

자원복지활동은 단순히 자선적 의미의 활동만이 아니고, 인간 상호 간의 가치적 삶을 창조하기 위해 인간과 환경 및 제 제도를 가치 있게 변화시키고자 노력하는 것과 관련이 있다.

우리나라 자원봉사활동의 영역은 외국과 마찬가지로 사회복지시설·기관을 대상으로 한 활동이 주축을 이루고 있다(전체의 66.6%). 그러나 앞으로는 사회복지기관이나 시설뿐만 아니라 교육기관, 의료기관, 기업체, 그리고 가정에서도 이루어질 수 있어야 한다. 그리고 더 나아가서는 지역사회발전 및 자연환경보호, 우리의 전통문화전승 등과 같은 보다 넓은 영역으로 확대되어야 할 것이다.

사회복지기관·시설을 중심으로 한 프로그램은 시설입소자를 대상으로 한 활동, 시설프로그램의 개발과 지도 및 보조를 위한 활동, 시설발전을 돕기 위한 활동, 기관·시설의 지역사회를 향한 활동 및 환경개선·사회제도 개발을 위한 활동 등으로 나누고 있다.

지역사회를 위한 프로그램은 근린공원의 환경정화, 각종 캠페인, 교육, 체육, 문화, 예술, 홍보, 복지공동체 재생, 보건 및 의료, 범죄예방, 법률상담, 교통, 소방 및 긴급구호, 정치, 소비자보호 등으로 구분하고 있다.

3. 노인지역봉사지도원

1997년 「노인복지법」이 개정되어 지역봉사지도원 위촉 및 업무에 관한 규정이 새롭게 신설되었다(제24조). 이 규정은 노인이 여가를 선용하면서 삶의 보람을 느낄 수 있도록 한다는 것이다. 그 내용은 국가 또는 지방자치단체가 사회적 신망과 경험이 있는 노인이 지역봉사를 희망하는 경우 이를 지역봉사 지도원으로 위촉할 수 있도록 하였다. 지역봉사 지도원의 업무는 다음과 같다. ① 국가 또는 지방자치단체가 행하는 업무 중 민원인에 대한 상담 및 조언, ② 도로의 교통정리, 주·정차단속의 보조, 자연보호 및 환경침해 행위단속의 보조와 청소년 선도, ③ 충효사상, 전통의례 등 전통문화의 전수교육, ④ 문화재의 보호 및 안내, ⑤ 기타 대통령령이 정하는 업무로 되어 있다. 이하 대통령이 지정한 업무란 국가 또는 지방자치단체가 시행하는 노인복지정책의 홍보 및 안내, 노인복지시설에 입소한 노인에 대한 생활지도, 자원봉사활동, 기타 시장·군수·구청장이 필요하다고 인정하는 업무로 규정되어 있다.

또한 동법 시행령 제18조에서는 지역봉사지도원의 활동에 관한 사항이 규정되어 있다. 그 내용을 보면 국가 또는 지방자치단체는 「노인복지법」 제24조 제1항의 규정에 의하여 위촉한 지역봉사 지도원의 활동을 지원하고, 예산의 범위 안에서 활동비 등을 지급할 수 있다고 규정하여 노인의 여가 선용에 유익한 수단을 제공하고 있다.

4. 노인 자원봉사활동의 활성화 대책

1) 자원봉사에 대한 재정확보와 지원

노인의 자원봉사는 평생 동안 축적해 온 지식, 경험, 기술을 활용하여 지역사회 발전에 기여하며 심신의 건강을 유지시키고 즐겁고 보람된 노후생활을 보낼 수 있는 계기를 마련하는 것이기 때문에, 개인은 물론 지역사회의 발전에 크게 기여하는 기적을 창출하는 것이라 할 수 있다.

노인의 사회참여를 촉진하는 자원봉사활동에 있어서 무엇보다도 필요한 것은 재정이다. 자원봉사활동의 확대는 그 양적, 질적 향상을 가져오게 되며 지역사회가 노인들의 참여를 통해 문제와 욕구를 스스로 진단 치료 예방할 수 있는 능력과 이에 필요한 인적 물적 자원을 동원할 수 있다.

노인의 사회참여를 촉진하는 자원봉사활동을 활성화하기 위하여 재정 확보는 일반적으로 복지단체 등의 자체예산에서 지원하는 방법, 자원봉사활동을 위한 기금을 조성하는 방법, 정부나 지방자치단체에서 지원을 받는 방법, 개인이나 기업체가 필요한 경비를 지원했을 때 세제상의 혜택을 주는 방법 등이 있다.

2) 자원봉사 교육과 프로그램

노인을 위한 자원봉사 교육은 자원봉사활동의 가치와 철학을 반영함과 동시에 노인의 미래에 보다 발전적으로 일을 할 수 있도록 고안되어야 한다. 따라서 모든 기관의 자원봉사자들에게 일률적으로 적용할 수 있는 자원봉사 교육 표준안은 있을 수 없으므로 우선 교육의 단계를 설정하고 단계별 수료에 따른 인정제도를 도입할 필요가 있고, 자원봉사 교육은 창의적이고 유연한 방식으로 진행되어야 하며, 교육 프로그램은 자원봉사자 개인의 욕구와 조직의 목표를 일치시키기 위한 노력이 이루어져야 한다.

또 노인의 자원봉사 프로그램은 대개 일시적이고 비전문적인 분야에 치중되어 있어서 노인들이 흥미를 가지고 계속적으로 활동을 전개하지 못하는 경향이 있었다. 따라서 노인에게 적합한 자원봉사 프로그램을 개발하고 보급하여 노인의 자원봉사를 활성화시켜야 할 것이다.

3) 자원봉사관련법의 제정

노인의 자원봉사를 활성화시키기 위한 가장 시급한 과제는 관련법을 제정하고 전담기구를 설립하는 것이다. 즉, 노인의 자원봉사를 활성화시키기 위해서는 조속히 행정적·재정적 지원을 위한 법적·제도적인 근거가 마련되어야 할 것이다.

또 자원봉사란 법으로 강요한다고 될 일이 아니라 자신의 순수한 선의와 실천에 따라 이루어지는 것이다. 법의 뒷받침으로 자원봉사에 대한 재정지원의 근거와 소외계층의 자원봉사활동에 대한 실비보상 차원의 근거를 마련할 수 있을 것이다. 또 우리 사회의 변화를 위해 자원봉사가 가장 중요한 사회적 도구 중 하나라면 변화의 그 시급성만큼 자원봉사를 시급히 제도화하는 것이 필요하다. 이러한 제도적 뒷받침은 자원봉사활동의 양적 증가로 인해 초래된 질적 부실을 포괄적으로 해결하고, 양질의 자원봉사활동을 정착시키기 위해서도 특별법 제정이 설득력을 얻고 있다.

4) 자원봉사자에 대한 지원

노인들의 자원봉사활동에 대한 자원봉사 상해보험제도는 자원봉사 활동 시 입을 수 있는 만약의 사고에 대비하여 가입하는 것이다. 노인이 자원봉사활동 중 위험이 수반될 우려가 있는 분야에 대해서는 정부와 자원봉사자 그리고 활용기관이 공동으로 그 부담을 분담하여 사고 발생 시 자원봉사자가 피해를 입지 않고 마음 놓고 활동할 수 있는 제도를 마련하여야 할 것이다.

또 노인들의 자원봉사활동을 촉진하기 위하여 무보수의 자발적인 행위로서 개인은 자원봉사활동을 통해 삶에 대한 보람과 만족감을 얻게 되는 보상을 받게 되지만, 이를 범국민적 차원에서 활성화시키기 위해서는 제도적인 차원에서의 보상을 통한 동기화가 필요하다. 실비보상에 대한 많은 논의가 있지만, 앞으로 지속적이고 효과적인 자원봉사 프로그램을 위해서 시급히 실행되어야 할 것이다. 그러나 자원봉사지원제도를 마련하여 실비보상을 하는 경우라도 그것은 어디까지나 자원봉사의 무상성을 해치지 않는 범위 내에서 이루어지는 것이어야 한다(조추용, 2003).

제3절 노인교육

1. 노인교육의 개념과 의의

지역사회에서 노인과 관련된 조직으로는 노인을 대상으로 한 교육기관, 노인 여가시설로서의 경로당, 복지관 등이 있고, 이 외에도 종교단체, 지역노인회, 계, 친목회, 조기회, 취미·오락단체 등이 있다.

노인교육이란 평생교육 또는 생애학습으로 이해할 수 있다. 1965년 유네스코(UNESCO, 유엔교육과학문화기관)의 '성인교육추진국제위원회'에서는 생애학습론을 제창했다. 노년기 학습과 관련된 생애학습의 필요성을 약술하면 ① 사회의 변화는 매우 빠르며, 종래와 같이 노인에서 젊은이로, 아버지에서 자식으로의 지식전달체계는 효율을 잃었다. ② 인구구조가 변화하고, 교육의 양도 증가했을 뿐만 아니라 교육의 역할변화가 필요하게 되었다. ③ 과학의 진보와 기술혁신이 생산뿐만 아니라 생활양식에 있어서도 항상 변화를 요구하고 있다. ④ 여가가 증대하여 그 결과로 새로운 교육체계를 만들어 내야 한다. 이것이 생애교육인데 생애에 걸쳐서 모든 기회를 이용하여 학습해야 한다는 것이다(大橋謙策, 1989).

노인교육의 의의는 두 가지 차원에서 생각할 수 있다. 하나는 은퇴 후의 즐거운 생활의 수단으로서의 여가교육이며, 다른 하나는 변화하는 사회에 적절히 적응해 가기 위해 필요한 힘을 기르기 위한 교육이다. 전자에 속한 사람은 여행, 골프, 바둑, 낚시 등을 즐기거나 집에서 조용히 정원을 가꾸며 즐거운 여가를 보낸다. 그리고 후자에 속한 노인들은 젊은 시절에 다하지 못한 학습 프로그램에 참여함으로써 자아성취를 통해 노년기의 의미를 찾으려 한다(최순남, 1995).

노인들이 변화하는 상황 속에서 자신의 성장욕구를 충족시키고 새로운 생활상황에 적응하기 위해서는 지적인 능력을 부단히 개발해야 한다(장인협·최성재, 2004). 노인교육은 다양한 관점에서 그 필요성을 논할 수 있는데, 첫째는 노령기의 연장에서 논할 수 있고, 둘째는 발달심리학에서 본 인생주기에서 그 필요성을 논할 수 있다. 셋째는 평생교육으로서의 노인교육을 논할 수 있고, 넷째는 상실에서 오는 고독을 극복하는 방법으로서의 교육에서 그 필요성을 고찰할 수 있다.

2. 노인교육의 유형

노인교육이 이루어지는 장소로는 앞에서 언급했듯이 주로 지역사회의 기관·시설들이다. 이런 장소를 중심으로 이루어지는 노인교육은 다음과 같이 유형화시킬 수 있다. ① 노인교육 전담기관, ② 학구 단위 노인교육, ③ 대학(교)에서의 노인교육, ④ 사회단체에서의 노인교육, ⑤ 시설중심의 노인교육 등 다섯 가지 유형으로 나눌 수 있다(정지웅·김동일, 1984).

여기서는 노인을 대상으로 한 교육기관 중 노인학교와 노인교실, 노인복지(회)관 등에 관하여 논하고자 한다.

3. 노인교육의 현황

우리나라의 노인교육기관은 조사방법, 조사자, 조시기관 등에 따라서 각기 다르게 집계되고 있다(정경희, 2000; 허정무, 2002; 교육인적자원부·한국교육개발원, 2001).

전국적으로 보건복지부에 노인교실로 등록되어 있는 노인교육기관은 2018년 말 현재 1,356개소이며, 대한노인회 소속의 노인교육기관(노인학교 및 노인대학)은 총 277개소이다. 또 천주교 노인대학 서울연합회에 소속되어 있는 노인교육기관은 93개소이며, 한국 교회노인학교 연합회 소속 노인교육기관은 227개소이다. 이러한 노인교육기관 중 중복으로 등록되어 있는 시설을 제외하면 총 842개소의 노인교육전담기관이 있는 셈이다.

한편, 노인교육만을 목적으로 하는 기관은 아니지만 노인에게 실제적으로 교육의 기회를 제공하는 기능을 하고 있는 노인복지(회)관은 2017년 현재 364개소, 사회복지관은 2018년 현재 465개소이다.

1) 공공영역

(1) 정부 및 단체

노인교육을 실시하고 있는 단체나 기관은 여성단체나 여성회관, 박물관, 도서관 등의 사회교육기관이 있다. 이들 여러 기관들에서 실시하고 있는 가장 특징적인 교육으로 국립중앙박물관에서 실시하는 노인대학 프로그램을 들 수 있다. 이 노인대학 프로그램은 노인들에게 우리나라 역사와 전통문화에 대한 올바른 이해와 관심을 유도하고 교양활동을 통하여 보람있는 노후생활에 도움을 준다는 목표를 지니고 있다.

국립중앙박물관 노인대학은 매주 수·금요일 오후 2시부터 3시간씩 16주간 운영되며, 60세 이상의 일반 시민 200명을 교육대상으로 한다. 강사는 대학교수와 박물관 직원 및 전문가이다. 박물관 노인대학 시간표는 노인건강, 노인의 사회활동 및 교양강의, 영화감상, 전시실 관람 및 유적 답사 등의 현장학습, 발표회, 대화 및 만들기, 실습 등의 자치활동 등으로 구성되어 있다. 박물관 문화학교 노인학생들은 여타의 노인학교 학생들과는 달리 교육수준이 높다는 특성을 갖고 있다.

또 노인 재취업기관으로는 노인취업알선센터, 고령자 인재은행, 고령자취업알선센터, 인력은행 등이 있다. 이들 기관은 재취업을 알선해 주는 역할뿐만 아니라 노인취업교육을 수행하는 역할을 함께 하고 있기 때문에 노인취업교육기관으로서 앞으로의 역할이 매우 크다고 할 수 있다(교육인적자원부·한국교육개발원, 2001).

(2) 대학 평생·사회교육원

노인교육기관으로서 대학부설 평생교육원이 새롭게 부각되고 있다. 현재 대학부설평생교육원은 전국적으로 299개소가 있고, 그중에서 노인관련과정 개설 교육원은 36개 기관으로 추정된다. 대학부설 평생교육원에서 이루어지는 노인교육으로는 60세 이상 노인층을 대상으로 하는 노인대학과정, 55세 이상 연령층을 위한 실버넷 운동 프로그램, 노인교육 시설 담당자를 위한 '노인교육 담당자 및 전문가

양성과정' 등이 있다.

대학에서 이루어지고 있는 노인교육은 일반적으로 평생교육원에서 제공되고 있는데 대표적인 기관으로 경북대학교의 명예학생과정이 여기에 해당된다. 경북대학교에서 노인을 대상으로 실시하고 있는 명예학생제도의 현황을 살펴보면 다음과 같다(이병준 외, 1999).

현재 경북대학교 부설 사회교육원에서는 중·고령자와 관련하여 두 가지의 과정을 개설하고 있다. 첫째는 시·도민에게 대학의 학부과정을 무료로 수강하게 하는 제도인 명예학생과정이며, 두 번째는 명예학생과정 수료자 또는 50세 이상자로서 고등학교 졸업 또는 이와 동등한 학력소지자가 입학할 수 있는 명예학생대학원과정이다.

명예학생과정의 경우, 학습자 대상은 50세 이상자로서 학력제한은 없으며 수업기간은 3년이고, 재학기간은 수업기간의 1.5배인 4년 6개월로 두고 있다. 수업방법은 학부에서 개설한 당해 학기 학과목을 수강신청하여 대학생들과 같이 수강하는 방식을 취하고 있다.

(3) 노인학교(대학)

노인학교의 교육목적은 노인들에게 지역사회에서 존경받는 노인으로서 품위향상과 그들에게 현대사회에 적응하는 능력을 배양하고 노인 각자가 지니는 잠재능력을 재개발하고 노인건강관리에 관한 지식을 부여함으로써 여생을 보람있게 보낼 수 있도록 하는 데 그 목적을 두고 있다.

노인학교의 교육내용은 교양과목 30%, 국내·외 정세 30%, 기능 습득 20%, 건강관리 및 기타 20%로 되어 있다. 구체적인 교육내용은 각 학교마다 차이가 있으며 구체적인 내용은 다음과 같다.

① 서울은 건강, 시사, 음악, 고전무용, 현대무용, 체조, 에어로빅, 민요, 건강상식, 국악, 야외학습, 정신교육, 요가, 창, 농악, 종이공예, 단전호흡, 건강검진, 한글강좌

② 충북은 노년기생활, 노인의 역할, 노인의 심리, 한국 주변정세, 건강관리, 교양과목, 현장학습, 게이트볼, 생활법률, 예절교육, 시사, 역사

③ 전북은 노인지도자 역할, 교양과목, 건강관리, 국내외정세, 시사, 선진지견학, 윤리도덕, 게이트볼, 음악무용, 시청각교육, 도덕성 회복, 기능습득

교육기간은 6개월 이상으로 하고 주 1회 이상 교육을 실시하게 되어 있다. 노인학교의 교육내용이 학교마다 차이가 있고 더욱이 수강생들의 요구는 평가기준의 일부에 지나지 않기 때문에 노인학교의 교육내용을 평가하는 것은 매우 어렵다. 그러나 노인학교 교육 프로그램의 경우 강좌가 너무 다양하고 폭이 넓기 때문에, 노인의 건강 및 보건, 노인복지, 가족생활 등을 포함한 교양교육 등과 같이 몇 개 분야로 강좌의 성격을 재구성하고 1강좌당 시간 수를 늘려 노인학생들이 보다 쉽게 이해할 수 있게 하는 교육이 요청되고 있다. 즉, 추상적이고 비현실적인 내용의 강의가 아니라 실제 현실생활에 필요한 지식과 안목을 넓히는 데에 도움이 될 수 있는 교육이 요청되고 있다.

(4) 노인교실

노인교실은 노인교육기관 및 프로그램 실태조사 분석연구(2000)에 의하면 21.7%가 1980년 이전에 시작되었으며, 43.0%는 1980~1990년 이전에 실시되었다. 또한 21.3%는 1990~1950년 이전에, 13.9%는 1995년 이후에 시작되었다. 이들 중 정부로부터 보조를 받고 있는 노인교실은 8.6%에 불과하고, 시·군·구로부터의 보조금을 전혀 받지 않는 경우가 10.7%, 받고 있기는 하지만 그 비율이 운영비의 20% 미만인 노인교실은 19.0%에 해당된다(교육인적자원부·한국교육개발원, 2001).

노인을 위한 학교에서의 평생교육은 문교부가 1978년 전국의 각급 학교에 학구 단위로 노인학교를 설립할 것을 목적으로 '노인교실 설치요강'을 마련하면서 시작되었다. 당시의 설치목적은 청소년들에게 경로사상을 일깨워 주고 경로효친의 방

법을 익히게 하며, 노인들에게 경로당 기능을 하는 휴식처를 제공하는 데 있었다. 이를 계기로 그 이전에 개설·운영되고 있던 서울평생교육원의 노인강좌, 한국성인교육협회의 노인교실, 각 사회단체에서 실시하는 노인교육 등과 함께 노인교육이 활성화되었다. 그러다가 1981년에는 한국성인교육협회가 대한노인회로 흡수되면서 학구 단위로 노인회를 재조직하여 노인학교를 설치·운영토록 하였으며, 학교의 시설과 인력은 그 지역의 노인에 대한 교육을 위하여 활용되도록 권장하였다.

노인교실은 정형화된 교육과정이 없고 학교마다 특성에 맞게 프로그램을 마련하고 있다. 교육 프로그램은 강사의 사정에 따라 달라지는 경우가 많으며, 교육 프로그램이 없는 곳도 있다. 노인교실의 교과 영역별 교육내용을 보면, 교양 및 상식, 취미학습, 건강관리와 안전 등이 주를 이루고 있다. 지역별 차이는 시 지역에는 사업시찰, 봉사활동 등이, 군 지역에는 영농교육, 양봉 등의 교과목이 들어 있다는 점이다.

각 시·도 교육청에서 재정후원을 하고 있고 보건복지부 산하의 학구 단위 노인교실은 2012년 말 현재 1,356개가 있다.

2) 민간영역

(1) 대한노인회

대한노인회는 1969년 전국 노인정 회장이 중심이 되어 설립, 노인활동의 중심체 역할을 하고 있다. 대한노인회는 노인지위 향상, 노인복지 증진, 노인 상호 간 친목을 설립목적으로 하여, ① 노인능력의 개발과 무료직업 소개, ② 노인 여가시설의 개발과 보급, ③ 보람있는 노후생활을 위한 노인교육, ④ 노인복지에 관한 조사연구 및 정책 개발, ⑤ 전통문화의 유지발전과 경로효친사상의 보급 및 청소년 선도, ⑥ 기타 본회 목적달성과 노인 권익신장에 필요한 사업을 하도록 되어 있다.

대한 노인회는 중앙회, 시·도 연합회, 시·군·구 지회, 분회로 구성되는 전국적인 조직이다. 중앙회는 서울에 위치하고, 전체 조직을 총괄하고 대외적으로 노인 권리의무의 주체가 되며, 노인의 지위 향상, 복지 증진, 상호 간 친목의 구현을 위한 활동을 하고 있다.

(2) 사회복지관 및 노인복지(회)관

사회복지관에서 실시하고 있는 노인 여가 프로그램은 대체로 노인을 위한 사회교육을 중심으로 실시하고 있다. 노인을 위한 사회교육은 노인들에 대하여 사회활동 참여욕구를 충족시키기 위하여 여러 학습·기능 프로그램의 제공을 목적으로 하는 프로그램을 운영하고 있지만, 노인종합복지관을 제외한 노인복지회관에서는 대부분 현실적인 실효성이 결여되어 있어 형식적인 진행에 그치고 있음은 물론이거니와 전문성과 실효성이 결여되어 프로그램이 활성화되고 있지 않다.

노인복지(회)관에서는 사회교육 프로그램으로 정규과정과 특별과정을 운영하고 있다. 정규과정으로는 건강을 주제로 한 프로그램이 주를 이루고 있다. 즉, 장수교실, 비타민교실, 건강측정, 단전호흡, 건강특강, 에어로빅 등이 이에 속한다. 다음은 교양 및 취미강좌로 현대무용, 우리 춤 한마당, 사물놀이 장구춤, 전통리듬체조, 한국무용, 포크댄스 등으로 구성되고 있다. 특별과정으로는 취미를 위주로 한 프로그램이 주를 이루고 있다. 즉, 게이트볼, 서예교실, 합창반, 연극반 등으로 구성되어 노인들의 흥미와 취미를 한 프로그램으로 이루어져 있다. 2017년 현재 노인복지관은 전국에 364개소가 운영되고 있다.

(3) 종교기관

기독교, 천주교, 불교 등 각계의 종교기관들은 노인들을 위한 노인학교, 노인대학, 노인교실 등을 운영하고 있는 경우가 많다.

교회에서 이루어지고 있는 노인학교 프로그램은 일반적으로 예배, 성경공부, 교양강좌, 취미, 여가선용 활동 등을 포함한다. 교회에 따라서는 부별활동이라고 하여 문예부, 서예부, 등산부, 봉사부, 운동부 등을 두어 노인학교 학생들끼리의 모임을 장려하기도 한다. 이와 함께 일반적으로 특별활동이라고 하여 양로원 방문이나 수학여행, 야외수업, 효도관광, 경로잔치 등을 하기도 한다. 정확한 통계는 파악된 바 없으나 많은 교회에서 현재 노인학교를 개설하고 있다. 교회신도 수로 미루어 보아 교회부설 노인학교 학생 수도 상당한 정도에 이를 것으로 추정된다.

천주교부설 노인학교의 경우 천주교 서울대교구 노인대학연합회의 지침에 따라 운영된다. 그러므로 성당부설 노인대학 간의 유사점은 교회부설 노인학교보다 훨씬 더 크다고 할 수 있다. 천주교 노인대학은 신앙인으로서의 참된 모습을 나타낼 수 있도록 하는 데 노인교육의 목표를 두고 있다. 노인대학의 교육내용은 신앙생활교육, 지혜로운 생활교육, 건강한 생활교육, 창조적 생활교육 등으로 제공되고 있다. 수업연한은 1년이며, 일주일에 한 번씩, 1회당 2시간 정도의 수업이 이루어진다. 반 편성은 교육수준, 연령, 생활환경, 취미 등을 고려하여 1개 반당 10명 내외로 구성되며, 봉사자 1명이 반을 돌본다. 봉사자의 자질을 향상시키기 위하여 정기교육이 실시되며 레크리에이션이나 창작활동 지도에 관한 특별교육이 실시되기도 한다.

14

노인의 인권

제1절 노인의 성

오늘날 평균수명의 연장으로 인하여 노인문제가 매우 다양화되고 있다. 무엇보다 노인의 삶의 질 차원에서 성이 필수 불가결한 요소가 되면서 지금까지 사회적으로 터부(taboo)시 되어 오던 노인의 성이 최근 들어 노인문제의 핵심이 되고 있다. 근래에 들어 노년기의 성에 대한 과학적 효능이 검증되면서 킨제이(Kinsey)보고서를 비롯하여 그 동안 성에 관한 연구가 점차 빛을 드러내고 있다. 이 분야의 연구에 의하면 성생활은 신체적인 기능뿐만 아니라 심리·사회적인 요인도 크게 작용하고 있음이 밝혀졌다. 따라서 노인들이 성생활에 대해 긍정적인 태도로 만족스럽고 행복한 노년기를 영위할 수 있도록 노인의 성에 대한 부정적인 인식을 전환해야 할 시점에 와 있다.

인간은 사회적 존재이기 때문에 성행동의 결정양식도 사회·문화적인 환경에 의해 좌우된다는 점을 감안해 볼 때, 한국노인의 성의식이나 성행동에 대한 올바른 지식과 이해는 노인의 성생활에 긍정적인 영향을 미칠 것이며 더불어 노인의 삶의 질도 향상시키게 될 것이다.

인격의 중요한 요소가 바로 성(sexuality)이다. 스타와 웨너(Starr and Weiner)는 성을 인간의 존재 속에서 표현되는 에너지라고 보았다. 따라서 성은 성교나 오르가슴 같은 생물학적인 기능만을 의미하는 것이 아니라 관계형성 속에서의 기쁨이나 사랑의 언어를 표현하는 것을 포함한다는 것이다. 또 남성과 여성의 존재 자체와 함께 자아정체감을 포함하는 인성의 중요한 자원이므로 개인의 삶 속에서 매우 중요하게 자리 잡고 있다는 것이다.

노인들도 성적인 관계를 통하여 자신의 존재를 더욱 소중하게 인식하게 되고 심리적 욕구를 충족시킨다. 노년기의 생식기능은 중단된 상태이지만 이성과의 상호접촉과 친밀감의 욕구는 남아 있으며 이것이 중요한 요소로 작용할 뿐만 아니라 노인의 건강 유지에도 크게 도움이 된다. 그러나 사회적으로는 노인들이 성에는 관심이 없다거나 성행위가 불가능하다는 고정관념이 있어서 노인의 성적인 욕구표현을 문제행동으로 치부하는 경향이 있다.

일반적으로 노년기가 되면 신체적 노화로 인한 기능 저하 때문에 성행위의 빈도는 감소하지만 성에 대한 욕구는 거의 변함이 없으며 일생 동안 유지된다고 알려져 있다. 일본의 후생백서에 의하면 이성과의 애정이나 성관계를 희망하는 사람은 남성 94%, 여성 70%에 이른다는 결과가 있다(송현아 역, 2001).

노인의 성은 고령화 사회 속에서 우리가 중요하게 다루어야 할 문제 중의 하나가 되었다. 노인과 함께 일하는 전문가들은 노인의 성에 대한 부정적인 사회적 통념을 개선하는 노력을 기울여야 할 것이다. 노인들이 성적인 욕구와 이성적인 친밀감에 대한 욕구를 충족시킬 수 있도록 도와줌으로써 노인들의 삶의 질을 향상시키는 데 기여해야 할 것이다. 이를 위해서는 노인 전문가들이 노인의 성기능에 영향을 주는 노화에 따른 정상적인 신체 변화를 이해해야 하며, 노인의 성적 표현의 다양성과 노인의 성적 활동에 영향을 주는 심리사회적 요인이나 성적 활동의 촉진방안도 모색해야 할 것이다. 그러므로 본 절에서는 노인의 성에 관한 다양한 측면을 살펴보기로 한다.

1. 노인의 성에 대한 통념

사회에 만연되어 있는 노인의 성에 대한 고정관념이나 관습적인 인식은 노인의 성적 경험에 부정적으로 영향을 미친다. 노인의 성은 신체적으로 매력이 없으므로 성적으로도 매력이 없다는 인식과 모든 노인은 활력이 없고 감정도 고갈되어 있어 성에도 관심이 없다는 등의 노인 차별주의에서 비롯된 것이다. 우리 사회에서 성은 젊음과 동일시되기 때문에 노인이나 장애인이나 만성질환자들은 성적이지 못한 존재로 간주되곤 한다. 성적 활동과 충동은 노인이 되면서 당연히 줄어들어야 한다는 잘못된 통념도 문제가 된다. 이로 인하여 성을 즐기는 노인들은 규범에서 일탈된 것으로 간주되어 전문가나 동료, 가족으로부터 놀림을 당하는 경우도 많다.

노인들의 성적인 활동은 사회적으로 받아들여지기 어렵고 신체적으로도 해롭다는 사회의 인식이 노인들에게 부정적인 결과를 가져온다. 따라서 많은 노인들은 필요 이상으로 성적 표현을 억압하여 에너지와 활력을 박탈당하고 있다. 스타와 웨너(Starr and Weiner)의 연구에 의하면 노인 참여자들은 "신체적, 정서적으로 살아 있는 느낌과 정체감을 확인하기 위해서 성적 활동이 필요하며 이는 배우자와 의사소통의 수단이 된다."고 하였다. 그러므로 노화로 인한 성적인 변화를 이해하는 것이 사회의 통념을 변화시키는 우선적인 방법일 것이다. 이를 위해서는 대중매체나 전문가들의 도움이 필요하며, 이들에게 노년기의 성이 수용할 만한 것이고 바람직하다는 인식변화가 있을 때, 사회적 통념은 점차 사라지게 될 것이다. 신체적인 성적 행동에 대한 욕구가 없는 노인들도 있겠지만 노인들의 성은 일생 동안 유지될 수 있다는 이해가 필요하다. 또한 노인들은 자신의 성에 대해 편안해질 필요가 있으며 성적인 표현은 다양하다는 것을 인정해야 할 것이다.

2. 노년기의 성적 변화

1) 여성노인

중년 여성에게 있어서 폐경은 중대한 변화의 요소이다. 나이가 들면 대표적인 여성 호르몬인 에스트로겐과 프로게스테론이 감소한다. 만약 12개월 동안 생리가 없으면 폐경(menopause)으로 볼 수 있다. 폐경은 대개 50세를 전후하여 시작되며 폐경기의 평균연령은 51세(48~55세)이다. 폐경기간에는 난소의 기능이 저하되어 난소에서 분비되는 여성 호르몬이 감소하기 때문에 이로 인한 여러 가지 증상들이 나타나게 된다.

갱년기에는 에스트로겐의 분비가 감소하여 질과 요로계의 상피세포가 얇아지고 건조해지며 탄력성을 잃게 된다. 외음부가 건조해지고 질의 점액분비가 감소하는 등 생식기의 위축이 오게 되어 성교 시 통증이나 출혈, 손상을 입거나 감염되기 쉽다. 폐경을 겪는 여성의 약 20% 정도는 별다른 증세를 경험하지 않기도 한다. 이러한 폐경의 여러 증상에도 불구하고 폐경이 성적 활동을 방해하지는 않는다. 오히려 많은 여성은 임신에 대한 두려움에서 벗어나기 때문에 더 높은 성적 만족을 느낀다고 한다.

일반적으로 여성노인은 성적 자극에 반응하는 시간이 좀 길어질 뿐 주관적인 만족감은 젊은 여성과 다르지 않다. 통념과는 달리, 대부분의 여성노인은 오르가슴을 경험하고 있다. 스타와 웨너(Starr and Weiner)의 연구에서는 60~69세의 여성노인 중 69%, 70~79세의 노인 중 76%, 80세 이상 노인 중 68%가 성교 시 대부분 오르가슴을 경험한다고 주장했다. 이는 노인들의 성적 반응이 느려지기는 하지만 손상되지는 않는다는 것을 의미한다.

신체적인 측면에서 볼 때 여성에게 폐경기 후에 성적 활동을 방해하는 요소는 매우 미약하다. 질의 벽이 얇아지거나 탄력이 줄어드는 변화는 성적 활동을 균형 있게 하면 최소화될 수 있는 문제이며, 윤활유의 분비가 적어져서 성교를 덜 유쾌하게 만드는 문제는 인공 윤활유를 활용하여 극복할 수 있다. 따라서 여성에게 있어서 성적 활동의 방해요소는 배우자가 없다거나 매력이 없다는 사회문화적인 인식이 문제가 된다.

2) 남성노인

남성갱년기(andropause)는 여성의 폐경과 두 가지 측면에서 다르다. 먼저 남성갱년기는 일반적으로 50세 이후에 오며 매우 느리게 진행된다. 테스토스테론의 감소는 여성의 에스트로겐과 같이 갑작스럽게 발생하지 않는다. 남성 갱년기는 호르몬의 변화보다는 신체적 에너지의 쇠퇴, 경제적 중압감, 사회적 지위상실, 우울

같은 심리적 반응과 관련이 있는 것으로 알려져 있다.

정상적인 신체적 변화는 성적 반응을 변화시키지만 성적 수행을 방해하지는 않는다. 성적 자극에 대한 반응시간이 늦어 발기하는 시간이 더 걸리고 더욱 직접적인 자극이 필요하게 된다. 예를 들어, 18세 남성의 경우는 발기에 평균 3초가 걸린다면 45세 성인은 18~20초, 75세 노인은 5분 이상 걸린다. 연령에 따른 발기 강도와 오르가슴을 느끼는 비율은 줄어드는 것으로 나타나고 있다.

노년기의 오르가슴은 조금 빨리 끝나고 다소 강도가 떨어지며 한 번 사정 후 재발기까지의 시간이 길고 사정의 양과 강도도 줄어든다. 성교 시 오르가슴을 못 느끼는 경우도 젊은 시절보다 많지만 이러한 성적 반응의 변화가 주관적인 만족감을 감소시키지는 않는다. 그러나 성적 불능(impotence)은 노인의 성행위를 방해하는 주요 원인이 되므로 성적 불능의 원인을 알아보는 것이 중요하며, 대부분 약물사용이 원인이 되는 경우가 많다. 예를 들어, 혈압약, 항우울제, 진정제가 해당되며 당뇨병, 알코올중독, 혈관질환, 전립선 질환도 성적 불능의 원인이 된다. 중요한 것은 발기와 사정없이도 성적 경험을 즐길 수 있다는 것이다. 이는 성적인 경험은 반드시 성교만을 의미하는 것이 아니기 때문이다. 상대방을 안아 주거나 만져 주고 터치하는 것 모두를 성적인 경험으로 보아야 하며, 노년기에는 이를 통해서 만족감을 얻을 수 있다. 노인의 성적 불능은 심리적인 영향도 크며 원인은 사회적인 고정관념이나 노인 자신의 잘못된 신념에 기인하는 경우도 있다(Mooradian and Greiff, 1990; Bretschneider and McCoy, 1988).

3) 노인의 성적 활동에 영향을 주는 심리사회적 요인

노인의 성적 활동에는 신체적인 변화뿐만 아니라 심리사회적인 요인도 크게 영향을 미친다. 그 대표적인 요인은 다음과 같다.

(1) 과거의 성적 활동 유형

중년에 성적 활동이 활발했던 사람들은 일반적으로 노인이 되어서도 성적 활동이 활발하다. 이는 성적 활동 유형이 일생을 거쳐 지속적이고 안정적이라는 것을 의미한다(George and Weiler, 1981; 서혜경·이영진, 1997).

(2) 성교 이외의 성적 활동에 대한 태도의 중요성

노인들이 발기뿐만 아니라 키스, 애무, 마사지, 껴안기 등을 통해 성적 활동을 즐길 수 있다는 점을 인식하는 것이다. 남성 노인들은 발기가 얼마나 지속되고 오르가슴을 몇 번 느끼는가와 같은 통념에 사로잡혀 성적 활동에 불안감을 가지고 있는 경우가 많다. 그러나 중요한 것은 친밀감이나 즐거움에 초점을 맞추어야 한다. 남성으로서 성행위를 잘 이끌어가야 한다는 불안감은 성적 관심과 성적 반응을 차단시킨다. 그러므로 남성노인과 배우자는 성적 활동에서 서로 만족한 상황을 찾아야 한다(Mooradian and Greiff, 1990; Bretschneider and McCoy, 1988).

(3) 사회의 태도에 대한 반응

노인의 성에 대한 사회적인 통념은 노인의 자아개념에 매우 중대한 영향을 미친다. 노인의 성은 민망스럽다는 사회적인 통념으로 인해 노인 스스로 현재의 성적 관심이나 성적 활동에 대해 불안감을 갖게 되기 때문이다(Mooradian and Greiff, Bretschneider and McCoy, 1988).

(4) 배우자의 유무

여성에게 있어서 배우자가 없다는 점은 성적 활동에 제한이 따른다. 여성의 수명이 남성보다 길고 결혼 당시부터 남성의 연령이 많기 때문에 여성노인에게 배우자가 없는 경우가 남성보다 훨씬 많다. 또 여성노인은 사회경제적인 제약 때문에 배우자와 사별한 후에도 새로운 배우자를 만나는 데 제약이 많다(서혜경·이영진, 1997). 특히 여성노인들은 재정적으로나 건강상의 걱정거리가 많아지기 때문에 성적인 활동에 대한 우선순위가 후순위로 밀리게 된다(Mooradian and Greiff, 1990).

(5) 주거 상황

사생활이 보장되지 못하는 주거환경 역시 성적 활동을 방해하는 중요한 요인이다(서혜경·이영진, 1997). 손자녀와 방을 같이 사용한다면 이 자체가 장애요인이 되며, 사생활이 보장되지 못하는 요양시설에서도 마찬가지이다. 노인 요양시설의 직원들이 노인들의 성적 욕구를 무시하거나 놀리는 경우가 있는데, 이는 노인의 성적 활동이 건강에 해롭다고 생각하거나 질병 때문에 성생활이 불가능하다고 보는 잘못된 생각 때문이다. 오히려 노인 요양시설은 노인들에게 낭만적인 사회 프로그램을 제공해 주어야 하고 성교육도 해야 한다.

3. 노인과 성적 활동

1) 성적 반응

인간의 성적 반응은 편의상 흥분기, 흥분고조기, 쾌감기, 쇠퇴기 등 네 단계로 구분한다. 그러나 노년기가 되면 흥분기에 도달하는 시간이 오래 걸리고 흥분고조기나 쾌감기가 매우 짧으며 빠른 속도로 쇠퇴기에 이르는 특징을 보인다. 이와 같은 현상은 신체적인 노화와 에너지의 고갈로 나타나는 자연적인 현상이다.

2) 노인의 심리와 성행위

노인의 심리와 성행위 간에는 밀접한 상관관계가 있다. 즉, 성행위의 이면에는 심리적인 요소가 강하게 작용하고 있다는 것이다. 노화의 이미지에 의한 심리적인 반응으로 인해 성과는 거리가 멀다고 생각하거나 불가능하다고 생각함으로써 성적인 욕망이나 표현을 포기할 수도 있다. 이는 성행위가 결코 단순한 성교행위에 머무르지 않고 보다 넓은 차원에서 전인적인 요소와 관련된 심리적 행동을 포함하고 있기 때문이다. 그러므로 성을 단순히 국소적인 성행위로만 생각하지 말고 배후에 있는 심리적인 요인을 고려해야 한다. 특히 노인의 성행위에는 정신적인 의미가 강하게 반영되기 때문에 노인의 성은 육체적인 면뿐만 아니라 심리적인 면, 즉 사랑이라는 요소에서 그 의미를 찾아야 한다.

3) 성적 활동의 이점

성적 활동은 성교 이상을 말한다. 노인들에게 애정은 성 이외의 다른 방식으로도 표현될 수 있다는 것을 인식시켜 주는 것이 필요하다. 친밀감, 사랑, 우정, 애착은 인생의 소중한 양상이며 노인의 안녕감에 필수적이다. 애정이 없다면 노인은 다른 사람들에게 둘러싸여 있다고 하더라도 외로움을 느끼게 된다.

가장 친밀한 관계형성을 위해 필요한 것은 '접촉(touch)'이다. 접촉에 대한 욕구는 평생 지속되는 것이며 노인이 되어서도 강하게 남아 있다. 특히 노인들은 다른 연령대보다 접촉을 통한 상호작용에 더 많이 의존한다. 노인의 외로움이라는 표현 속에는 누군가가 자신을 터치해 주길 바라는 욕구가 있다. 노인의 어깨나 팔을 만져 주고 등을 마사지해 주고 껴안아 주는 것은 모든 노인의 애정에 대한 욕구를 해결하는 데 필수적이므로 고립되고 방향감각이 없는 치매노인에게도 이러한 터치는 필요하다.

노인의 성적 활동은 고환이나 음경의 위축과 퇴화를 막고 뇌의 전두엽을 자극하여 뇌의 노화, 치매, 건망증 등의 진행을 억제한다. 특히 여성의 경우는 무엇보다 뇌에서 엔도르핀을 분비하여 행복감을 주므로 몸에 이로운 여러 가지 호르몬 분비를 촉진시킨다.

성에 대한 느낌과 표현은 노인에게 또 다른 힘을 주고 정서적인 안정과 자아정체감, 삶에 대한 가치를 느끼게 해 주며, 노인의 생활만족도를 향상시킨다. 노인의 성생활과 생활만족도가 밀접한 관계가 있다는 것은 여러 연구결과에서 밝혀졌다(송현아 역, 2001; 송영미, 2000). 따라서 노인들의 적절한 신체적·심리적 건강유지를 위해서는 성생활을 유도하는 것이 바람직하다.

4. 성기능과 노인성 질병

자신이나 배우자의 신체적 질병이 성적 활동을 제한한다는 것은 놀라운 일이 아니다. 성적 반응은 다양한 신체적 체계(호르몬, 순환계, 신경체계)의 협력에 의해서 발생하기 때문에 이들 중에서 한 체계라도 와해되면 성적 기능은 부정적인 영향을 받게 된다. 또 성적 반응은 개인의 정신건강에 의해서도 영향을 받기 때문에 질병으로 인한 정신적 불안은 성적 관심이나 반응에 필요한 정신적 에너지를 고갈시킨다. 이러한 노인성 질병으로는 심장병, 뇌졸중, 전립선질환, 당뇨병, 퇴행성 및 류머티스성 관절염 등이 있다(유성호 외, 2000; Mooradian, 1991).

심장병을 앓아 온 노인들은 성적 활동이 자신의 생명을 위협한다고 생각하여 성생활을 포기하고 있다. 일반적인 가이드라인에 의하면 계단 2층을 오르내릴 수 있는 정도라면 성생활을 할 수 있으므로 심장수술을 받은 노인도 퇴원 후 2~3개월 후에는 성생활을 재개할 수 있다. 이 정도의 운동을 할 수 없는 노인은 성행위 15~30분 전에 관상동맥이완제(니트로글리세린)를 섭취하면 위험을 줄일 수 있다. 뇌졸중 환자들도 성행위가 또 다른 뇌혈관 질환을 불러올 것이라는 막연한 두려움 때문에 성생활을 제한하고 있으나, 많은 경우에 뇌졸중이 성기능이나 흥분기능을 해치지는 않는다. 그러나 고혈압 약물은 발기불능의 원인이 되며 사정을 방해한다. 다행히 최근에 개발된 약물 중에는 부작용을 감소시켜 성문제 해결에 크게 기여하고 있다. 전립선 비대증은 80세 이상 노인의 90%에서 나타나며 65세 이상 노인의 30% 이상은 전립선 문제를 갖고 있으나, 대부분 간단한 처치나 수술이 필요한 경우가 많다. 수술 후에는 오르가슴이나 성적인 감흥이 감소되는 경우도 있으나, 기능이 회복되면 오르가슴을 지속적으로 느낄 수 있으며, 전립선을 절제할 경우나 신경을 절제할 때만 성적불능이 발생한다. 전립선 수술의 대부분이 성적불능의 원인이 되지 않는다는 사실에도 불구하고 수술을 받은 노인들의 5~40%는 더 이상 발기가 안 된다고 호소하는 경우가 있다. 이러한 경우는 심리적 요인에 의한 경우이므로 상담이 필요하며, 회복할 수 없을 정도로 불능일 때는 성기 보조물의 삽입도 고려해 볼 수 있다.

여성노인들은 자궁이나 난소를 제거하거나 유방암으로 인한 유방절제와 같은 수술을 두려워한다. 그러나 대부분 이러한 수술이 여성의 성기능이나 성적 만족에 영향을 주지는 않는다. 특히 배우자가 지지적일 때는 더욱 그렇지만 자궁을 적출하면 부속기관인 난소를 절제하는 경우가 많아서 호르몬의 변화로 인해 성 욕구에 영향을 받는다.

남성의 성적 불능의 가장 큰 원인이 되는 질병은 당뇨병이다. 특히 오랫동안 당뇨병을 앓아 온 사람들의 경우가 심각하다. 성인기 동안 당뇨병을 앓아온 사람들은 성기에 혈액을 공급해 주는 순환기와 신경계에 문제가 발생하여 성적 불능이 발생한다. 이런 경우는 성기 보조물의 삽입을 대안으로 고려해 볼 수 있으나 당뇨병을 잘 관리하면 불능은 해결할 수 있으며, 여성에게는 당뇨병으로 인한 성적 기능 저하가 상대적으로 적은 편이다.

관절염은 성적 기능을 직접적으로 방해하지는 않으나 관절염 약물이 성적 열망이나 수행에 영향을 줄 수 있다. 알코올도 성기능에 장애를 주는데 알코올은 발기와 사정을 어렵게 하며 알코올중독은 신경체계를 손상시켜 불능을 초래한다.

성적 반응과 약물은 밀접한 관련이 있다. 약물의 영향을 진단하는 것은 개인마다 그 영향이 다르고 약물끼리의 상호작용을 일으키기 때문에 쉬운 일이 아니다. 남성의 질병에 대한 약물치료는 불능의 원인이 되기도 하며 성적 충동을 억제시키고 사정을 지연시키기도 한다. 우울증이나 정신질환을 치료하는 향정신성 약물은 특히 발기 기능을 저하시키며 그 밖에 고혈압약이나 스테로이드 제제를 포함하는 약물도 성기능에 영향을 준다. 의약기술이 발달하면서 성기능에 부작용이 적은 약물들이 많이 개발되고 있으므로 의사들과의 상의를 통해 해결할 수 있을 것이다.

5. 노년기의 성생활의 실태

가장 만연되어 있는 통념 중의 하나는 노화와 관련된 신체적 변화가 성적 기능에 결정적으로 영향을 준다는 것이다. 외국의 많은 연구는 노화와 함께 성행위의 빈도가 줄어들지라도 많은 노인이 왕성한 성적 경험을 지속한다는 것을 발견했다. 1991년의 조사에서는 60세 이상 결혼한 노인의 53%는 적어도 한 달에 1회 이상 성행위를 하고 있으며 평균 한 달에 4회 이상이었다. 연령대별로는 60~65세에서 65%, 66~70세에서 55%, 71~75세에서 45%, 76세 이상은 24%였다. 성행위에 영향을 미치는 요인은 노인들의 가치관과 배우자의 건강상태가 가장 유의미한 것으로 나타났다. 반면에 2012년 '노인 성생활 실태 조사'에서는 조사대상 500명 중 66%가 성생활 중인 것으로 나타났다. 특히 응답자의 35%가 성매매 경험이 있으며 성병에 걸린 경험자도 37%였다. 2006년 '노인의 성생활실태 및 만족도에 관한 연구'에 나타난 결과에 의하면, 65세 이상 노인의 50.6%가 사회적인 편견과는 달리 활발한 성생활을 하고 있는 것으로 나타났으며, 또 대한내분비학회지의 결과에 의하면 60대의 95%, 70대의 70%가 성적 활동을 하고 있는 것으로 조사되었고, 한 의료기관에서도 노인 성병환자 200명을 대상으로 조사한 결과, 이들의 80%가 성 욕구를 느끼며 월 1회 이상 성관계를 가진다는 이들이 81%에 달한다고 발표했다. 2009년 서울시 노인을 대상으로 조사한 결과에 의하면 65세 노인의 월평균 성생활횟수는 1회가 31.3%, 2회가 40.8%였으며 이들 중 53.4%가 만족한다고 응답했으며 성관계 대상자로 배우자가 76.4%, 이성친구가 16.2%로 응답하였다. 시대가 변하였으나 노인의 성생활 실태는 20년 전과 큰 변화가 없는 결과를 볼 수 있다.

최근에는 성적 욕구에 솔직한 젊은 노인들의 일탈행동이 잇달아 일어나고 있으며 성폭행 가해 노인이 크게 증가하여 새로운 노인문제로 부상하고 있다. 이러한 무분별한 성적인 욕구충족방법으로 인해 성병과 에이즈(AIDS) 이환율이 5.5%로 예전에 비해 크게 증가하고 있으며, 성병으로 인해 진료를 받는 노인 수가 해마다 천 명씩 증가하는 것으로 보고되고 있다.

매스터와 존슨(Masters and Johnson, 1981)은 일찍이 노화와 함께 신체적인 변화가 있을지라도 성기능이 사라지지는 않는다고 결론을 내렸고 성적 활동에 대한 제한은 없다고 주장하였다. 조오지와 웨너(George and Weiner)도 성적으로 왕성했던 사람들은 노인이 되어서도 왕성하고 젊은 시절에 성에 대해 보수적이었던 사람들은 노인이 되어서도 그런 양상을 띤다고 주장했다. 결론적으로 노인들의 성적 경험은 젊은 시절과 비교해서 주관적 경험상으로는 다를 수 있으나 나이가 든다고 해서 성적 경험의 빈도가 많이 줄어든다고 볼 수는 없다는 것이다.

사회가 발전하면서 성적인 에너지를 발산할 수 있는 대상이 많아져 오히려 성행위는 감소하였으나 분명한 사실은 초로기의 노인들도 자신의 성을 흥미롭고 중요한 삶의 일부로 지각하고 있다(Adams and Tuner, 1985)는 것이다. 반세기 동안 사회적 인식으로 인해 억눌렸던 노인들의 성욕구가 서양문화의 유입으로 다양하게 표출됨으로써 사회적으로 심각한 문제를 유발하고 있다.

6. 노인의 성적 활동의 문제점과 치료방법

1) 노인의 성적 활동의 문제점

(1) 노인의 성적 활동의 역기능

노인의 성은 정도의 차이는 있겠지만 그 가능성이 인정되고 있음은 분명한 사실이며 노인의 성기능에 많은 문제가 제기되고 있다. 그것이 바로 성의 역기능이다. 노인에게서 나타나는 성의 역기능은 크게 세 가지로 요약할 수 있다.

① 성교 통증과 오르가슴

성교통증은 여성노인에게 흔히 나타나는 역기능으로 윤활유 분비의 감소, 질 점막의 얇아짐, 질 근육상태의 변화, 질의 길이나 폭의 위축으로 초래된다. 또 오르가슴의 역기능은 그 원인이 복잡하지만 생리적, 심리적, 사회적 요인에서 올 수 있다. 즉, 성교 통증은 생리적인 요인에 기인하지만 오르가슴의 역기능은 여성노인들의 성에 대한 부정적 인식에서 오는 경우가 많으므로 사회적·심리적인 영향이라고 볼 수 있다(Solnick and Corby, 1983).

② 발기불능증

남성은 연령이 증가하면 점차적으로 발기불능증이 올 가능성이 커진다. 그러나 당뇨병에 의한 경우가 가장 많고 그 밖에 피로, 근심, 배우자와의 갈등, 과다한 알코올섭취 등에 의한다. 연구에 의하면 연령대에 따라 발기불능증의 비율이 40대에 50%, 50대에 11%, 60대에 25~35%, 70대에 50~60%, 80세 이상은 75~85%로 보고되고 있다(최성재·장인협, 2010).

③ 약물의 영향

고혈압, 우울증, 동맥경화증, 심장병, 정신질환 등은 노인들에게 흔한 질병들이다. 이러한 질병을 치료하기 위해 사용하는 약물은 성기능의 장애를 초래한다.

(2) 노인의 무분별한 성생활

노인들의 무분별한 성생활은 가정이나 사회에 부정적인 영향을 미친다. 그동안 노인의 성은 사회적으로 부정적 인식이 만연되어 왔으며 노인들 역시 전통적이고 관습적인 성적 욕구를 억압하고 살아왔던 것이다. 더불어 최근 대중매체를 통해 소수 다른 연령집단의 불법적이고 비정상적인 성생활이 소개되면서 억눌렸던 성에 대한 욕구를 무분별하게 모방함으로써 이러한 문제가 성행하게 된 것이다. 따라서 노인집단이 모여 있는 공원과 같은 지역에는 성적 욕구의 충족을 위해 매춘행위가 공공연하게 이루어짐으로써 인격의 황폐화는 물론 노인들의 신체적, 정신적, 경제적인 문제도 유발되고 있다. 즉, 반사회적 성격장애, 황혼이혼, 매독이나 에이즈(AIDS), 매춘 등과 같은 수치스러운 노인문제가 사회문제로 부각되고 있다.

(3) 노인의 성범죄

성적 욕망조차 가져서는 안 된다는 존재로 치부되던 노인, 장애인, 외국인 노동자 등이 이른바 한국사회 성문제의 주인공으로 급부상하여 사회문제를 유발하고 있다. 경찰청에 따르면 60세 이상 노인의 성범죄가 갈수록 급증하는 추세이다. 보건복지부가 발표한 '노인의 성생활 실태조사에 따르면, 노인의 3분의 2가 성생활을 하고 있으며, 35.4%가 성매매를 하는 등 성적 욕구가 여전함을 보여주고 있으며 우리 사회는 여전히 노인의 성문제를 외면하고 있다.

반면에 여성노인들은 성범죄의 피해자가 되고 있다는 것이다. 경찰청 통계에 따르면 60세 이상을 대상으로 한 유사 성범죄가 2009년 244건, 2013년 370건으로 조금씩 늘어나는 추세다. 범인은 대부분 같은 동네 주민이거나 술에 취한 상태이며 우발적 범행이 적지 않다. 피해자의 평균 연령은 74.6세였고 가해자의 평균 연령은 44.9세였다. 피해자가 신고를 하지 않아 드러나지 않은 범행은 이보다 훨씬 많을 것으로 추정된다. 이러한 현상은 핵가족화와 독거 여성노인의 증가로 나타난 결과로 볼 수 있다.

2) 노인 성문제의 치료방법

노인의 성문제는 연령과 배우자의 존재 여부가 원인이 되고 있으므로 성교능력의 약화를 가져오는 요인을 찾아 이를 제거하거나, 성교 외의 방법으로 성적 욕구를 충족할 수 있도록 다양한 방법을 개발하고 교육하는 것이 필요하다. 그 밖에 배우자가 없는 노인에게는 성문제의 해결방법으로 결혼을 유도하는 것도 한 방편이다.

노인복지 관련기관에서는 노인들을 위한 성상담센터를 운영하고 있다. 또 이성과의 접촉이나 친밀도를 높이는 다양한 프로그램을 개발하여 활용하고 있다. 노년기의 성생활은 단순히 성적 만족만을 위한 것이 아니라 정신적·신체적으로 존재가치를 확인하고 정신적으로 위로와 격려의 수단으로 그 의미를 찾아야 할 것이다(최성재·장인협, 2010).

3) 노년기 성적 활동의 촉진방안

최근 들어 증가하고 있는 노인 성문제에 대해 많은 전문가들이 노인의 성에 대해 이해하지 못하여 수치스럽게 생각하는 경우가 많다. 노인의 성에 대해 관심을 갖는 의사들은 정서적인 욕구나 관심사를 상담·지지해 주기보다는 주로 신체적 증상에 대한 약물만 처방해 주기 때문에 치료효과가 높지 않다.

물론 의학적인 접근으로 심리적 요인과 신체적 요인을 파악하여 약물이나 수술로 기능 회복을 돕는 것도 필요하지만 동시에 노인관련 전문가들은 노인들이 성적인 관심을 지속적으로 표현하도록 독려하고 지지해야 한다. 노인들이 성적 관심사를 표현할 때 가장 필요한 것은 바로 지지해 주는 것과 수용하기 또는 들어주기이다. 초점을 두어야 할 것은 성교보다는 즐거움에 있으므로 성적 활동은 성교뿐만 아니라 다양한 방법이 있음을 주지시켜 주어야 한다. 전문가들은 성적 활동에 관심을 두기 싫어하는 노인들도 있음을 알아야 하며 노인들의 가치와 생활경험을 잘 고려하여 그들 스스로 자신의 성적 행동에 대한 선택을 할 수 있도록 도와주어야 한다.

성적 활동을 성교로만 생각하는 노인들에게는 새로운 성적 활동을 개발하도록 독려하여 친밀감, 즐거움, 성취의 상호작용을 유도할 필요가 있다. 또 일반적인 성교육을 통하여 노인들의 성에 대한 인식, 지식, 관심을 증대시켜야 한다. 노인 성교육은 노인복지시설의 직원들에게도 필요하며 시설 직원들은 친밀감에 대한 욕구가 평생을 통해 지속된다는 것을 인식해야 한다. 노인의 성교육을 위해서는 무엇보다도 자연스러운 성교육의 장을 마련하는 것이 좋다. 노인종합복지관, 노인대학, 공원, 경로당, 종교단체 등 노인들이 자유롭게 모이는 곳에서 자연스런 교육이 진행된다면 더 좋은 결과를 가져올 것이다. 이러한 교육을 통해 자연스럽게 이성과의 만남의 장을 마련하고, 노인들이 많이 이용하는 노인복지관에는 노인의 성교육 프로그램과 성 및 재혼에 대한 상담 프로그램을 의무화하고, 노인 성생활의 지침서도 마련해야 할 것이다.

궁극적으로는 사회적인 인식의 전환에 대한 운동이 펼쳐져야 한다. 노인의 성적 표현을 망령이나 추하게 간주하고 문제행동으로 치부하는 일반적인 사회적 통념과 편견을 전환시키는 운동이 필요하다. 일반인들은 물론이고 전문가들도 노인의 성적 욕구 표현을 단순히 문제행동으로 치부하는 경향이 있다. 이는 매우 부정적인 통념이고 노인들의 생리적 욕구 충족과 건강 그리고 삶의 질에 커다란 장애물이 된다. 노인의 성적 활동은 매우 다양한 이점이 있다. 성에 대한 느낌과 표현은 노인에게 또 다른 힘을 주고 정서적인 안정과 자아정체감, 삶에 대한 가치를 느끼게 할 뿐만 아니라 실제로 건강 유지에도 커다란 도움이 된다.

노인들의 성행위는 접촉, 애무, 자위행위, 성교 등으로 다양하며 이성 간의 적절한 성적인 관계가 노년 후기까지 잘 유지될 수 있다. 그러나 대체로 성교의 횟수나 성적 행위의 모든 형태에 있어서는 연령에 따라 점차적으로 감소하는 것이 일반적이다. 주요 이유는 적절한 자극의 부재, 즉 상대자와 보다 바람직한 성적 관계를 가질 수 있는 기회의 부족에서 찾아볼 수 있다. 특히 여성노인이 대부분 독신이기 때문에 성적 욕구의 충족이 남성노인보다 어렵고 또한 사회적 제약 때문에 성적 욕구 충족이 어렵다. 이러한 점을 감안할 때 노인들에게 이성교제의 기회를 줄 수 있는 프로그램의 마련이 필요하다. 그러나 이를 악용하여 사회문제를 유발하는 사례도 간과해서는 안 된다.

활발한 이성교제는 노년기 사랑의 욕구를 충족시켜 줌으로써 무가치감, 고립감이나 외로움의 문제를 해결해 주며 삶의 질 향상에도 큰 기여를 할 수 있다. 최근에는 감퇴한 성적 능력을 보강해 주는 약물이 많이 개발되어 적절한 의료적 조치를 취하면 활발한 성생활을 할 수 있다. 노인들은 반드시 의사의 처방을 받아 사용하여야 부작용을 예방할 수 있다. 한편 성적인 능력이 있는 노인들도 노인이 성에 관심을 보여서는 안 된다는 생각이나 잘못된 정보에 사로잡히면 그 능력을 상실하게 된다. 많은 노인들은 인간의 성에 대한 다양하고 풍부한 정보를 요구하고 필요로 한다. 노인관련 기관에서는 노인들에게 각종 풍부한 성관련 정보를 제공하기 위한 상담 프로그램과 노인 성교육 프로그램을 마련하여 노인에게 필요한 정보를 줄 뿐만 아니라 사회적 인식을 전환시키는 데도 기여해야 할 것이다(최성재·장인협, 2010).

제2절 노년기 재혼과 이혼

노인들의 재혼과 이혼이 과거의 사회적 분위기와는 크게 달라지고 있어 이제는 노인들이 선택할 수 있는 하나의 생활방식으로 받아들여지고 있다. 노인들이 배우자와의 사별과 자녀의 독립으로 인해 심리적인 외로움과 고독감을 느끼게 되면서 외로움과 고독감을 해결할 수 있는 방법으로 재혼과 이혼, 이성교제 등을 선택하고 있다.

1. 노년기의 재혼

노인의 재혼은 타인과 친밀한 인간관계의 회복이며 자신만의 외로운 세계로의 탈출을 의미하므로 상당수의 홀로된 노인들이 재혼을 긍정적으로 인식하고 있으나 재혼에 대해서는 긍정적인 측면보다 부정적인 측면에 대한 지적이 더 많다. 이는 노년기 재혼에 대한 이해부족과 사회적 편견 그리고 경제적 부담감으로 재혼을 망설이는 노인이 많다는 것이다. 그러나 재혼이 노년기의 삶에서 중요한 삶의 방식이고 수단이 되고 있다고 인식하는 추세이므로 노인들의 재혼에 대해 개인적, 가족적, 사회적 차원에서 다양한 접근을 시도할 때이다. 이제는 노인들이 연장된 노년기를 보다 건강하고 성공적으로 보낼 수 있도록 지원해야 하며, 홀로된 노인의 재혼을 자연스럽게 받아들이는 가족과 사회의 인식전환이 있어야 할 때이다.

노년기의 재혼건수는 황혼이혼과 함께 지속적으로 증가추세에 있다. 노년기 재혼은 홀로된 남녀노인이 다시 결혼을 하여 부부관계를 형성하는 것으로, 흔히 노년기 재혼을 노혼(老昏) 또는 황혼기 결혼(December marriage)이라고도 한다. 재혼인구 및 노년기 재혼은 지속적으로 증가하고 있으며 점차적으로 더욱 보편화될 것으로 전망하고 있다. 노년기의 재혼건수는 2006년을 기준으로 10년 전에 비해 남성노인은 1.9배, 여성노인은 3배 증가한 것으로 분석되었다. 그러나 2018년 통계청에 의하면 65세 이상 인구에서 이혼과 재혼의 증가세도 두드러졌다. 지난해 65세 이상 남성과 여성의 이혼 건수는 각각 6,883건, 3,427건이었다. 이는 2017년보다 각각 12.8%, 17.8% 증가한 수치다. 전 연령대의 이혼 건수보다 노인의 이혼은 증가한 것이다. 이에 따라 2018년 노인의 남성과 여성의 재혼 건수는 각각 2684건, 1,202건으로 2017년보다 4.5%, 8.4% 늘었다. 특히 노인의 재혼 건수는 남녀 모두 '이혼한 뒤 재혼'이 '사별한 뒤 재혼'보다 많았다(2018, 통계청).

최근 "행복하려면 냉정하라."는 표상 아래 황혼재혼이 급증하고 있다. 특히 50대 이상 재혼 비율이 30년 만에 10배 이상 증가하고 있는데 이는 기대수명이 늘고 재혼에 대한 인식전환의 영향으로 해석된다.

노년기 재혼의 경우는 남성노인에 비해 여성노인의 재혼 가능성이 매우 낮았는데 이는 여성노인의 재혼에 대한 인식이나 태도뿐만 아니라 여성노인의 재혼에 대한 자녀와 사회의 부정적인 인식 등의 결과로 보인다. 노년기의 재혼은 경제상태가 양호할수록 재혼가능성이 높다(통계청, 2012).

한 조사에 의하면 홀로된 노인의 재혼조건은 우선 '상대방의 성격'이라고 응답하였으며 재혼 시 의논상대는 '자녀'가 가장 많았다. 재혼 시 자녀의 반응에 대한 기대는 여성노인보다 남성노인이, 학력이 높을수록, 건강할수록 자녀의 반응이 "긍정적이다."라는 응답이 많았다. 홀로된 노인의 재혼에 대한 부정적인 측면은 남성노인의 경우 '경제·상속문제', 여성노인의 경우는 '자녀에게 미안함'으로 나타나 성별에 따라 차이가 있었으며 가족의 태도도 많은 영향을 미치는 것으로 조사되었다. 이는 노년기 재혼에 대한 가족과 사회의 인식전환의 필요성을 시사하고 있다고 볼 수 있다.

노년기의 성공적인 재혼을 위해서는 노년기 재혼준비 프로그램, 재혼 후 부부관계 적응프로그램, 상담 서비스, 자녀와 함께 하는 재혼가족 생활교육 프로그램 등 다양한 프로그램의 운영과 사회적인 노력도 필요하다.

2. 황혼이혼

최근 10년 전에 비해 65세 이상 고령자의 이혼이 급증하고 있다. 통계청 조사에 의하면 2006년에 남성노인이 3,087건, 여성노인은 1,251건으로 여성노인의 이혼건수는 6.3배가 증가한 것이다. 그러나 2017년 고령자 통계를 보면 2017년 전체 이혼 건수는 전년에 비해 1.2% 줄어든 반면, 노인의 남녀 이혼 건수는 각각 6,883건, 3,427건으로 증가했다.

황혼이혼에 이어 자녀가 대학에 들어가면서 이혼하는 '대입이혼'도 늘고 있다.

1991년에 도입된 이혼 시 재산분할제도의 영향으로 50세 전후 중년들의 이혼이 꾸준히 증가하고 있는 추세이다. 황혼이혼은 일시적인 붐 현상이 아니라 최근 몇 년 동안 꾸준히 증가하고 있는 하나의 사회현상으로서, 원인은 전통적인 유교적 남성우월주의 사상과 가부장적 가치관을 들 수 있으며, 이와 더불어 재산분할청구권 등과 같은 법적 근거가 마련되고, 변화를 요구하는 가족의 생활주기와 맞물려 이혼이 촉진되었다고 볼 수 있다. 특히 심리적으로는 새로운 자아를 찾으려는 노력과 마음의 한(恨)이 이혼청구의 원인이 된 것이다.

황혼이혼은 여성의 빈곤화와 여성, 노인, 이혼녀라는 다중차별적인 문제점을 비롯해 기형적인 부부관계, 자녀의 심리적인 미독립 등의 문제를 초래한다. 이로 인하여 자아의 상실, 분노, 외로움 등의 심리적 문제를 가중시킴으로써 삶의 질을 낮추는 요인이 되어 노인문제뿐만 아니라 가족해체를 초래하는 현상으로서 그 여파가 매우 크다. 이혼은 자녀의 독립과 함께 심리적, 사회적으로 소외받는 중년, 노년의 결혼생활에 대한 지원이 절실한 상황이다. 그러므로 개인, 가족, 사회, 국가가 신중한 결정을 내려야 하며 이혼이 행복을 위한 마지막 방법이 되어야 할 것이다.

제3절 노인의 인권

1. 인권의 의의

인권이라면 누구나가 갖는 보편적이며 기본적인 권리가 인권이다. 인권은 법률이 보장하는 권리 이전에 천부적으로 갖게 되는 권리이며 타인에게 양도할 수 없는 고유의 영역이다. 노인의 인권은 산업사회에서 경제적 생산성을 중시하는 현대

사회의 풍조로 인해 노인들이 소외되고 지위가 하락하면서 제기되기 시작하였다.

인권은 현대사회에서 형성된 개념으로 중세의 신분사회를 붕괴시킨 시민혁명을 통해 모든 인간이 사회구성원으로서 평등하다는 사실을 깨달으면서 생겨났다. 인간이 가진 가장 기본적인 권리는 재산권이다. 신흥 상공인계층이나 혁명을 주도한 계몽주의자들은 인간의 기본적 권리의 핵심을 재산에 대한 소유권으로 보았다. 이러한 사상에 입각하여 프랑스 혁명 이후 제정된 헌법은 일정한 수준의 재산과 납세능력을 가진 남성에게만 참정권을 허용했기 때문에 프랑스 인권선언에서 표현된 인권의 개념은 한계를 가지고 있었다.

참정권이 기본적인 권리로서 사회의 모든 구성원에게 주어진 것은 훨씬 이후의 일이며 사회권의 보장은 1919년 독일 바이마르헌법의 제정으로 가능해졌다. 이와 같이 기본적인 인권은 사회적 약자들의 저항운동을 통해 재산권, 참정권, 사회권의 순으로 확장되었다. 시민혁명에 의해 입헌국가가 형성되고 헌법이 제정되면서 헌법은 인권의 사상과 이념을 규정할 수 있게 되었고, 각 나라의 헌법은 인권을 기본권으로 구체화하기 시작하였다.

우리나라의 노인 인권도 국민의 기본권을 규정하는 헌법에서 출발한다. 우리나라 헌법 제10조는 "모든 인간은 인간으로서 존엄과 가치를 가지며 행복을 추구할 권리를 가진다. 국가는 개인이 가지는 불가침의 기본적 인권을 확인하고 이를 보장할 의무를 가진다."고 규정하고 있다. 그러므로 노인은 인간으로서 기본적 권리를 가지고 있으며 국가는 이를 보장해야 할 책무가 있는 것이다.

2차 세계대전 이후에 세계평화와 인권을 위한 움직임이 일면서 1945년 10월 24일 유엔헌장이 선포되었고, 1948년 12월 10일에는 유엔총회에서 '보편적인 인간권리선언'(세계인권선언)이 채택되어 세계 모든 국가와 국민이 누릴 수 있는 권리의 공통기준이 마련되었다. 세계인권선언 제1조에는 "모든 사람은 날 때부터 자유로운 존재로 태어났고 모든 사람의 존엄과 권리는 똑같다. 사람은 이성과 양심을 가지고 있으므로 상대방을 서로 형제애의 정신으로 대해야 할 것이다."라고 규정하고 있다. 법적인 구속력을 갖는 국제조약들이 많이 확립되어 있으며 우리나라도 세계의 주요 인권조약에 가입되어 있다. 노인의 인권보장은 1980년대 이후 고령인구가 증가하면서 노인의 인권조장을 위한 노력이 활발해지고 있다(안진 외, 2007).

2. 노인 인권

1) 노인 인권의 현실

사회가 현대화되면서 노인들은 노화로 인하여 기본적 권리가 침해당하는 취약한 상황에 놓이게 되었다. 가족의 부양기능과 보호기능이 약화되면서 많은 노인의 생활보장이 어려워졌고, 의학기술의 발달로 인해 평균수명은 증가하였지만 경제적·신체적인 자립생활이 어려워짐으로써, 자녀의 생활에 부담을 주는 존재로 여겨지게 될 뿐만 아니라 사회에서도 의존적인 부양인구로 간주되고 있다. 노인도 인간으로서 국민의 기본권인 행복추구권을 가지며 인간의 존엄성을 유지하기 위해 의·식·주뿐만 아니라 적정 수준의 소득보장과 적절한 보호 및 의료적인 조치를 받을 권리가 있다. 인권을 보장하는 다양한 국내외법과 헌법이 있음에도 불구하고 노인들의 인권은 쉽게 침해되고 있다.

평균수명이 증가함에 따라 초고령 노인이 증가하고 일상생활능력이 저하된 와상노인이나 치매노인이 늘어나고 있는 상황에서 노인의 '보호받을 권리'는 건강한 노인들의 지역사회에 대한 참여의 권리와 노동에 대한 권리의 보장과 함께 노인 인권의 중요한 내용이다. 가족으로부터 보호받지 못한 상황이나 보호할 가족이 없는 경우에 국가로부터 보호를 받는 것은 국가가 베푸는 시혜가 아니라 노인이 받아야 할 당연한 권리로 이해되어야 한다. 더불어 사회구성원 모두가 노인의 인간으로서의 존엄성이나 기본적인 인권에 대한 이해와 인권의식을 가지고 있어야 우리 사회에서 노인의 인권이 보장될 수 있을 것이다(「노인복지법」 제2조, 2004).

노인의 인권에 대한 인식에서 중요한 것은 인생주기에서 점진적으로 일어나는 노화현상이다. 오늘의 젊은이가 내일의 노인이며 지금의 노인이 과거의 젊은이였다는 당연한 인식이 노인에 대한 일체감을 갖게 한다. 노인이 지역사회에 참여하거나 그들을 보호하는 것이 당연하다는 사회적 연대감도 여기에서 비롯된다. 즉, 나이가 든다는 것은 사회적인 문제를 일으키는 것이 아니며 사회적인 성취를 의미하는 것으로 보아야 한다. 이는 '노화'나 '나이 들어감'을 경제적 효율성의 관점에서 바라보는 것이 아니라 인도주의(humanitarianism)적 관점에서 바라보기 때문으로 해석할 수 있다. 이러한 노인의 인권에 대한 인식이 확립된다면 노인에 대한 보호와 효도는 더 이상 윤리적 가치로 취급되지 않을 것이며, 노부모를 부양하는 것은 자식의 도리이자 노인의 권리를 존중하는 것으로 볼 수 있다(안진 외, 2007).

2) 노인의 권리

노인의 권리는 「헌법」 제10조에 명시된 행복추구권의 내용을 구체화하여 다음과 같이 요약할 수 있다.

① 존엄한 존재로 대우받고 차별, 착취, 학대, 방임을 받지 않고 생활할 수 있는 권리, 나아가 노인의 잠재능력을 존중받고 이를 활용할 권리(존엄권, 평등권)

② 의·식·주를 보장받을 권리, 안전하고 가정과 같은 환경에서 생활할 권리, 적절한 소득을 보장받을 권리(생존권)

③ 수발을 요구하고 받을 권리, 개인적 욕구에 상응하는 질 높은 수발과 서비스를 요구하고 제공받을 권리(보호받을 권리)

④ 시설 내·외부 활동에서 신체적 구속을 받지 않을 권리(신체의 자유)

⑤ 개인적 사생활과 비밀보장에 대한 권리(사생활 보호의 권리)

⑥ 우편, 전화 등 개인적 통신을 주고받을 권리(통신권)

⑦ 정치, 경제, 문화 활동에 제약을 받지 않고 자유롭게 참여할 권리(참정권,

종교의 자유권)

⑧ 개인의 소유재산과 소유물을 스스로 관리할 권리(재산권)

⑨ 시설 내·외부에서 개인적 활동, 단체 및 사회적 활동에 참여할 권리(참여권)

⑩ 시설 입·퇴소, 일상생활, 서비스 이용, 제반 시설활동 참여 등 개인의 삶 모든 부분에서 정보에 접근하고 자기결정권을 행사할 권리(자기결정권)

⑪ 권리침해를 당했을 때 권리구제를 요구할 권리

자기결정권은 노인이 자기결정에 필요한 정보를 알 권리, 욕구의 판정에 참여할 권리(필요한 것이 무엇인지 스스로 결정할 수 있는 권리), 복지 서비스를 신청하고 선택할 권리(자신에게 필요한 사회복지 서비스를 신청하고 지원되는 서비스를 받을 것인지를 본인 스스로 판단하여 수용 또는 거부할 권리), 처우과정에 이용자로서 참여할 권리(복지 서비스의 구체적인 내용과 실행과정이 이용자의 욕구에 맞도록 이용자 혹은 법적 대리인이 서비스 계획에 참여하여 본인의 이해를 표현할 권리) 등을 포함한다(안진 외, 2007).

3) 노인 인권문제의 현황과 해결방안

(1) 시설 노인의 인권문제

노인복지시설은 주거복지시설, 의료복지시설, 여가복지시설, 노인보호전문기관, 재가노인복지시설 등이 있는데, 노인의 인권침해문제가 심한 시설은 양로시설과 요양시설이다. 예전에 비해 최근에는 시설의 사회화로 인하여 인권침해문제가 많이 완화된 수준이다. 노인보호전문기관은 노인학대사례를 신고받아 개입하고 가해자와 피해자를 분리시켜야 할 경우에 피해노인을 일시적으로 보호하는 소규모 시설을 운영하는 곳이다.

시설의 인권문제는 비리사건이나 종사자들의 양심선언으로 사회적 이슈가 되었다. 국가인권위원회의 자료에 의하면 시설 노인의 35% 이상이 종교적 자유를 침해당하고 있으며 소수는 종사자에 의해 폭언이나 폭행을 경험한 것으로 조사되었다. 양로시설의 경우는 무연고 노인들이므로 자기결정권이나 욕구가 무시되는 인권침해가 빈번하다는 것이다.

이에 대한 대책으로 정부에서는 2006년 '노인복지시설 인권보호 및 안전관리지침'을 마련하여 적용하고 있다. 이 지침은 '생활시설 노인의 권리선언 및 종사자 윤리강령', '시설생활 노인학대예방과 시설 안전관리'에 관한 기준을 제시하고 있다.

(2) 노인 인권침해의 예방과 비사법적 구제방안

노인복지시설은 국가인권위원회법에 의하면 보호를 목적으로 하는 '다수인 보호시설'이다. 그러므로 노인시설 거주자들도 국가기관, 지방자치단체 또는 구금보호시설의 업무수행과정에서 인권을 침해당하거나 차별행위를 당한 경우나 법인, 단체, 개인에 의하여 차별을 당한 경우에는 국가인권위원회에 그 내용을 진정할 수 있으며 그 사안에 대해서 시정명령이나 고발조치, 징계, 긴급구제조치 등을 명령하거나 권고할 수 있다.

국가인권위원회가 출범한 이후 조사결과를 보면 구금시설이 절반 정도를 차지하며 이에 비해 보호시설의 인권침해는 매우 낮은 수준이지만 보호시설은 권고와 고발조치가 상대적으로 높은 편이다. 관련 기관에서는 노인시설의 인권침해 건수가 비교적 낮은 이유를 인권침해가 발생하지 않아서라기보다는 노인들이 거의 진정하지 않기 때문으로 해석하고 있다. 노인시설에서의 인권침해는 종교의 자유를 침해하는 것 외에 기존에 지급되었던 경로수당이나 교통비 등을 관리하는 재산상의 소유권을 박탈하는 것이나 외출의 자유 및 사생활의 자유, 교육기회나 재활서비스, 의료 서비스, 문화 서비스의 자유를 제한하는 경우도 많았다.

국가인권위원회가 2007년~2011년까지 비사법적 차원에서 국가인권정책기본계획권고안을 마련하였는데, 이 권고안의 노인 인권정책 계획안에는 노인의 신체적·정신적 상황에 맞추어 노인의 생활욕구에 대응할 수 있는 인적 서비스체제를 갖추고 노인의 인간다운 삶을 보장하기 위한 근로기회제공 및 노후 소득보장, 평생교육체계를 구축하는 내용이 포함되어 있다.

노인 인권 향상을 위한 국내외적 차원의 노력과 기준으로는 자립의 원칙, 참여의 원칙, 보호의 원칙, 자아실현의 원칙, 존엄성의 원칙 등 5개 영역과 18개 원칙을 명시한 유엔원칙(1991), 건강과 영양, 주택과 환경, 소득보장과 고용, 교육 등에서 취해야 할 98개 권고조항을 명시한 마드리드의 고령화국제행동계획과 보건복지부에서 제정한 복지시설 생활노인의 인권보호지침 등이 있다(안진 외 2007).

따라서 국가인권위원회는 다수인 보호시설에 대한 방문조사권을 활용하여 노인시설에서 발생할 수 있는 다양한 형태의 인권침해를 예방하고 입소노인들의 인권옹호를 위한 노력에 힘써야 하며, 생활시설 노인들을 지역사회로 복귀시키는 재활 서비스 및 훈련, 교육의 기회보장과 같은 노인복지정책을 강화해야 한다.

노인의 인간적인 삶을 위한 바람직한 방향은 개인의 사생활이 보호되고 자기결정권이 존중되는 시설의 소규모화와 지역화이다. 시설보호에서 가장 좋은 환경은 가정과 같은 분위기를 갖추는 것이며 지역주민들과 인접한 곳에 시설을 설치·운영하고, 시설을 개방하여 지역사회와의 유대관계를 강화함으로써 노인의 생활이 최대한 편리하고 행복할 수 있도록 만들어가는 것이다(안진 외, 2007).

(3) 노인 인권의 과제와 전망

현대사회에서는 어느 나라를 막론하고 사회적 약자에 대한 인권문제가 끊임없이 이슈화되고 있다. 사회적 약자 가운데 특히 노인의 인권문제는 다른 약자들에 비해 늦은 편이지만 세계적인 인구 고령화 추세 속에서 전 세계적 차원의 과제로 제기되고 있다.

2000년대 들어서면서 우리나라도 노인학대를 예방하고 구제할 수 있는 법적·제도적 장치가 마련되었지만 이것만으로 노인의 인권이 보장되었다고 할 수 없으며 법 제정은 노인 인권보장의 최소한의 장치일 뿐이다. 노인의 사회권, 노동권, 건강권 등의 보장을 위해 노인복지가 확대된다고 하더라도 노인 인권에 대한 올바른 이해 없이는 노인의 인권이 향상될 수 없다. 노인의 인권향상을 위해서는 무엇보다 노인에 대한 사회적 인식전환이 있어야 한다. 노인에 대한 인식전환은 노인체험이나 노인에 대한 또는 노인 인권에 대한 교육이 우선되어야 한다. 특히 노인시설에 종사하는 실무자들의 노인 인권에 대한 교육은 무엇보다, 누구보다 중요하고 우선되어야 하는 조치이다. 노인들이 단순히 서비스를 이용하는 클라이언트가 아니라 나와 똑같은 시민으로서의 '권리주체'라는 점을 인식해야 한다. 노인의 인권보장은 인권교육을 통한 인권의식의 변화만으로 확보되는 것이 아니라 노인을 보호하는 복지정책의 수립까지 확대되어야 한다. 시설보호보다는 가족보호를 우선하되 주간보호, 단기보호, 방문요양, 방문간호, 노인돌보미 서비스 등 다양한 가족지원 서비스 정책을 강화해야 한다. 노인 요양 및 양로시설이나 노인공동생활가정에 인권을 보장하고 모니터할 수 있는 장치를 법제화해야 한다. 그 밖에 노인의 인권보장을 위해 복지권리옹호제도나 종합적인 상담창구의 설치·운영, 옴브즈맨제도의 도입, 인재양성 및 배치, 성년후견인제도의 활성화, 노인 권익보장법과 연령차별금지법 등의 시행이 확대되어야 할 것이다(임춘식, 2006).

3. 노인 권익운동

1) 개념

모든 인간이 꿈꾸는 이상적 사회(utopia)가 아니라면 인간으로서 존엄성을 보장받고 자유롭고 평등한 삶을 영위한다는 것은 불가능할 것이다. 현대사회에서는 민주주의 이념을 바탕으로 인간의 존엄과 평등, 자유를 표방하고 있지만 많은 사회적 약자들은 삶의 과정에서 다양한 불평등과 차별, 인간존엄성이 침해당하고 생존을 위협받고 있는 것이 현실이다(권중돈, 2004). 우리가 인간다운 삶을 영위하기 위해서는 전 국민이 적극적인 관여와 배려, 급부와 서비스를 국가에 요구할 수 있는 복지권리를 적극적으로 제기할 필요가 있다(박왕호, 2001).

노인 권익운동은 노인들의 복지권을 보장받기 위한 사회운동이다. 즉, 노인의 안정된 삶과 복리증진에 방해가 되는 기존의 사회적 관계를 변화시키려는 집합적 노력이라고 정의할 수 있다. 이러한 노인의 복지권을 찾기 위한 노력을 지칭하는 용어로는 노인 권익운동, 노인 복지운동, 노인 권익옹호운동, 심지어는 '노인의 제 밥그릇 찾기 운동(박재간, 2001)' 등이 사용되고 있으나 개념의 차이는 거의 없다(권중돈, 2004).

노인 권익운동은 사회운동의 한 영역으로서 사회운동이 갖는 구성요소를 갖추고 있다. 첫째, 어느 정도의 조직을 갖고 일정한 방식으로 상호 의사소통을 하는 다수의 사람들로 구성되어야 한다. 둘째, 추진하는 조직의 규모는 비교적 커야 한다. 셋째, 목표달성을 위해 제도화되지 않았거나 사회적으로 수용되지 않는 수단을 활용하는 경우가 일반적이다. 넷째, 구성원 개인의 목적달성이 아니라 사회의 변화에 궁극적 목적을 두어야 한다. 다섯째, 노인 권익운동은 의식적이고 계획적이며 목표지향적인 노력이 있어야 한다(고양곤, 2002).

2) 노인 권익운동의 전개 및 현실

산업화와 핵가족화 및 인구의 노령화로 인하여 노인들이 가족과 사회로부터 분리되고 인권적 차원에서의 문제가 야기되는 현상은 고령화가 앞선 서구사회에서 먼저 나타났으며 노인들의 권리보장을 위한 권익운동도 서구사회에서부터 시작되었다. 노인의 권익운동은 인간의 수명연장으로 참정권을 가진 노인 유권자들이 집단을 형성하여 활동함으로써 민간 노인단체에 의해 더 효과적으로 달성되었다. 또한 고령화 사회에서 노인문제가 정치적 이슈가 되면서 정치지도자들이 노년층의 표를 의식하게 되었고, 노년층이 자신들의 권익옹호를 위해 정치지도자나 정당을 지지하게 되면서 노인들이 국가 정책의 결정과정에 영향력을 행사함으로써 노인 권익운동이 성장하게 되었다. 노인 권익운동은 노인 인권운동과 동일시할 수는 없지만 거기에는 노인 인권운동이 근간을 이루고 있다.

노인 권익운동은 노인 단체들이 이익집단으로서 노인문제와 관련된 많은 의제를 이슈화하고 여론화하여 정책수립에 반영하거나 정책결정과정에 참여하는 방법, 정당이나 정치지도자들을 지지하여 정권장악을 지원하고 그 대가로 노인을 위한 정책을 수립하는 방법, 정치인이나 정당과의 연합을 통해 다양한 협동조합, 여성단체, 종교단체 등과 연대하거나 직접 정치집단을 형성하는 것 등이다.

(1) 외국의 노인 권익운동

① 미국

미국의 노인 권익운동의 핵심단체는 미국은퇴자협회(AARP)와 그레이 팬더스(Gray Panthers)이다. 미국은퇴자협회(AARP)는 미국 중산층 은퇴자들의 권익을 대변하는 노인 권익운동단체로 세계 최대의 노인단체이며 노인 권익운동의 선구자 역할을 하고 있다. 미국은퇴자협회 회원들과 자원봉사자들은 미국 플로리다주에서 노인들이 사용하는 '지역전화 서비스'를 주 정부에서 제한하려고 하자 '지역전화 서비스'를 제한하면 당하게 되는 불이익 등을 홍보하고 연일 시위를 벌여 결국 통신 서비스를 그대로 이용하는 데 성공하였다. 이는 인권의 관점에서 보면 노인의 통신권 보장을 확보한 것이다.

그레이 팬더스(Gray Panthers)는 은퇴자협회보다 회원 수는 적지만 흑인 노인들의 지위향상을 목적으로 하는 '전국고령흑인협의회'를 중심으로 연령에 따른 노인 차별대우철폐를 요구하며 급진적인 운동을 펼쳐왔다. 이 단체는 1970년에 65세인 매직칸(Maggic Kuhn)을 중심으로 조직되어 노인을 직장과 사회로부터 소외시키면 안 된다는 목표 아래 노인들의 정치세력화를 강화하고 있다. 현재 미국 전역에 120개 지부를 두고 약 6만 명의 회원들이 노인 권익보호를 위해 다양한 활동을 벌이고 있다. 이익단체의 성격이 강한 은퇴자협회에 비해 노인들의 평등권을 강조하는 그레이 팬더스는 인권운동의 의미가 더 강하다고 볼 수 있다.

미국의 고령 근로자 고용기회에 대한 차별방지는 '연령차별금지법', '노인급여보호법' 등에 근거하여 제도적으로 이루어지고 있다. 연령차별금지법은 생물학적 연령에 근거한 고용차별을 금지하되, 명시된 조항을 준수하지 않는 고용주는 형사소송의 대상이 된다. 노인급여보호법은 고용주가 해직연금 및 고용연금지급 시 근로자의 나이에 근거하여 고령자 근로자를 차별하는 것을 금지하고 있다.

노인학대 예방 및 대처와 관련된 법은 1987년, 1991년에 미국 「노인법」의 개정을 통해 법적 근거를 마련하였다. 개정된 「노인법」은 강제성이 없으나 노인학대에 대한 포괄적인 정의를 제시하고 예방, 교육, 서비스 등 구체적인 프로그램 실행을 위한 예산지원 조항을 포함하고 있어 정부의 적극적인 의지를 볼 수 있다(우국희, 2002). 또 시설 내 노인학대 예방을 위해서는 장기옴부즈맨 제도를 도입하여 주정부가 의무적으로 시행하도록 규정하고 있다(박수천, 2005). 노인자살 예방을 위한 장치로는 노인전용 전화상담 서비스와 노인자살예방센터, 전화원조 및 전화점검 서비스, 게이트키퍼 프로그램 등이 가동되고 있다(이지전, 2007).

② 일본

일본의 노인 권익운동에서 가장 두드러진 것은 '전국고령자사업단'의 활동이다. 이들은 동경을 비롯하여 전국의 시·현 단위를 중심으로 사업단을 조직하여 고령자들의 인력을 사회적으로 활용하는 운동을 펼쳐 왔다. 일본의 많은 노인들이 취업활동을 하고 있는 데도 이들의 권익운동이 막대한 영향을 미쳤다. 일본정부는 이들의 활동과 요구를 수용하여 노인들의 기술연마를 위한 직업훈련소의 설치와 직업소개소 개설에 많은 국고를 보조하고 있다. 여기에 힘입어 일본은 285개의 직종을 노인직으로 규정하고 고령자의 노동권을 향상시켜 나가고 있다. 일본의 대표적인 노인 권익단체는 '전국노인클럽연합회'로서 전국에 13만 개가 설치되어 있으며 회원이 가장 많은 885만 명이다. 이 단체의 상당수가 각 지방자치단체 산하의 심의회위원으로 활동하며 정치적인 영향력을 발휘하고 있다.

노인학대에 대한 조치로는 「노인복지법」 제10조와 제11조의 조항에 근거하여 이루어지고 있으며 조치의 주체는 기초자치단체이고 학대대응조치는 상담창구 설치, 긴급대응 일시보호, 개호보험 방문조사와 상담, 생활관리지도사업, 관계자연수, 관계기관 네트워크화, 시민계몽, 대응매뉴얼 작성 등이 있다(국가인권위원회, 2006: 52).

이 밖에 유럽 선진국에서도 노인 권익운동이 매우 활성화되어 있다. 노인 권익 증진을 위한 다양한 비정부기구(NGO)들이 노인복지의 정책개발은 물론 고령유권자조직, 노인정보화교육, 폭력예방사업 등의 실질적인 서비스를 제공하고 있으며 노인단체 간의 연계활동을 적극적으로 추진하고 있다. 유럽 국가에서는 두 가지 차원에서 권익활동이 이루어지고 있는데, 하나는 지역거주 노인들의 욕구가 정책결정자들에게 정치적 압력으로 나타나는 것이고, 다른 하나는 지방정부, 중앙정부, 유럽연합정부의 정책결정자들에 의한 자발적인 노인단체 지원과 노인인구의 정치세력화에 대한 지지이다(박영란, 2001).

(2) 한국의 노인 권익운동

현 세대의 노인층은 일제에 의한 식민통치, 6·25전쟁, 4·19와 5·16 등의 정치적 변혁을 거치는 과정에서 자신들의 안녕보다는 국가의 번영과 가족의 안녕을 위해서 살아온 세대들이다. 그러나 국가에서는 경로효친이라는 이념의 강조와 선 가정보호 후 사회보장이라는 잔여적 정책기조 하에 노인에 대한 사회적 처우는 어렵게 살아온 삶의 역정에 대한 보상으로는 턱없이 부족한 실정이다. 우리 사회의 사회적 약자들이라고 하는 여성, 노동자, 장애인 등은 자신들의 권리를 찾기 위해 나름대로 사회운동이나 노동운동 등을 통해 권익운동을 펼쳐왔지만 노인들은 양보를 미덕으로 알고 자신의 권리를 주장하는 데는 매우 소극적이었다.

우리나라에서 최초로 결성된 노인 권익단체는 '전국노인단체연합회'로서 1968년에 발족되었으나 순수 민간단체라기보다는 애국운동과 지역사회봉사활동을 목적으로 조직된 반관변적 성격을 띠고 있어서 노인 권익운동은 이차적 목표에 불과했다(임춘식, 2002). 이 단체는 1970년대 중반까지 ①청소년 선도활동 ②자원봉사활동 ③경로효친사상 선양운동 ④노인 여가시설 확충 ⑤노인 취업기회 확대 등을 각 정당이나 정부 또는 지방자치단체장에게 요구하는 활동을 전개하였으나 1980년대에 들어서면서 한국 노인문제연구소와 연대하여 정부를 상대로 노인복지정책의 수립을 요구하는 등 노인 권익운동을 전개하기 시작하였다.

한국 노인문제연구소는 1976년 「노인복지법」 초안을 작성하고 대한노인회 산하 전국의 시·도와 시·군·구 지회조직을 통해 입법·청원운동을 벌여 1980년에 「노인복지법」을 통과시켰으며, 1981년에는 대한노인회와 한국 노인문제연구소의 지도자들의 노력으로 경로우대제도의 시행을 관철시켰다. 이 두 단체는 1992년 저소득층 경로수당 지급과 고령자고용촉진법제정이라는 대통령의 공약을 받아내서 노인의 생존권 보장과 노동권 보장을 확보하는 권익운동을 펼쳤다.

이들 단체 외에는 노인 권익에 관심을 갖는 단체로는 한국노년학회, 한국노인복지학회, 한국사회복지학회, 한국노인병학회, 한국노화학회 등의 학술단체와 대한노인회, 전국노인복지단체협의회, 한국노인유권자연맹, 대한은퇴자협회, 직종별 퇴직자단체(체신동우회, 보사동우회, 철우회, 서울시우회), 밝은 노후를 생각하는 사람들의 모임, 한국치매협회, 한국사회복지협의회 등이 있다. 그러나 각 조직의 취약한 인적구성과 응집력으로 인하여 노인 권익단체로서의 기능에 한계를 보이고 있다. 1994년에 창립한 한국노인유권자연맹은 대중집회를 통해 정치권에 압력을 가하는 방법으로 노인 권익운동을 벌이고 있으며 연구단체의 성격을 띠는 단체들은 학술세미나, 대중강연회, 성명서 발표 등을 통하여 노인복지정책의 문제점과 개선책을 제시하는 방법으로 노인 권익운동을 지원하고 있다. 1997년 3월 서울 파고다공원에서 열린 '「무갹출노령연금법」 제정 촉구를 위한 전국대회'는 1998년 12월 법안통과의 힘이 되었으며, 이를 통해서 저소득층 노인의 사회권이 보장받게 되는 결과를 가져온 역사적인 권익운동이다.

노인 권익운동이 활성화되고 소기의 목적을 달성하기 위해서는 정치적 기회구조, 내적 리더십, 조직의 역량과 응집력이라는 조건을 갖추어야 한다. 노인 권익운동이 성공하기 위해서는 첫째, 정당의 개방성과 이들과 안정적으로 정치적 제휴가 있어야 하며 둘째, 노인 권익운동단체 내부의 탁월한 리더십이 필요하고 셋째, 노인 권익단체의 강한 역량과 응집력이 있어야 한다. 그러나 현재 우리 사회의 정치체계는 매우 폐쇄적이고 권위적인 권력구조를 갖고 있어 정치권과의 교류가 제약되어 있으며, 노인 권익단체는 토착적 지도자나 외부의 탁월한 리더십을 보유하지 못하고 노인 권익단체의 인적 구성과 자금동원이 매우 취약하여 연합체로서의 응집력을 발휘하지 못하고 있다(고양곤, 2002). 노인 권익운동은 정치적 압력단체로 활동하거나 직접 현실정치에 참여하는 방법이 있으나 노인의 권익을 옹호하는 단체의 역량은 아직 취약하고 정치적 기회구조도 제한되어 있는 수준이다.

앞으로 노인 권익단체들은 ①다른 시민단체와의 연합, 대국민 직접홍보, 언론을 이용한 홍보를 통해 여론을 유도하고 ②전문적 기술과 관련단체의 이익계산을 바탕으로 노인들의 선거권을 무기로 정치권과 노인복지정책을 협상하고 ③협의회 및 자문위원회의 참여를 통해 정책을 건의하거나 법집행이나 공무집행과정에 참여하여 평가함으로써 노인복지정책의 형성과 집행에 적극적으로 관여하고 ④노인에게 불리한 판결을 내릴 수 있는 법관에 대한 배책, 불신임 운동 등을 전개하는 방법으로 정치적 압력단체로서의 역량을 강화해야 한다.

한국사회의 노인 권익운동과 노인 인권운동의 성장을 위한 핵심적인 과제는 노인 자신들의 인권의식과 권리의식의 성장이다. 시민단체나 인권운동단체들이 노인문제를 모든 인간이 노년기에 겪는 문제로 인식하고 공유하여 노인 권익옹호운동을 지원해야 할 것이다. 나아가 노인들의 권리의식 성장을 바탕으로 노인들의 요구와 이익을 대변하는 이익단체나 정당을 창설하여 정치적인 세력을 확장해 나가야 한다. 따라서 노인 인권단체와 비정부 민간운동단체들이 노인문제를 사회적으로 이슈화할 때 학계와 정부의 관심도 증대될 수 있을 것이다.

4. 노인 권익운동의 문제점과 과제

우리나라의 노인 권익운동은 아직 초보적 단계를 벗어나지 못하고 있고 대부분의 노인들이 여전히 권익을 보호받지 못하고 있으며 다음과 같은 많은 문제를 안고 있다(서혜경, 2001; 고양곤, 2002).

① 노인들의 권리에 대한 의식 수준이 낮고 응집력이 약하다.
② 노인들의 정치적 결속력이 취약하다.
③ 정치적 기회구조가 폐쇄적이며 노인들의 정치참여가 부진하다.
④ 노인 권익단체의 인적, 재정적 역량이 약하여 정치적 압력기능을 수행하지 못한다.
⑤ 노인 권익단체의 리더십이 취약하여 대정부 로비력과 추진력이 미약하다.
⑥ 노인 권익단체가 새로운 정책대안을 제시하는 데 한계가 있다.
⑦ 노인 권익단체가 내부 구성원에 대한 교육과 정보제공기능에 한계가 있다.
⑧ 노인 권익단체의 폐쇄성으로 인해 다른 시민단체와의 연대활동에 매우 소극적이다.

이러한 문제점과 한계를 극복하고 권익운동을 확대하는 방법으로 베이비붐 세대나 386세대가 노인이 되면 자연스럽게 활성화될 것이라는 주장이 있다. 그러나 이러한 소극적인 방법으로는 급격하게 진행되는 인구의 고령화 시대에서 노인문제를 해결하고 노인들의 복지증진을 도모하는 데는 한계가 있으므로 지금부터 다음과 같은 보다 적극적인 노력이 필요할 것으로 사료된다(서혜경, 2001; 고양곤, 2002; Heumann et al., 2001).

① 모든 노인의 권리의식 제고를 위한 교육과 홍보를 적극적으로 실시해야 한다.

② 권익보장을 위한 노인복지정책을 개발하고 제도화를 위한 지속적인 건의 및 청원을 해야 한다.
③ 노인복지관련법의 개선을 위해 국내외 노인단체와 다른 시민단체와의 연대 활동을 강화해야 한다.
④ 노인 권익단체의 회원확보, 구성원의 의식화 교육, 조직 내부의 응집력 강화, 안정적 재정 확보 등을 통해 내부역량 강화를 위한 자발적인 노력을 해야 한다.
⑤ 노인복지 관련 위원회에 노인대표와 노인복지전문가들이 적극적으로 참여해야 한다.
⑥ 노인의 정치적 결속력을 강화하고 정치적 기회구조를 확대하는 노력을 해야 한다.
⑦ 노인 권익단체나 노인대표들이 입법기관에 진출해야 한다.
⑧ 언론매체를 통해 이슈제기와 노인 권익운동의 타당성을 지속적으로 홍보해야 한다.

이러한 노인 권익운동의 활성화를 추진하는 데는 현실적으로 많은 어려움이 따를 것이다. 우리나라의 노인 권익운동은 초기 단계에 불과하므로 현재보다는 미래의 노인 권익운동 활성화를 위해 지금부터 견고한 토대를 쌓기 위한 꾸준한 노력을 해야 할 것이다.

15

노인의 죽음과 자살

제1절 노년기 죽음의 의미와 이론

1. 죽음의 정의

모든 인간이 피해갈 수 없는 것 중의 하나가 바로 죽음이며 인간의 죽음은 다양한 차원에서 정의 내려질 수 있다. WHO(세계보건기구)에서는 '소생할 수 없는 삶의 영원한 종말'이라고 정의하고 있다. 역사적으로 죽음은 단지 생물학적으로 죽음의 상태에 있는 사람을 죽은 사람으로 생각해 왔고 설명해 왔다. 그러나 현대사회에서의 죽음은 과거에 비해 상대적으로 철학적, 과학적 자료들을 근거로 다양한 학문의 영역에서 제시하고 있다. 그렇지만 죽음은 여전히 생명이 멈추었다는 확실한 증거를 직접적·객관적으로 관찰하는 것에 의해 결정되고 있으며 이러한 사인(死因)들은 어떻게 죽음을 정의하는가에 따라 다르게 해석될 수 있게 되었다. 이러한 차원에서 비츠(Veatch)는 죽음에 관해 4가지 차원에서 정의하고 있다.

첫째, 죽음은 생체액(vital fluids)의 유동기능의 불가역적 상실로 정의한다. 이는 심장, 혈액, 호흡상태 등을 관찰하여 삶과 죽음을 판별하는 것이다.

둘째, 신체로부터 영혼의 불가역적 상실로 정의한다. 이는 영혼이 존재하는 한 사람은 생존하는 것이며 영혼이 떠날 때 육체는 죽는 것으로 간주하며 세계적으로 많은 문화권에서 이러한 기준으로 죽음을 판별한다.

셋째, 신체적 통합능력의 불가역적 상실로 정의한다. 이는 첫 번째 정의보다 복잡한 의미를 지니며 단순히 생리적인 상태뿐만 아니라 인간을 통합적인 존재로 인식하여 복잡한 신체 내부 환경의 통합능력이 상실되었을 때를 죽음으로 간주한다.

넷째, 사회적 상호작용이나 의식적 능력의 불가역적 상실로 정의한다. 이 접근은 인간이 완전한 사람으로 인식되기 위해서는 생물학적인 기능뿐만 아니라 의식과 타인 및 환경과의 상호작용 능력이 함께 존재해야 함을 강조하는 정의라고 볼 수 있다.

죽음은 이 밖에도 임상적 죽음, 뇌의 죽음, 사회적 죽음, 신학적 죽음으로 구분하는 학자(김중호, 2003)도 있으며, 법적·의학적 측면의 죽음을 추가하는 학자도 있다.

이와 같이 죽음에 대한 정의는 다양하며 어떻게 죽음을 정의하는가는 문화와 사회, 학문영역 등에 따라 상이한 정의를 적용하고 있다.

세 가지 차원에서 내려진 죽음에 대한 정의와 발달단계별 죽음의 의미에 대해 알아보기로 한다(정옥분, 2000).

1) 생물학적 정의

뇌의 활동이 멈춘 상태를 죽음이라고 말한다. 크게 뇌사와 식물인간으로 구분할 수 있으며 아래 표와 같이 비교할 수 있다.

〈표 15-1〉 뇌사와 식물인간

구분	식물인간	뇌사
손상부위	대뇌	뇌간을 포함한 뇌 전체
장애부분	기억, 사고, 운동, 감각(무의식)	심장박동 외의 모든 부분(심한 혼수)
운동능력	손발의 미동	불가능
호흡	가능	불가능(인공호흡기로 호흡)
소화, 순환 혈압조절	가능	불가능(순환은 약물로 유지)
예후	수개월, 수년 생존하다가 사망하거나 회복	사망
장기기증	불가능	가능

2) 사회적 정의

장례식이나 애도의식, 권리 및 재산의 법적 재분배 등의 절차를 통해 사망을 인정하는 것을 의미한다.

3) 심리적 정의

슬픔과 비탄을 경험하는 의미를 담고 있다. 모든 인간에게 죽음이 두려운 이유는 혼자 가는 길이며, 미지의 길을 가기 때문이고 사랑하는 모든 것들과 이별해야 하기 때문이며 고통을 동반하기 때문이다.

4) 발달단계별 죽음의 의미

죽음은 발달단계별로 의미가 다르게 나타난다. 아동기에는 죽음을 일시적으로 나타나는 현상으로 받아들이지만 5~7세쯤에는 돌이킬 수 없는 것이라고 이해한다. 그러나 불치병을 앓는 아동들은 임박한 죽음을 이해한다. 청년기에는 죽음을 낭만적인 것으로 받아들여 두렵지 않고 명예와 관련시켜서 이해한다. 이는 오래 사는 것보다 어떻게 사는 것을 중시하기 때문이다. 그러나 불치병을 앓는 청년들은 좌절보다는 분노의 감정이 강하게 나타난다. 성년기에는 삶을 열심히 살았기 때문에 죽음이 임박하면 감정적으로 변하고 꿈을 이루지 못한다는 점 때문에 좌절하거나 원망하거나 분노한다. 중년기에는 부모의 죽음을 경험하기 때문에 죽음을 엄연한 현실로 수용한다. 또 앞으로 살날을 계산하며 삶의 의미에 중점을 둠으로써 직업이나 결혼생활, 자녀와의 관계, 우정, 가치관에 대해 재평가한다. 노년기에는 죽음을 운명으로 수용하며 친지나 친구의 장례식에 참석함으로써 자신의 죽음을 준비하는 기회를 갖는다.

2. 죽음에 대한 태도

죽음을 받아들이는 태도는 개인의 종교, 철학, 가치관 등에 의해 차이가 있으며 사회문화적 배경에 따라서도 다르게 나타날 수 있다. 죽음에 대한 태도가 긍정적일수록 죽음불안은 적고 생활만족도는 높다(김형철, 2005)고 한다. 노인들도 죽음에 대한 태도는 타인의 죽음 등과 같은 간접적인 경험과 학습을 통해 가능하게 되며, 심리적 혹은 소극적 대처자세인 준비(정신적 죽음준비)와 실제적, 혹은 능동적 대처자세(의례적 죽음준비) 과정을 통해 이루어지게 된다(김미순, 2006).

우리나라 노인들의 죽음에 대한 태도를 알아본 연구(이지영·이가옥, 2004)에서 대부분의 노인들은 죽음을 생각해 본 적이 있었고(98%), 죽음을 생각할 때 '편안하다' 또는 '담담하다'고 응답하여 죽음을 수용하는 태도를 보였다. 그러나 노인의 죽음에 대한 태도 연구의 선행연구를 보면 그 결과는 일치하지 않음을 보여준다. 즉, 죽음에 대한 부정적인 태도를 보인 연구(김태현·손양숙, 1984; 유희옥, 2004)도 있으나 반면 노인들이 죽음에 대해 긍정적 태도를 보인다는 연구(장미란, 1981)도 있다.

노인의 죽음에 대한 태도와 여러 특성과의 관계를 중심으로 살펴보면 다음과 같다(김태현·손양숙, 1984; 조지연, 1989; 김혜련, 1991; 윤남숙, 1994).

첫째, 연령이 높을수록 죽음에 대한 불안과 공포가 높은 것으로 나타난 연구도 있고, 반면에 연령이 높을수록 죽음에 대하여 더 긍정적인 태도를 보여 주는 연구도 있다.

둘째, 성별과 죽음에 대한 태도와 관계에서는 많은 선행연구에 있어서 여성이 남성에 비해 죽음에 대해 더 많이 생각하고 죽음에 대한 불안을 많이 느끼고 높은 것으로 나타났다.

셋째, 생활수준과 죽음에 대한 태도와의 연구결과에서는 생활수준이 높을수록 죽음에 대한 태도가 부정적인 결과와 경제수준이 높을수록 죽음에 대해 더 긍정적인 결과도 있다.

넷째, 건강상태에서는 건강수준과 무관하다는 연구들도 있으나 반면에 노인이 건강할수록 죽음에 대한 불안이 낮다는 결과가 있다.

다섯째, 교육수준도 역시 선행연구들이 일치하지 않는 결과를 보여주고 있다. 어떤 연구에서는 교육수준이 높을수록 죽음불안이 낮다는 결과와 교육수준이 높을수록 오히려 죽음불안 더 높게 나타난 결과도 있다.

3. 죽음 전의 심리적 변화

사망심리학에 대한 관심을 유도한 학자 퀴블러 로스(Kubler-Ross, 1974)는 죽음을 수용하는 단계를 5단계로 설명하고 있다. 이 학자는 대부분의 환자는 자신의 상태에 대해 솔직하기를 원하며 자신의 죽음이 임박했음을 알고 모든 단계의 정서는 '희망'이라고 하였다.

1) 부정

예상된 죽음에 대한 사실을 듣고 충격에 의해 그 사실을 부인하는 단계이다. 이 단계는 불안상태의 초기에 대처하는 건강한 반응이라고 볼 수 있다. 사실을 부인하는 행동의 형태로 병원이나 의사를 옮겨가며 재검진하려는 성향을 보인다.

2) 분노

자신의 죽음을 더 이상 부정할 수 없음을 깨닫고 분노하는 단계이다. 죽음의 주인공이 본인이라는 것에 대한 감정으로서 의료인이나 가족, 신에게 화를 내는 것으로 표출한다. 이 단계에는 가족이나 의료인이 환자를 다루기 매우 힘들지만 분노의 근원을 찾아서 해결해 주고 분노를 공감해 주는 것이 가장 바람직한 대처방법이다. 환자를 이해하고 따뜻하게 대하면 시간이 지남에 따라 분노는 감소하므로 환자가 소중한 존재임을 느끼도록 대해주는 것이 필요하다.

3) 타협

어떻게 해서라도 죽음이 연기되기를 바라는 마음을 갖는 단계이다. "착하게 살면, 간절히 기도하면, 내가 어떻게 살겠다."는 식의 협상안을 제시한다. 필립스(Phillips)는 살고 싶은 소망이 잠시 동안이라도 죽음을 연장한다고 주장하였다. 그 예로 중국 여성노인의 사망률이 축제기간 전이나 기간 동안은 감소하고 그 후에 증가하는 결과와 유태인들의 사망률이 유월절 이전에 31% 정도 감소하고 그 후에는 그만큼 증가하는 현상들을 들고 있다.

4) 우울

더 이상 어떠한 희망도 품을 수 없을 때 생기는 감정으로 말이 없고 면회를 사절하고 혼자서 슬퍼하며 우는 시간이 많다. 울 때는 자신의 죽음을 슬퍼할 시간이 필요하기 때문에 위로하지 않는 것이 좋다. 죽음을 슬퍼할 필요가 있는 이유는 감정을 극복하고 정리할 수 있기 때문이다.

5) 인정(수용)

자신의 죽음을 자연스럽게 받아들이는 단계이다. 이 단계는 어느 순간 도달했다가 다시 분노나 우울, 협상단계로 되돌아가는 경우도 있지만 대부분 긴 여행을 떠나기 전의 마지막 여행으로 수용하게 된다. 이 단계에 다다른 환자는 진정으로 자신과 세상에 대해 평화로운 마음을 갖게 된다.

죽음을 앞둔 환자들의 심리적인 변화는 순조롭지 않기 때문에 임종환자들을 위한 서비스 역시 어려운 일이다.

4. 사별과 비탄

사별 때문에 경험하는 대표적인 정서적인 반응은 비탄이다. 그 밖에도 충격, 무감각, 분노, 우울, 공허함도 있다. 사별은 크게 배우자와의 사별과 자녀와의 사별이 있다. 배우자와의 사별에 있어서 젊은 층은 초기에는 강렬한 비탄을 보이지만 빠르게 감정을 회복한다. 그 이유로는 젊은 층의 죽음은 예상치 못한 것이고 재혼의 기회가 많기 때문으로 해석한다. 반면에 노년층은 이와는 반대의 성향을 보이는데 노년층은 오랜 결혼생활에서 얻은 동반의식이 손상을 입기 때문이다. 남녀 간 비탄의 수준은 비슷하며 과부는 주로 친구들로부터 정서적 지원을 받는다. 외로움과 적응능력은 홀아비가 과부보다 낮게 나타났으며 홀아비는 경제적, 법적, 재혼 등의 이점이 적응을 돕는다.

1) 비탄의 과정

비탄은 회복되기까지의 과정이 있다(Bowlby, 1974). 처음 감정으로는 격렬한 슬픔으로 인한 충격이다. 장례식을 치르고 일상으로 돌아오면 사별한 대상자의 빈자리를 보면서 그리움을 느끼게 된다. 현실을 직시하면서 사별한 자가 없음을 인식하고 미래의 삶에 대한 불안감으로 절망하게 되며 이 단계에는 전문가의 도움이 필요하다. 이러한 과정을 거쳐 사별 후에 경험하는 비탄은 현실을 수용하면서 감정을 회복하는 단계에 이르게 된다.

2) 비탄에 미치는 영향

사별로 인한 비탄은 여러 가지 변인에 따라 차이가 있다. 그 변인으로는 성별이나 연령 또는 개개인의 성격에 따라 다르게 표출된다. 즉, 노년기라도 남녀에 따라, 연령대별로 차이가 있으며 심리적인 상태와 관련된 성격에 따라서도 차이가 있다(Cook and Oltjenbruns, 1989).

5. 호스피스 프로그램

1) 호스피스의 개념과 목표

(1) 호스피스의 정의

죽음에 대한 태도는 개인이 가지고 있는 가치관, 종교관, 신념 등에 따라 달리 정의되고 있듯이, 대부분 인간은 죽음에 대하여 개인적인 차이는 있지만 죽음에 대하여 가지는 두려움과 불안, 공포는 공통된 것으로 밝혀지고 있다. 이러한 죽음에 대한 두려움, 불안, 공포를 최대한 줄이며 죽음을 삶의 과정으로 인식하고 편안한 죽음을 맞이할 수 있도록 돕는 것을 호스피스라 한다.

호스피스는 죽음을 앞둔 인간에게 인간으로서의 존엄성과 남아있는 생에 대하여 삶의 질을 유지하도록 도와 여러 상황 속에서도 평온하게 죽음을 맞이하며 가족들도 그러한 임종으로 인한 슬픔과 고통을 경감하도록 돕는 역할을 하게 된다. 일반적으로 호스피스 서비스를 받는 환자는 주로 암과 같은 말기질환으로서 의사가 3개월에서 6개월을 넘기지 못한다는 진단을 내린 자로 규정하고 있다.

호스피스 유형으로는 독립형 호스피스, 병원 내의 산재형 호스피스, 병원 내의 병동 호스피스, 가정 호스피스, 노인 요양시설 호스피스, 그리고 혼합형 등으로 분류할 수 있다. 특히 노인 요양시설 호스피스(Nursing Home for Hospice)는 병원 호스피스와 가정 호스피스의 중간시설로 운용되는 장기요양시설의 한 형태로 볼 수 있다. 병원에 입원하기도 어렵고 가정에 있을 수도 없는 환자를 위해 가정과 같은 분위기에서 호스피스 간호를 받을 수 있도록 마련된 시설의 형태로써 간호사와 사회복지사가 24시간 상주하며 돌보게 되고 의사는 정기적으로 방문하여 처방을 하게 된다.

(2) 호스피스 케어의 목표

호스피스는 노인으로 하여금 편안한 죽음을 맞이하도록 하는 데 목표가 있기 때문에 이를 지원하기 위하여 노인 자신의 복지와 노인을 둘러싸고 있는 여러 가지 어려운 문제들과 상황들을 지원하는 접근방법이 요망된다고 할 수 있다.

따라서 호스피스 케어의 목표를 정리하면 다음과 같다.

첫째, 삶을 연장시키는 것이 아니라 남아있는 삶의 질을 향상하는 것을 중요시한다. 그리하여 노인에게 '편안한' 죽음을 가능하게 하는 것이다.

둘째, 노인환자의 고통을 완화시키기 위해 최상의 의료적 케어와 너싱 케어를 제공하여 증상을 조절하기 위해 활용가능한 모든 수단을 사용한다.

셋째, 환자와 가족에게 정서적이며 영적인 지지를 제공한다.

(3) 호스피스 서비스의 대상

호스피스 서비스의 대상자는 다음과 같다.

첫째, 더 이상 병원치료는 필요 없지만 의료진의 간호가 필요한 경우

둘째, 가족이 없어서 혼자 생활하기 힘든 경우

셋째, 가족들이 집에서 환자를 돌보기 어려운 경우

넷째, 환자로 인해 가족 내 위기나 갈등이 심한 경우

(4) 호스피스 서비스의 기본원칙

첫째, 호스피스에서 케어의 단위는 노인과 그 가족이 된다.

둘째, 케어의 다학제 팀으로서 질 높고 특별히 훈련된 호스피스 전문가와 자원봉사자는 말기질환과 사별에 직면한 경제적 욕구를 충족시키기 위해 함께 일한다. 또한 호스피스 다학제 팀은 개별화된 케어플랜을 협력하여 개발하여야 한다.

셋째, 케어의 연속성으로서 노인이 병원에 입원한 경우 또는 시설로 전환된 경우이든 장소에 상관없이 노인에게는 지속적으로 일정한 서비스를 제공할 수 있어야 한다는 것이다.

2) 호스피스 운영조직

운영에 대한 조직은 시설에서 호스피스 운영을 책임지고 의사결정을 할 수 있는 관리자인 시설의 기관장 또는 부서장을 중심으로 이루어져야 바람직하다. 관리자는 호스피스 팀의 책임자로 재정과 인력을 바탕으로 서비스를 결정하고 운영하는 위치에 있게 된다.

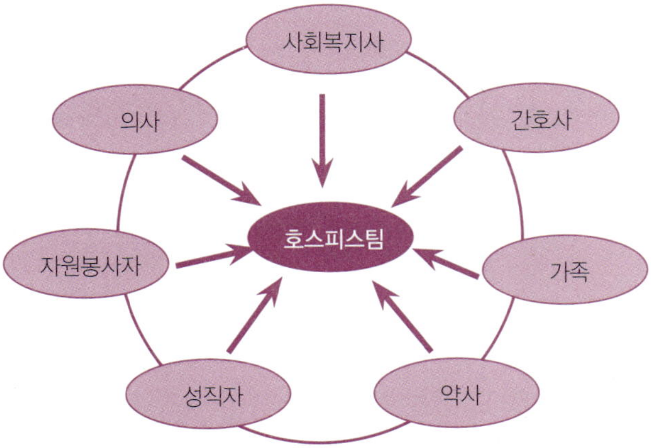

[그림 15-1] 호스피스 팀의 구성체계

호스피스 팀 구성원은 각 전문가의 전문성을 서로 인정하고 환자의 정확한 사정을 위해 적극적인 협력과 연계가 필요하다.

(1) 호스피스 팀 구성원

호스피스 팀 구성인원으로는 기관장 및 부서장을 중심으로 하여 간호사, 사회복지사, 촉탁의사 및 상주의사, 성직자를 주 호스피스 팀으로 하고, 물리치료사, 세탁부, 취사부, 요양보호사, 자원봉사자를 호스피스 보충직원으로 구성할 수 있다. 또한 필요시에는 지역사회 내 병원의료팀과의 연계를 통해 보충인력 팀으로 활용할 수 있도록 한다.

(2) 호스피스 팀 업무역할

호스피스 팀 직원의 업무역할과 전문적인 기술사용에 대한 내용은 다음과 같다.

첫째, 의사는 노인의 건강에 대한 전반적인 사항을 책임지는 자로 노인의 질병에 대한 진단 및 약물투여, 입원과 통원치료에 대한 자문을 할 수 있어야 한다.

둘째, 간호사는 정규간호사로 노인의 간호에 대한 책임을 지며 노인의 건강관리와 질병에 대한 처치를 의사의 지시 하에 해야 한다. 또한 입소 시, 호스피스 서비스를 계획하기 위해 병력에 관한 내용을 체크한다.

셋째, 사회복지사는 상담과 입소 시 가족력과 어려운 사항들을 파악하고 사정하며 노인에 대하여 도움을 줄 수 있는 프로그램과 서비스들을 계획하면서 노인에 대한 개별 케어계획을 마련해야 한다. 이때 사회복지사는 타 전문가와의 협력을 통하여 업무를 수행할 수 있다.

넷째, 물리치료사는 노인의 재활을 위해 직원들 간의 협의를 통해서 서비스를 제공할 수 있으며 신체적 기능유지 등의 건강증진 향상을 위해 노인을 돕는다.

다섯째, 요양보호사는 노인에 대한 관찰을 중요시하며 노인에 대한 일상생활의 케어와 직접적인 수발을 돕는다. 이때 간호사와 사회복지사의 지시 하에 업무를 담당한다.

여섯째, 자원봉사자는 노인의 신체적인 수발과 정서적인 서비스로서 말벗, 그리고 필요한 프로그램에 직접적인 도움을 준다.

일곱째, 취사부는 영양사의 식단표에 근거하여 노인의 식사를 책임진다.

여덟째, 세탁부는 노인의 세탁물을 청결하게 하여 환자의 건강과 청결상태를 유지하도록 돕는다.

아홉째, 성직자는 자원봉사자를 활용할 수도 있으며 주로 노인들의 영적 상담과 죽음에 대한 준비의 프로그램을 수행한다.

제2절 노인자살의 실태와 예방

1. 노인자살의 정의

자살을 뜻하는 suicide는 sui(스스로)와 caedo(죽이다)의 합성어로 스스로 자기 목숨을 끊는 행위를 뜻하며 노인자살은 노인이 스스로 자신의 목숨을 끊는 행위를 말한다. 최근 우리나라의 자살인구 중에서 노인이 자살하는 건수는 해마다 증가하고 있으며 특히 연령이 높을수록 많아지고 있다. 이러한 노인자살은 개인의 생명상실, 신체적 손상과 의료적 비용, 가족의 슬픔과 고통은 물론 가족해체와 지역사회에 부정적 영향을 미치는 점에서(현외성, 2010) 노인복지의 개입과 실천이 요구되는 부분이다.

일반적으로 자살이라는 용어는 자발적이고 의도적으로 자신의 생명을 끊는 행위를 의미하며, 자신의 생명을 끊으려고 시도하거나 그러한 경향을 갖고 있는 사람들을 의미한다(남민, 1997). WHO(세계보건기구)에서는 자살을 치명적인 결과를 초래하는 자해행위로 규정하고 있는데 이는 자신의 생명을 자발적이든 의도적이든 끊으려는 경향이나, 그러한 시도를 행위로 옮기는 것을 의미한다(이형구, 2012). 뒤르껭(Durkheim, 1887)은 자살을 자살자 스스로 본인의 행위의 결과를 알고도 행하는 적극적 또는 소극적 행위의 직접적 또는 간접적 결과로 인한 모든 죽음의 경우를 뜻하며 이로 인해 치명적인 결과를 초래하는 자살적 행위로 정의했다. 권중돈(2008)은 자살을 자발적이고 의도적으로 자신의 생명을 끊는 일종의 살인 행위로 보았다. 이렇게 자살이라는 개념은 매우 다양하게 제시되고 있는데 일반적으로 자살행위에 대한 자발적 의도와 행위에 대해 죽게 될 것을 알면서도 이를 피하지 않거나 죽으려는 의도를 가지고 죽음에 이른다는 의미를 담고 있는 것이다.

노인자살은 그 원인이 개인적이든지 사회적이든지 자기 자신의 목숨을 스스로 끊는 행위 일체를 지칭하는 것으로, 무작위적이거나 목적이 없는 행동이 아니라 강력한 고통을 초래하는 문제 혹은 위기로부터의 탈출 또는 도피하고자 함을 말하고 있는 것이다(장순환, 2002). 그러므로 노인자살이란 65세 이상 된 노인층에서 자살시도, 자살행위에 이르는 연속적인 개념(김형수, 2002)으로 보고자 한다.

2. 노인 자살의 원인

노인자살은 사회학적, 심리학적 차원과 다양한 일반적 특성에서 발생요인을 찾아볼 수 있으며 관련이론과 특징적인 요인들을 설명하면 다음과 같다.

1) 사회학적 차원

(1) 교환 이론

교환이론은 행위자 간에 가치 있는 물질적, 비물질적 자원(보상)을 주고받는 교환과정이다. 코우길(Cowgill, 1975)은 한 사회가 현대화(보건의료기술의 발전, 생산기술의 발전, 도시화, 교육수준의 상승)될수록 노인지위는 점차 하락한다고 가정했다. 노인들이 소유했던 재산, 전통적인 지식과 기술, 노동력 등의 각종 자원의 가치가 크게 위축되고 상실됨에 따라 타인에게 기여할 수 있는 부분은 제한되어 있는 반면에 타인으로부터는 많은 도움을 받아야 하는 상황을 초래하게 됨으로써 노년층의 지위는 하락한다. 노인의 지위하락과 과거에 소유했던 자원의 고갈 및 부족으로 인해 타자(他者)들과의 교환관계 과정 속에서 호혜성의 원칙을 유지하지 못하므로 노년기에는 타자(他者)와의 상호작용이 축소된다.

따라서 타인들이 먼저 노인과의 상호작용을 꺼리거나 혹은 노인들 스스로가 타인과의 상호작용을 의도적으로 기피함으로써 타자에 대한 의존감과 부담감을 줄여나가려는 경향이 높아짐에 따라 노인들의 사회적 응집력이 약화되게 된다. 사회통합(응집력)의 약화로 노인들은 외로움 등의 심리·사회적인 문제를 수반하게 되고 어떤 이들은 자살에 봉착하게 될 수 있다는 가정이다.

(2) 사회통합 이론

뒤르껭은 그의 저서 『자살론』에서 개인과 사회통합의 정도에 초점을 두고 개인주의가 팽배해지고 사회의 도덕적 규제가 약화될 때 사회통합이 약화됨으로써 자살은 증가한다는 것이며 사회통합의 정도에 따라 나타나는 자살유형 세 가지를 제시하고 있다. 사회통합이 약하고 개인주의가 팽배하면 이기적 자살이 발생하고 반면에 과도한 사회통합과 집단동일시가 이루어지면 이타적 자살이 일어나며 갑작스러운 사회적 및 개인적 상황의 변화로 인하여 사회적 규제가 불충분할 때는 아노미적 자살이 발생한다는 것이다. 뒤르껭은 이 세 가지 유형 가운데 연령과 자살의 밀접한 관계를 연구하면서 사회통합의 약화가 노인들의 삶에 미치는 부정적인 결과로서 이기적 자살을 지적했다. 노인들은 정년퇴직으로 인하여 한평생 의미를 두고 몸담았던 일터를 떠남에 따라 사회적 관계망이 축소되고 이와 동시에 배우자, 수입 혹은 신체적 능력의 상실로 노인들의 사회집단으로의 통합은 약화된다. 결과적으로 노인들은 사회응집력의 붕괴 또는 약화로 인하여 소외감이나 외로움 등과 같은 부정적 심리상태에 봉착할 수 있으며 이에 대한 반응으로 일부는 자살을 시도하기도 한다는 것이다.

2) 심리학적 차원

노인자살은 70%가 심한 우울증 때문이라고 설명하고 있다. 사람은 누구나 살아가면서 한 번쯤은 우울증상을 경험할 수 있지만 특히 노년기는 배우자의 죽음, 직업과 지위의 상실, 수입의 감소, 신체적 건강의 약화 등으로 인해 우울증이 발생할 가능성이 매우 큰 시기이다. 그러나 노년기 우울증은 신체적 질환으로 인하여 그 중요성이 제대로 인식되지 못하여 우울증 진단을 받았다고 하더라도 경제적 이유와 정신장애에 대한 부정적인 인식 등으로 인해 적절하게 치료받지 못하게 된다. 노인자살의 심리학적 접근은 우울증이 가장 결정적인 위험요인이라는 사실이 여러 연구결과를 통하여 경험적으로 입증되었다(Conwell, Caine and Olson, 1990). 노인들은 타 연령층보다 무기력감을 가장 많이 느끼는 집단이므로 직업, 수입, 신체적 건강, 사회적 역할 등의 상실은 노인들에게 무기력감을 초래하게 하는 요인이 된다. 메닝거(Menninger, 1983)는 노인자살을 죽고 싶은 욕구의 결과로 특징짓고 있으며 그 중요한 결정요인으로 절망감을 제시하고 있다. 절망감이란 미래에 대한 부정적인 생각, 즉 자신이나 어느 누구도 불행이나 고통을 변화시키기 위하여 아무것도 하지 못할 것이라고 믿는 심리적인 상태라고 하였다. 자살 시도자의 사후 조사결과를 보면 거의 모든 노인 시도자가 정신건강상의 문제를 가지고 있었으며 우울증이 가장 많은 것으로 드러났다.

3) 기타 요인들

사회학적, 심리학적 요인 외에도 노인자살의 위험요인으로 성별, 배우자의 유무, 교육수준, 가정의 생활수준, 가족형태, 경제상태, 건강상태, 가족통합, 지역사회 통합, 우울 정도 등 다양한 요인들을 들 수 있다. 이는 노인자살이 단일한 요인에 의해서 발생되는 현상이라기보다는 복합적인 요인들로 인해 발생한다는 것을 입증하는 것이다. 사회통합변인(가족통합과 지역사회통합)은 직접적으로 자살에 영향을 준다기보다는 사회통합이 약화되면 우울증을 유발시켜 이것이 곧 자살을 유도한다는 것이다. 교환자원을 반영하는 건강상태와 경제상태(직접 효과도 일부분 있음)는 자살에 직접적인 영향을 미치기보다는 간접적인 영향을 통하여 자살에 이르게 한다는 것이다. 이 중에서 우울 변인이 그 어느 요인보다도 노인의 자살변인에 가장 큰 위험요인으로 작용하고 있으며 노인 자살의 약 70% 정도가 심한 우울증으로 인한 자살이라고 한다. 그 다음으로는 경제상태, 가족통합, 건강상태, 지역사회통합(사회활동의 수) 등의 순으로 분석되었다. 이 같은 결과를 종합해볼 때 우울과 경제변인은 노인자살에 직접적인 영향을 미치는 것으로 나타났다.

3. 노인 자살의 실태

우리나라에서 자살은 현재 사망원인 4위에 도달한 수준이며 OECD 회원국 중에서는 자살률 1위를 기록하고 있다. 이 같은 동향은 경기침체와 더불어 가족해체의 영향으로 미루어 짐작할 수 있을 것이다. 노인자살 역시 처지비관이라는 신체적·경제적인 문제에서 비롯된 심리·사회적 요인으로 보는 것도 이러한 맥락에서이다.

2011년 기준으로 65세 이상 노인의 자살률은 2001년에 비해 10만 명당 79.7명으로 전체 자살률 31.7명의 2배에 이르고 있다(통계청, 2012). 2011년 OECD 회원국의 평균 자살률은 남자가 인구 10만 명당 20.4명, 여자가 인구 10만 명당 5.7명으로 집계되어 남성노인의 자살률이 여성의 자살률보다 높은 것으로 나타났다. 2011년 OECD 회원국의 평균 자살률은 2006년에 비해 남자와 여자 모두가 감소(남자 0.3명, 여자 0.4명 감소)하였으나, 같은 기간 우리나라의 경우에는 남자 10.1명, 여자 4.3명으로 상승하였다(한국보건사회연구원, 2013).

〈표 15-2〉에서 보듯이 2012년 우리나라 65세 이상 남성노인의 자살률은 인구 10만 명당 107.7명으로 나타나 인구 10만 명당 43.5명인 여성노인 자살률보다 약 2.5배 높았다. 이처럼 남성노인 자살자 수가 매년 증가하고 있는 것은 우리나라 남성 노인들이 처한 상황이 자살이라는 극단적인 선택을 할 수밖에 없을 정도로 매우 절박함을 반영한 결과라고 보여진다.

〈표 15-2〉 자살로 인한 노인 사망률 추이(성별, 연령별)

(단위: 명/인구 10만 명)

구분	1990	1994	1998	2002	2006	2009	2011	2012
65세 이상	14.3	20.4	39.4	55.8	72.0	78.8	79.7	69.8
남성	22.9	32.9	64.9	83.7	111.4	120.1	128.6	107.7
여성	9.2	13.2	24.6	38.7	46.3	50.8	46.1	43.5

자료: 통계청. 사망통계(연도별).

통계청(2011)의 사망원인통계연보에 의하면, 2000년 인구 10만 명당 자살률은 60대 25.7명, 70대 38.8명, 80대 51.0명이었으나, 2010년의 경우 60대 52.7명, 70대 83.5명, 80대 123.3명으로 나타났다. 즉, 연령이 높을수록 노년기의 삶을 살아가는 것에 대한 고통과 괴로움, 우울, 고독, 상실감 등의 부정적 사고와 경험 등이 가중된다는 것을 짐작할 수 있다.

노인자살은 건강악화, 정서적 고립과 우울, 가족부양체계의 약화라는 상황 속에서 자행하는 결과라고 볼 수 있다. 다시 말하면 경제적 어려움 외에도 사회의 변화로서 핵가족화와 노령화 등의 사회경제적 변화뿐만 아니라 도시화, 이혼율의 증가 등도 노인자살과 관련되는 연관성을 갖고 있는 것으로 추정해 볼 수 있다. 보건복지부(2011) '노인실태조사'에서의 남녀 평균 자살생각률은 남성 9.9%, 여성 12.2%로 나타났다. 이는 여성이 남성에 비해 자살생각을 더 많이 하는 것을 의미한다(안현주, 2013). 안언정(2014)의 연구에 의하면, 조사대상자의 19.5%가 자살생각을 해 본 적이 있는 것으로 나타났다. 또한 양미자와 조성제(2013)의 연구결과에서도 45.0%가 최근과 6개월 전에 자살충동을 경험하였다고 응답하고 있다.

4. 노인자살의 예방책

미풍양속으로 오랫동안 전해내려 온 경로효친사상의 붕괴현상이 급속도로 증가하고 있는 현실적 문제를 해결하기 위해 사회복지법인 새문안교회복지재단은 2007년 4월 노인자살예방센터를 설립하여 운영하고 있다. 또 2009년 2월 20일에는 사단법인 대한노인회가 주축이 되어 노인자살예방대책위원회가 창립·발족식을 갖고 생명존중 캠페인을 시작으로 노인자살을 예방하는 사업을 시작하였다. 노인자살은 마라톤 선수가 결승점에 도달하기 10m를 남겨두고 경기를 포기하는 것과 같은 것이다. 자살은 예방 외에는 방법이 없다. 그러므로 다음과 같은 예방책이 마련되어야 할 것이다.

1) 경제적 자원의 보상

노인들의 경제적 소득의 상실로 인한 자살과 관련된 문제는 다양한 방법을 통해서 경감될 수 있다. 예를 들면 기초소득보장 프로그램의 하나인 경로연금인데 이것이 모든 문제를 해결할 수 있는 것은 아닐지라도 경제적 요인이 노인자살에 미치는 영향은 어느 정도 경감시킬 수 있을 것이다. 노인들의 경제적 문제를 해결하기 위하여 정부에서는 한시적으로 도입된 공공부조가 2008년부터 기초노령연금 제도로 시행되어 65세 이상 전체 노인인구의 70% 정도까지 월 2만 원~ 8만 8천 원까지 지급하고 있다.

2) 건강유지

건강과 관련된 요인은 젊은 층보다는 노인층의 자살행위와 자살시도에 빈번히 연관되므로 자살에 대한 일차적 예방으로 건강보호에 대한 대책이 무엇보다 중요하다. 대다수의 노인은 고혈압과 관절염 등의 만성질환과 경제적 어려움이 동시에 존재하기 때문에 노인들의 건강관리와 치료는 뒷전으로 밀려나 있다. 그러므로 노인들에게 최소한의 건강 및 의료보장을 제공함으로써 보건의료의 세대 간, 계층 간의 형평성을 높일 수 있는 정책적 지원이 강구되어야 할 것이다. 노인건강진단제도의 수혜대상과 진단과목을 확대하고 검진결과에 따른 후속조치를 적극 지원하여 제도의 내실화와 건강보험료의 본인부담률 및 고액진료비를 경감할 수 있는 조치와 건강보험 적용범위를 확대하는 등의 조치가 필요하다.

3) 노인의 취업

직업적 역할 상실은 경제문제와 상호작용을 하는 가운데 노인 개개인의 삶에 부정적인 영향을 미친다. 따라서 많은 노인이 조기퇴직으로 생활고를 겪고 있는 현실에서 노인취업 확대를 위한 다각적인 방안이 필요하다. 현재 우리나라에서는 경제적 위기를 겪을 때마다 취약계층인 고령근로자가 우선적으로 정리해고 대상자가 된다. 고령근로자는 실직을 당할 경우, 경제적인 어려움으로 인해 자녀의 부양능력마저 축소되어 큰 타격을 받게 된다. 현실적으로 노인의 기초생활보장제도가 미약한 상황에서 노동능력이 있는 고령근로자들을 구조조정 우선 대상의 표적이 되는 것은 매우 비합리적이다.

따라서 이에 대한 간접적 지원책으로 부당한 해고에 대한 감독체계와 처벌조항을 마련해야 하며, 조기정년제가 정당화되지 않도록 사회적 여론을 환기시킴은 물론 재고용제도나 근무연장제도와 같은 고용형태의 다양화가 필요하다. 더불어 연공서열식 임금구조와 퇴직금제도의 개선, 고령자 고용촉진지원금의 인상, 재고용

장려금의 지원과 같은 제도적 장치가 강화되어야 할 것이다.

4) 가족과의 연대

최근 가족의 노인 부양능력의 급격한 감소와 노인에 대한 부양부담감이 증가함에 따라 부모자녀 간의 갈등과 가족해체가 조장됨으로써 노인자살을 초래하고 있다. 이를 해결하기 위해서는 우선, 지역중심 재가복지 서비스를 지속적으로 확충해야 하며 재가복지 서비스를 실시하고 있는 기관들의 지역적 불균형을 완화하는 차원에서 농어촌지역으로의 확대가 필요하다. 이와 동시에 노인을 부양하는 가정에 대한 경제적 지원의 확대도 반드시 필요할 것이다.

5) 지역사회와의 통합

노인의 사회 및 가족에서의 역할 상실은 심한 무위와 고독감을 느끼게 한다. 이 같은 노년기의 감정은 자살로 발전할 수 있다. 현재 노인들은 소수를 제외하고는 무료하게 소일하고 있으며 대부분 경로당에서 바둑, 장기, TV 시청 등 비용절약적이고 소극적인 여가활동에만 참여하고 있다. 따라서 노년기를 활기차고 의미있게 보내는 것이 무엇보다 요구되는 노인들에 대한 대책으로 시대적 변화에 적합한 건강관리, 취미활동, 교육강좌, 사회봉사활동 등 노인들의 여가욕구에 맞춘 다양한 프로그램의 확산이 필요하다. 이를 위해서는 정부지원의 확대, 노인 여가전문가의 육성, 경로당의 통폐합 및 대형화, 노인자원봉사 프로그램 전담기구의 설치 등이 요구된다.

6) 자살 예방기관의 설치

현재 사랑의 전화, 노인의 전화 등의 전화상담 센터가 다양한 연령층을 포괄하는 자살예방관련 기관으로서의 서비스를 제공하고 있을 뿐 노인을 중심으로 하는 자살예방기관은 없다. 뿐만 아니라 노인자살에 대한 예방조치가 거의 이루어지지 않고 있으며 자살위험성이 높은 노인들을 대상으로 제공되는 효과적이고 혁신적인 대응 프로그램은 전무한 실정이다.

따라서 사회복지사와 정책입안자가 효과적으로 개입하고 적절한 예방 프로그램을 실시하기 위해서는 노인전용 전화상담 서비스나 노인자살예방센터, Tele-help/Tele-check 서비스, 게이트키퍼 프로그램(옴부즈맨제도) 등 다양하고 발전된 지역사회 교육프로그램을 도입하여 적용해야 할 것이다.

제3절 장례문화의 형태와 변화

우리는 살아 있는 사람의 생일을 기억하고 축하한다. 그리고 죽은 사람의 경우에는 기일을 챙기고 떠난 이를 기억한다. 각각 다른 방식이지만 생일과 기일은 흘러가는 시간 속에서 구별 없이 찾아온다. 해마다 맞이하는 생일과 달리 장례는 한 사람의 생명이 다했을 때만 치러지는 것으로 한 사람이 태어나서 죽을 때까지 거치는 통과의례이다.

사람이 죽은 후 장사를 지내는 장례예법을 우리나라는 매우 중요하게 여겨왔으나 요즘 들어 한국의 장례문화가 달라지고 있다. 최근에는 고인의 시신을 땅에 묻는 매장 방식보다 화장을 선호하는 경우가 늘고 있다. 과거에는 가정형편이 어렵거나 고인을 빨리 잊고 싶은 극히 드문 경우에만 화장을 했었으며 부모님을 화장한다는 것을 불효로 여기기도 했다. 그러나 점점 화장에 대한 인식이 긍정적으로 바뀌면서 90년대 초반까지 20%에도 미치지 못했던 화장률이 최근에는 70%에 이를 정도로 급증하고 있다. 또한 2008년엔 정부가 자연장(自然葬)을 법제화하면서 화장 후 납골하지 않고 자연에 유골을 안치하는 방법도 인기를 끌고 있으며 유골을 특수 처리하여 사리나 보석 등으로 만들어 납골당에 모시는 새로운 장례방법도 등장하고 있다. 화장한 유골은 대부분 칼슘 성분이기 때문에 변질되기 쉬우므로 특수한 방법으로 가열하면 변질을 막아 보관하는데 이렇게 만들어진 사리는 혐오감 없이 보관할 수 있는 것이 장점이다. 이러한 방법들은 최근 대두되고 있는 납골시설 부족문제를 해결할 수 있는 대안으로 떠오르고 있다. 이렇게 국토이용의 효율성을 높이고 자연친화적으로 변해가는 장례문화는 한국의 새로운 장례문화를 선도할 것으로 예상된다. 그러나 유교적인 관습에 젖어 있는 가문에서는 여전히 전통적인 절차에 따라 장례를 치르고 있다.

1. 장례의 개념

장례(葬禮)는 죽은 이를 보내는 예법으로 고인의 삶을 기리는 중요한 의식이자, 이승에서 고인을 보내는 예법이다. 우리나라는 유네스코 세계문화유산으로 지정된 고인돌 유적과 조선왕릉으로 짐작할 수 있듯이 오랜 전통을 지닌 훌륭한 장례문화를 계승해 오고 있다. 상장례는 사람이 죽어서 장사를 지내는 일체의 의식으로 임종에서 염습, 치장, 대소상, 복제까지의 모든 의식절차를 말한다. 이런 절차는 지역, 가문, 종교에 따라 조금씩 다르지만 돌아가신 분의 뜻을 기린다는 점에는 차이가 없다. 오랜 옛날 부여에서는 주군이 죽으면 그 신봉자까지도 묘역에 동시에 매장했던 순장제도가 있었고, 고구려 때는 늙고 병든 사람을 산 채로 광에 가두었다가 죽으면 매장했던 고려장이 있었다. 또 삼국시대 이후부터는 불교식에 따라 100일 탈상 제도가 있었고, 사회적 신분에 따라 장례절차가 달라지기도 했다. 고려 말기에는 송나라 때의 주자가례가 도입되었고, 조선시대 말기에는 상례와 제례의 의식절차가 유교식으로 제도화되었다. 현재 시행되고 있는 상장례 제도는 법률 제2079호로서 1969년 1월 가정의례 준칙에 관한 법률이 제정·공포되어 오늘에 이르고 있다.

2. 전통적인 장례절차

1) 임종(죽음을 맞이함)

부모의 숨이 끊어지는 것을 자녀가 지켜보는 것이 임종이다. 우리나라에서는 예로부터 자식이 부모의 마지막을 지키는 것이 자식 된 도리라고 여겨왔다. 임종을 지키지 못하면 가족이나 친족, 친지와 남들에게 큰 불효라고 지탄을 받았고 임종을 지키지 못한 자손 스스로도 불효를 크게 자책해 근신했다고 한다. 관혼상제 의식관련 저서인『사례편람』에서는 임종 때 남자는 남자의 손을 여자는 여자의 손을 잡고 운명하는 것이 예라고 적고 있다. 즉, 아버지가 운명할 때는 아들의 손을, 어머니가 운명할 때는 딸이나 며느리의 손을 잡고 운명해야 한다는 뜻이다. 이것은 유교의 예법으로 생겨난 관습으로 조선시대 후기에 유효했다.

2) 고복(초혼, 혼을 부름)

고복은 초혼이라고도 하며 사람이 죽으면 혼이 몸에서 떠난다고 여겨 그 혼백을 다시 불러 죽은 이가 재생하라는 뜻이라고도 하고 또 장례기간 동안 혼이 그 집에 머물러 있으라는 뜻으로 행하는 절차이다. 시체를 보지 않은 사람이 죽은 이의 저고리를 갖고 지붕 위로 올라가 서서 왼손으로 옷깃을 잡고, 오른손으로 옷 허리를 잡아 북쪽을 향해 흔들면서 큰소리로 죽은 이의 이름을 부른다. 남자가 벼슬을 했으면 관직명을 함께 부르고 여자의 경우는 남편의 관직과는 관계없이 평소에 남들이 부르던 이름을 부른다. 이름을 부를 때는 이름에 앞서 주소를 먼저 외치고 '복, 복, 복' 하고 세 번 소리친다.

3) 수시(시신이 경직되기 전에 정성을 다하여 몸을 바로 잡음)

사람이 죽으면 소독한 약솜으로 고인의 코, 귀, 항문 등을 막고 눈을 쓸어 감긴다. 그리고 입을 다물게 한 뒤 머리를 바르게 괴고 손발을 바로 잡고 홑이불로 몸을 덮고 시상(屍床)을 마련하여 그곳에 옮겨 모신 뒤 병풍으로 가리고 그 앞에 고인의 사진을 모셔 촛불을 켜고 향을 피운다. 사람이 죽으면 시체를 대면하지 않은 부인을 시켜 밥을 지어 세 그릇을 문 앞에 놓고 또 세 켤레의 짚신과 약간의 돈을 놓아둔다. 이것을 일컬어 '사자밥'이라고 하는데 죽은 사람을 데리러 온 저승사자에게 주는 밥과 노잣돈, 그리고 신발이라고 한다. 이렇게 대접해야 죽은 이를 편하게 인도해 저승으로 간다는 뜻이다.

4) 발상과 상주, 호상

고복이 끝나면 남자는 머리를 풀고 여자는 머리에서 금, 은, 동 등의 비녀를 빼고 나무비녀를 꽂고 곡을 한다. '어이고' '아이고' 소리 내어 울면 이웃에서는 그 집에서 사람이 숨졌음을 알고 모여들어 장례를 도와주기 시작하지만 정식으로 문상을 하지는 않는다. 고인의 자손들은 장식품을 몸에서 떼어내고 집안의 화려한 장식들을 치우고 흰옷으로 갈아입고 상주와 주부를 세운다. 상주란 죽은 사람의 맏아들 또는 맏아들이 죽은 경우에는 맏손자가 되며 주부는 죽은 이의 아내나 아내가 먼저 죽은 경우는 맏며느리가 된다. 호상은 상례에 밝은 사람으로 장례의 모든 일을 주관하고 고인의 친척, 친지와 친구들에게 고인의 죽음을 알리는 부고를 띄운다. 부고는 호상의 이름으로 고인이 모월 모시에 별세했음을 알리는 편지로서 죽음을 알리는 부고장을 예전에는 대개 집안에 들여놓지 않고 지붕이나 담벼락에 끼워 놓았다.

5) 염습(시신을 씻긴 뒤 수의를 갈아입히고 염포로 묶음)

염습은 시신을 깨끗이 닦고 수의를 입히는 절차이다. 시신을 씻은 물과 수건은 땅을 파고 묻어버리며 그 밖에 병중에 입었던 옷은 불태워서 땅에 묻었다. 염은 소렴(시신을 옷과 홑이불로 싸서 묶는 것)과 대렴(시신을 아주 묶어서 관에 넣는 것)으로 나누어 진행했다. 소렴은 숨을 거둔 지 이튿날 아침에 몸을 닦고 수의를 입혔고, 대렴은 사망한 사흗날 아침에 입관했다. 수의는 하나하나씩 입히기가 어려워 미리 여러 가지 옷을 겹쳐서 아래옷부터 차례로 입히고 옷고름은 매지 않으며 옷깃은 산 사람과 반대인 오른편으로 여민다.

6) 복제(상복을 입는 제도)

복제에는 죽은 이와의 관계를 따져 참최복(상주), 재최복(상제), 대공복(사촌과 맏손자를 비롯한 여러 손자), 소공복(6촌 형제), 시마(8촌 형제) 이렇게 다섯 가지로 나누었으며 이 복제는 베의 질로 구분하였다. 우리나라의 전통장례에서 상주와 상제는 부모를 돌아가시게 한 죄인이라는 자책의 뜻이 포함되어 있어서 베로 만든 모자와 짚으로 꼰 띠를 매고 옷 중에서 거칠고 추한 베옷을 입고 짚 멍석을 깔고 꿇어앉아 조문객들을 맞이했다. 여기에는 부모님을 돌아가시게 한 죄를 사죄하고 있다는 뜻이 담겨 있다. 고인과 가까운 관계에 있는 사람의 죄가 가장 크다고 여겨 가장 거칠고 성긴 상복을 입고, 촌수가 멀어질수록 죄가 덜하다고 여겨 상복의 상태가 덜 성기고 복상기간도 비례해서 짧아진다.

7) 장례기간

우리나라의 장례는 3, 5, 7일장으로 치러지는데, 3일장이 보통이지만 과거에는 아주 가난한 집이나 신분이 낮은 집이 아니면 장례기간이 길었다. 장례기간을 출상이라 하고 죽은 이의 신분이 높을수록 늦어지는데, 출상은 3, 5, 7, 9, 11 등 홀수로서 죽은 이에 대한 모든 의식의 횟수는 거의 홀수인데 염습과정의 횟수라든가, 사용하는 비품 숫자도 홀수로 맞춘다. 이는 음양설에 따른 것으로 밖으로 드러나는 것을 양, 묻혀 있는 것을 음으로 생각했기 때문에 삶을 양, 죽음을 음으로 해석했다. 이에 따라 숫자도 짝수를 양, 홀수를 음으로 여겨 죽은 이에 대한 의식의 숫자는 모두 홀수를 사용하였다. 한편 왕이 죽은 경우에 장례기간은 100일 이상으로 왕의 죽음은 음양으로 하는 산 자와 죽은 자의 구별을 뛰어넘었다.

8) 문상(타인의 죽음에 대해 애도의 뜻을 표함)

상주와 상제들의 성복이 끝나면 성복제라는 고인에 대한 저녁 제사를 지내야 정식으로 조객의 문상을 받을 수 있다. 부고를 받은 사람들은 자기 집을 떠나 상가에 오는 동안 어느 누구와도 대화를 하지 않고 상가에 도착해서 상주와 상제에게 비로소 첫 말문을 여는 것을 원칙으로 여겼다. 문상하는 순서는 먼저 신주(죽은 이의 이름을 적어 놓은 나무패)를 만들어 혼백(초상 때만 쓰는 죽은 이의 이름을 적은 임시 신주)과 함께 둔 영좌 앞에 나아가 분향을 하고 짧게 곡을 한 다음 상주에게 절을 하고 애도의 뜻을 표한다. 문상이 끝나면 조객은 호상이나 상례를 도와주는 이에게 부의를 전하고 다른 조객과 함께 자리를 잡고 음식대접을 받는다. 호상이나 부의를 받는 사람은 부의를 낸 조객의 이름과 액수를 조객 명부에 상세하게 기록하여 후에 상가에서 알 수 있도록 한다.

9) 치장(고인이 묻히게 될 장지를 준비함)

우리 조상은 장지를 정할 때는 길이 날 곳이 아닌지, 묘가 파일 곳은 아닌지, 농토로 변할 자리는 아닌지 꼼꼼히 따져보고 정했다. 장례일이 결정되면 하루 전부터 고인이 묻힐 땅을 파고 뗏장(무덤의 봉문과 그 주변을 덮을 잔디)을 떼어 놓고 준비를 한다. 고인이 죽기 전 장지를 준비하지 못한 집에서는 장지를 준비하고 장례일을 정했다.

10) 발인(상여가 집에서 떠남)

발인제는 고인과의 마지막 작별을 하는 의식으로 영구가 상가나 장례식장을 떠나기 직전에 행하고 발인제를 지내면 관을 상여에 얹어 묘지로 간다. 상여는 궁중이나 대갓집에서는 사람이 죽을 때마다 새로 제작했고, 일반인의 경우 큰 도시에서는 상여도가에서 빌려서 사용했으며 농촌에서는 마을마다 주민이 힘을 합쳐 상여를 제작하고 마을 입구에 상엿집을 지어 그곳에 보관하고 초상이 날 때마다 꺼내서 사용했었는데 조선시대에는 종이나 천민은 상여를 사용할 수 없었다고 한다.

11) 노제(길에서 올리는 제사)

상여가 묘지를 향해 반쯤 나갔을 때쯤 노제를 지내는데 노제는 상여를 내려놓고 앞에 돗자리를 깔고 뒤에는 병풍을 친 후 제물을 차려 놓고 상주부터 차례대로 술잔을 올리며 두 번 절하며 곡을 하고 물러서면 친척, 친구를 비롯한 조객들이 잔을 올리며 두 번 절을 하고 나서 제물을 나눠 먹고 다시 상여를 묘지로 옮긴다. 상여가 묘지 근처에 다다르면 상여를 내려놓고 영좌를 설치한 후 조객들의 조문을 받는데 이를 두 번째 노제라고도 한다. 이는 장례기간에 미처 조문을 하지 못한 친척, 친지와 지인들을 위한 것이다.

12) 산역(무덤을 만듦)

산역은 무덤을 만드는 것으로 대도시에서는 상여도가의 일꾼 등이 일을 맡았고 농촌의 경우는 마을주민들이 협력했다. 상여 출발 전에 상주는 장례일 전부터 조성한 묘지 터에 도착해 산신에게 간단한 산신제를 지내고 상주가 먼저 관이 묻힐 네 귀를 한 삽씩 흙을 퍼내고 나서 일꾼들이 땅을 파기 시작하며 하관 전까지는 다 끝내도록 준비한다.

13) 하관(관을 내림)

하관은 관이 파 놓은 구덩이에 들어가는 것을 말하며 하관도 지관이 정해 놓은 시간에 맞추어서 진행했다. 지방과 가문의 풍습에 따라 관을 버리고 시체만 묻는 경우도 있었다고 한다. 하관을 하기 전에 구덩이를 소나무 가지로 깨끗이 쓸고 금정(무덤을 팔 때 구덩이의 길이와 넓이를 맞추는 나무틀) 양옆에 백지를 붙인 다음 관을 맨 바를 풀고 머리를 북쪽으로 하고 발을 남쪽으로 향하게 한 후 관 사이에 밧줄을 넣어 양쪽에서 들어 구덩이에 서서히 내려놓는데 이때 금정과 시신의 방향이 일직선이 되어야 한다. 상제들은 산에서 산역이 끝날 때까지 영좌 옆에 서서 곡을 하며 뒤늦게 온 조객들의 조문을 받는다. 지방과 가문의 관습에 따라 여자들은 묘지의 하관식에 참석을 못하게 하는 곳도 있고 참석하게 하는 곳도 있다.

3. 한국의 장례문화

우리 조상은 장례문화를 후손들의 친분과 가족이라는 공동체를 형성하기 위해 분묘를 만들어 후손들이 찾아와 제례를 드리도록 했다. 이는 농경사회에서 원거리 친척이 일 년에 몇 차례 같이 만나서 안부를 묻고 음식을 나누며 삶을 살아가도록 하기 위한 수단으로 본다. 그러나 사회의 급격한 변화로 인구가 늘어나고 농경사회는 붕괴되고 산업사회에서 서비스 사회로 전환되면서 조상에 대한 애틋한 감정이 시들고 씨족사회의 가치관도 약화되고 개인의 바쁜 일정에 쫓기다 보니 조상을 돌보기가 힘들어지는 사회로 변하면서 자연스럽게 장례문화를 재정립하게 되었다.

사람들은 좋은 곳을 찾아 집을 짓고 풍요롭게 살게 되면서 조상에 대한 사후세계에 대해서도 좋은 곳에 매장을 해서 안락하게 지내도록 하는 바람이 있었을 것이다. 인구가 증가하고 생활공간이 축소되고 비좁은 국토면적과 자연과 더불어 살아야 하는 오늘의 현실에서 새로운 장례문화가 조명되어야 한다는 절박한 상황에 봉착하게 되었다.

1) 매장

매장이란 시체나 유골을 땅에 묻어 장사(葬事)하는 것을 말하며, 매장은 사망 또는 사산한 때부터 24시간이 지나야 할 수 있다. 우리 조상은 수 세기 동안 유교사상과 풍수지리사상의 영향으로 매장을 선호해 왔다. 매장을 함으로써 자연으로 돌아가서 후세에게 좋은 영향을 주어 후손들이 잘살기를 원하는 이유에서 이다. 풍수지리설에 의하면 조상의 시신이 편안하면 후손에게도 좋은 영향을 미쳐 편안하다고 하여 부유층이나 가문이 좋다는 가족들은 좋은 장지를 찾아 매장하는 풍습을 유지하고 있다. 그러나 장지가 부족한 현 세대에서 매장문화를 고집할 수는 없다. 매장의 장소는 공설묘지와 사설묘지로 구분하고 이외의 구역에 매장하지 못하도록 규정하고 있다.

2) 자연장

자연장(自然葬)이란 화장한 유골의 골분(骨粉)을 수목·화초·잔디 등의 밑이나 주변에 묻어 장사하는 것을 말한다. 자연장의 장소로는 공설자연장지와 사설자연장지가 있다. 현재 뜨거운 감자로 주목받고 있는 수목장(eco-dying)은 나무 밑에 웅덩이를 파고 화장한 유골을 묻는 장사방식으로 묘지 및 납골시설이 포화상태가 되면서 대안으로 등장한 장사법이다. 자연장을 하는 자는 화장한 유골을 묻기에 적합하도록 분골하여야 하며, 화장한 유골의 골분, 흙, 용기 외의 유품 등을 함께 묻어서는 안 된다(보건복지부, 2014). 장사법 개정안에 따르면 나무에 붙이는 인식표 외에 비석이나 별도의 조형물을 설치하는 것을 금지하고 있지만 자연친화적이라고 볼 수는 없다.

우리는 조상 숭배사상을 이어 왔고 또한 이어가야 할 책임이 있다. 그렇다고 매장만 고집할 수 없는 것이 현실이므로 화장(火葬)문화는 피할 수 없게 되었다. 그런데 화장한 유골을 아무 데나 뿌리면 오염이 심각하고 조상에 대한 예의도 아니기 때문에 좋은 대안을 찾아야 할 것이다.

3) 화장

화장은 시체나 유골을 불에 태워 장사하는 것을 말하고 화장시설은 시체나 유골을 화장하기 위한 시설을 말한다. 화장의식은 장작 등을 사용하여 불로 태우는 불교문화의 한 양식으로 도입된 것으로 보인다. 화장의 시기 역시 사망 또는 사산한 때부터 24시간이 지나야 할 수 있다. 오늘날은 일정한 시설에서 화장로에 시신을 넣고 유류 등을 사용하여 태우는 방식을 취한다(고수현, 2009). 과거에는 화장을 하는 것은 질병사나 사고사에 한정된 경우도 있었으나 현재는 종교적 차원보다는 화장문화에 대한 인식개선과 편의 위주 생활방식의 영향으로 선호되고 있는 추세이다.

화장률은 그동안 장사문화 개선을 위한 시민단체와 정부의 노력으로 꾸준히 증가하고 있으며, 2016년말 기준 화장률은 82.7%이다(보건복지부, 2017). 그러나 여전히 화장시설이 지역복지시설임에도 주민들이 기피시설로 인식하여 시설 설치를 반대하는 사례가 빈발하고 있는 점도 인식할 필요가 있다.

4) 봉안당

봉안이란 유골을 봉안시설에 안치하는 것으로, 봉안당은 과거에 납골당으로 불린 시설이며 「건축법」 제2조 제1항 제2호에 따른 건축물인 봉안시설을 말한다. 매장 다음으로 많은 장례문화로서 최근 들어 매장형태가 감소하면서 증가하는 화장을 한 후에 지자체별이나 개인 및 가족별로 마련한 봉안당에 화장한 유골을 보관하는 장례방식이다. 봉안당은 대형으로 건축하여 공동으로 사용하는 경우 외에 가족별로 봉안묘라는 형태로 설치되는 것이 있으나 봉안묘는 철저하게 관리하지 않으면 자연을 해치고 주위 사람들의 생활환경에도 악영향을 미치기 때문에 기피하고 있는 형태로 인식되고 있다.

4. 관련 법률

현행 「장사 등에 관한 법률」은 2000년 1월 12일 명칭 개정과 함께 전면 개정된 후 2007년 5월 25일 전부 개정되어 2008년 5월 26일부터 시행되고 있다. 2008. 5. 26부터 시행되고 있는 장사 등에 관한 법률을 소개하면 다음과 같다. 자연장 제도는 묘지 등 장사시설 부족으로 인한 국민들의 불편을 해소하고 장사시설의 무분별한 설치로 인한 자연환경 훼손을 개선하기 위해 수목장 등 자연친화적 자연장 제도를 도입하게 되었다. 자연장이란 화장한 유골의 골분을 수목·화초·잔디 등의 밑이나 주변에 묻어 장사하는 것이며 다양한 장사방식을 선택할 수 있도록 함으로써 묘지 등 장사시설의 부족을 해결하고 자연친화적인 방법에 의한 장사제도를 정착시키기 위함이다.

이를 위해서 지방자치단체는 급격히 증가하고 있는 화장에 대한 지역주민의 수요를 충족시킬 수 있는 화장시설을 확보할 의무가 있다. 또 개인이나 가족, 종중·문중 자연장지 또는 법인 등 자연장지를 조성하려는 자는 관할 시장·군수·구청장 등에게 허가를 받아야 하며, 장지 조성 후 30일 이내에 관할 시장·군수·구청장 등에게 신고하고 자연장지에는 사망자 및 연고자의 이름 등을 기록한 표지와 편의시설만을 설치해야 한다.

봉안묘의 시설기준을 마련하여 규모가 과다한 봉안묘 및 시설물의 남설에 따른 자연경관의 훼손을 방지하고 있다. 봉안묘의 높이는 70㎝, 1기당 면적은 2㎡ 이하로 하며 봉안묘·봉안탑은 1기당 설치할 수 있는 상석·비석 등 시설물의 종류와 크기를 제한한다. 시설물의 종류는 비석, 상석, 석물로서 이는 한 개나 한 쌍으로 하되 높이는 지면으로부터 2m 이내 면적은 3㎡로 하도록 한다.

공설 장사시설의 사용료 및 관리비는 당해 지역의 주민과 다른 지역의 주민을 구분하여 부과할 수 있도록 하였으며 사설 장사시설업자에 대한 관리금을 의무적립하도록 함으로써 장사시설의 유지·관리 또는 개·보수에 필요한 자금을 적기에 마련하는 대책을 마련하도록 한다.

최근 「장사 등에 관한 법률」의 개정(2017.12.19.)에 따른 주요 내용은 다음과 같다. 장례식장을 운영하는 자가 그 이용자에게 장사시설의 사용료, 임대료 및 장례용품에 대한 거래명세서를 발급하도록 의무화하여 그 내역을 쉽게 확인할 수 있도록 할 계획이다. 또한 자연장지 활성화를 위하여 자연장지를 조성할 수 있는 공공법인의 범위에 산림조합중앙회, 한국산림복지진흥원, 농협협동중앙회, 지방공기업을 추가로 규정하고, 공공법인이 국유림 등의 대부 또는 사용허가를 받아 자연장지를 조성할 수 있도록 시행령을 개정하였다.

참고문헌

경찰청(2009). 국정감사자료. 노인자살률 현황.

고수현(2009). 노인복지 이론과 실제. 학현사.

고양곤(2002). 노인 권익운동, 노년학의 이해. 도서출판 대영문화사, 270-284.

고영복(1979). 한국의 노인세대와 노인문화. 노인복지세미나 발표논문.

공은숙(1998). 치매환자간호. 연세대학교 간호대학 교육자료.

교육인적자원부·한국교육개발원(2001). 평생교육백서, 제5호.

국가인권위원회(2002). 지역사회에서의 노인학대 실태 조사.

국가인권위원회(2006). 국가인권정책기본계획(2007-2007) 권고안.

국민건강보험공단 부산지역본부(2014). 등급판정위원 설명회자료.

국민건강보험공단(2003). 건강보험통계연보.

권중돈(1994). 한국치매가족연구. 연세대학교 박사학위논문.

권중돈(2004). "노인학대에 영향을 미치는 요인". 한국노년학, 24(1), 1-20.

권중돈(2013). 노인복지론. 학지사.

권태준(2010). "노인돌봄 서비스가 독거노인의 생활만족도에 미치는 영향". 대구가톨릭대학교 대학원 석사학위논문.

김건열(1989). 노인성 질환의 추세와 대책. 한국노년학회. 한국노년학, 9.

김만수 외(2003). 고령친화산업의 이론과 실제. 양서원.

김명한(1983). 노인성 백내장 환자의 임상통계적 고찰. 대한안과학회지 24(1).

김미순(2006). 내세관과 죽음준비도가 생활만족도에 미치는 영향. 성균관대학교 대학원 석사학위논문.

김미혜(1998). "재가노인복지를 위한 사례관리 실천모형". 노인복지정책연구총서, 98-02. 한국노인복지연구소.

김미혜·이선이(1998). 노인학대 측정도구를 위한 일 연구. 사회복지, 봄호.

김성순(1994). 노인복지론. 이우출판사.

김수영 외(2001). 노인과 지역사회보호. 양서원.

김양이(2000). 치매노인 주부양자를 위한 스트레스 관리훈련의 효과. 서울여자대학교 박사학위논문.

김양이(2013). 치매노인과 가족 그리고 놀이 프로그램. 한일장신대학교 출판부.

김영숙(1994). "노인복지시설 장기요양 서비스 유형설정 및 프로그램 개발에 관한 연구". 서울대학교 박사학위논문.

김욱 외(2012). 노인복지론. 양서원.

김정환(2007). 헬스조선.

김종서 외 3인(1987). 평생교육의 체계와 사회교육의 실태. 한국정신문화원.

김주연(1995). "일본 장기요양보호 정책의 발달에 관한 연구". 이화여자대학교 대학원 석사학위논문.
김태식(2007). "노인상담 서비스 전달체계 인식에 관한 연구". 광운대학교 대학원 박사학위논문.
김태현(1994). 노년학. 교문사.
김태현·손양숙(1984). "노인의 죽음에 대한 태도연구". 한국노년학, 23(4), 17-26.
김태현·한은주(1998). "노인학대 측정과 개입을 위한 문헌적 고찰". 한국노년학, 17(1), 51~73.
김현주·박재룡(1992). 고령친화산업의 현황과 전망. 삼성경제연구소, 월간삼성경제, 10월호.
김형수(2002). "한국 노인의 자살생각과 관련요인 연구". 한국노년학, 22(1), 159-172.
김혜련(1991). "노년기 회상 기능에 관한 성차 연구". 한국심리학, 5.
까리따스노인학대상담센타 세미나 자료집(2001). "노인학대 실태 및 방향성 모색".
나덕렬(2000). 삼성의료원 정신건강의학과.
나일주·임찬영·박소화(2008). "한국 베이비붐 세대의 은퇴대비를 위한 정책 방향: 국가인적 자원개발측면에서". 노인복지연구, 42, 151-174.
나항진(2004). "서울지역 노인의 여가의식에 관한 연구". 노인복지연구. 한국노인복지학회, 22, 35-54.
남민(1997). 청소년자살. 대한의사협회지, 453, 1282-1287.
노기성 편(2011). 사회 서비스정책의 현황과 과제: 사회복지 서비스를 중심으로. 한국개발연구원.
노인복지법(2004). 제2조.
노인학대상담센터전문위원회(2003). 노인학대 예방과 개입을 위한 토론회 자료집.
농촌진흥청(2005). 농촌건강장수마을.
대한간호협회(1999) 보수교육자료, 치매환자간호.
대한간호협회(2000). 치매간호보수교육.
대한약사회 내부자료(2005).
문주석 외(2004). 건강기능식품산업의 지원육성방안에 관한 연구. 한국보건산업진흥원.
박광준(2004). 고령사회의 노인복지정책. 현학사.
박석돈·박순미·이경희(2008). 노인복지론. 양서원.
박수천(2005). "노인인권보호의 세계동향과 성년후견인제도 도임방안". 2005 추계학술대회 자료집, 11-34. 한국노인복지학회.
박신영(2003). "고령화 시대 노인주거 정책". 밝은 노후를 만들어 가는 사람들의 모임. 창립 5주년 기념 세미나 자료집.
박영란(2001). 노인 권익운동의 국제동향. 밝은 노후, 창간호. 52-63.
박왕호(2001). 고령사회 노인복지운동의 모색. 밝은 노후, 창간호. 8-24.
박재간(1997). "노년기 여가생활의 실태와 정책과제". 노인 여가의 현황과 과제. 한국노인문제 연구소.
박재간(2001). 노인복지법의 세분화. 밝은 노후, 창간호. 32-36.
박재간(2002). 노인전용주거시설의 개발전략. 아시아미디어리서치.
박재간·손홍숙·서경석·박정희·이호선·최정윤·백상창·손화희·박충선(2006). 노인상담론. 공동체.
박재간 외. 고령화 사회의 위기와 도전. 나남출판.
박종한·이윤로(1996). 치매의 원인과 치료. 학문사.

박차상 외(2002). 한국노인복지론. 학지사.

박태룡(1993). 노인복지연구. 대구대학교 출판부.

박태호(1998). 종합장례 서비스체계 구축방안 연구. 한국장묘, 4. 한국장묘연구회.

박형화(2000). "한국 장기요양보호 실태와 정책방향에 관한 연구". 한양대학교 행정대학원 석사학위논문.

박혜원(2002). "한국노인장기요양보호의 실태와 개선 방안에 관한 연구". 단국대학교 행정법무대학원 석사학위논문.

박화균(2012). "노인 장기요양보험제도의 문제점과 개선방안에 관한 연구". 초당대학교 산업대학원 석사학위논문.

박훈(2005). 섬유교역 자유화와 섬유산업 대응방향. 한국산업연구원.

박훈 외(2003). 글로벌시대의 한국섬유산업 발전전략. 한국산업연구원.

반정호(2012). "베이비붐 세대의 고용과 가구경제". 노동리뷰, 91, 18-39.

백은영(2011). "베이비부머의 은퇴준비와 준비유형 결정요인 분석". 사회보장연구, 27(2), 357-383.

백효영(2002). "장기요양보호시설 노인복지 서비스 개선 방안 연구". 동국대학교 행정대학원 석사학위논문.

변재관(2003). 한국노인복지정책의 검토. 보건사회연구원.

보건복지부·한국보건사회연구원(2012). 사회복지시설 관리·운영 효율화방안: 노인·아동·장애인 생활시설 중심으로.

보건복지부(1997). 노인복지시설현황(1997년 12월 31일 현재).

보건복지부(2000). 노인장기요양보험 정책안.

보건복지부(2000). 장애인 실태조사.

보건복지부(2002). 마드리드 고령화국제행동계획(2002. 8).

보건복지부(2004). 고령사회기본법 제정(안) 입법예고(2004. 10. 5).

보건복지부(2004). 고령친화산업 분야별 실무추진위원회 구성·운영(2004. 9).

보건복지부(2004). 고령친화산업 활성화 방안(2004. 7).

보건복지부(2004). 묘지·화장장·납골당·장례식장 현황.

보건복지부(2004). 보건산업 진흥을 위한 50대 추진과제.

보건복지부(2004). 제약산업 현황과 정책과제.

보건복지부(2005). 고령화 및 미래사회위원회. 고령친화산업 활성화 전략.

보건복지부(2008). 2008년 노인보건복지사업안내.

보건복지부(2010). 2009년도 노인학대 실태조사.

보건복지부(2011). 2011년 노인복지시설 현황.

보건복지부(2011). 노인복지사업지침.

보건복지부(2013). 2012 노인학대 현황 보고서. 중앙노인보호전문기관.

보건복지부(2013). 노인보호전문기관 업무수행지침.

보건복지부(2018). 2018년 노인보건복지사업안내.

보건복지부(2014). 2014년 노인일자리사업 종합안내.

보건복지부(2014). 노인돌봄 종합 서비스 사업안내.
보건복지부(2017). 2017 고령자통계.
보건복지부(2018). 2017 보건복지백서.
보건복지부(2018). 2018 고령자통계.
보건복지부(2018). 제2차 장기요양기본계획 자료
보건복지부. 중앙노인보호전문기관(2018). 2017 노인학대 현황 보고서.
부산광역시 고령친화 산업 육성 추진전략 조사연구(2005).
삼성경제연구소(2002). 고령화사회의 도래에 따른 기회와 위협.
상형종(2003). "고령화 사회의 복지향상을 위한 도시주거". 21세기 고령화사회의 지역도시 대응 방안. 2003년 제57회 추계학술대회.
서동우(1997). 치매성 노인의 배회문제 실태와 대처방안. 한국치매가족회.
서울 남부노인종합복지관(1996). 노인의 수발. 홍익재.
서울시(2003). 2002 서울시 가구통행실태조사.
서울시정개발연구원(2005). 고령사회에 대응하는 서울시 교통정책에 관한 기초연구.
서윤(2000). 노인학대에 대한 사회복지사의 인지와 목격실태에 관한 복지 연구. 한국노인복지학회. 7, 21~71.
서혜경(2001). 노인 권익운동의 오늘과 내일. 밝은 노후, 창간호, 25-31.
서혜경·이영진(1997). 노년기의 성에 관한 다각적 고찰. 제2회 노인보건복지세미나.
서혜경 외(2006). 실버플래너 교재. 한국노인종합복지관협회.
선우덕(2002). "장기요양보호대상 노인의 실태 및 정책수립방향". 보건복지포럼, 4, 한국보건사회연구원.
성명옥(2001). "제5장 지역사회 노인보호의 실천방법".
송미순 외(1999). 가정간호사를 위한 노인케어학. 현문사.
송영미(2000). 노년기 부부관계와 생활만족도에 관한 연구. 청주대학교 대학원 석사학위논문.
송영민(2002). 여성노인의 의존성과 학대경험에 관한 고찰. 고려대학교 대학원 박사학위논문.
송현아 역(2001). 노년의 성 혁명. 이지북.
식품안전의약품안전청(2002, 2003). 식품의약품통계연보.
식품의약품안전청(2004). 식품 및 식품첨가물 생산실적.
신섭중 외(1987). 각국의 사회보장. 유풍출판사.
심기철·신용철(1990). 새우리말 큰사전. 삼성출판사.
심창구(2005). 의약품의 가치. 보건정책연구회·서울대학교 보건대학원 보건정책학교실.
심흥식(2007). 노인상담 활성화방안에 관한 연구: 경로당 이용노인을 중심으로. 명지대학교 사회복지대학원 석사학위논문.
안언정(2014). "노인의 우울, 스트레스, 자살생각 실태와 건강행위 실천 및 삶의 질의 관련성: 2012 국민건강영양조사 제5기 3차연도 자료분석". 인제대학교 보건대학원 석사학위논문.
안진(2007). 노인인권 발달과 현황. 전남대학교 법학연구소.
안현주(2013). 독거노인들의 자살생각에 영향을 미치는 요인에 관한 연구. 숭실대학교 사회복지대학원 석사학위논문.

양광희 외(2001). 노인건강관리의 실제와 전망. 수문사.
양미자·조성제(2013). "노인의 노화에 대한 태도가 자살에 대한 생각에 미치는 영향". 노인복지연구, 통권 62호, 345-360.
엄동욱·이은미(2002). 고령화 시대 도래의 경제적 의미와 대책. 삼성경제연구소 연구자료.
연병길(1996). 치매노인의 원인과 치료. 노인복지정책연구소. 하계호.
오병훈(1997). 치매노인의 문제행동 대처방법. 남부노인복지관.
오진주(1998). 치매노인배회와 간호. 남부노인복지관.
우국희(2002). "노인학대의 의미와 사회적 개입에 대한 노인들의 인식연구". 한국사회복지학, 50, 109-129.
원융희·윤기열(2000). 실버 서비스 산업의 이해. 백산출판사.
원제무(1999). 도시교통론. 박영사.
유성호·강숙연(2002). 유배우자 노인의 성생활 실태. 한국노년학회 추계학술대회.
유성호 외(2002). 노인복지론. 아시아미디어.
유영희(1997). 치매노인의 가정간호. 남부노인복지관.
유희옥(2004). 중·노년기의 죽음불안 태도. 성신여자대학교 대학원 가족문화소비자학과 박사학위논문.
윤남숙(1994). "노인의 성격유형과 죽음불안도에 대한 태도 연구". 서울대학교 보건대학원 보건학과 석사학위논문.
윤석원(1993). 고령친화산업의 현황 및 발전방향에 관한 연구. 동국대학교 행정대학원 석사학위논문.
윤진(1985). 성인·노인심리학. 중앙적성출판사.
윤형진·안규리(1997). 노인의학. 서울대학교출판부.
윤혜상(1999). 노인케어학. 청구문화사.
이가옥 외(1999). "장기요양보호노인의 욕구 및 가족의 부양부담". 성공회대학교 노인복지연구소.
이가옥 편(2009). 노인생활실태 분석 및 정책과제. 한국보건사회연구원.
이가옥(2000). "노인케어와 시설의 역할". 제15회 동북아세아 노인복지 학술대회자료집. 더불어 만드는 삶과 희망. 나남출판.
이근홍(1999). 케이스 매니지먼트. 대학출판사.
이근홍(2003). "경로당 활성화 사업의 전문적 접근방안". 협성논총, 15, 49-65.
이근홍. "노인주간보호의 활성화를 위한 케이스 매니지먼트의 활용방안". 노인복지연구, 2001 봄호.
이금룡(2002). "한국노인의 사회활동: 노년기 여가활동과 자원봉사활동을 중심으로". Andragogy Today, 한국성인교육학회, 5(2).
이기복(2003). "한국과 선진국가의 노인 장기요양보호에 관한 비교 연구". 성균관대학교 사회복지대학원 석사학위논문.
이두호 편(1991). 빈곤론. 나남출판.
이두호 편(1992). 국민의료보장론. 나남출판.
이병준 외(1999). 21세기 노령화사회를 대비한 노인교육활성화 방안 연구. 교육부 정책연구과제.

이복희(1970). 뇌졸중의 임상적 고찰. 대한내과학회지.
이삼식 외(2005). 장사제도 개선방안 연구. 한국보건사회연구원.
이선이(2002). "노인학대에 영향을 미치는 요인에 관한 연구". 이화여자대학교 석사학위논문.
이성옥(1997). 노인케어학. 한국방송통신대학출판부.
이성희(1998). 치매노인상담사례집. 서울시 치매종합상담센터.
이연숙(1995). "노인을 위한 주거환경".
이연호(2002). "노인학대 위험요인과 피해에 관한 연구". 이화여자대학교 대학원 박사학위논문.
이영환(2001). "영국의 노인주택정책과 관련법". 노인복지정책연구총서, 21. 한국노인문제연구소.
이윤로 외(2000). 치매노인과 사회복지실천. 학지사.
이은희(1997). 치매노인부양가족원의 부담감소를 위한 사회사업적 개입전략. 부산대학교 박사학위논문.
이인수(1999). 현대노인복지론. 양서원.
이인수(2003). 실버타운의 개발전략, 21세기사.
이종복 외(2012). 노인복지론. 양서원.
이지전(2007). "노인자살에 대한 이해 시작하기". 국가인권위원회 사회권 포럼 자료집Ⅱ, 170-185.
이지현·김선우(2012). "베이비부머세대 중년여성이 삶에서 추구하는 가치에 대한 질적 연구-서울거주 중산층을 중심으로-". *Asia Marketing Journal, 14*(2), 127-156.
이필도(1998). 장례비용 실태와 개선방향, 한국장묘. 한국장묘연구회.
이필도(2002). 장례 서비스 산업의 현황과 발전방안. 장례문화연구, 1(1), 한국장례문화학회.
이필도 외(2002). 장례 서비스 표준화 연구. 산업자원부 기술표준원.
이해영(1999). "고령화사회와 케어복지의 구축". 한국노인복지학회 제5호(가을호). 노인복지연구.
이해영(2002). 새로운 복지문제로서의 노인학대에 대한 고찰. 노인복지정책연구, 3, 300-328.
이해영(2013). 노인복지론. 창지사.
이현송 외(1996) 장의제도 현황과 발전방향. 한국보건사회연구원.
이형구(2012). 우리나라 노인의 자살생각의 변화양상 및 관련요인에 관한 연구. 한양대학교 대학원 박사학위논문.
이혜원(1998). 노인복지론. 유풍출판사.
이호선(2005). 노인상담. 학현사.
임정아(1998). 치매노인의 신체간호. 남부노인복지관.
임춘식(2002). "우리나라 노권운동의 과제와 전망". 노인복지와 노권운동. 한국노인복지학회 추계학술대회 자료집.
임춘식(2006). 노인 인권침해 심각하다. 사회복지신문 제3면. 한국사회복지협의회.
장경원 외(2004). 기준·규격고시형 건강기능식품의 품목확대를 위한 연구(Ⅱ). 한국보건산업진흥원.
장미란(1981). "노인의 죽음에 대한 태도". 이화여자대학교 대학원 석사학위논문.
장순환(2002). 노인자살에 관한 연구: 군산지역을 중심으로. 원광대학교 행정대학원 석사학위논문.
장인협·우국희(2001). 케어 케이스매니지먼트. 서울대학교출판부.

장현섭(1997). 영국의 노인과 가족정책. 한국노인문제연구소, 2(3).
장현숙 외(2005). 고령친화산업 중장기 실행전략 연구. 한국보건산업진흥원.
정경희(1998, 2004). "전국노인생활실태 및 복지욕구조사". 한국보건사회연구원.
정경희(2002). 노인학대상담센터전문위원회 노인학대 예방과 개입을 위한 토론회 자료집, 30-53.
정경희(2010). 노인학대 현황과 정책과제. 한국보건사회연구원.
정경희 외(2000). 노인교육기관 및 교육프로그램 연계구축 및 활용방안연구. 한국보건사회연구원.
정삼호(2004). 실버의류산업 동향. 섬유기술과 산업, 8(2).
정삼호(2005). 국내·외 실버 브랜드에서의 패션 트렌드 반영에 관한 연구. 복식, 55(2).
정순둘·문진영·김성원(2010). "고령은퇴자의 사회적 관계망과 은퇴만족도 관계연구". 한국노년학, 30(4): 1145-1161.
정순둘·이현희(2012). "베이비붐세대의 삶의 만족도: 1998년과 2008년의 비교". 노인복지연구, 55, 105-132.
미국정신의학회(1995). 정신장애의 진단 및 통계편람. 이근후 역. 하나의학사.
정지웅·김동일(1984). "노인교육의 현황과 요구". 유네스코 한국위원회 편. 노인문제와 노인교육에 관한 연구 세미나 보고서.
조유향(1989). 노인케어학. 현문사.
조지연(1989). 죽음에 대한 불안 태도 연구. 경희대학교 대학원 가정관리학과 석사학위논문.
조추용(1997). 보건복지의 연계·통합에 관한 고찰. 한국노년학회 편. 한국노년학.
조추용(2003). "노인의 여가활용과 사회참여에 관한 연구". 노인복지연구. 22.
최근하(1993). 성공적인 노후를 위한 재산형성과 관리. 한국노년학. 13(2).
최성재(1993). 유료노인복지시설운영개선. 한국보건사회연구원.
최성재(1997). 재가노인복지의 정부시책. 한국노인복지회 편, 재가노인복지사업. 홍익재.
최성재·장인협(2010). 고령화사회의 노인복지학. 서울대학교 출판문화원.
최순남(1995). 현대노인복지론. 한신대학교출판부.
최영희 외(2000). 노인과 건강. 현문사.
최정수 외(2002). 2001년도 국민건강·영양조사. 보건복지부·한국보건사회연구원.
최정수 편(1993). 1992년도 국민건강 및 보건의식형태조사. 한국보건사회연구원.
최혜경·정순희(2001). 노인과 고령친화산업. 동인.
통계청(2000-2002). 건설업통계조사.
통계청(2005). 장래인구 특별추계 결과.
통계청(2010). 한국의 사회지표.
통계청(2012, 2014). 고령자통계.
통계청(2013). 사망통계.
통계청. 도시근로자 가계소득지수(월평균), 각 연도.
통계청(2018). 고령자 통계.
하순례(2003). 독거노인 전화방문상담의 활성화방안. 단국대학교 행정법무대학원 석사학위논문.
한국노인복지시설협회 편(1994). 한국노인복지 40년사. 한국노인복지시설협회 출판부.
한국보건사회연구원(2004). 2004년도 노인실태조사. 보건복지부.

한국보건사회연구원(2010). 노인학대 현황과 정책과제. 보건복지 Issue and Focus, 56.

한국보건사회연구원(2011). 2011년도 노인실태조사. 보건복지부.

한국보건사회연구원(2013). 2013년도 노인실태조사. 보건복지부.

한국보건산업진흥원(2004). 2004 보건산업백서.

한국주택협회(1993). 고령친화산업관련 노인주택에 관한 조사연구.

한국치매가족회(2000). 전국치매순회교육자료.

한동희·김정옥(1994). 노인학대에 관한 이론적 고찰. 대한가정학회지, 33(4), 45-56.

한은주(2000). 노인학대에 관한 생태학적 연구. 성신여자대학교 박사학위논문.

한정란·김동배·원영희·이금룡(2001). "노인자원봉사의 교육노년학적 의미". Andragogy Today, 한국성인교육학회, 4(3).

허정무(2002). 노인교육이론과 실천방법론. 양서원.

현외성(1995). "노인복지와 고령친화산업". 남세진 편. 한국사회복지의 선택. 나남출판.

현외성(2010). 노인복지학 신론. 양서원.

현외성 외(1998). 한국노인복지학강론. 유풍출판사.

현외성 외(2001). 노인케어론. 양서원.

현외성외(2011). 노인상담론. 창지사.

현외성·조추용·김혜경·이경남·윤은경(2007). 노인복지실천사례론. 양서원.

홍숙자(2010). 노년학개론. 하우.

황진수(1997). 노인 여가문화정책의 활성화 방안. 노인 여가의 현황과 과제. 한국노인문제연구소.

健康保険組合連合會 編(1995). 社會保障年鑑. 東洋經濟.

萓谷章(1990). 社會保障論. 日本評論社.

橋本泰子, "ケアマネジメントを擔う人々", 全國社會福祉協議會, 月刊福祉. 1995年 7月號, pp.12-17

大橋謙策(1989). 生涯敎育論の登場と高齢化社會. 那須宗一 編, 老年學事典. minerva書房.

白澤政和(2000). 사례관리의 이론과 실제. 조추용·권현주 역. 유풍출판사.

社會保障硏究所 編(1990). 住宅政策と社會保障. 東京大學出版會.

三浦文夫(1982). "ソーシャル·アドミニストレーション", 仲村優一 ほか編, 現代社會福祉事典, 全國社會福祉協議會.

石野育子(2000). 介護過程. メヂカルフレド社.

辻哲夫(1987). 高齢化社會とシルハサーヒス. 民間活力 シルハサヒス, 中央法規出版, 東京.

川村匡由(1987). 老人福祉産業. minerva書房, 京都.

厚生勞動省, 生命の世紀支える醫藥品産業の國際競爭力强化に向けて, 平成 14年.

厚生省統計協會 編, 國民の福祉の動向, 各 年度.

シルハサーヒス 振興會(1991). シルハサーヒスの手法と展開, 中央法規出版, 東京.

Adams, C. G., and Turner, B. F.(1985). Reported change in sexuality from young adulthood to old age. *The Journal of Sex Research, 21*(2), 126-141.

Atchley, R. C.(1980). *Social Forces in later life*(2nd ed.). Belmont, CA: Wadsworth publishingco.

Atchley,R.C.(2000). *Social Forces and Aging*(9th ed.). Belmont, CA: Wadsworth Tompson Learning.

Baila Miller, stephanie McFall, and Richard T.(1994). Campbell. *Journal of Gerontology, 29*(1).

Bambling, M., King, R., Reid, W., and Wegner, K(2008). Online counseling: The experience of counsellors providing synchorous single-session counseling to young people. *Counseling and Psychotherapy Research, 8*(2), 110-116.

Bambling, M., King, R., Reid, W., and Wegner, K.(2008). Online counseling: The experience of counsellors providing synchorous single-session counseling to young people. *Counseling and Psychotherapy Research, 8*(2), 110-116.

Baum, S., and Boxley, R.(1983). Age identification in the elderly. *The Gerontologist. 23.*

Beaver, M. L.(1983). Human service practice with the Elderly, Englewood cliffs, NJ: prentice-Hall.

Bernard Casey and Gert Bruche(1983). *Work or Retirement?*, Gower Publishing Co. Hampshire, England.

Birren, J. E.(1959). Principles of Research on Aging. In J.E. Birren(Ed.), *Handbook of Aging and the individual*, Chicago: University of Chicago press.

Botwinick, J.(1978). *Aging and behavior*(2nd ed.). New York: Springer Publishing Co.

Bowlby, J.(1974). Psychiatric implications in bereavement. In A. H. Kutscher(Ed.), *Death and bereavement. Springfield, 2.* Charles C. Thomas.

Breen, L. B.(1976). The Aging Individual. In C. Tibbitts(Ed.). *Handbook of social gerontology, 145-162.* Chicago: University of Chicago Pross.

Bretscheider, J. G., and McCoy, N. L.(1988). Sexual interest and behavior in healthy 80 to 102 yearolds, *Archives of Sexual Behavior, 17*, 109-129.

Burlingame, Virginia. S.(1995). *Gerocounseling: Counseling elders and their families*, Springer Publishing Company.

Butler, R. N.(1975). *Why survive? Being Old in America.* New York: Harper and Row.

Charles Froland(1980). "Formal and Informal Care: Discontinuities in a Continuum". *Social Service Review, 54*(4).

Cook, A. S., and Olthenbruns, K. A.(1989). *Dying and grieving: Life span and family perspectives.* New York: Holt, Reinhart, Winstin.

Cowgil, D. O., and Holmes, L. D.(1972). *Aging and Modernization.* New York: Appleton-century-crofts.

Cumming, E., and Henry, W. E.(1961). *Growing old: The process of disengagement.* New York: Basic books.

D. Thomas.(1975). "Said Alice 'The Great Question Certainly Was' What". *Social Work Today, 6*(17).

David P. Moxley.(1989). *The Practice of Case Management.* Sage Publications.

Dean, L. R(1962). Aging and decline of affect. *Journal of Gerontology, 17.*

Dennis, W. (1966). Creative productivity between the Ages of 20 and 80 years, *Journal of Gerontology,*

21.

Dowd, J. J.(1975). Aging as exchange: A preface to theory. *Journal of Gerontology, 30*(5).

Elfriede G. Schlesinger(1985). *Health Care Social Work Practice: Concerts and strategies*. Times Mirror/ Mosby College Publishing.

Elizabeth D. Huttman(1985). *Social Services for the Elderly*. The Free Press.

Erikson, E. H.(1963). *Childhood and society*(2nd ed.). New York: W.W. Norton and co.

Evan, D. A., Funkenstein, H. H., and Albert, M. S.(1989). Prevalence of Alzheimer's disease in a community population of older persons. *Journal of the American Medical Association, 262*. 2551-2556.

Feifel, H(1977). *New meaning of death*. New York: McGraw-Hill.

Fisher, L. R., and Schaffer, K. B.(1993). *Older Volunteers: A Guide to Research and Practice*. Newbury Park, CA: Sage Publications, Inc.

George, L. K.(1981). *Sexuality in middle and later life*. Arch Gen. Psychiatry, 38.

Gerdtham, U-G et al(1994). Factors affecting health spending: a cross-country econometric analysis: OECD/GD(94), 101.

Gibson, R. C.(1994). *The outcome of studies on institutions for the elderly*. 한국노년학 국제학술세미나.

Gordon, A(1975). The Jewish view of death: Guidelines for mourning. In E. Kubler-Ross(Ed.), *Death: The final stage of growth*. Englewood Cliffs, NJ: Prentice-Hall.

Hampton, J. k. Jr.(1991). *The biology of human Aging, Dubuque*. LA: Wm C. BrownPublishers.

Harman, D.(1981). The aging process. *Proceeding of the National Academy of Science, 78*.

Harris, D. K., and Cole,W. E.(1985). *Sociololgy of Aging*. 노년사회학. 최신덕 역. 경문사.

Havighurst, R. J.(1972). *Developmental Tasks and Education*(3rd ed.). New York: DavidMcKay.

Haydock(1977). *The Future of Social Security*. Little Brown and Company, Boston.

Heumann, L. F. et al.(2001). *Empowering frail elderly people*. Connecticut: Praeger.

Hom, J. L.(1967). Age differences in fluid and crystallized intelligence. *Acta Psychological, 20*.

Hom, J. L., and Cattell, R. B.(1966). Refinement and Test of the Theory of Fluid and crystallized intelligence. *Journal of Educational Psychology, 57*.

Homans, G. C.(1961). *Social behavior: Its Elementary Forms*(1st ed.). New York: Harcourt Brace Javanovich.

Hooyman, N., and Kiyak, H. A.(1999). *Social Gerontology*(5th ed.). Boston: Allyn and Bacon.

Horn, M. J., and Gruel, L. M.(1981). *The second sk*in. Boston: Houghton Mifflin Co.

Kalish, R.A.(1989). *Medilife loss: Coping strategies*. Newbury Park, CA: Sage.

Kane, R. A., Kane, R. L.(1987). *Long-term care: Principles, programs and policies*. New York: Springer Publishing Company.

Kaplan, M.(1960). "The Use of Leisure" *In Handbook of Social gerontology*. The University of Chicago Press.

Kernaleguen, A.(1978). *Clothing designs for handicapped*. Edmonton: The University of Alberta Press.

King, Robert., Bambling, M., Reid, W., and Thomas, I.(2006). Telephone and online counseling for young people: A naturalistic comparison of session outcome, session impact and therapeutic alliance. *Counseling and Psychotherapy Rearch,* 6(3): 175-181.

Kiyak, H. A.(1966). Communication in the practitioner-Aged patient relationship. In P. Holm-Pedersen and H. Loe(Eds.), *Textbook of Geriatric dentistry*(2nd ed.). Copenhagen: Munksgaard.

Klicker, Ralph L.(1998). *Funeral directing and Funeral Service Management.*

Kubler Ross, E.(1969). *On death and dying.* New York: Macmillan.

Kuhlen, R. G.(1964). Developmental changes in motivation during the adult years. InR. G. Kuhlen(ed.), psychological backgrounds of adult education. Chicago: Center for the study of Liberal education for adults.

Kuypers, J. A., and Bengtson, V. L.(1973). Social breakdown and competence: A Model of normal aging. *Human Development. 16.*

Lewis, M. I., and Butler, R. N.(1974). Life-review therapy: Putting memories to work in individual and group psychotherapy. *Geriatrics, 29,* 165-173.

Liang, J., and Dvorkin, L.(1980). Social Integration and Morale. *A Reexamination Journal of Gerontology, 35.*

M. Haydock(1977). *The Future of Social Security.* Little Brown and Company, Boston.

Marion L. Beaver and Don Miller(1985). *Clnical Social Work Practice with Elderly.* The Dorsey Press, Chicago.

Martin Bulmer(1987). *The Social Basis of Community Care.* Allen and Unwin.

Max Siporin(1987). "Resource Development and Service Provision", *Encyclopedia of Social Work,* Vol.2 (18 edition), National Association of Social Workers.

McInnis-Dittrich, Kathleen(2002). *Social work with elders.* Allyn and Bacon.

Miller, S. J.(1965). The social dilemma of the aging leisure participant. In A. M. Rose and W. A. Peterson(Eds.). *Older people and their social world.* Philadelphia: F. A. Davis.

Moeller, Dennis(1987). "A Guaranteed Price Contracts: Preneed Danger", The Director.

Molsa, P. K., Mattilia, R. J., and Rinne, U. K.(1982). Epidemiology of dementia ina Finnish population. *Acta Neurological Scandinavia, 65,* 541-552.

Mooradian, A. D.(1991). *Geriatric sexuality and chronic disease.* Geriatric Sexulity.

Mooradian, A. D., and Greiff, V.(1990). Sexuality in older women. *Archives of Sexual Behavior, 20,* 17-25.

Neil Gilbert and Harry Specht(1974). *Dimensions of Social Welfare Policy.* PrenticeHall, New Jersey.

OECD(2002). *Healthy aging and biotechnology.*

Okun, S(1988). Opera coach died in his "house of worship." New York Times, pp.B1, B3.

Rae, J.(1971). *The Road and Car in American Life.* MIT Press.

Raymond M. Steinberg and Genevieve W. Carter(1983). *Case management and the Elderly.* Lexington books.

Riley, M. W. and Fomer, A.(1968). *Aging and society, vol.1: An inventory of research findings.* New York: Russell sage foundation.

Rosow, I.(1976). Status and role change through the life span. In R.H.Binstock and E.Shanas(Eds.), Handbook of Aging and the social sciences. New York: D. Van Nostrand.

Rowe, J. W., and Kahn, R. L.(1997). *Social work in the 21st century.* Thousand for CA: pine Forge press.

Shock, N. W.(1977). Biological theory of aging. In J. E. Birren and K. W. Schaie(Eds.). *Handbook of the psychology of aging.* New York: Van Nostrand Reinhold.

Smathers, D. G., and Horridge, P. E.(1978-1979). The effects of physical chance on clothing performance of elderly women. *International journal of aging and Human Development, 9*(3).

Solnick, R. E., and Corby, N. (1983). *Human sexuality and aging. Age: Scientific perspectives and social issues*(2nd ed.). Monterey, CA: Brooks/Cole. Publishing co.

Strehler, B. L.(1977). *Time cells and aging*(2nd ed.). New York: Academic Press.

Suzanne R. Kunkel and Robert A. Applebaum(1992). *Journal of Gerontology, 47*(5), S253-S260.

Transportation Quarterly(2003). Socioeconomics of Urban Travel: Evidence from the 2001 NHTS.

U. G. Foa(1971). "interpersonal and Economic Resources". *Science, 171*(2).

Venon L. Greene, Mary E. Lovely, Mark D. Miller, and Jan I. Ondrich(1995). *Journal of Gerontology, 50B*(4), S259-S268

william K. Scott eta(1997). Risk of Institutionalization Among Community Long-Term Care Clients With Dementia. *The Gerontologist, 37*(1), 46-51.

Wilson, A. J. E.(1984). *Social services for older persons.* Boston: Little, Brown and co.

Woodruff, D. S., and Birren, J. E.(Ed.).(1983). *Scientific perspectives and social issues*(2nd ed.). Montery, CA: Brooks/Cole.

LG 주간경제, 산업정보(2004. 6. 23, 2006. 2. 18).

경향신문(2004. 10. 01).

메디팜스투데이(2005. 5. 3).

조선일보(2004. 12. 10).

중앙일보(1998. 7. 28).

국민건강보험공단 노인장기요양보험 홈페이지(http: //www. longtermcare. or. kr).

보건복지부 사회 서비스 전자바우처 홈페이지(http: //www. socialservice. or. kr).

창원대학교 아동가족학과 홈페이지(http: //www. changwon. ac. kr/~goldage/).

조 추 용(曺秋龍) chocy@kkot.ac.kr

(日本)佛教大學大學院 사회학박사(사회복지학전공)
현 꽃동네대학교 사회복지학부 교수

김 양 이(金良伊) kimcat59@hanil.ac.kr

서울여자대학교대학원 문학박사
현 한일장신대학교 사회복지학과 교수

윤 은 경(尹恩卿) egyun@dongseo.ac.kr

부산대학교대학원 사회복지학박사
현 동서대학교 사회복지학전공 부교수

개정
노인복지론

초　판 1쇄 발행　2015년 3월 7일
초　판 3쇄 발행　2017년 7월 13일
개정판 2쇄 발행　2021년 7월 15일

지 은 이 | 조추용 김양이 윤은경
펴 낸 이 | 김기섭
책임편집 | 이윤미
펴 낸 곳 | 창지사 www.changjisa.com
08589 서울시 금천구 가산디지털 1로 83 파트너스타워 1차 9층
전화(02) 719-2211~3
팩스(02) 701-9386
등　록 | 1977년 4월 28일·제1-421호

ISBN 978-89-426-1215-4 (93330)

값 22,000원

「이 도서의 국립중앙도서관 출판예정도서목록(CIP)은 서지정보유통지원시스템 홈페이지 (http://seoji.nl.go.kr)와 국가자료공동목록시스템(http://www.nl.go.kr/kolisnet)에서 이용하실 수 있습니다.(CIP제어번호: CIP2019006718)」